Joe Simpson
Im Banne des Giganten

Joe Simpson

Im Banne des Giganten

Der lange Weg zum Eiger

Aus dem Englischen
von Karina Of

MALIK

Die englische Originalausgabe erschien 2002
unter dem Titel »The Beckoning Silence«
bei Jonathan Cape, Random House, London

ISBN 3-89029-261-5
2. Auflage 2003
© Joe Simpson, 2002
Deutsche Ausgabe:
© Piper Verlag GmbH, München 2003
Satz: seitenweise, Tübingen
Druck und Bindung: Ebner & Spiegel, Ulm
Printed in Germany

www.malik.de

Klettere, wenn du willst, aber vergiß nicht, daß Mut und Kraft ohne Besonnenheit wertlos sind und ein kurzer leichtsinniger Augenblick das ganze Lebens-glück zerstören kann. Übereile nichts, achte auf jeden Schritt und habe von Anfang an das Ende im Blick.

Edward Whymper,
Scrambles amongst the Alps

Für Ian »Tat« Tattersall
»Wir vermissen dich, Kid.«

Zum Gedenken an Matthew Hayes
und Phillip O'Sullivan,
die ihrem Traum bis zum Ende folgten.

Inhalt

Kapitel 1

Gefährliche Spiele

Das Eis war dünn und haftete nur lose am Fels. Unter der milchigen Schicht konnte ich Wasser rinnen sehen, das an seiner Festigkeit nagte. Ich blickte nach links unten und sah Ian »Tat« Tattersall mit hochgezogenen Schultern am Fuß der Eiswand stehen und mit den Füßen stampfen. Ihm war kalt, und ich brauchte viel zu lange. Ich konnte seine Ungeduld spüren. Die erste Seillänge von *Alea Jacta Est*, einer 150 Meter langen Eiskletterroute im 5. Schwierigkeitsgrad bei La Grave in den Hautes Alpes, Frankreich, sollte eigentlich relativ einfach sein. Ich empfand sie jedoch als äußerst schwierig und gefährlich.

Ich sah zu der Stelle zehn Meter unter mir hin, an der ich meine letzte Eisschraube gesetzt hatte: in einem Höcker aus Wassereis auf einer brüchigen, tauenden Eiswand. Wenn ich jetzt abrutschte, würde ich fünfundzwanzig Meter hinunterstürzen, wohl wissend, daß die Eisschraube mich nicht halten würde. Der Eishöcker würde zerplatzen und die Schraube augenblicklich herausbrechen.

Es hatte sich schnell gezeigt, daß die Route in schlechtem Zustand war. Weiter unten hatte ich mich von stabilem Eis auf eine beunruhigend dünne Wassereisschicht über weichem, zuckrigem Schnee begeben müssen. Sie war gerade dick genug, um meine Eispickel und die Steigeisenzacken zu halten, nicht aber eine Eisschraube. In der Hoffnung, daß es weiter oben besser würde, war ich weitergestiegen, diagonal zur rechten Wandseite hin. Dann begann das Eis der Substanz zu ähneln, die des öfteren das Gefrierfach meines Kühlschranks überzieht. Vorsichtig bewegte ich mich von morschem, porösem Wassereis auf beängstigende, fast senkrechte Platten aus verkrustetem Eis – einer lockeren Verbindung von Reif und Pulverschnee. An einen gefahrlosen Rückzug war jetzt nicht mehr zu denken, und ich versuchte die in mir aufsteigende Panik zu unterdrücken, während ich mich behutsam auf den naßblau schimmernden Eishöcker nahe der Stelle zubewegte, wo ein Felspfeiler an einen hoch aufragenden Eisvorhang grenzte.

Während ich die Eisschraube in die Verdickung drehte, sah ich mit Entsetzen, wie sich in dem Wassereis ein filigranes Netz von Rissen ausbreitete. Als Wasser durch die Ritzen zu sickern begann, drehte ich die Schraube nicht mehr weiter. Ich klinkte das Seil ein und versuchte nicht daran zu denken, daß dies mein erster Sicherungspunkt war und er mein Gewicht nicht halten, geschweige denn einen Sturz auffangen würde. Wenn ich abstürzte, würde ich aus über dreißig Metern Höhe am Boden aufschlagen. Ich warf einen Blick zu Tat hinunter, aber er sah nicht zu mir her. Es ist erstaunlich, wie unendlich einsam man sich urplötzlich fühlen kann.

Ich stieg langsam weiter, schlug meine Eispickel sachte in Schmelzlöcher im Eis und achtete darauf, daß ich nach unten zog und nicht nach vorn. Mein rechter Fuß glitt ab, als sich nasses Eis vom Fels löste, und ich holperte ein Stück nach unten und kam dann zum Stehen. Ich holte tief Luft und stieg wieder hoch, wobei ich die Monozacken meiner Steigeisen auf einen flachen Felsvorsprung stieß und darauf balancierte, dann den Arm ausstreckte und den Pickel in einer nur geringfügig dickeren

Eisschicht verankerte. Es knackte, als sich das Eis vom darunterliegenden Fels löste, dann war es still, während das Eisgerät mich hielt. Ich hielt den Atem an und zog gleichmäßig am Pickelschaft.

In der Routenbeschreibung war von einer fast senkrechten, nach rechts strebenden Eiswand die Rede. Mir fiel die alte Weisheit übers Eisklettern ein, daß man 75 Grad steiles Eis als vertikal empfindet und vertikales Eis als überhängend. Körperlich fühlte ich mich in guter Form, aber mental ging es mit meiner Entschlossenheit bergab. Mit zunehmender Höhe war mein Selbstvertrauen immer mehr geschwunden. Über mir ragte eine Felswand auf, und das Eis verlief im Bogen in eine kurze Verschneidung hinein. Am Rand eines Streifen Naßschnees war ein Stück rotes Band zu sehen. *Der Standplatz*, dachte ich erleichtert, *endlich Schutz, endlich Sicherheit.*

Bei diesem willkommenen Anblick hob sich meine Stimmung, und ich schob mich vorsichtig die Eiswand hinauf und kauerte mich dann nieder, die Spitzen meiner Steigeisenzacken in ein Polster aus gefrorenem Moos und Gras eingegraben. Zu meiner Bestürzung bemerkte ich, daß das Gras nicht fest im Felssims verwurzelt war, sondern lediglich an der Felswand klebte. Ich langte mit dem Eispickel nach oben und hakte die Haue vorsichtig in die kleine rote Schlinge. Durch einen Probezug vergewisserte ich mich, daß die Verankerung stabil war. Ich atmete auf, und meine Anspannung löste sich.

»Ich hab den Standplatz gefunden«, rief ich über die Schulter hinweg nach unten. Es kam keine Antwort. Ich befreite die Bandschlinge vom Schnee und hoffte, daß darunter ein paar zuverlässige Bohrhaken zum Vorschein kämen. Mir rutschte das Herz in die Hose, als ich zwei Knifeblade-Haken sah, die zur Hälfte in einen Haarriß eingeschlagen worden waren. Sie waren mit einer Bandschlinge abgebunden, um den Hebelarm zu verkürzen und ein Herausbrechen bei Belastung der Ösen zu verhindern. Hastig sah ich mich nach einer Stelle um, wo sich zur Verstärkung dieser beängstigend labilen Sicherungspunkte ein weiterer Fixpunkt anbringen ließe. Es war nichts zu finden.

Keine Risse für Klemmkeile oder Haken, und das nächstliegende Eis war zu dünn und zu schwach, um eine Eisschraube zu halten.

Ich sah an meinen Stiefeln entlang nach unten. Unterhalb meiner Steigeisenzacken befand sich ein steil abfallender Felspfeiler. Wenn die beiden Haken ausbrächen, würde ich jetzt mehr als fünfundvierzig Meter in die Tiefe stürzen. Ich wurde immer nervöser. Ein Ruf von unten wurde vom Geratter eines Lastwagens verschluckt, der gerade auf der nahe gelegenen Straße vorbeifuhr.

»Was?« brüllte ich.

»Hast du Stand?« schrie Tat.

Ich sah zu den beiden Haken hin, und mein Magen krampfte sich zusammen. *Das ist doch Mist*, sagte ich finster zu mir selbst. *Wir sind im Urlaub. Eigentlich sollte diese Tour Spaß machen!*

»Weiß nicht so recht«, murmelte ich, beugte mich dann nach hinten und rief: »Okay, Tat. Paß auf. Das Eis ist Schrott, und der Standplatz ist auch nicht viel besser.«

»Was?«

Na, prima. Er kann mich nicht verstehen.

»Nachkommen!« brüllte ich, im Vertrauen darauf, daß Tat ein zu guter Kletterer war, um sich einen Ausrutscher zu erlauben. Als er bei der letzten Eisschraube anlangte und in Hörweite war, setzte ich ihn über den Standplatz ins Bild.

»Ist er richtig plaziert?« fragte er.

»Na ja, ich denke schon, aber ich hab eigentlich Bohrhaken erwartet, also wohl doch eher nicht.«

»Wieso bist du nicht weitergestiegen?« fragte Tat, einen mißbilligenden Unterton in der Stimme.

»Ich bin ein langes Stück über einer zweifelhaften Zwischensicherung geklettert, das Eis war mies, und dann bin ich auf das gestoßen, was ich für den Standplatz hielt«, sagte ich, höchst verärgert, daß meine Anstrengungen bei der ersten Seillänge nicht gewürdigt wurden. Wenn man durch ein Seil von oben gesichert war, hatte ein Kletterer von Tats Format natürlich wenig Probleme, aber er mußte doch gemerkt haben, daß das Eis schlecht war und so gut wie keine Sicherungsmöglichkeiten vorhanden waren.

»Ich fand's da unten ziemlich kriminell«, fügte ich mißmutig hinzu. Ich hatte die Nerven verloren, und das war mir jetzt peinlich. Tat war noch immer nicht überzeugt. »Und das da drüben hat mir auch nicht gefallen«, fuhr ich fort und deutete mit dem Kopf auf die vertikale, sechs Meter hohe Verschneidung, die auf der linken Seite mit sulzigem Eis überzogen war.

In Wahrheit hatte ich Angst. Die hinter mir liegende Seillänge war mir unsicher erschienen, und obwohl ich sie ganz ordentlich bewältigt hatte, war ich mir die ganze Zeit darüber im klaren gewesen, daß sie viel schwieriger war, als sie eigentlich sein sollte. Die Verhältnisse wurden immer schlechter, und die kurze Verschneidung sah äußerst riskant aus.

»Ich finde nicht, daß das hier in gutem Zustand ist«, sagte ich, während Tat hochgeklettert kam und unter mir stehenblieb.

»Nein«, sagte Tat und nahm die Verschneidung in Augenschein.

»Du wirst eine Zwischensicherung legen müssen, ehe du das angehst«, ermahnte ich ihn. »Andernfalls stürzt du direkt in den Standplatz.« Ich beugte mich zur Seite, damit Tat die Knifeblades sehen konnte.

»Zwei Haken. Und was ist damit?«

»Sie sind abgebunden. Die möchte ich nicht mal mit meinem Gewicht belasten.« Ich warf einen Blick zum Wandfuß hinunter. »Einen Sturz fangen die auf keinen Fall auf.«

Tat zuckte die Achseln. Er war offenbar nicht so besorgt wie ich. *Vielleicht bin ich ein Hasenfuß? Vielleicht ist es gar nicht so schlimm?* versuchte ich mir einzureden, aber der Bluff wirkte nicht. Ich wußte, daß es riskant war. Bis hierher war ich gut geklettert und fühlte mich fit, aber trotzdem bestürmten mich Zweifel. *Vertraue deinem Urteilsvermögen. Es geht um dein Leben.*

Ich reichte Tat einen Bund Eisschrauben hinunter. Er hängte ihn sich um den Hals, schob sich nach links und spreizte das Bein weit nach außen, um mit den Steigeisen aufs Eis zu kommen. Eine große Eisplatte brach ab und stürzte den Pfeiler hinunter.

Wie hypnotisiert sah ich ihr hinterher, während sie in die gähnende Leere unter meinen Füßen trudelte.

Ich spannte mich an und packte Tat an der Schulter, um ihn abzustützen. Er probierte es erneut, und ich beobachtete konzentriert, wie er die Eispickel präzise und behutsam verankerte, daran zog und sich nach links schob, bis er direkt über dem linken Fuß stand. Nach einer flüchtigen Überprüfung des Eises langte er mit dem Eispickel weiter nach oben. Offensichtlich bestand keine Möglichkeit, eine Eisschraube zu setzen.

Ich rutschte unruhig hin und her. Tat war groß und wog um die 175 Pfund. Ich würde ihn unmöglich halten können, ohne den Sicherungspunkt enorm zu belasten.

»Sicherung, Tat«, mahnte ich nervös.

»Ich seh' mal da drüben unter dem Dach nach«, sagte er und deutete mit dem Kopf zu einem kleinen Überhang an der Verschneidung. »Vielleicht ist darunter ein Riß.«

Er zog sich geschmeidig am rechten Eispickel hoch und hakte die Frontalzacken des rechten Steigeisens in die andere Seite der Felsecke. Es knackte, und Tat rutschte ab, während das Eis zerbarst und sein linker Fuß den Halt verlor. Ich hielt entsetzt den Atem an und machte mich auf einen Sturz gefaßt. Tat kam zum Stehen und setzte den Fuß gelassen ein kleines Stück weiter oben auf.

»Mensch, Tat, leg endlich 'ne Zwischensicherung.«

Er sagte nichts.

Mir war schlecht vor Angst. Tat war ganz auf die technische Schwierigkeit des Kletterns konzentriert, während ich nur bangend zusehen konnte und dabei nicht an die Haken zu denken versuchte. Jeder Sturz hätte unseren Tod bedeutet. Ich spürte, wie ich immer gereizter wurde. *Das ist doch Murks. Das ist ein Riesenmurks.* Aber ich tat nichts. Wie gelähmt verfolgte ich Tats Bewegungen, wagte kaum zu atmen und hoffte inständig, daß seine Eispickel und Steigeisenzacken hielten.

Eine Ewigkeit schien vergangen zu sein, als ich auf einmal die roten Plastiksohlen von Tats Footfang-Steigeisen direkt über mir sah. Wenn er abglitt, würde er womöglich gegen mich prallen.

Durch die Wucht des Sturzes würde ich aus meinem unsicheren Stand gerissen. Wenn Tat an mir vorbeiglitt, hieße das, er würde sechs Meter nach unten und geradewegs in meinen Gurt stürzen und dann in den Sicherungspunkt. Dieser würde herausbrechen. Das gefrorene Grasbüschel würde der Belastung nicht standhalten, und sobald es sich löste, würde ich in die abgebundenen Knifeblades stürzen. Und dann würden wir beide durch die Luft segeln.

Ich hielt Tat für einen hervorragenden Eiskletterer. Ja, ich hatte regelrecht Hochachtung vor ihm und gestand neidlos ein, daß er mir an Erfahrung weit überlegen war, wenn ich das ihm gegenüber auch niemals zugegeben hätte. Ich fand, daß ich kräftiger, vielleicht auch fitter war als Tat, aber er verfügte über eine Geschicklichkeit, die auf großer Erfahrung beruht, und das war eine Menge wert. Wir kletterten auf gleichem Niveau, und ich war überzeugt, daß ich genau einschätzen konnte, was wir uns zutrauen konnten und was nicht. Diese Situation brachte mich in eine Zwickmühle. Ich wollte Tat unbedingt sagen, daß er aufgeben solle, daß die Route in sehr gefährlichem Zustand sei, daß es zu schwierig für ihn sei. Aber er hatte den Vorstieg. Dies war seine Seillänge, seine Entscheidung, und ich konnte bloß hoffen, daß er zu dem gleichen Schluß käme wie ich. Ich wollte nichts erzwingen.

Andererseits hätte ich ihm am liebsten zugeschrien, er solle aufgeben. *Was soll dieser Mist? Hier geht's nicht bloß darum, das Gesicht zu verlieren. Was er da gerade macht, ist unvernünftig, und dir ist dein kostbares Ego wichtiger als dein Leben. Wir sind Freunde, verdammt noch mal. Das ist schließlich kein Heldentrip. Sag ihm das. Er wird's dir nicht verübeln.* Ich blieb stumm, denn ich war mir nicht sicher, ob der Vorschlag ihn nicht erst recht zum Weiterklettern anstacheln würde, und das war das letzte, was ich wollte.

»Kriegst du was rein?« fragte ich beklommen. Tat war jetzt direkt unter dem Dach. Den Eispickel in der linken Hand, streckte er den Arm darüber. Ich konnte erkennen, daß die Haue sich ein paar Millimeter tief in den dünnen Eisfilm an der linken Wand fraß. Tat reckte den Kopf nach rechts und versuchte, unter das

Dach zu spähen. Er ließ den Eispickel an der Handschlaufe herunterhängen, löste einen Bund Klemmkeile von seinem Klettergürtel und versuchte, einen kleinen Klemmkeil in einem Riß zu plazieren, den er unter dem Dach entdeckt hatte. Er keuchte von der Anstrengung, der sein linker Arm ausgesetzt war. Ich blickte starr auf die Steigeisenzacken und malte mir aus, wie sie ins Leere schnellten. Ich bezweifelte, daß der Eispickel sein Gewicht halten würde, falls sein Fuß abrutschte. Tat konnte damit lediglich sein Gleichgewicht halten. Der Metallkeil hielt, und Tat zog ihn kräftig nach unten, damit er sich fest in dem dünnen Riß verankerte. Als er zum zweiten Mal daran zog, flog der Keil heraus, und Tat wäre durch den plötzlichen Ruck beinahe heruntergerissen worden. Ich fluchte und riß den linken Arm hoch, als ob ich glaubte, ihn auffangen zu können.

»Das taugt nichts«, keuchte Tat. »Der Riß ist nicht tief genug.«

»Meinst du, ein Haken würde halten?«

»Glaub' kaum«, murmelte Tat, und ich nahm einen leicht gereizten Unterton wahr. Ich wußte, daß er die Verschneidung anzugehen gedachte und die vier, fünf Züge bis zu der Stelle machen wollte, wo das Eis dicker war. Wenn der Eispickel in dem dicken Eis festbiß, könnte er sich in Sicherheit ziehen. Ich wußte, was er vorhatte, hielt es aber für zu riskant. Ich beobachtete, wie er sich der Wand links von der Verschneidung zuwandte. Er nahm den Pickel schnell in die rechte Hand und stieß die Haue gegen eine winzige Felskante an der Wand. Vorsichtig zog er nach unten und versuchte, das Eisgerät zu belasten. Die Haue schoß heraus, und Tat machte einen Ruck nach hinten. Ich fuhr zusammen.

Meine Angst verwandelte sich immer mehr in Wut. Mir wurde keine Wahlmöglichkeit gegeben. *Was wir hier machen, ist Blödsinn. Wir könnten dabei draufgehen. Ein einziger Ausrutscher, und wir sind hin.*

»Tat.« Er reagierte nicht. »Tat«, wiederholte ich in schärferem Ton. »Jetzt reicht's mir. Ich geb dir kein Seil mehr nach, bevor du nicht eine zuverlässige Sicherung angebracht hast.«

Er erwiderte nichts, aber seine Kopfbewegung ließ erkennen,

daß ihm das Ultimatum nicht behagte. Er wandte sich wieder dem Dach zu und versuchte erneut, den Keil zu plazieren. Als er daran zog, rutschte das Ding wieder heraus. Während ich zusah, wie er krampfhaft das Gleichgewicht zu halten versuchte, prasselte ihm eine Ladung Eissplitter auf die Schulter. Als ich daraufhin nach oben blickte, sah ich, daß die Luft über uns mit einem feinen Eisregen erfüllt war. Also hatte die Sonne inzwischen den Gipfel erreicht, und diese Eiskörner würden von nun an unablässig auf uns niederrieseln. Das stellte zwar keine Gefahr dar, bedeutete aber, daß die Verhältnisse sich zunehmend verschlechtern würden, während die Sonne das ohnehin schon tauende Eis weiter erwärmte.

»Ich schaff' das«, meinte Tat. »Es sind nur zwei Züge …«

»Das Eis ist eine Katastrophe, Tat. Das Wasser läuft nur so runter, verflixt noch mal!« Er warf mir einen Blick über die Schulter zu. »Herrgott!« fauchte ich, nun richtig wütend. »Wenn du abstürzt, sind wir hin! So einfach ist das.«

»Ich stürze schon nicht ab, Kid.«

»Ich hab nicht vor zu sterben.«

»Ich stürze nicht ab.«

»Vielleicht nicht, vielleicht doch«, sagte ich achselzuckend. »Tut mir wirklich leid. Aber ich bin nicht bereit, dieses Risiko einzugehen. Okay? Ich will das hier nicht machen. So was habe ich nicht nötig.«

Als Tat sich daraufhin abwandte und den Blick abwägend über die Verschneidung gleiten ließ, schwoll meine Wut noch an, weil er offenbar noch immer gewillt war, mein Leben aufs Spiel zu setzen. *Was kannst du tun, wenn er nicht aufgibt? Du kannst ihn ja nicht einfach runterziehen. Das würde uns beide umbringen. Wenn er nicht aufgibt, mußt du dich losbinden. Meine Güte, sag ihm das gefälligst!*

»Tat?« sagte ich und vernahm die Angst in meiner Stimme.

»Okay, okay …« Er ließ sich sachte von seinem linken Eispickel nach unten ab. Ich stieß einen Seufzer der Erleichterung aus, als er sich langsam auf mich zubewegte. Nach wenigen Minuten war er wieder auf dem Standplatz unter mir.

»Tut mir wirklich leid, Tat«, sagte ich.

»Ich dachte, es würde gehen.«

»Ja, und *ich* dachte, wir würden *drauf*gehen.« Ich blickte auf die Hagelkörnchen, die mir auf die Arme prasselten. »Es ist sowieso viel zu spät für diese Route. Es ist viel zu warm. Die Rinne am oberen Ende der Route würde sich auflösen, bis wir dort wären.«

»Können wir uns von diesen Haken da abseilen?« fragte Tat, ohne auf meine Erklärung zu achten. Ich sah ihm an, daß er enttäuscht war, nahm aber auch unterschwelligen Ärger wahr. Das erstaunte mich, obwohl ich wußte, welchen Ehrgeiz Tat beim Klettern entwickeln konnte. Ich sah zu den Haken hin und ging in die Knie, bis fast mein gesamtes Körpergewicht an ihnen hing. Sie verbogen sich.

»Ziemlich unberechenbar«, sagte ich. »Aber wenn wir uns langsam und ruckfrei abseilen, halten sie vielleicht.«

»Kannst du sie absichern?«

»Nein.« Ich sah ihm in die Augen. »Und sofern du dich nicht losbinden willst, wirst du mit mir fliegen, wenn sie ausbrechen.«

»Stimmt«, sagte Tat und blickte zu der kleinen Kante aus verkrustetem Eis hinunter, auf der er stand. »Also, ich traue diesem Zeug nicht. Hier«, er reichte mir einen Karabiner mit Verlängerungsschlinge. »Häng mich ein.«

»Wie auch immer«, sagte ich, als ich die Schlinge in die beiden Knifeblade-Haken einklinkte, »bis jetzt ist bei mir noch nie eine Abseilstelle ausgebrochen.« Ich grinste Tat ermutigend an, doch der starrte nur finster zurück.

»Bei mir schon«, sagte er. »Zweimal.«

Wir ordneten schweigend die Seile, knüpften sie zusammen, nachdem wir sie durch die rote Bandschlinge gefädelt hatten, lösten die Sicherung zum Abseilpunkt, überprüften, mit welchem Seil wir uns abseilen sollten, überprüften nochmals die Haken – eine Routine, die uns in Fleisch und Blut übergegangen war. Wir gingen systematisch vor, ruhig und effizient. Ich war nervös wegen der Haken, sagte aber nichts. Wir hatten uns in diese Lage hineinmanövriert, jetzt mußten wir auch wieder herauskommen.

18

»Grünes Seil ablassen«, sagte ich, während ich mich langsam am Abseilseil hinunterließ und es durch meine Sicherungsplatte laufen ließ. Gespannt starrte ich auf die Haken, die sich zunächst verbogen und dann stillstanden. Ich atmete langsam aus. Tat grinste, als er meinen Gesichtsausdruck sah.

»Okay, grünes Seil ablassen, wiederholte Tat. »Sei vorsichtig, Kid«, fügte er versöhnlich hinzu, worauf ich ihn beunruhigt ansah.

»Du auch«, sagte ich, während ich an ihm vorüberglitt und darauf achtete, daß die Seile gleichmäßig durch meine Hände liefen. Kein Rucken, kein abruptes Innehalten, damit die labile Verankerung nicht zu sehr beansprucht wurde. Ich beobachtete, wie sich die Entfernung zum Boden allmählich verringerte. Als ich nur noch fünfundzwanzig Meter oberhalb der Schneehänge am Fuß des Felsens war, begann ich mich zu entspannen. Es war zu schaffen. Ein paar Minuten später setzte ich mit dem Fuß am Boden auf und band mich aus den Seilen aus. Ich zog kurz am grünen Seil, um zu überprüfen, ob es leicht lief.

»Okay«, brüllte ich, und sah, wie Tat nach den Seilen griff und die Sicherungsplatte daran befestigte. Als ich daraufhin hastig ein paar Schritte von der Felsbasis zur Seite machte, bekam ich Gewissensbisse, weil es mir vorkam, als ließe ich Tat im Stich, indem ich aus seiner Fallinie ging. *Aber wenn er aus dieser Höhe auf dich prallt, bist du tot.*

Wir stapften die Lawinenhänge hinunter und folgten unseren Spuren zur Straße. Während wir Seile, Eisenzeug und Klettergurte im Kofferraum verstauten und die Eispickel und Steigeisen hineinwarfen, war ich mir des angespannten Schweigens zwischen uns quälend bewußt.

Ich hatte Tat enttäuscht. Ich hatte ihm die Klettertour vermasselt, weil ich darauf bestanden hatte, daß wir aufgaben. Nun, da wir sicher am Boden waren, begann ich zu zweifeln, ob mein Entschluß richtig gewesen war. *Vielleicht sind die Haken ja doch in Ordnung gewesen. Immerhin haben sie beim Abseilen gehalten. Nein. Einem Sturz hätten sie niemals standgehalten.* Ich sah Tat von der Seite an, während er nach La Grave hinauffuhr.

»Meinst du, die Haken hätten einen Sturz aufgefangen?«
fragte ich.

»Nein«, entgegnete Tat schroff.

*Und trotzdem wolltest du weitermachen und bis an die äußersten
Grenzen gehen,* dachte ich. *Und warum wollte ich das nicht?* Die
Antwort war schlicht, daß ich zuviel Angst gehabt hatte. Ich hatte
kein so blindes Vertrauen in Tats Können.

»Ich wäre nicht abgestürzt«, sagte Tat dann, als hätte er meine
Gedanken gelesen. Ich schwieg.

Bei einer Partie Schach und mehreren Gläsern Bier auf der
sonnigen Terrasse eines Cafés lockerte sich die Atmosphäre so
weit, daß wir über das Geschehene reden konnten. Weil Tat immer noch nicht einsah, daß es ein äußerst riskantes Unternehmen
gewesen sein sollte, kamen mir schließlich selber Zweifel. Ich
fragte mich, ob mir der grauenhafte Zustand des Eises auf der
ersten Seillänge so bange gemacht hatte, daß ich zu dem Zeitpunkt, als ich an den Knifeblades hing, mit den Nerven am Ende
gewesen war. Beim Eisklettern spielt der Kopf eine große Rolle,
und es besteht nur ein dünner Grat zwischen kühnem Wagemut
und blanker Panik.

Aber im nachhinein glaubte ich, richtig geurteilt zu haben. Ich
fand, daß es eine vernünftige Entscheidung gewesen war. Eins
der schwierigsten Dinge beim Klettern ist es zu lernen, wann
man aufgeben soll, wann man besser den Rückzug antritt und es
an einem anderen Tag noch einmal probiert. Das hatte nichts mit
verletztem Stolz oder Feigheit zu tun.

Dies versuchte ich Tat zu erklären, aber er tat es mit einem
Lächeln ab.

»Ich weiß das alles«, sagte er. »Ich war einfach nur enttäuscht
und … oh, Schachmatt!«

Breit grinsend stieß er mit dem Sockel seiner Königin meinen
König um. »Drei zu eins im La Grave Open«, fügte er mit triumphierend erhobenem Zeigefinger hinzu.

»Blödmann«, brummte ich deprimiert.

»Ach übrigens, ich hab nachgedacht.«

»Ja?« entgegnete ich und fragte mich bangend, was für ein

Kletterabenteuer er nun gleich vorschlagen würde. Mir war klar, daß unsere gescheiterte Klettertour vom Vormittag ihn dazu anspornen würde, etwas Besseres zu versuchen. Tat ließ sich nicht so leicht unterkriegen. »Laß mich raten«, sagte ich. »Das Teufelstal?«

»Ach was. Ich hab über heute vormittag nachgedacht, über *Alea Jacta Est*.«

»Tatsächlich?« sagte ich, nichts Gutes ahnend.

»Na ja, du hattest recht, was die Verhältnisse anbetraf. Wir sind zu spät gestartet, und sie haben sich eindeutig immer weiter verschlechtert. Von dem Moment an, als die Sonne über dem höchsten Punkt stand, waren wir in Schwierigkeiten. Wenn wir aber richtig früh aufstehen, sagen wir um fünf … halb sechs …«

»Halb sechs?« rief ich entsetzt. »Wir sind im Urlaub, Tat!«

»Gut, okay, dann eben um sechs. Wir ziehen uns schnell 'nen Kaffee rein, und dann könnten wir um sieben bei der ersten Seillänge sein …«

»Du willst es noch mal versuchen?« fragte ich entgeistert. »Um diese Zeit wird alles knüppelhart gefroren sein.«

»Schon möglich, aber auf der ersten Seillänge wird das Eis nicht besser sein als heute. Es wird genauso mieses Zuckereis sein, in dem man keine Schrauben anbringen kann.«

»Eine schon«, widersprach Tat. »Du hattest doch eine auf der ersten Seillänge.«

»Die hätte bei einem Sturz nicht mal 'ne Fruchtfliege gehalten, das weißt du verdammt genau.«

Er grinste und nickte zustimmend. »Na ja, das ist wahr, aber du könntest diese Seillänge wieder übernehmen. Du hast sie wirklich gut gemeistert, fand ich. Ein bißchen lahm zwar …«

»Ein bißchen lahm?« rief ich empört. »Na klar war ich verdammt lahm. Schließlich war das Eis gerade dabei, sich in Wasser aufzulösen.«

»Ja schon, aber es hat nie so ausgesehen, als würde dir ein Sturz drohen, oder? Du warst immer gut verankert.«

»Möglich«, räumte ich geschmeichelt ein.

»Du könntest es problemlos noch mal machen.«

»Aber ohne Schrauben ist es ein regelrechtes Solo«, murrte ich. »Und von wegen 5. Schwierigkeitsgrad. Wir haben schon etliche so schwierige Klettertouren gemacht, sogar noch schwierigere, und dieses Ding heute war extrem. Eher 6. Grad und verdammt gefährlich. Schrotthaken, Schrotteis…«

»Ja, aber was für eine grandiose Route«, sagte Tat schwärmerisch und deutete auf den aufgeschlagenen Kletterführer. »Sieh dir nur diesen Couloir in der oberen Felswand an. Der sieht doch phantastisch aus, oder?«

»Ja, allerdings«, pflichtete ich ihm bei. »Fast wie 'ne schottische Route, was? Und ich wette, an diesen Felswänden lassen sich gute Sicherungspunkte anbringen.«

»Genau. Also ist es nur dieses kurze Stück, das uns aufhält. Wir können es schaffen.« Seine Begeisterung war ansteckend, und ich spürte, wie mein Interesse und meine Begeisterung zunahmen. Tat war ein großer Überredungskünstler, und er hatte ja recht. Daß wir aufgegeben hatten, war enttäuschend gewesen, und nun galt es, eine offene Rechnung zu begleichen.

»Du hast das Stück schon mal gemacht«, fuhr Tat fort, der merkte, daß mein Widerstand erlahmte. »Du weißt, was gespielt wird. Du bist darauf vorbereitet.«

»Ja, und ich hab an diesen verdammten abgebundenen Haken gehangen.«

»Darüber hab ich auch schon nachgedacht«, sagte Tat und beugte sich verschwörerisch vor. »Weißt du, als ich an diesem Dach war und darunter den Klemmkeil legen wollte, da hatte ich weder richtiges Gleichgewicht noch richtigen Einblick. Morgen werde ich eine Zwischensicherung anbringen, ehe ich die Verschneidung angehe. Dann sind es nur noch ein paar Züge, und wir sind oben.«

»Oder unten«, brummte ich. »Ich weiß nicht so recht, Tat. Mir hat das heute wirklich nicht gefallen.«

»Um sieben Uhr wird das Eis knochenhart sein. Dann sieht die Sache ganz anders aus. Na, was meinst du?«

»Okay, aber nur unter einer Bedingung«, sagte ich zögernd. »Wenn du keine gute Zwischensicherung anbringen kannst, und damit meine ich einen guten, sturzfesten Fixpunkt, dann steigen wir ab. Ohne weitere Diskussion.«

»Na gut, wenn du darauf bestehst.«

Ich lächelte und nickte bekräftigend.

Tat war damit zufrieden und beugte sich vor, um mich mit einem Arm an sich zu drücken, wie es seine Art war. Voller Vorfreude und energiegeladen stand er auf. Keine Spur mehr von der deprimierten, schweigsamen Gestalt, die mit finsterer Miene zum Auto getrottet war. »Also dann, um sechs Uhr Abmarsch?« fragte er, um sicherzugehen, daß ich keinen Rückzieher machte.

»Ja«, antwortete ich verdrossen.

»Keine Bange, ich weck dich.«

»Das hab ich mir fast schon gedacht.«

Es war kalt, und in der Wand war es still. Unter dem Eis rann kein Schmelzwasser. Tat hatte recht gehabt, was die erste Seillänge anging, und obwohl ich vorsichtig kletterte, bewältigte ich sie in ungefähr der halben Zeit. Ich kletterte zügig über die Schnee- und Eispassagen, ohne mich mit der Suche nach möglichen Zwischensicherungen aufzuhalten. Allmählich kam ich zu dem Schluß, daß Tats Idee, früh am Morgen zu starten, das einzig Richtige gewesen war, um es zu schaffen.

Als ich mich jedoch dem Standplatz mit den zwei Knifeblades näherte, schwand meine gerade erwachte Begeisterung. Ich klinkte mich in die Haken ein, postierte mich auf der schmalen, gefrorenen Grassode und starrte düster zu der Verschneidung hinüber. Sie sah äußerst tückisch aus. Selbst in fest gefrorenem Zustand wirkten die dünnen Wassereispartien morsch und porös. Ich blickte erneut zu den Haken hin, in der Hoffnung, sie machten heute einen vertrauenerweckenderen Eindruck. Sie sahen jedoch eher noch schlimmer aus als am Vortag.

Während ich die Seile einholte und Tat behende zu mir hochgeklettert kam, versuchte ich nachzuvollziehen, wie ich mir hatte einreden können, diese Route könne knapp fünfzehn Stunden später auch nur eine Spur anders sein als tags zuvor. Als ich der Wand gestern den Rücken gekehrt hatte, war ich heilfroh gewesen, mit dem Leben davongekommen zu sein, und nun war ich wieder hier, in genau derselben Lage. *Du bist doch total bescheuert! Nichts hat sich verändert. Du hängst wieder an denselben wackligen Haken, das Eis ist immer noch Schrott, und Tat arbeitet sich gerade in einen wahren Begeisterungsrausch hinein. Was hattest du dir bloß dabei gedacht?*

»Nicht übel, was?« sagte Tat munter, als er den Standplatz erreichte. »Hab ich dir nicht gesagt, alles würde bestens sein?« Ich starrte ihn mit offenem Mund an. »Na gut, laß uns weitermachen, solange es noch kalt ist«, fügte er hastig hinzu.

»Hör mal, Tat.« Ich gedachte ihm zu sagen, daß ich absteigen wollte.

»So, nun gib mir mal die Schrauben rüber.«

Ich reichte ihm den Bund. »Ich dachte eigentlich …«

»Hast du die Haken?«

Ich suchte an meinem Klettergürtel die Haken heraus, nahm sie ab und gab sie ihm.

»Dieser Sicherungspunkt wird nach wie vor nichts taugen«, sagte ich. »Ist dir das klar?«

»Ja, ja, ich werd schon was versenken, keine Angst.«

»Ich hab aber Angst, zum Kuckuck noch mal!«

»Gut, jetzt wart's mal ab, Kid«, sagte Tat, und ehe ich weiteren Protest erheben konnte, hatte er ein Bein über die Verschneidung gespreizt. Mir wurde ganz flau. Mein Magen fühlte sich leer an und schmerzte. *Das liegt daran, daß er tatsächlich leer ist, verdammt! Wir haben nichts gefrühstückt, weil dieser Idiot uns schon wieder umbringen will*, dachte ich, während ich zusah, wie Tat unter dem Dach mit Klemmkeilen und Haken herumhantierte. *Laß ihn auf keinen Fall weitersteigen, wenn er keine solide Sicherung anbringen kann, keinen einzigen Zentimeter.*

Fünfundvierzig lange Minuten fummelte Tat herum, bis er endlich einen winzigen Metallkeil, der nicht viel dicker als ein Streichholzkopf war, in dem Riß unter dem Dach plaziert hatte.

»Okay, jetzt paß mal auf.«

»Taugt der was?« fragte ich nervös.

»So lala«, sagte Tat und stieß den linken Eispickel vorsichtig gegen eine winzige Felskante. Auf der Oberfläche des glatten, kompakten Kalksteins schimmerte ein spiegelglatter Eisbelag.

»Meinst du, er hält?« fragte ich ängstlich, als er sich zum Dach hinaufzog.

»Vielleicht«, knurrte er, und das war alles. Ich konnte nichts tun. Er hatte eindeutig vor, die Verschneidung anzugehen. Seine Steigeisen schrammten über den Fels, als er sie auf winzigen Unebenheiten zu plazieren versuchte. Mit dem rechten Arm griff er nach oben und klopfte vorsichtig mit der Axt aufs Eis. Ich nahm das vertraute Klicken von Metall wahr, das gegen Stein schlägt. Er probierte es erneut und schwang das Bein aufs Geratewohl zur Seite.

»Weiter rechts«, sagte ich. »Dreißig Zentimeter weiter rechts ist eine Stelle mit dickerem Eis.« Er gab nur ein Knurren zur Antwort und schwang das Bein wieder zur Seite. Der Eispickel hielt. Mit dem rechten Steigeisen scharrte er Halt suchend an der Verschneidung entlang. Eine Frontalzacke blieb in einer Einkerbung stecken. Tat belastete die Zacke. Inständig hoffte ich, daß sie hielt.

Dann war ein metallisches Klicken zu hören, und ich sah mit eiskaltem Entsetzen, wie der winzige Klemmkeil aus dem Riß glitt, am Karabiner das Seil hinabrutschte und an meiner Hand landete. Geschockt starrte ich erst auf den Keil und dann zu Tat hinüber, der mit gespreizten Armen und Beinen über der Verschneidung hing. Ich wußte, daß er nicht zurückkonnte und nicht gemerkt hatte, daß seine einzige Sicherung gerade herausgefallen war. Ich schwieg und machte mich nervös auf den Zug der Seile gefaßt, mit denen ich an zwei unsicheren abgebundenen Haken hing.

Tat richtete sich vorsichtig auf, bis beide Arme angewinkelt waren; die Hände, mit denen er die Eispickel umklammert hielt, waren gegen die Brust gedrückt. Ich beobachtete, wie er den linken Fuß zur Seite schob und nach einer Stelle mit dickerem Eis suchte. Er kickte sachte umher, bis sich die Zacken in eine zentimeterdicke Schicht aus sprödem Wassereis gruben. Einen langen Augenblick blieb er so hängen, um nachzuspüren und abzuwägen, ob er sicheren Stand hatte; dann nahm er das Gewicht vom linken Eispickel, mit dem er sich an der Felskante verankert hatte. Ich hielt den Atem an, als Tat den Arm ganz ausstreckte. Ich konnte erkennen, daß er knapp in Reichweite einer Stelle mit dickerem, fester erscheinendem Wassereis war. *Na los, Tat, pack es, pack es,* feuerte ich ihn innerlich an, während er sich abmühte, mit dem Pickel noch ein Stück höher zu kommen.

Als er die Haue ins Eis stieß und ich sah, daß sie biß, waren auf einmal ein rauhes Kratzen und das Gerassel von herabfallendem Eis zu hören, und dann schnellte Tats linker Fuß ins Leere. Ich zuckte zusammen und erstarrte, als er sich wie eine offene Tür seitlich wegdrehte. Hin und her pendelnd hielt er sich verbissen am linken Eispickel fest, den er kurz zuvor plaziert hatte. Dann begann er, sich ganz vorsichtig am linken Arm hochzuziehen. Er schwang den linken Fuß nach hinten, schrammte damit am Fels entlang und fand auf einer anderen Platte lose haftenden Eises Halt.

Vor Schreck, Tat um ein Haar abstürzen zu sehen, vergaß ich fast zu atmen. Als mir die Erkenntnis durch den Kopf schoß, daß ich gleich aus dem Stand gerissen würde, wurde mir ganz schlecht. Ich fragte mich, ob ich solch einen Sturz überleben könnte. Würde der Schneekegel am Wandfuß den Aufprall dämpfen? Fast mußte ich über meine Verzweiflung lachen. Als ich in meiner Kehle einen bitteren Geschmack wahrnahm und mich fragte, ob ich mich gleich übergeben müßte, war ich froh, nichts gefrühstückt zu haben.

Tat keuchte vor Anstrengung, nicht das Gleichgewicht zu verlieren und die Eispickel ruckfrei und konstant zu belasten. Ich konnte ihm nicht helfen, und weil ich vor Angst wie gelähmt war, kam ich auch nicht auf den Gedanken, ihm etwas Aufmunterndes zuzurufen. Das einzige, was mir einfiel, war *Fall bloß nicht runter,* eine Bemerkung, auf die Tat vermutlich verzichten konnte.

Ich sah, wie er den rechten Eispickel löste und ihn zu einer Stelle knapp über seinem linken Eisgerät hinstreckte. Als er gerade zum Schlag ausholen wollte, sprach ich ihn an, so ruhig ich konnte.

»Das ist zu nah am linken Pickel, Tat«, sagte ich. »Das Eis wird zerspringen. Und dann haut's dich runter.«

Er zögerte und plazierte den Pickel vorsichtig wieder an der vorherigen Position. Dann warf er einen Blick auf die Frontalzacken seines rechten Steigeisens. Eine Innenzacke steckte noch in einer winzigen Eiskante. Er hob den Fuß und stieß diese Zacke dreißig Zentimeter weiter oben in einen dünnen Riß in der Verschneidung. Er drehte die Ferse nach links, damit sich die Zacke tiefer in den Riß grub. Ich hörte, wie der Fels unter dem Druck der Stahlzacke knirschte. Indem Tat das rechte Bein ganz durchstreckte, gewann er genügend Höhe, um den rechten Pickel ein gutes Stück über dem linken Pickel zu plazieren, und er schlug ihn energisch ein. Die Haue grub sich in festes Wassereis.

»Ja!« rief er triumphierend. Während er mit den Füßen Halt suchend umhertastete, zog er sich hoch und schlug den linken Eispickel ein Stück weiter links oben in noch dickeres Eis. Die Gefahr war gebannt. Wir hatten die Route in der Tasche. Ich würde noch ein Weilchen länger leben.

Ich atmete auf und schüttelte den Kopf. Als ich mit zittrigen Händen den Klemmkeil von den Seilen löste, bebte ich vor Wut. Wie noch nie in meinem Leben hatte ich heute das Schicksal herausgefordert. Nichts war anders gewesen als am Vortag, und trotzdem hatte ich es geschehen lassen. Keine Zwischensicherungen, keine Standplatzsicherungen und miserables Eis. Warum hatte ich mich darauf eingelassen? Die Antwort lag auf der Hand. Ich hatte nicht schon wieder vor Tat klein beigeben wollen. Weil ich nicht als Schwächling oder Hasenfuß angesehen werden wollte, hatte ich alles riskiert, um das Gesicht zu wahren. So sollte man keine Entscheidungen treffen, und ich wußte, daß ich ein Dummkopf war.

Ich war zwischen Wut und Freude hin- und hergerissen. Ich freute mich für Tat. Er hatte bekommen, was er wollte, und ich bewunderte sein Geschick, seinen Mut und die Gelassenheit, die er gerade unter immensem Druck unter Beweis gestellt hatte. Nun, da er es geschafft hatte, konnte er wohl oder übel behaupten, daß es eine gute Entscheidung gewesen sei.

Das war es jedoch nicht gewesen, und ich ärgerte mich über mich selbst, weil ich nichts sagte. Ich hatte deshalb in einer unangenehmen Lage gesteckt, hatte einfach nur dastehen und zusehen müssen, während mein restliches Leben vom zweifelhaften Halt einiger Millimeter brüchigen, schmelzenden Eises und der Reibung einer winzigen, gegen ein Felsstückchen kratzenden Metallzacke abhing. Früher wäre ich vermutlich der Ansicht gewesen, daß genau dies das Entscheidende war. Auf dem schmalen Grat zwischen Leben und Tod wurde man zu dem, der man war. Während ich wacklig auf einem brüchigen, mit einem gefrorenen Graspolster bedeckten Felssims stand, kamen mir plötzlich alle meine Rechtfertigungen fürs Klettern nichtig vor.

Was wir da gerade gemacht hatten, war nichts weiter als ein gefährliches Spiel gewesen. Und wofür? Um sagen zu können, wir hätten eine Eiskletterroute im 5. Grad unter gefährlich instabilen Verhältnissen bewältigt? Wir konnten mit Fug und Recht sagen, daß sie eher Grad 6 oder 7 entsprochen habe. Beide waren wir technisch anspruchsvollere Routen geklettert, aber nie bei so riskanten Verhältnissen. Unfälle passieren, weil wir alle fehlbar sind. Wir machen Fehler, wir schätzen die Verhältnisse falsch ein, wir übernehmen uns; doch nachdem wir nun schon seit so vielen Jahren Berge bestiegen, so viele Unfälle und Todesfälle miterlebt hatten, hätten wir zumindest wissen müssen, wann es den Rückzug anzutreten galt. Wir waren von der Lage keineswegs überrascht worden, so daß uns nichts anderes übriggeblieben wäre, als damit fertig zu werden. Wir hatten gewußt, daß die Verhältnisse nicht gut waren, und hatten es trotzdem ein zweites Mal versucht, anstatt auf unsere innere Stimme zu hören.

Die Tour war es nicht wert, daß wir dafür unser Leben aufs Spiel setzten. Die Idee vom »Deep Play«, bei der ein Spieler ein extremes Risiko eingeht, wenn er weit mehr zu verlieren hat, als er überhaupt gewinnen könnte, wäre auch eine treffende Beschreibung für einige Stufen beim Klettern; dieses Spiel in der Realität zu spielen, erschien mir jetzt jedoch lächerlich und anmaßend.

Als ich dann zu Tat aufschloß, fiel es mir trotzdem schwer, mich nicht von seiner überbordenden Begeisterung und Freude anstecken zu lassen.

»Hi, Kid«, sagte er lächelnd und drückte mich mit einem Arm stürmisch an sich, so daß es mich fast aus dem Stand gerissen hätte. Ich hielt mich an den Sicherungsschlingen fest, um wieder ins Gleichgewicht zu kommen.

»Guter Vorstieg, verdammt guter Vorstieg«, meinte ich.

»Das war knapp.«

»Der Keil ist rausgefallen«, sagte ich schroff.

»Hab ich mir fast gedacht«, erwiderte Tat fröhlich.

»Ich hab dich schon runterfliegen sehen, wollte ich damit sagen.«

»Es hat nicht viel gefehlt«, räumte er ein. »Aber ich hatte das Gefühl, gut verankert zu sein. Du bist die Strecke ziemlich schnell geklettert.«

»Zwei Humpen Adrenalin haben mir dabei geholfen«, antwortete ich bissig. »So wie ein Seil, durch das man von oben gesichert ist. Meiner Meinung nach hätten wir das lassen sollen. Wir sind um ein Haar draufgegangen.« Ich sah Tat eindringlich an.

»Schon möglich.« Er wirkte plötzlich betreten, so, als sähe er ein, daß wir zu weit gegangen waren.

»Ich dachte, du seist die Risiken leid. Du hast doch gesagt, daß es sich nicht lohnt, dafür zu sterben.«

»Das hat es noch nie.« Doch dann zuckte er die Achseln und konnte ein Grinsen nicht unterdrücken. »Aber wir sind nicht tot, und wir haben's geschafft, wo also ist das Problem? Na los, laß uns den Rest machen.« Ungeduldig reichte er mir Klemmkeile, Haken und Eisschrauben. »Nach links oben, und dann geht's im Bogen zu der schmalen Felsrinne rüber.« Er deutete über einen kurzen Eisstrom, der in einen felsigen Einschnitt führte.

Eine Dreiviertelstunde später seilte ich mich von einer abgebundenen Eisschraube wieder zu der Stelle hin ab, an der Tat gesichert war. Ein Graupelschauer fegte durch die Rinne. Die Sonne hatte den Gipfel der Wand erreicht.

»Tut mir leid, Tat«, sagte ich, zerknirscht über meinen zweiten Rückzug innerhalb von zwei Tagen. »Da war kein Eis mehr. Anfangs war es gut, dann wurde es naß und dünn. Und danach war gar nichts mehr da – nur eine fünf Meter hohe glatte Felsrinne. Keine Risse, keine Keile. Ich kam da nicht hoch.«

»Na gut«, sagte Tat und lächelte mich an, von seinem Erfolg immer noch berauscht. »Dann nichts wie weg hier.«

»Hä?« Ich war platt. »Willst du's denn nicht versuchen?«

»Nein.« Er begann, die verknäulten Seile auseinanderzusortieren. »Wenn du da nicht hochgekommen bist, schaff ich's wahrscheinlich auch nicht. Also komm, runter geht's.«

Wir seilten uns zügig ab und landeten sicher auf dem Schneekegel. Während wir zum Auto stapften, wunderte ich mich, daß Tat so gefaßt wirkte. Ich hatte mit der gleichen düsteren, enttäuschten Miene wie gestern gerechnet. Zumindest hätte ich ein paar bissige Bemerkungen erwartet, daß ich ihn erneut im Stich gelassen hätte. Während wir die Ausrüstung im Kofferraum verstauten, hielt Tat auf einmal inne und sah zur Wand hinüber.

»Wir machen die Tour nächstes Jahr«, verkündete er.

»Aber nur bei guten Verhältnissen«, wandte ich ein.

»Na klar, ohne Wenn und Aber.«

Ich wußte, daß es kein »Wenn und Aber« gab. So wie ich Tat kannte, würden wir die Tour nächstes Jahr wieder versuchen.

»Weißt du eigentlich, was *Alea Jacta Est* bedeutet?« fragte Tat und nahm einen kräftigen Schluck Bier.

»Nein«, erwiderte ich. »Das ist Latein, oder?«

»Ja, deshalb frag ich dich ja«, sagte Tat. »Du hast doch Latein gehabt, oder?«

»Ich war in Latein so schlecht, daß ich im Unterricht die meiste Zeit in der Ecke stehen mußte, weil ich nicht wußte, wie man irgend so ein blödes Verb im Plusquamperfekt konjugiert. Ich hab nicht mal kapiert, was das Plusquamperfekt eigentlich ist, geschweige denn das Gerundiv.«

Ich trank mein Bier aus. »Was glaubst denn du, was es bedeutet?«

»Ich bin mir nicht sicher. Das bißchen Latein, das ich während des Medizinstudiums gelernt habe, ist ziemlich eingerostet, aber ich glaube, es heißt: ›Du mußt die Schuld bei dir selbst suchen‹. Gut, was?«

»Stimmt ungefähr«, lachte ich. »Außer, daß ich derjenige gewesen wäre, der die Schuld bei dir gesucht hätte«, fügte ich hinzu.

»Nur so lange, bis wir am Boden zerschmettert gewesen wären.«

Im darauffolgenden Winter fuhren Tat und ich wieder nach La Grave und fanden die Route *Alea Jacta Est* in weit besserem Zustand vor. Wir bewältigten sie ohne Probleme, und es erwies sich, daß Tat recht gehabt hatte. Es war eine phantastische Tour. Und außerdem die letzte Eiskletterroute, die wir gemeinsam machen sollten.

Später einmal erfuhr ich, daß *alea iacta est* eigentlich *der Würfel ist gefallen* bedeutet und auf einen Ausspruch des Julius Cäsar zurückgeht: Als dieser den Fluß Rubikon überschritt und damit den römischen Bürgerkrieg auslöste, gab es kein Zurück mehr.

Wenn die Route in gutem Zustand war, schien dieser Name nicht ganz treffend, aber in dem gefährlichen Zustand, in dem wir sie beim ersten Versuch angegangen waren, paßte er nur zu gut. Eigentlich war die Tour das meiner Meinung nach schon immer gewesen: ein inakzeptables Hasardspiel, ein letzter Wurf des Würfels, eine eisige Version von russischem Roulette.

Kapitel 2

Vorgeschmack auf die Sterblichkeit

Die Séracs waren mir ganz und gar nicht geheuer gewesen. Durchs Fernglas hatten sie sogar noch bedrohlicher gewirkt als mit bloßem Auge. Ich wandte den Blick von der Südwand des Chaupi Orco und sah zu Yossi Brain hinüber, der bei den Gaskochern kauerte. Auf dem Schottereis des Gletschers waren kreuz und quer Zelte errichtet worden. An das hinterste Zelt grenzten ein paar parallel verlaufende Gletscherspalten, und dahinter schlängelte sich der Gletscher in weitem Bogen zur grünen Pampa im Tal des Lago Soral hinab.

»Yossi«, rief ich, und er sah von den dampfenden Töpfen auf. »Hast du 'nen Moment Zeit?« Ich gab ihm zu verstehen, daß ich unter vier Augen mit ihm reden wollte, außer Hörweite der Gäste. Yossi erhob sich und schlenderte auf mich zu. Er war ein hochgewachsener Mann mit schmalem Gesicht und einer strohblonden, zu einem Pferdeschwanz gebundenen Mähne.

»Was gibt's?« fragte er, während wir ein Stück über den Gletscher spazierten.

»Na ja, vielleicht bilde ich mir das nur ein, aber die Séracs da oben gefallen mir nicht.« Ich reichte ihm mein Fernglas, und er nahm den Bereich mit den Séracs in Augenschein. Am Fuß der Südostwand des Berges wälzte sich zwischen zwei großen Felspfeilern der bucklige, schneebedeckte und von Spalten durchsetzte Gletscher hinab. Rechts davon ragten die in Zinnen und blockartigen Türmen auslaufenden Felswände auf. Direkt oberhalb der Felsen flankierte ein schöner kegelförmiger Schneegipfel die rechte Seite eines tief eingeschnittenen, verschneiten Sattels, der diesen kleineren Berg vom rundschultrigen Massiv des 6044 Meter hohen Chaupi Orco trennte. Dort, wo der Gletscher zu dem Sattel hin anstieg, war er in eine Reihe kurzer Eisfälle gezwängt, die von Schotter und Felsblöcken durchsetzt waren.

Nach dem, was Yossi mir gesagt hatte, würden wir am nächsten Morgen vor Tagesanbruch über die Geröllfelder hinaufsteigen und unterhalb des größten Eisfalls zu einer spitz zulaufenden Geröllbank an der rechten bzw. östlichen Flanke des Berges queren. Das würde mit Sicherheit technisch nicht schwierig sein, und ich wußte, daß wir die Lawinengefahr durch ein zügiges Tempo verringern konnten. Aber genau da lag das Problem. Ich bezweifelte, daß die Gruppe fit genug war, um so schnell voranzukommen.

Seit zweieinhalb Wochen waren wir in der abgeschiedenen Region der Cordillera Apolobamba in den bolivianischen Anden unterwegs. Im Auftrag von *High Places*, eines in Sheffield ansässigen Abenteuer-Trekking-Unternehmens, leitete ich eine Gruppe Bergsteiger und Bergwanderer auf einer dreiwöchigen Erkundungstour dieses selten besuchten bolivianischen Gebirgszuges. Yossi Brain, ein ehemaliger Journalist, der jetzt in La Paz wohnte, hatte die Routen für die Trekking- und Klettertouren ausgearbeitet. Bislang hatten wir einen einzigen Berg bestiegen, den Cuchillo mit 5660 Metern, einen imposanten, pyramidenförmigen Gipfel, der keine großen Schwierigkeiten bereitet hatte. Der Blick über den Altiplano der Cordillera Real war atemberaubend gewesen, und zu diesem Zeitpunkt hatte ich noch geglaubt, daß unsere Hoffnung, in dieser herrlich abgeschiedenen Gegend drei weitere Berge erklimmen zu können, nicht zu hochgesteckt war. Seit dem langen Marsch mit schwerem Gepäck zu unserem Hochlager am Gletscher unterhalb des Chaupi Orco hatten wir jedoch keine weiteren Gipfel erstiegen.

Die Trekkingtour bis hierher war phantastisch gewesen. Weil es in dem Gebiet nur vier mehr oder weniger große Siedlungen gab, hatten sich unterwegs einige logistische Probleme ergeben, vor allem, was den Nachschub von Proviant und Brennstoff anbetraf; schwierig war es auch gewesen, genügend Esel, Maultiere und Lamas zu mieten. Das Gefühl der Abgeschiedenheit war durch das rauhe, trockene Klima dieser Region und durch die drückende Armut, die die Indios mit stoischem Gleichmut ertrugen, noch gesteigert worden.

Jenseits der kleinen Bergarbeitersiedlung Viscachani hatte unser Weg durch eine Hochebene geführt. Nachdem ich mit der Gruppe einen Paß von fast 5000 Metern Höhe überquert hatte, war ich in Richtung einer aufgelassenen Goldmine vorausgegangen, die hoch an einem felsigen Steilhang oberhalb der häßlichen und verfallenen Siedlung Sunchuli lag. Ich hatte meinen Walkman aufgesetzt, hörte Musik von Van Morrison und warf hin und wieder einen Blick nach hinten, um festzustellen, wie die Gruppe vorankam. Wie so oft, war ich etwas zu schnell gegangen, aber zu meiner Beruhigung bildeten Yossi und Pira die Nachhut, und ich nahm mir vor, bei der alten Goldmine auf die anderen zu warten.

In weiter Ferne tauchte auf einmal eine kleine Gestalt auf, ein Indio, der sich in einem eigenartigen Gang schräg von mir weg bewegte. Eine Weile später merkte ich, daß er die Richtung geändert hatte und nun in forschem Tempo direkt auf mich zumarschiert kam. Als er noch etwa 500 Meter entfernt war, begann er mit den Armen zu fuchteln und beängstigend hektisch auf seinen Kopf zu deuten. Mit plötzlich erwachender Furcht, mutterseelenallein mit dem einzigen Verrückten in einer ansonsten menschenleeren Gegend konfrontiert zu sein, blickte ich mich nervös nach den anderen um. Dann blieb ich stehen und sah dem

herannahenden Mann argwöhnisch entgegen. Beunruhigend
waren nicht nur seine Armbewegungen, sondern auch das wilde
Grinsen auf seinem Gesicht, und ich hielt meine Skistöcke ein
wenig fester, bis der Mann atemlos vor mir stehenblieb und ein
kleines Transistorradio schwenkte, das er zuvor ans linke Ohr
gepreßt hatte. Er riß sich den Poncho von der Schulter, streckte
das Radio in die Höhe und rief:»Frankreich – Brasilien: zwei zu
null!«

Ich starrte ihn verständnislos an.»Fußball, World Cup, si!«
verkündete er freudestrahlend.»Brasilien null, ha, ha!« Er
gluckste vor Vergnügen und schritt ohne ein weiteres Wort
zielstrebig in die einsame Pampa hinein. Ich lauschte seinem
Gekicher und den begeisterten Aufschreien, die er ab und zu
ausstieß, wobei er triumphierend die Faust in die Luft reckte. Ein
wildfremder Mensch hatte soeben einen eineinhalb Kilometer
langen Umweg gemacht, um mich zu informieren, daß Frankreich im Begriff war, die Fußballweltmeisterschaft 1998 zu gewinnen.

Das erinnerte mich an einen ähnlichen Vorfall, von dem mir
Tom Richardson einmal erzählte. Auf einer Expedition hatte er
sich auf der Ebene unterhalb des Mount Kenya ausgeruht,
nachdem er höhenkrank geworden war. Auf einmal kam von
einem leeren Horizont eine einsame Gestalt auf ihn zu. Zuerst
war es nur ein kleiner Punkt, doch während die Gestalt, Staub-
wolken um die Füße, direkt auf Tom zugeschritten kam, wurde
sie immer größer und mächtiger. In der Hoffnung, der Fremde
habe einen anderen im Visier, blickte Tom sich um, stellte aber zu
seinem Schrecken fest, daß er völlig allein war. Als die Gestalt
schon ganz nahe war, erkannte Tom, daß es ein hochgewachsener, imposanter Massai-Krieger im traditionellen roten Gewand
war, eine stattliche und – mit einem langschaftigen Speer bewaffnet – einigermaßen einschüchternde Gestalt. Als der Mann
schließlich vor Tom stehenblieb, neigte er den Kopf und verkündete mit tiefernster Stimme:»Elvis Presley ist tot.« Dann
schritt er ohne ein weiteres Wort von dannen und ließ Tom
sprachlos zurück.

Die Cordillera Apolobamba, ein Arm der Cordillera Real, liegt nördlich des Titicacasees und erstreckt sich bis nach Peru hinein. Erst im Jahr 1957 wurde zum ersten Mal eine Bergsteiger-expedition dorthin unternommen, und es gab dort noch immer viele unbestiegene Gipfel von über 5000 Metern Höhe. Es gab kaum Kartenmaterial von dieser schwer zugänglichen und nur schwach besiedelten Region, und viele Bergsteiger – und eigentlich auch alle anderen – scheuten vor einer Erkundung zurück. Aber es gebe dort buchstäblich Tausende noch unbegangene Routen, hatte Yossi mir in La Paz vorgeschwärmt, während er mir die Druckfahnen seines Kletterführers über Bolivien zeigte, der in Kürze erscheinen sollte.

Zu dem Zeitpunkt, als wir den Chaupi Orco in Angriff nehmen wollten, den höchsten Berg der Apolobamba-Kette, der zudem bis dahin erst ein einziges Mal erfolgreich bestiegen worden war, waren wir noch nicht so akklimatisiert, wie ich es mir erhofft hatte. Erschwerend kam hinzu, daß die eine Hälfte der Gruppe – die im Zeltlager auf der weiten Pampa unterhalb von Paso Yanacocha auf unsere Rückkehr wartete – mit einem unvorher-gesehenen Mangel an Brennstoff und einem Minimum an Proviant zu kämpfen hatte. Yossis logistische Planung war etwas danebengegangen. Weil es bis zum nächstgelegenen Dorf Pelucho ein Zweitagesmarsch war, stand uns wohl allen eine Fastenkur bevor.

Nach tagelangem Wandern über hohe Pässe waren wir in guter Kondition. Zwölf der Pässe, die wir auf dem gewundenen Anmarschweg zum Chaupi Orco überschritten hatten, waren sogar über 4500 Meter hoch gewesen; ich hatte jedoch gehofft, daß wir vor seiner Besteigung mindestens zwei, vielleicht auch drei Gipfel zwischen 5500 und 6000 Metern in der Tasche hätten. Unsere Kondition reichte aus, um hohe Pässe zu überqueren, aber nicht unbedingt, um einen Sechstausender zu erklettern. Nun, da es auf Schnelligkeit ankam, befürchtete ich, daß einige Gruppenmitglieder zu langsam sein würden. Von den zehn Gästen der Hauptgruppe hatte es nur eine Handvoll zum Hochlager geschafft, und von diesen wiederum hatte bereits einer beschlossen, nicht an der Bergtour teilzunehmen. Bei Yossi war gerade eine Grippe im Anzug. Also blieben nur noch Pira, unser unglaublich durchtrainierter spanischer Bergführer, und ich, um die übrigen drei Gäste zu führen.

Yossi ließ das Fernglas sinken und blinzelte zur Südwand hinüber, die im grellen Licht der Nachmittagssonne lag.

»Ich finde nicht, daß die Séracs sonderlich beängstigend aussehen«, sagte er. »Bei der Erstbesteigung ist der Berg in genau demselben Zustand gewesen.«

»Ja gut, aber das bedeutet nicht unbedingt, daß es der richtige Zustand ist.«

»Auf der rechten Seite sehen die Séracs etwas tückisch aus, aber sobald ihr diese Geröllfelder dort erreicht habt, kann euch nichts mehr passieren.« Er gab mir das Fernglas zurück. »Es würden sowieso nur kleine Brocken runterbrechen.«

»Kleine Brocken sind relativ, Yossi, wenn's sich dabei um Eis handelt. Es sind nicht viele kleine Brocken nötig, um einen zu erschlagen.«

»Es wird schon gutgehen.« Er wandte sich ab und ging zu den Kochern zurück. »Ich muß Tee machen. Besprich das mit Pira.« Meine Bedenken ließen ihn offensichtlich ziemlich kalt. Außerdem hatte er soeben verkündet, daß er wegen seines aufziehenden Fiebers als Bergführer ausfallen werde.

Ich wandte mich um und studierte erneut die Séracs. *Vielleicht hat er recht? Vielleicht liegt es nur an mir?* dachte ich. *Ich werde allmählich zu ängstlich für dieses Spiel.* In den meisten Fällen muß man in den Bergen ein gewisses Maß an objektiver Gefahr einfach hinnehmen. Man kann zwar versuchen, sie möglichst gering zu halten, indem man schnell oder bei Nacht klettert, wenn es friert, die losen Steine festgefroren sind und die Séracs nicht der Mittagssonne ausgesetzt sind. Aber die Gefahr kann niemals ganz ausgeschaltet werden, und wenn man Pech hat, ist man ihr hilflos ausgeliefert.

Erst vor drei Jahren waren zwei meiner Freunde, Paul Nunn und Geoff Tier, auf dem Haramosh im Karakorum ums Leben gekommen, als ein scheinbar stabiler Sérac eingestürzt war. Ihre beiden Begleiter, die das Hochlager auf dem Gletscher vor ihnen erreicht hatten, konnten in der Ferne ihre Stimmen hören. Während sie Tee kochten, wurde die Nachmittagsstille plötzlich vom dumpfen Grollen einer Eislawine zerrissen, und die Stimmen verstummten. Paul und Geoff wurden nie mehr gesehen.

Paul Nunn war in so vielerlei Hinsicht ein »großer« Mann gewesen, nicht nur bezüglich seiner Statur und seiner phänomenalen Körperkraft, sondern auch was seine enormen Bergsteigererfahrungen anbetraf. Er war in einer Zeit geklettert, als die Unfall- und Todesraten noch erschreckend hoch waren. Paul hatte alles unbeschadet überstanden, manchmal mit knapper Not und mit vielen dramatischen Situationen, von denen er hinterher gern erzählte. Für mich war er ein Freund gewesen, aber auch ein Mann, den ich bewunderte und vor dem ich große Achtung hatte. Aufgrund seiner riesigen Erfahrung und seiner imposanten Gestalt war er mir unverwüstlich erschienen. Eine gefährliche Vorstellung, ich weiß, aber auf Paul schien sie zuzutreffen. Von einem anderen Freund habe ich einmal das gleiche gedacht und mich dabei gefragt, ob man damit nicht das Schicksal herausfordere. Er kam dann bei einem Flugzeugzusammenstoß in den Bergen bei Katmandu ums Leben.

Die Nachricht von Pauls Tod kam aus heiterem Himmel und war unfaßbar. Sie machte mir sehr zu schaffen, und damals fragte ich mich, wie es wohl um uns andere stand, wenn einer wie Paul, der es verdient gehabt hätte, ein glückliches und hohes Alter zu erreichen, so leicht ums Leben kommen konnte. Geoff Birtles, der Herausgeber des Magazins *High Mountain Sports*, sagte einmal: »Das weiße Zeug ist tödlich, Schluß, aus, fertig«, und er hatte recht. Letzten Endes ist alles nur eine Frage der Wahrscheinlichkeit. Wenn man ständig den Kopf ins Maul des Löwen steckt, wird er eines Tages zubeißen, und dann ist es gleichgültig, für wie gut oder stark oder vom Glück begünstigt man sich hält.

Daß Paul so einfach von der Erdoberfläche verschwinden konnte, nachdem er einen relativ ungefährlichen Berg bestiegen hatte, erschütterte mich bis ins Mark. Von dem Moment an, da diese Vorstellung sich in meinem Kopf festgesetzt hatte, fiel es mir immer schwerer, mich auf das Kletterspiel einzustimmen. Die Nachricht von Alison Hargreaves' Tod, bei einem plötzlich ausbrechenden Unwetter hoch oben auf dem K2 eine Woche später, war ein weiterer Schlag.

Unwägbare Gefahren wie Steinschlag und Lawinen waren mir alles andere als unbekannt, aber ich hatte immer geglaubt, das Risiko ließe sich durch gutes Urteilsvermögen und Erfahrung beträchtlich verringern. Selbst nachdem Roger Baxter Jones mit seinem Kunden ums Leben kam, als die Séracgruppe an der Nordwand des Triolet herabstürzte, redete ich mir noch ein, daß solch ein Risiko akzeptierbar sei. Als ich 1981 kurz vor dem Gipfel der Courtes in den französischen Alpen eine Lawine lostrat, war das zwar eine erschreckende Erfahrung, aber ich war hinterher überzeugt, daß es meine eigene Schuld gewesen war. Ich war müde und dehydriert gewesen und hatte nicht aufmerksam genug auf die potentiellen Gefahren der Schneeverhältnisse geachtet. Nachdem ich fast 600 Meter bis zu dem Gletscher darunter abgestürzt war – bis heute vermutlich der schnellste Abstieg von den Courtes –, mußte ich mir die unangenehme Wahrheit eingestehen, daß ich ein verdammter Idiot gewesen war und sehr, sehr viel Glück gehabt hatte, mit dem Leben davongekommen zu sein. Das Positive an diesem Erlebnis ist, daß ich ein gehöriges, fast schon krankhaftes Mißtrauen gegen alles entwickelt habe, was nach Lawinengefahr riecht.

Wie dem auch sei, es erschien mir unfair, daß jahrelange Klettererfahrung in Fels und Eis und auf höchstem Niveau durch den plötzlichen Einsturz eines Eisturms oder den zufälligen Aufprall eines einzigen herabstürzenden Steins ausgelöscht werden konnten – so wie es Alex McIntyre 1982 auf der riesigen Südwand der Annapurna ergangen war. Andererseits kennen sich die Berge mit dem Begriff »Fairneß« nun einmal nicht sonderlich gut aus. Es war nicht so, als hätte ich diese schlichte Tatsache nicht immer bereitwillig akzeptiert, aber es behagte mir immer weniger, solche Risiken einzugehen. Die Tatsache, daß im Laufe der Jahre so viele meiner Freunde ums Leben gekommen waren, ließ mein Selbstvertrauen und meinen Wagemut – falls man blinde Mißachtung unvermeidlicher Risiken als Wagemut bezeichnen kann – immer mehr schwinden. Vielleicht war ich gerade dabei, dem Kletteralter zu entwachsen, wie es mein Vater vor über zwanzig Jahren zuversichtlich vorhergesagt hatte, als er meinte, es sei allmählich an der Zeit, daß ich mir einen ordentlichen Job suchte.

Wir packten unser Klettermaterial zusammen und legten uns hin, um vor unserem Aufbruch im Morgengrauen noch ein paar Stunden zu schlafen. Ich lag ruhelos da, lauschte dem durchdringenden Knallen vom zerspringenden Eis des Gletschers, der unter meinem Zelt rumorte, und machte mir wegen der Séracs Gedanken. *Mit deiner Angst manövrierst du dich nur in die Enge*, ermahnte ich mich. *Hör auf, dich auf ein Problem zu fixieren; finde heraus, wie es zu vermeiden ist und gehe dann das nächste an. Hör auf, über den Gesamtzusammenhang nachzugrübeln.* Es nützte nicht viel. Ich mußte weiter an Paul und die Lawine auf dem Haramosh denken. *Will ich diese Bergtour wirklich machen?* Ich war mir nicht mehr sicher.

Ich blickte auf meine Steigeisen, die sich im flackernden Licht meiner Stirnlampe in den harten Firn des oberen Gletschers bohrten. Die Seilschlingen in meiner rechten Hand spannten sich augenblicklich, als Alison Claxton bei ihrem Aufstieg innehielt. Irgendwo über mir führte Pira einen weiteren Gast, Malcolm Minchin, über das Geröllfeld. Ich verfolgte den tanzenden gelben Punkt seiner Lampe und versuchte auszumachen, welche Route er nahm, aber es gelang mir nicht. Hoch über ihm konnte ich im ersten Dämmerlicht des Morgens ganz schwach die Konturen des Sattels und des Gipfels rechts davon erkennen. Vorsichtig stiegen wir unterhalb des Gipfelgrats durchs Dunkel. Ein schwarzer Schatten rechts von Piras Licht ließ die bedrohliche Gegenwart der Zinnen auf dem rechten Felspfeiler erahnen. Schräg links über mir befanden sich die Séracs. Obwohl ich sie nicht sehen konnte, spürte ich, wie sie über uns hingen und den rechten Augenblick abpaßten.

Ich wartete, bis Alison zu mir aufgeschlossen hatte. Sie blieb stehen und beugte sich über den Pickelkopf, um Atem zu schöpfen.

»Wie geht's?« fragte ich und griff um sie herum, um das Seil zu packen, das sie mit ihrem Partner Brian Mucci verband. »Oh, ganz gut«, entgegnete sie. »Nur ein bißchen müde.«

»Na ja, wenn wir dieses gleichmäßige Tempo beibehalten, müßte es ausreichen.«

Ich hatte Alison und Brian schon bei einer Tour in der Cordillera Blanca in Peru geführt, und sie waren mit Abstand die fittesten und fähigsten der Gruppe gewesen. Beide waren begeisterte Bergwanderer, Skifahrer und Felskletterer in den unteren Schwierigkeitsgraden und hatten an vielen geführten Bergtouren in den Alpen teilgenommen, darunter aufs Matterhorn, auf den Montblanc und den Eiger. Weil sie in Nepal und Südamerika zwölf Viertausender und die gleiche Anzahl von Fünftausendern bestiegen hatten, außerdem drei Sechstausender, darunter den Chimborazo, den höchsten Berg Ecuadors, hatte ich hinsichtlich ihres Durchhaltevermögens und ihrer Qualifikation keinerlei Bedenken. In Peru hatte ich den Eindruck gehabt, sie hätten ihre Kletterziele genausogut ohne die Hilfe eines Führers erreichen können. Doch weil sie beruflich so eingespannt waren, nahmen sie vermutlich lieber an organisierten Touren teil, um mit der üblichen nervenden Planung und Logistik keine Zeit zu verlieren. Brian kam zügig nachgestiegen und schien in Topform zu sein.

»Keine Spur von Pira und Malcolm?« fragte er.

»Doch, dort oben, auf dem Geröllfeld. Nicht allzuweit von uns entfernt.« Ich nahm ein paar Schlingen Seil auf und drehte mich wieder zum Hang. »Wenn wir uns ranhalten und die Séracs vor Tagesanbruch hinter uns bringen, müßten wir uns an dem Eishang unterhalb des Sattels eine Verschnaufpause leisten können.«

Ich weiß nicht, wieso ich beschloß, auf halber Höhe der Geröllfelder nach links zu queren. Vielleicht war es Intuition, vielleicht auch Glück. Das lockere Geröll war schwierig zu begehen, und rechts wäre das Gelände angenehmer gewesen. Ich wußte, daß wir weiter oben die ganze Strecke wieder zurückgehen müßten, folglich war es eigentlich unvernünftig, so zu verfahren. Mit einem unguten Gefühl wurde ich mir der über uns hängenden Séracs immer stärker bewußt. Ich spürte, wie sich meine Schultern anspannten.

Als ich das hintere Ende des Geröllhangs erreichte, wo das Gletschereis einen kleinen Grenzwall zu den losen Steinen bildete, machte ich neben einem Felsblock halt. Er war gerade groß genug, um dahinter stehen zu können, und wenn ich den Kopf einzog, bot die vorgeneigte Wand noch mehr Schutz. Als Alison zu mir herüberkam, hörte ich, wie unter ihren Füßen die Steine klickten. Ihre Stirnlampe flackerte hin und her, während sie über die Steine stieg und ab und zu ausglitt, wenn einige davon wegschlitterten. Das Gelände war sehr mühsam. Als sie näher kam, kroch ich hinter dem Felsblock heraus, um sie in den Schutz des Eises und des Felsblocks zu lassen. Brian kam zügig hinterher, und dann unterhielten wir uns, während wir uns mit Schokolade und Energieriegeln stärkten.

Als ich mich gerade wieder in Gang setzen und am Rand des Gletschers hochsteigen wollte, brach die Lawine los. Ich blickte nach oben, sah aber nichts und verkroch mich schleunigst wieder hinter dem Felsblock.

Das Geräusch zerberstender Eiswände war unverkennbar. Man kann nichts tun. Die Sprengkraft einer großen Lawine kann einen mit ihrer Druckwelle töten, ehe der Schnee und das Eis einen überhaupt erreicht haben. Bei dem Getöse und der Erschütterung verliert man jegliche Orientierung, und man weiß, daß es binnen weniger Sekunden aus und vorbei sein kann. Man ist vorübergehend völlig außer Kontrolle, hilflos und betäubt. Das Schicksal hängt allein vom Glück ab und sonst nichts. Eine äußerst unangenehme Erfahrung.

Diese Lawine hier kam aus der Dunkelheit und ohne Vorwarnung; von weit über uns schoß sie mit anwachsendem Tosen herunter. Ich vernahm einen unterdrückten Angstschrei und merkte, daß ich derjenige war, der ihn ausgestoßen hatte. Als der erste Knall die Nachtluft zerriß, hatte mich die Angst übermannt. Das Grollen lähmte meine Sinne, und einen langen Augenblick erstarrte ich in stummer Resignation. Hatte ich nicht damit gerechnet? Trotzdem hatte ich mir eingeredet, es würde nicht passieren, und jetzt wünschte ich, ich hätte auf meine innere Stimme gehört. Voller Selbstmitleid verfluchte ich meine Leichtfertigkeit.

Als das Geräusch zerkrachender Eisblöcke zu einem chaotischen, mißtönenden Crescendo anschwoll, drückte ich mich gegen den Felsblock und machte mich auf den Aufprall gefaßt. Ein zittriges Stimmchen in mir fragte kläglich: *Ob es weh tut?* Ich hatte keinen Zweifel daran.

Winzige Stromstöße schienen durch meine Glieder zu pulsieren, und mein Kopf war so leer und so schockierend klar, als hätte ich ihn in Eiswasser getaucht. Ich war bis aufs äußerste angespannt und voller Angst. Trotzdem war es nicht unangenehm. Während die Lawine herunterrauschte, fühlte ich mich wie erstarrt – eine eisige Benommenheit –, schauderte aber trotzdem vor den Geräuschen zurück, riß die Augen weit auf, starrte in die Dunkelheit und suchte dort nach dem Tod. Ich befand mich in einem empfindungslosen Schwebezustand, als wäre mein Körper von meinen Sinnen losgelöst. Ich hatte das schier unerträgliche Gefühl, mir von außen dabei zuzusehen, wie ich starb.

Die Zeit schien stillzustehen, während die Lawine vorbeizischte und sich ausweitete, indem die Eisblöcke zu Kristallen zerbarsten und sich durch die Felsrinne ergossen. Zwischen dem ohrenbetäubenden Beginn bis zu den vereinzelten dumpfen Schlägen, als die letzten Brocken langsam zum Stillstand kamen, vergingen nur wenige Sekunden. Ich holte kein einziges Mal Luft. Ich hockte einfach da im Dunkeln und wartete auf den Tod. Es war ein sehr langes Warten.

Dann richtete ich mich auf, benommen, schwankend, als wäre ich gerade aus dem Schlaf erwacht, erfaßt von einem dunklen, lähmenden Entsetzen. Verwirrt und verständnislos blickte ich mich um. Ich war noch einmal davongekommen, ich war noch am Leben. Das war alles, was ich wußte: *Ich lebe noch.*

Einen Augenblick lang empfand ich eine schlichte und riesige Freude darüber, dazusein. Die Sterne bewegten sich. Ich konnte wieder hören. Ich lauschte dem Klopfen meines Herzens. Es war wunderbar beruhigend, ein Balsam, der die verebbende Panik linderte. Das Atmen tat gut. Ich hörte meine Gefährten atmen und spürte die lebendige Wärme ihrer Rücken, als ich die Arme, die ich schützend an mich gepreßt hatte, löste. Das Gefühl, noch am Leben zu sein, ließ mich zittern. Jäh wurde mir bewußt, daß ich immer dann am lebendigsten war, wenn ich beinahe tot war. Ich machte einen langen, zittrigen Atemzug und vernahm im Dunkeln ein nervöses Kichern. Ich hatte das Gefühl, den Tränen nahe zu sein, und war froh, daß es finster war.

Als die Lawine abging, hatte ich mich mit angehaltenem Atem an Brian und Alison gelehnt, teils, um sie ein wenig zu schützen, aber vor allem, um selbst Schutz zu finden. Ich hatte genau auf den Klang der Lawine geachtet, um einen Anhaltspunkt für ihre Größe und Richtung zu bekommen. Dann hatte ich jemanden kichern gehört. Ich weiß nicht, ob es Alison oder Brian gewesen war, erinnere mich aber, dabei gedacht zu haben: *Was gibt's da zu lachen? Was hier passiert, ist Wirklichkeit, zum Donnerwetter!* Vielleicht war es bloß eine nervöse Reaktion, aber ich weiß noch, daß ich fürchterlich wütend war. Ich selbst hatte eine Heidenangst, und irgendwie war es ärgerlich, daß da jemand offenbar glaubte, das sei alles nur ein Scherz. Als es vorbei war, schämte ich mich meiner Furcht. *Wir sind unverletzt. Es war doch halb so wild. Weshalb hast du dir Sorgen gemacht?* Ich versuchte mir einzureden, daß ich überreagiert hatte, aber es funktionierte nicht. Adrenalin durchströmte meinen Körper. Ich sah im Geiste Paul und Geoff vor mir, wie sie ein Schneefeld überquerten und dann von der verheerenden Gewalt der Lawine weggerissen wurden, auf Nimmerwiedersehen. Ich wußte, daß ich allen Grund hatte, entsetzt zu sein. Was wir da spielten, war ein Lotteriespiel.

In jenem unendlich langen Augenblick im Sommer 1998 in Bolivien, als die Lawine aus der Dunkelheit über mir herabgedonnert war, wurde mir klar, daß ich die Berge nicht mehr liebte.

Ich hatte hastig nach rechts geblickt und im Dunkeln mit Hilfe meiner Stirnlampe nach Spuren frischen Eises gesucht. Es war nichts zu sehen. Das Geröllfeld, das wir kurz zuvor überquert hatten, war unberührt. Die Lawine war genau dort niedergegangen, wo wir erst vor einer Viertelstunde hinaufgeklettert waren, und weil das Getöse der Lawine so nah gewesen war, wußte ich, daß sie uns mit Sicherheit erwischt hätte. Ich konnte nicht beurteilen, wie groß sie gewesen war. Vielleicht war es nur das Prasseln von Eiskristallen gewesen, aber irgend etwas sagte mir, daß sie auf jeden Fall gefährlicher gewesen wäre als Pulverschnee. Neben und unter mir hatte ich den dumpfen Aufschlag von schweren Brocken vernommen.

»Jetzt aber nichts wie weg hier«, sagte ich und versuchte, mir meinen Schock nicht anmerken zu lassen. »Das war entschieden zu nahe.«

Ich wollte schnell aufbrechen, um zwischen mir und den anderen einen Abstand zu schaffen. Ich fühlte mich furchtbar nervös, und das ärgerte mich zutiefst. Es kam mir lächerlich vor, so kindisch zu reagieren. Ich setzte mich in Gang und stieg das Geröllfeld oberhalb des Felsblocks hinauf, wobei ich mich dicht an den Gletscherrand zu meiner Linken hielt und schnell voranzukommen versuchte. Ich wollte das Geröllfeld hinter mir haben und die Geländestufe erreichen, von der aus es einen gewundenen Weg durch die Séracs zu geben schien. Dort oben würden wir vor weiteren Lawinen sicher sein. Ich spürte, wie sich das Seil in meiner Hand erst spannte und dann lockerte, als Alison und kurz danach Brian mir folgten.

Als die Morgendämmerung ein blasses Licht über die Gletscher weit unter uns warf, erreichte ich die Geländestufe und sah dort Pira und Malcolm zwischen einem Gewirr von Felsbrocken hocken.

»War das in eurer Nähe?« fragte Pira und deutete mit dem Kopf in Richtung Séracs.

»Knapp daneben«, murmelte ich. »Rechts von uns ist sie runtergekommen ... kurz nachdem wir die Stelle überquert hatten.« Pira nickte.

Oberhalb der Geländestufe versperrte ein hundert Meter hoher Eishang mit dichten Reihen spitzer *penitentes* den Weg zum Sattel. Die *penitentes*, eine Besonderheit der Anden, sind durch starkes Tauen und Gefrieren entstandene sägezahnförmige Eiszacken. Wenn sie hartgefroren sind, wie es hier der Fall war, kann man zwischen ihnen relativ leicht, wenn auch ziemlich stelzfüßig, emporsteigen. Pira und Malcolm hatten es schnell bis fast zum Sattel geschafft, aber Alison war merklich langsamer geworden.

Ich fragte mich, ob ich nach dem Lawinenabgang ein zu schnelles Tempo vorgelegt und sie überfordert hatte. Während sie sich bis zur Mitte des Hanges mit den *penitentes* hochkämpfte, keuchte sie schwer, das Gesicht vor Anstrengung verzerrt. Angesichts der Tatsache, daß sie im vorangegangenen Jahr in Peru so gut geklettert war, überraschte mich das, doch auf einem Eissims sackte sie neben mir zusammen, schüttelte den Kopf und sagte mit tonloser, resignierter Stimme, daß sie absteigen wolle. Sie hatte diesmal nicht die Möglichkeit gehabt, sich so gut zu akklimatisieren wie in Peru.

Brian schloß schnell zu uns auf und sah frisch und kraftstrotzend aus. Er nahm Alison tröstend in die Arme, und ich überlegte, was wir nun machen sollten.

»Willst du weitersteigen?« fragte ich, und Brian blickte mich an, dann Alison, dann wieder mich. Es war ihm anzumerken, daß er zwischen Loyalität und Sorge um seine Partnerin und dem Wunsch, den Aufstieg fortzusetzen, hin- und hergerissen war.

»Mach dir um Alison keine Gedanken«, versicherte ich ihm. »Ich steige mit ihr ab. Das ist wirklich kein Problem.«

»Ich könnte doch auch hier warten und du gehst mit Brian weiter«, schlug Alison vor. »Hier bin ich sicher.« Ihr war offenbar sehr daran gelegen, daß wir alle den Gipfelversuch machten. Einen Moment lang war ich versucht, auf ihren Vorschlag einzugehen, doch dann verwarf ich ihn. Es kam nicht in Frage, daß ich einen Gast alleine und unangeseilt warten ließ, während ich selbst weiterkletterte. Obwohl ich keine Zweifel hatte, daß wir den Gipfel sicher erreichen und unversehrt zurückkommen würden, konnte man nie wissen, ob nicht doch etwas schiefging. Ich sah zum Eishang hinauf und fragte mich, wie weit der Gipfel wohl vom Sattel noch entfernt war. Mein Höhenmesser zeigte an, daß wir knapp unter 5900 Meter waren; folglich waren es bis zum Gipfel nur noch 150 Höhenmeter, doch nach dem zu urteilen, was ich auf dem Gletscher gesehen hatte, schätzte ich, daß es vom Sattel am Kamm entlang bis zum Gipfel noch ein ordentliches Stück war.

»Nein, das Beste wäre, wir blieben alle zusammen«, sagte ich. Brian sah ein bißchen enttäuscht aus. »Aber du könntest doch weitersteigen, Brian. Pira kann ein Seil runterlassen, und du gehst mit Malcolm.«

Als ich mich umwandte, sah ich Pira und Malcolm kurz vor dem oberen Ende der Wand und rief laut, um ihre Aufmerksamkeit zu erregen. Nach einem kurzen Wortwechsel mit Pira kam ein Seil den Hang hinuntergependelt, und Brian band sich darin ein. Ich nahm das frei gewordene Seil auf, und Alison schlang es sich um die Schultern.

»Also, dann komm, wir werden uns beim Abstieg Zeit lassen.« Ich sah zu, wie Brian hangaufwärts zu steigen begann, und war überrascht, daß es mir kaum etwas ausmachte, nicht mitgehen zu können. Normalerweise wäre die Zweitbesteigung des höchsten Gipfels dieser Gebirgskette ein starker Anreiz gewesen.

Alison rappelte sich auf und schob die Hand durch die Handschlaufe ihres Eispickels. Ich glaube, sie hatte leichte Gewissensbisse, weil ich mit ihr absteigen mußte, und ich hätte ihr eigentlich sagen sollen, daß es mir absolut nichts ausmachte. Wir kletterten zügig hinunter, über die Geländestufe und das Geröllfeld am Gletscherrand hinweg bis zu der Stelle, wo wir wieder nach rechts queren mußten.

Ich blieb kurz stehen und blickte zu den Séracs hinauf, die jetzt von der Morgensonne beschienen waren. Obwohl sie splitterig und instabil waren, wirkten sie erstaunlich harmlos. Ich konnte mir nicht vorstellen, daß sich von den Eiswänden mehr als nur kleine Brocken lösten, und fragte mich, ob meine panische Reaktion auf die Lawine nicht übertrieben gewesen war. *Ob es nur so laut geklungen hat, weil es dunkel gewesen ist? Oder habe ich mich vor unserem Aufbruch zu sehr in die Bedrohung hineingesteigert?*

Als wir das Schotterfeld querten, erhöhte ich das Tempo. Über loses Geröll schlitternd, spornte ich Alison an, sich zu beeilen, und sie folgte auch rasch und ohne Murren nach. Uns war beiden bewußt, was da über uns hing, doch als ich mir gerade eingeredet hatte, daß uns die ganze Zeit keinerlei Gefahr gedroht hatte, sah ich zwischen den Steinen, über die wir im Dunkeln hinaufgeklettert waren, überall dicke blaue Eisklötze liegen, manche so groß wie ein Amboß und vermutlich auch so schwer. Die Lawine mochte nicht riesig gewesen sein, aber es war ernüchternd zu sehen, wie vernichtend sie hätte sein können. Eisblöcke von solcher Masse und solchem Gewicht brauchen nicht sonderlich schnell herunterzufallen, um einen zu erschlagen.

Wir waren zur rechten Zeit am rechten Ort, sagte ich mir, wußte jedoch genau, daß eine große Portion Glück dabeigewesen war. Ich konnte behaupten, die Gefahr schon am Vortag gerochen zu haben, als ich Yossi nach der Sicherheit der Route befragte. Daß ich beschlossen hatte, nach links zu queren, war also in Anbetracht der möglichen Gefahr vielleicht eine gute Entscheidung gewesen. Doch wenn ich ganz ehrlich mit mir war, mußte ich mir eingestehen, daß wir im Grunde einfach nur verdammt viel Glück gehabt hatten. Auf nichts anderes lief es letztlich hinaus.

Als wir vor den Zelten saßen und Tee tranken, kamen am Eishang unterhalb des Sattels die winzigen Gestalten von Pira, Malcolm und Brian in Sicht. Ihr Abstieg zum Gletscher ging zügig vonstatten, und bis sie unten waren, hatten wir das Lager abgebaut und die Rucksäcke vollgepackt, um den langen Rückmarsch zu den Zelten in der Pampa anzutreten.

Pira sah ganz entspannt aus, als er näher kam. Er hatte eine Mordskondition, und ohne Begleitung hätte er den Gipfel mit Sicherheit in einem Viertel der Zeit geschafft. Er war ein sympathischer, talentierter Mann, bescheiden, stets freundlich und heiter und äußerst gutaussehend.

»Hallo, Jungs, schön, euch zu sehen«, rief Yossi, als er ihnen entgegenging und Pira die Hand schüttelte. »Also habt ihr's zum Gipfel geschafft?«

»Nein, nein.« Pira schüttelte den Kopf und lächelte wehmütig. »Es war zu weit bis dorthin. Wir hätten ihn nicht schnell genug erreicht, um vor Einbruch der Dunkelheit zurück zu sein. Deshalb ...« Er brach ab und zuckte resigniert die Achseln.

Wir hatten uns vorgenommen, in dem Lager auf dem Gletscher nicht mehr als eine Nacht zu verbringen, und Pira wußte, daß wir noch am selben Tag zum unteren Lager zurückkehren mußten. Für diejenigen von uns, die den Gipfelversuch unternommen hatten, würde es ein langer Tag werden. Brian und Malcolm sahen zwar müde aus, waren aber mit dieser Entscheidung einverstanden.

»Hier steht schon der Tee für euch bereit«, sagte Yossi. »Wir sind fast fertig mit Packen. Sobald ihr was getrunken habt, können wir losmarschieren.«

Ich wartete, bis Yossi sich ein Stück von der Gruppe entfernt hatte, und ging dann zu ihm hinüber.

»Hast du die Lawine gehört?« fragte ich.

»Ja«, antwortete er. »Ich konnte aber nicht genau feststellen, ob sie in eurer Nähe niedergegangen ist.«

»Sie ist direkt neben uns runtergekommen.«

»Ist sie groß gewesen?«

»Groß genug, um uns umzubringen.«

»Das sind sie fast immer«, sagte er leichthin und schüttete den Teesatz seines Bechers aufs Eis. »Damit muß man eben rechnen«, fügte er hinzu und zuckte vielsagend die Achseln.

»Ich glaube, zu dieser Erkenntnis bin ich auch schon gekommen.«

Ich wandte mich ab und ging meinen Rucksack holen. Entweder war ich zu vorsichtig, oder Yossi war zu draufgängerisch. Damals konnte ich nicht ahnen, daß Yossi im darauffolgenden Sommer den Tod in einer Lawine finden würde, die über ihn und seinen kanadischen Kletterpartner Darner Witzel hinwegdonnerte, als sie eine noch unbestiegene Wand des El Presidente,

5700 Meter, bezwingen wollten. Sie hatten nichts falsch gemacht, waren keine übermäßig großen Risiken eingegangen. Sie hatten einfach nur Pech gehabt. Falscher Ort, falsche Zeit. Damit muß man eben rechnen.

Ich stieg aus der Dusche und trocknete mir, während ich in mein Hotelzimmer hinüberging, die Haare. Die Gruppe war am Vormittag nach Hause geflogen, und am Nachmittag sollten Tat und Kate Phillips eintreffen. Wir wollten in der Cordillera Real neue Routen ausprobieren, und Yossi hatte mir schon einen langen, noch unbestiegenen Grat des Illimani schmackhaft gemacht, mit 6400 Metern der höchste Berg Boliviens. Obwohl Yossi die Route im Vorjahr nicht geschafft hatte, wollte er es unbedingt ein zweites Mal versuchen. Ich freute mich, daß er uns begleiten würde; daß er sich auf dem Berg schon so gut auskannte, würde für uns sehr hilfreich sein.

Als ich einen Schritt zur Seite machte, um einem Plastiktornister mit Kletterausrüstung auszuweichen, stieß ich mit dem Fuß gegen einen Bettpfosten. Es tat im ersten Moment so höllisch weh, daß ich unter wüstem Fluchen im Zimmer umherhüpfte. Als ich mich aufs Bett setzte, um meinen rechten Fuß zu untersuchen, fand ich am Knöchel eines Zehs eine schmerzempfindliche Stelle. Schon mehrmals hatte ich mir bei solch dummen Mißgeschicken einen Zeh gebrochen. Beim letzten Mal hatte ich gegen einen Verkehrskegel getreten, ohne zu ahnen, daß dieser über den Betonsockel eines Laternenpfahls gestülpt war. Und als Kind war ich einmal neben einem Schwimmbecken ausgerutscht und mit dem Fuß gegen eine Metallstange geprallt. Auf dem Schild, das an dieser Stange hing, stand hilfreicherweise »Rutschgefahr«. Ich zog mir meine Sandalen an, und während ich aus dem Hotel humpelte, versuchte ich mir einzureden, daß es nur eine schmerzhafte Prellung sei.

Als Tat und Kate am Abend eintrafen, hatte sich seitlich am Zeh eine bläuliche Schwellung gebildet, was auf einen Bluterguß an einer Bruchstelle hindeutete. Tat, der über eine langjährige Erfahrung als praktischer Arzt verfügte, klopfte mit dem Finger daran, daß es schmerzte, und verkündete feixend, daß der Zeh tatsächlich gebrochen sei.

»Glaub mir, ich bin Arzt«, fügte er hinzu und brach in Gelächter aus.

»Armleuchter«, versetzte ich mürrisch und musterte meinen pochenden Zeh. »Warum ausgerechnet jetzt, verflucht noch mal?« jammerte ich. »Nachdem ich drei Wochen lang zehn Gäste betreut habe, mannhaft hohe Pässe überschritten und mit Lawinen Himmel und Hölle gespielt habe, breche ich mir den dämlichen Zeh ausgerechnet, während ich aus der Dusche komme!«

»Du bist eben ein Trottel«, sagte Tat lakonisch. »Jetzt laß uns aber endlich was essen gehen. Ich sterbe vor Hunger.«

Am nächsten Tag bestiegen wir einen klapprigen Bus und machten eine Besichtigungstour zum Titicacasee. Normalerweise war so etwas nicht unser Fall, aber angesichts der Tatsache, daß La Paz, die Hauptstadt Boliviens, auf einer Höhe von 3632 Metern liegt und damit die höchstgelegene Hauptstadt der Welt ist, war es ratsam, sich in den ersten Tagen nicht zu übernehmen, damit sich alle akklimatisieren konnten.

Die Fahrt zum Titicacasee führte uns in den staubtrockenen Altiplano hinauf, eine öde, unwirtliche Gegend, in der die Indios ums Überleben kämpfen, indem sie zottige Schafe und Lamas züchten und auf dem trockenen Boden Wurzelgemüse anbauen. Der Bus schlängelte sich durch die Dörfer am Seeufer talwärts und erreichte schließlich Tiquina, wo er auf eine schwankende, überladene Fähre dirigiert wurde, die uns über die Straße von Tiquina nach Copacabana brachte. In dem Städtchen suchten wir uns ein billiges Hotel, und Tat und Kate informierten sich an dem kleinen Kai über die Ausflugsmöglichkeiten und beschlossen, eine Fahrt zur Isla del Sol zu machen.

Früh am nächsten Morgen gingen sie an Bord eines Ausflugsbootes, das sie zu einem Anlegeplatz am Seeufer von Pilko Kaina brachte. Während sie über die prähistorischen Inka-Terrassen hinter dem Tiwanaku-Sonnentempel schlenderten, kamen sie an alten Inka-Brunnen vorbei – heute eine Touristenattraktion, wo es von Kunsthandwerkständen und Straßenhändlern nur so wimmelt. In der Ferne ragte der schneebedeckte Gipfel des Illampu über der großen, saphirblauen Wasserfläche des Titicacasees mit seinen Schilfgürteln und dem dürren gelben Grasland auf. Der Illampu war ein den Inka heiliger *nevado* (Götterwohnung) und einer der Berge, auf denen wir eine neue Route zu klettern hofften. Die weißen Bergspitzen der Cordillera Real bildeten zu dem Seepanorama einen spektakulären Hintergrund. Die fünfstündige Wanderung zum Ufer von Challa, einem kleinen Dorf an der Nordspitze der Insel, von wo aus die beiden wieder mit dem Schiff nach Copacabana zurückfuhren, war genau das Richtige zur Akklimatisierung.

Ich hingegen schonte meinen schwarz verfärbten Zeh und hatte nach dem dreiwöchigen Trekking vom Wandern die Nase voll. Mein pochender Zeh zwang mich zur baldigen Rückkehr in die Stadt und bot mir Gelegenheit, Bier trinkend in der Sonne zu sitzen, meine verheerenden Spanischkenntnisse aufzufrischen und mich in die lokale Kultur einzulesen.

In einem Trekkingführer stieß ich darauf, daß die Einwohner von Copacabana ganz verrückt nach Lastwagen seien. Die Stadt war lange Zeit ein heiliger Ort gewesen, in frühesten Zeiten war sie das spirituelle Zentrum der Tiwanaku-Kultur und später das der Inka. Ich bezweifle jedoch, daß deren Religionen genauso materialistisch waren wie die der modernen Bewohner Copacabanas. In der Capilla de Velas am linken Flügel der Hauptkirche des Orts zünden Einheimische für die Jungfrau Maria Kerzen an, damit sie Fürsprache für sie einlegt; zur Verdeutlichung ihrer Bitten schreiben oder zeichnen sie diese mit Kerzenwachs an die Wände. Das begehrteste Geschenk war ein Lastwagen. Jemand hatte mit Wachs den Namen »Volvo« in säuberlichen Buchstaben auf die Wand gemalt, wohl damit die Jungfrau Maria auch wirklich begriff, was er meinte.

Zwei Tage später stiegen wir in der winzigen Siedlung Tuni aus einem Geländewagen und machten eine dreistündige Wandertour – in meinem Fall eine Humpeltour – zu einem Lager unterhalb des Condoriri mit seinem gewaltigen Eisgipfel. Wir errichteten unsere Zelte am Ufer der Laguna Condoriri, in deren spiegelglatter Oberfläche sich die umliegenden Berge malerisch spiegelten. Am nächsten Morgen erklommen wir einen langen, schotterbedeckten Gebirgsgrat, höher und höher, bis zu einem Gletscher, der uns zum felsigen Gipfel des El Diente führte. Eine Stunde später erkletterten wir seilfrei die eisigen *penitentes* am kegelförmigen Gipfel des Pequeño Alpamayo. Kate und Tat wurden mit diesem frühen Ausflug ins Hochgebirge spielend fertig, was für die geplante Besteigung des Illimani Gutes hoffen ließ.

Beim Abstieg zu unseren Zelten merkte ich, daß es wesentlich schmerzhafter war, mit einem gebrochenen Zeh hinunter- als hinaufzuklettern, und ich fiel immer weiter hinter meinen Begleitern zurück. Ich bemerkte, daß die umliegenden Berge viel kahler und trockener aussahen als auf Fotos. Yossi hatte mir gesagt, das Gebirge sei seit fünfunddreißig Jahren nicht mehr so ausgedörrt gewesen. Als ich gerade darüber nachsann, welche Auswirkungen das auf die von uns geplante Route auf den Illimani hätte, kamen der See und die Zelte in Sicht.

»Hi, Kid«, rief Tat, als ich meinen Rucksack neben das Zelt plumpsen ließ. »Hier wartet schon der Tee auf dich.«

»Danke.« Dankbar nahm ich den Becher mit süßem Tee in Empfang und ließ mich im Schutz der Steinwand, die wir um das Zelt herum aufgeschichtet hatten, nieder. Vom See wehte eine frische Brise herüber. Ich schnürte den rechten Stiefel auf und zuckte zusammen, als er beim Ausziehen den geschwollenen Zeh streifte.

»Na, wie sieht's aus?« fragte Tat fürsorglich. »Ich möchte wetten, der Abstieg war für dich die reinste Wonne.«

»Es war die Hölle.«

»In etwa einer Woche wird's besser werden«, sagte Tat. »Es wäre vielleicht nicht schlecht, wenn du ihn mit Heftpflaster an einen anderen Zeh bandagierst.«

»Au ja, an einen von meinem linken Fuß vielleicht?« knurrte ich.

»Oh, das sieht aber hübsch aus«, murmelte er, als ich die Socke auszog und den schwarzblauen Zeh untersuchte. Tat klopfte mit dem Finger daran, und ich jaulte auf. »Aha, eindeutig gebrochen.« Hastig rutschte ich außer Reichweite seines medizinischen Sachverstands.

Der nächste Morgen war klar und heiter, und ich erwog, Tat und Kate als Training für den Illimani eine Tour zum Condoriri vorzuschlagen. Tat war ungewöhnlich still und in sich gekehrt. Ich überlegte, ob ich ihn vielleicht irgendwie gekränkt hatte. *Es liegt meistens an mir,* dachte ich. Ich kann ziemlich ruppig sein, vor allem engen Freunden gegenüber, ohne zu merken, daß es sie verletzen könnte. Als mir nichts einfiel, was ich verbrochen haben könnte, ging ich zu dem Felsen oberhalb des Sees hinüber, wo Tat sich hingesetzt hatte. Ich ließ mich neben ihm nieder.

»Alles in Ordnung mit dir?« fragte ich. »Du wirkst ein bißchen niedergeschlagen. Hab ich dich irgendwie beleidigt?«

»Äh?« Überrascht riß sich Tat aus seinen Tagträumen. »Nein, nein. Es ist nicht wegen dir.«

»Was dann? Du siehst nicht gerade quietschfidel aus.«

»Ich weiß nicht, wie ich's ausdrücken soll.« Tat blickte gequält drein. »Also, angesichts der Tatsache, daß ich gerade erst angekommen bin, dürfte das ziemlich bescheuert klingen, aber ... na ja, ich wäre lieber woanders.«

»Wie bitte?« fragte ich und sah mich um. »Ist doch gar nicht übel hier. Zugegeben, unsere Klettertour ist keine großartige Sache gewesen, aber sie sollte euch ja auch nur zur Akklimatisierung dienen.«

»Den Berg hab ich nicht gemeint. Das hat Spaß gemacht. Ich meine, hier. Bolivien. Diese Expedition.«

»Aha, ich verstehe.« Ich nickte und verstand nicht das Geringste. »Das heißt also, du bist bis nach Bolivien geflogen, nur um mir zu sagen, daß du nicht in Bolivien sein willst?«

»Klingt idiotisch, was?« sagte Tat. »Es hat schon seit einiger Zeit in mir rumort, aber erst, als ich hier angekommen bin, ist mir klargeworden, daß es vorbei ist und ich das nicht mehr machen will.«

»Was willst du nicht mehr machen?«

»Klettern«, sagte Tat leise. Ich war wie vor den Kopf geschlagen.

»Ich bin nicht mehr mit Herz und Seele dabei, es ist nicht mehr so wie früher. Es hat sich alles verändert, nichts ist mehr so, wie es am Anfang war.«

»Klar, alles verändert sich mit der Zeit, Tat …«

»Das weiß ich, aber ich hab nicht mehr das Gefühl, etwas ganz Besonderes zu tun. Früher war es etwas, das nur wir zu machen schienen. Damals sind noch nicht so viele Leute geklettert. Jetzt klettert fast alle Welt. Es ist nichts Außergewöhnliches mehr, nicht mehr, wie es mal war …«

»He, jetzt mach aber mal 'nen Punkt«, unterbrach ich ihn barsch. »Also, andere machen es auch. Wo ist da das Problem? Wir können doch einfach dorthin gehen, wo die anderen nicht sind, können Sachen machen, die sie nicht gemacht haben. Darum geht's doch, oder?«

»Ach, verdammt, ich kann es nicht richtig erklären.« Tat verzog das Gesicht. »Ich meinte damit, daß ich alles gemacht habe, was ich in den Bergen machen wollte. Mehr sogar, als ich je für möglich gehalten hätte. Und du ebenfalls. Wir sind überall gewesen. Wir werden auf keinen Fall besser werden. Ich zumindest nicht. Ich hab neue Routen gemacht. Ich hab viele waghalsige Sachen gemacht und 'ne Menge Spaß gehabt. Ich werde das nicht steigern können. Ich möchte es nicht.«

»Das kommt etwas plötzlich«, murmelte ich. »Du liegst mit deiner Zeitplanung ein bißchen daneben.«

»Ja, es tut mir wirklich leid, Joe. Ich will deine Pläne nicht durchkreuzen. Ich weiß, du willst diese Route machen. Aber es macht mir einfach keinen Spaß mehr. Ich will die Risiken nicht mehr eingehen, will die Plackerei nicht mehr. Ich habe diese Bergtouren satt. Viel lieber als das hier würde ich jede Menge Kurztrips machen. Eine Woche Gleitschirmfliegen zum Beispiel, eine Woche Skifahren mit den Jungs, vielleicht ein bißchen Eisklettern in La Grave, solche Sachen. Das macht mehr Spaß.«

»Eisklettern?« unterbrach ich ihn. »Also willst du doch noch klettern?«

»Na ja, das zählt nicht richtig. Ein bißchen Sportklettern auf Korsika oder ein paar Eiskaskaden in Italien ... so was macht Spaß. Aber das hier nicht, diese Bergsteigerei nicht mehr. Tut mir leid, daß ich dich damit überfalle, Kid, aber ich will einfach nur nach Hause.«

»Gut, okay.« Ich wußte nicht recht, was ich sagen sollte. »Hast du mit Kate darüber gesprochen?«

»Ja, sie hat es akzeptiert. Sie kann es nachvollziehen.«

Die Bergsteigerei an den Nagel hängen! So passiert das also? dachte ich, während Tat aufstand und zu den Zelten ging. *Schon möglich, daß man irgendwann damit aufhören muß. Du hast dir das schließlich selbst immer gesagt. Wenn die Beine zu sehr schmerzen, hast du gesagt. Schmerzen sie jetzt genug? Allerdings, wenn ich ehrlich bin. Vielleicht hat er recht.*

Ich dachte daran, wie mich die Eislawine am Chaupi Orco vor erst einer Woche erschüttert hatte. Ich war die vielen Verunglückten leid. Unerbittlich schienen sie mich zu bedrängen, mich zu umzingeln. Wie oft hatte ich mich in letzter Zeit umgesehen und gedacht: *Wer wird der nächste sein? Richard oder John, Tat oder Ray? Oder ich?*

Am 23. April vergangenen Jahres war Mal Duff im Everest-Basislager plötzlich an einem Herzinfarkt gestorben. Ob die schwere Anstrengung in großer Höhe die Ursache gewesen war, werden wir nie erfahren, aber ich war darüber zutiefst schockiert gewesen. Mal war immer so fit und stark gewesen, »hart« im alten Sinne, ein Mann, der während seines Dienstes bei der Territorial Army erfolgreich die Ausbildung beim Special Air Service absolvierte, ein Freund, der sich meiner fürsorglich angenommen hatte, nachdem ich mir 1991 bei dem schrecklichen Sturz am Pachermo den linken Knöchel zerschmettert und mein Gesicht mit dem Eispickel einer Gesichtsoperation unterzogen hatte. Mit seiner Kraft, seinem Humor, seinem ruhigen, überlegenen bergsteigerischen Können hatte er mir in jener Nacht zweifellos das Leben gerettet.

Ich mußte an seine Beerdigung in der kleinen Kirche in Culross denken – eine der wenigen Beerdigungen eines in den Bergen verunglückten Freundes, denn die meisten Verunglückten waren nie geborgen worden. Andrew Grieg, Rob Fairley, Andy Perkins und ich hatten den Sarg aus der Kirche getragen. Mit einem wehmütigen Lächeln dachte ich daran zurück, wie Andy einen unterdrückten Fluch ausgestoßen hatte, als wir den Sarg von der Bahre hoben. Er war tonnenschwer, und daß wir so ernst und würdevoll aus der Kirche geschritten waren, lag vor allem daran, daß wir das Gewicht kaum tragen konnten. Als wir auf den Kiesweg traten, waren mir kurz die Knie eingeknickt, und ich hatte Mal schon auf den Kies fliegen sehen. Ich wußte, das hätte ihn köstlich amüsiert. Wir waren froh gewesen, als wir den Sarg schließlich in den Leichenwagen schieben konnten.

»Meine Güte«, hatte Andy gestöhnt, »hat er da den halben Khumbu-Gletscher drin?«

Und so wurde Mal beerdigt, in ein Loch in der Erde. Tat rezitierte ein Gedicht, und Liz Duff stand neben mir, als ihr geliebter Mann ins Grab hinabgelassen wurde.

Keine sechs Wochen später, am 3. Juni, erhielt ich die Nachricht, daß Brendan Murphy nach der erfolgreichen Erstbesteigung der Changabang-Nordwand im Garwhal Himalaja beim Abstieg von einer Lawine verschüttet worden sei. Während seine drei Kameraden links von ihm stehengeblieben waren, war Brendan unangeseilt nach rechts gestiegen, um an einer direkteren Abstiegslinie eine Eisschraube anzubringen. Bei stürmischem Wetter waren ohne Unterlaß Pulverschneelawinen den Berg heruntergekommen, die meisten davon aber nicht so gewaltig, daß sie die Kletterer hätten mitreißen können. Als Brendan gerade in dieser ausgesetzten Position war, schoß eine viel größere Pulverschneeladung herunter. Brendan konnte nichts anderes tun, als sich an der Eisschraube festzuklammern, doch die Lawine war zu mächtig und riß ihn eine steile Erosionsrinne und eine Reihe von Eisklippen hinunter. Seine Freunde konnten ihm nicht helfen. Nach ihm zu suchen wäre aussichtslos gewesen, und sie mußten um ihr eigenes Leben kämpfen, um heil vom

Berg herunterzukommen. Ich habe mich immer gefragt, was damals mit Brendan geschehen war. Ich bekam den Gedanken nicht aus dem Kopf, daß er die Lawine vielleicht überlebt hatte und verletzt auf dem Gletscher liegengeblieben war. Ich hoffte, er sei sofort tot gewesen.

1990 hatte ich mit Ray Delaney, Kate Phillips und Brendan Murphy eine herrliche Expedition zur Ama Dablam gemacht. Vier Jahre später hatten Tat, John Stevenson und Richard Haszko mit uns eine Tour zur Gangchempo-Nordwand in der nepalesischen Region Langtang unternommen. Brendan war ein hervorragender Bergsteiger, ehrgeizig, wagemutig und äußerst talentiert, und er ging beim Klettern bis an seine äußersten Grenzen. Aber auf leichtem Gelände, das kein großes Können erforderte, kam er ums Leben. Pech, falscher Ort, falsche Zeit, ein Schema, das sich allmählich zu wiederholen schien.

Als ich zu den Zelten hinüberging, sah ich, daß Tat seinen Rucksack packte.

»Also dann«, sagte ich heiter. »Laß uns nach Hause fahren. Ich hab die Nase voll.«

Tat sah überrascht auf. »Du auch?«

»Es hat schon seit einiger Zeit in mir rumort. Du hast es bloß ausgesprochen.«

»Das soll's dann also gewesen sein? Schluß mit den Bergen?« Er schien verwirrt.

»Tja, es war schließlich deine Idee«, entgegnete ich bissig.

»Ja, ich weiß, aber es war meine persönliche Entscheidung. Ich hab nicht erwartet, daß du dich mir anschließen würdest.«

»Es ist auch für mich etwas überraschend gekommen.« Ich erzählte ihm von der Lawine, den Unfällen, den Verunglückten und den Schmerzen in meinen Beinen und hatte dabei immer stärker das Gefühl, daß ich meine Entscheidung etwas zu krampfhaft rechtfertigte. Es kam mir vor, als beginge ich an irgend etwas Verrat. Ich empfand regelrecht Gewissensbisse.

»Ich will nicht mehr weitermachen. So einfach ist das«, stellte Tat fest. »Ich bin ein paarmal mit knapper Not davongekommen, aber im Gegensatz zu dir ohne Verletzungen, und die Verunglückten, nun ja …« Er zuckte hilflos die Achseln. »Verunglückte hat's schon immer gegeben, das ist nichts Neues.«

»Klar«, räumte ich ein. »Es fällt mir bloß immer schwerer, mich damit abzufinden. Und es sind so viele, und in immer kürzeren Abständen.«

»Laß dich dadurch nicht verrückt machen. Das liegt ganz einfach daran, daß wir so viele Leute kennen, die auf sehr hohem Niveau klettern und bis an die äußersten Grenzen gehen. Es ist nicht repräsentativ fürs Klettern an sich. Ich wette, es gibt 'ne Menge Leute, die noch nie Freunde verloren oder einen schweren Unfall erlitten haben.«

»Das weiß ich alles«, gab ich unwirsch zurück. »Das mag zwar eine Erklärung sein, aber kein Grund, es zu akzeptieren.«

»Bist du sicher, daß du's aufstecken willst?« Tat sah mich skeptisch an. »Daß du's nicht nur meinetwegen tust, um es mir leichter zu machen?«

»Ja, ich bin mir sicher. Glaube ich zumindest.« Ich sah zum Gipfel des Condoriri hinauf, der im Sonnenlicht funkelte. *Dort oben wäre ich jetzt gern*, gestand ich mir ein, doch dann schüttelte ich den Kopf. »Ich bin froh, wenn's jetzt nach Hause geht. Ich werde darüber nachdenken, wenn ich zurück bin. Vielleicht überlege ich's mir noch mal. Da sind noch ein paar Sachen, die ich gerne machen würde, ein paar unerledigte Kleinigkeiten, die auf meiner Liste noch nicht abgehakt sind. Schließlich machst du es schon fast zehn Jahre länger als ich, du alter Knochen. Ich wette, du überlegst es dir auch noch mal.«

»Nein.« Tat schüttelte entschieden den Kopf, und ich wußte, daß er es ernst meinte. »Mit der Bergsteigerei ist's vorbei. Ich werde jetzt etwas tun, was Spaß macht, was ungefährlich ist. Ich möchte mehr Gleitschirm fliegen. Du solltest es auch mal wieder versuchen. Es ist jetzt ganz anders als früher.«

»Nein, vielen Dank, ich kann auf weitere Beinbrüche verzichten.«

»Das kommt heute viel seltener vor«, sagte Tat. »Probier's doch mal, wenn wir wieder zu Hause sind. Einen neuen Luftfahrerschein bekommst du in null Komma nichts.«

»Mal sehen«, sagte ich ausweichend. »Das klingt nicht viel weniger riskant als Bergsteigen, wenn du mich fragst.«

Keine vierundzwanzig Stunden später befanden wir uns auf dem Heimflug. Tat sah gelöst und zufrieden aus. Er war mit sich und seiner Entscheidung im reinen.

Ich hingegen konnte mich nicht entscheiden. Ich wurde das ungute Gefühl nicht los, schon dadurch, daß ich auch nur erwog, die Berge aufzugeben, ein Verräter zu sein.

Ich wußte, daß Tat fürs Gleitschirmfliegen, mit dem er kürzlich wieder angefangen hatte, Feuer und Flamme war. Seine Begeisterung war ansteckend. Auch John Stevenson hatte die Bergsteigerei an den Nagel gehängt und statt dessen zu fliegen begonnen. Richard Haszko, der mittlerweile Fluglehrer war, hatte praktisch dasselbe getan. Äußerst talentierte Bergsteiger wie John Sylvester und Bobby Drury gehörten inzwischen zur Weltklasse der Gleitschirmpiloten und hatten die extremen Bergabenteuer gegen die rasante Thermik des Himmels über dem Himalaja eingetauscht. Vielleicht gehörte zum Leben ja noch etwas anderes als Berge – ein Gedanke, der für mich noch vor wenigen Jahren undenkbar gewesen wäre.

Ich fragte mich, ob ich beim Schreiben meines Buches *Dark Shadows Falling* zum Zyniker geworden war, ob mir dabei einige Aspekte des modernen Bergsteigens noch ein bißchen unsympathischer geworden waren. Die Ethik und die moralischen Grundsätze, die beim Bergsteigen speziell auf dem Everest herrschten, hatten nichts mit der Motivation zu tun, die meine Freunde und mich zu unseren diversen Kletterabenteuern angespornt hatten. Nein, der ganze Everest-Rummel ließ uns völlig kalt. Es zog uns nicht im geringsten in die Nähe dieses Berges. Die meisten unserer Freunde bestiegen ausgefallene, extrem schwierige Berge und kletterten überall auf der Welt neue Routen – von Big-Walls in Patagonien und auf Baffinland zu Besteigungen im Alpinstil im Himalaja und weiter weg. Das bergsteigerische Niveau war noch nie so hoch gewesen wie jetzt. Eigentlich hätte ich mich noch auf vieles freuen und ehrgeizige

Pläne haben müssen. Wie war es möglich, daß meine Leidenschaft erloschen war? Der Verlust von Freunden, zu viele Unfälle, ein stetiges Anwachsen von Ängsten, mit denen ich jetzt schlecht zu Rande kam? Nachdem es Mal und Brendan erwischt hatte, verspürte ich eine zunehmende Gewißheit, daß es lediglich eine Frage der Zeit war, bis auch ich unter einem Haufen eisiger Trümmer landen würde.

Während das Flugzeug am Himmel über La Paz einen Bogen beschrieb, blickte ich aus dem ovalen Fenster auf die blendendweiße Pracht der Cordillera Real und fragte mich, ab wann die Dinge in die falsche Richtung gelaufen waren.

Kapitel 3

Höhenangst

»Gleitschirmfliegen ist jetzt ganz anders als früher«, beteuerte John Stevenson und reichte mir ein Pint »Black Sheep Special«. »Die heutigen Segel sind 'ne Wucht.«

»Segel?« fragte ich verdutzt. »Ich dachte, das seien Schirme.«

»Das ist dasselbe. Aber das Wort Segel ist zutreffender. Das tun sie nämlich. Sie gleiten wie ein Segel, nicht wie ein Fallschirm, der einen lediglich zur Erde bringt...«

»Nicht immer sehr sanft.«

»Ja, diese Segel steigen nach oben. Sie wollen fliegen. Das ist nicht mehr wie mit diesen Matratzen, mit denen wir vor zehn Jahren geflogen sind.«

»Meine Güte! Ist das schon so lange her?«

»Allerdings. Wir werden langsam alt, Junge.«

»Du sagst es«, entgegnete ich und dachte an meinen bevorstehenden vierzigsten Geburtstag. »Wie lange bin ich eigentlich nicht mehr geflogen?«

»Seit du dir am Pachermo das Bein zerschmettert hast. 1990?«

»1991«, sagte ich. »Damals kam ich zu dem Schluß, daß es ein bißchen riskant sei, mit zwei schrottreifen Beinen und ohne Fahrwerk zu fliegen.«

»Da hat sicher noch anderes mitgespielt«, warf John ein. »Ich bin ja auch ein paar Jährchen nicht mehr geflogen. Die damaligen Segel haben nichts getaugt, und wenn man eine längere Strecke zurücklegen wollte, mußte man dafür die Sicherheit opfern. Manche sind ohne ersichtlichen Grund abgestürzt.«

»Ja, es gab 'ne Menge Unfälle«, pflichtete ich ihm bei. »Damals dachte ich immer, das sei so ähnlich, als würde man ein Kletterseil verwenden, bei dem die Chancen 50 : 50 stehen, daß es reißt.«

»Stimmt, aber nur so konnte dieser Sport sich weiterentwickeln. Die ersten Hängegleiter waren lebensgefährlich, und um den heutigen Standard zu erreichen, mußten unzählige Risiken eingegangen werden. In den späten Achtzigern waren längere Flüge beim Gleitschirmfliegen so gut wie unmöglich. Lediglich bei Starkwind konnten wir Hangsegeln, und keiner von uns kam je vom Berg weg. Jetzt können wir querfeldein von Thermik zu Thermik fliegen. Wir können auf den leichtesten Brisen obenbleiben, während wir früher wie ein Ziegelstein abgesackt wären.«

»Ja, so war's«, sagte ich und dachte an unsere Flugversuche bei extremen Windverhältnissen zurück. »Ein Wunder, daß wir das alles überlebt haben. Wir waren uns der Gefahren überhaupt nicht bewußt.«

»Stimmt, aber es hat doch Spaß gemacht, oder?« John lächelte. »Für mich war es das Aufregendste aller Zeiten. Erinnerst du dich an unsere erste Flugstunde? Als wir von einem Stuhl gesprungen sind, um die Landefalltechnik der Fallschirmspringer zu üben, und wie uns Geoff dann einfach vom Berg runtergeschubst hat, und schwups, schon waren wir in der Luft, wenn auch nicht lange. Und heute liegt der Streckenrekord bei 330 Kilometern! Und obwohl die Grenzen immer weiter ausgedehnt werden, ist es ein vergleichsweise sicherer Sport.«

»Aber klar«, schnaubte ich. »Das hab ich doch irgendwo schon mal gehört. Jedenfalls heißt das nicht viel, oder? In den anderthalb Jahren, nachdem John und ich mit der Fliegerei angefangen hatten, haben wir miterlebt, wie sieben Leute schwere Rückenverletzungen davontrugen, und Geoff Birtles hat sich das Genick gebrochen. Nur mit knapper Not hat er überlebt.«

»Ich weiß, aber heutzutage ist Gleitschirmfliegen sicher.« John war völlig begeistert von seinem Sport. Seit er mit Klettern und Bergsteigen aufgehört hatte, tat er fast nichts anderes mehr. »Na ja, so sicher, wie solche Sportarten eben sein können. Welchen Risikograd man eingehen will, bleibt einem selbst überlassen. Man entscheidet selbst, wie weit man gehen will.«

»Also ist es so ähnlich wie beim Bergsteigen?« sagte ich. »Klettern ist so gefährlich, wie man es macht.«

»Genau«, sagte John, »wobei der einzige Unterschied darin besteht, daß die Zahl der tödlichen Unfälle bei Gleitschirmpiloten der Spitzenklasse mit der von Spitzenbergsteigern nicht vergleichbar ist.«

»Wie viele Piloten kommen denn ums Leben?«

»Eigentlich so gut wie keine«, entgegnete Richard. »Meist kommt es zu Kollisionen, Abstürzen in geringer Höhe und solche Sachen. Zwei oder drei pro Jahr, schätze ich.«

»Na ja, die Zahl der Leute, die Gleitschirm fliegen, ist ja auch viel geringer als die Zahl derer, die bergsteigen.«

»Stimmt, aber du mußt auch bedenken, daß unsere Klettererfahrungen nicht gerade der Norm entsprechen«, sagte Richard. »Viele von uns sind auf allerhöchstem Niveau geklettert. Deshalb haben wir viel mehr Freunde verloren als die Normalbergsteiger. Dadurch schien der Sport gefährlicher, als er tatsächlich ist.«

»Ja, gut, ich verstehe, worauf du hinauswillst«, sagte ich. »Aber die Kletterei *schien* nicht gefährlicher, sie *war* gefährlicher!«

»Ja, aber nur wegen der unwägbaren Gefahren«, sagte John. »Bei Flugunfällen gibt es so was nicht. Einem Piloten prallen nicht plötzlich Steine auf den Kopf, er wird nicht unvermittelt vom Blitz getroffen oder unerklärlicherweise unter Tonnen von Schnee begraben…«

»Nein, man fällt einfach vom Himmel und schlägt mit unglaublich schmerzhafter Wucht am Boden auf.« Ich trank mein Bier aus. Die nächste Runde ging auf mich, und ich machte mich auf zur Bar.

Ich mußte daran denken, was Gaston Rébuffat in *Starlight und Storms* geschrieben hatte: »Ich mag Schwierigkeiten, aber ich hasse die Gefahr.« Bis an die äußersten Grenzen seines bergsteigerischen Könnens zu gehen, war für ihn beim Klettern das Wesentliche gewesen. Sterben hatte damit nichts zu tun. Für Rébuffat gab es kein Risiko ohne Gefahr, und er versuchte sie bestmöglich zu vermeiden, ging aber nie eine Gefahr um ihrer selbst willen ein. Er hatte auf dem ganzen Erdball zahllose schwierige, wagemutige Aufstiege gemeistert und bis in ein reifes Alter hinein alles überlebt und die Berge ausgetrickst, bis er schließlich an einer Krebserkrankung gestorben war.

In den vergangenen Jahren hatten John und Richard, oft gemeinsam mit Tat und Les Wright, einem ebenfalls in Sheffield wohnenden Piloten, immer wieder die Herrlichkeiten des Gleitschirmfliegens gepriesen und mich ermuntert, es wieder zu versuchen. Wenn sie nach einem guten Flugtag beim Bier saßen, erzählten sie sich begeistert von den tollkühnen Flugmanövern, die sie gerade hinter sich hatten, und lachten nun über Situationen, die in Wirklichkeit schauerlich gewesen waren. Sie legten das gleiche erregte Gebaren an den Tag und waren vom Glück wie berauscht wie Bergsteiger nach herrlichen Tagen auf dem Berg. Ihre glühende Begeisterung war die gleiche, wie ich sie in Gesellschaft von Bergsteigern erlebt hatte, und das faszinierte mich.

Dieser Sport gab eindeutig Auftrieb, gab einem einen ganz besonderen Kick. Es war nicht einfach, ihn zu erlernen, er war offensichtlich gefährlich, hatte keinen praktischen Nutzen und konnte sehr kostspielig sein. Ein guter Pilot muß ein völlig besessener, fanatischer Kontrollfreak sein und eine Menge körperlicher, mentaler und finanzieller Anstrengungen zu leisten bereit sein. Der Lohn ist flüchtig und nicht greifbar. Man muß unter Umständen stundenlang an einem Berghang sitzen und auf die richtigen Windverhältnisse warten. Die Spannungsmomente, die man durchlebt, sind intensiv und kräftezehrend. Eine Situation kann sich in Sekundenbruchteilen verändern. Aus einem sanften Dahinschweben in fast windstiller Luft kann unversehens ein schrecklicher Kampf mit tückischen Turbulenzen in der Thermik werden, die einen am Himmel herumrütteln. Von der Adrenalinausschüttung kann ein Pilot nach einem zweistündigen Streckenflug, der intensive Konzentration und blitzschnelle, intelligente Entscheidungen erfordert, am Ende trotz des relativ geringen Muskeleinsatzes schweißgebadet und körperlich völlig erschöpft sein. Es ist ein gruseliger, aufregender, schöner und absolut idiotischer Sport. Er gibt einem das Gefühl zu leben. Ich war in großer Versuchung, wieder damit anzufangen.

Der Flugsehnsucht des Menschen wohnt etwas Ursprüngliches inne. Wer schon einmal von einem Berg aus beobachtet hat, wie sich ein Falke lautlos in die Lüfte erhebt, wie er mühelos und ohne einen einzigen Flügelschlag am Himmel dahingleitet, kann nicht umhin, die Eleganz und Freiheit des Fliegens zu bewundern. Wer verspürt nicht den Wunsch, es dem Falken gleichzutun und gemächlich über der Erde seine Kreise zu ziehen, sich tragen zu lassen vom Wind? Es liegt etwas Magisches in der Fähigkeit, sich die Sonnenkraft nutzbar zu machen, sich vom Boden abzuheben und in ein fließendes, kraftvolles Medium zu begeben, am Himmel Spiele zu spielen, auf dem Wind zu reiten und die Wolken wie eine Straßenkarte zu lesen. Wenn man die Bewegungen von Rauchfahnen beobachtet, die einem Kamin entsteigen, wenn man sieht, wie Insekten und Grashalme auf unsichtbaren Luftströmungen nach oben schweben und Vögel darüber kreisen, kann man als guter Pilot diese geheimen Zeichen lesen und dann sachte den festen Erdboden verlassen.

Ungeheuerliche Kräfte wirken daran mit. Sie zu verstehen und sein flugtechnisches Können auf die Dynamik dieser unberechenbaren Kräfte anzuwenden, ist alles andere als einfach. In dieser Luftsportart hatten sich in den neun Jahren, seit ich damit aufgehört hatte, gewaltige Veränderungen vollzogen, und ich befürchtete, daß ich den Anschluß nicht mehr finden würde. Es war geradezu beängstigend, wie ahnungslos wir in jenen Anfangsjahren gewesen waren, als wir blindlings bei gefährlichem Starkwind geflogen waren, ohne uns darum zu scheren, was uns jeden Augenblick zustoßen konnte.

An einem Wintertag hatte ich einmal an einem Bergsattel hoch oben auf der Nordwand der Aiguille du Midi über dem Tal von Chamonix gestanden, mein Gleitsegel im Schnee ausgelegt und mich gefragt, ob ich den Mut aufbrächte, in den steilen Hang zu laufen. Aus 900 Metern Tiefe wehte mir ein kalter Wind ins Gesicht, doch das war nicht der Grund, weshalb ich zitterte. Als ich den Startlauf begann, die Arme senkrecht nach oben gestreckt, die Steuerleinen in den Händen, richtete sich das Segel auf, während der steile Schneehang unter mir abbrach. Und dann hob ich ab, sauste in die eisige Winterluft hinaus und bestaunte die steil abfallenden Berge, eine Perspektive, aus der ich sie noch nie zuvor gesehen hatte. Es war so einfach gewesen.

Jahre später hörte ich meinen Freunden zu, wie sie sich ausgelassen über ihre Flugerlebnisse unterhielten, und zwangsläufig kam die Rede auf gefährliche Augenblicke und brenzlige Situationen. Wie beim Bergsteigen dienen die oft haarsträubenden Geschichten den anderen als Lehre. Piloten machen ständig Fehler, mal leichtere, mal schwerwiegendere, und aus ihren Fehlreaktionen gehen eine Fülle urkomischer Geschichten hervor. Meist lassen sie auch die Ursache des Mißgeschicks erkennen, so daß man nachvollziehen kann, was falsch gelaufen ist. Je schauerlicher die Geschichte, um so lehrreicher ist sie. Der schwarze Humor von Piloten wie Bergsteigern ist nicht auf ein leichtfertiges Abtun der Gefahr zurückzuführen, sondern ein Mittel, um damit fertig zu werden.

Es ist leicht, über die ästhetische Schönheit des Fliegens ins Schwärmen zu geraten, doch die aerodynamischen Kräfte können einen auch mit furchtbarer Gewalt herunterstoßen und das labile Segel zu nicht viel mehr als einem Sack Schmutzwäsche zusammenschlagen. Sie können einen mit einer Geschwindigkeit von 10 Metern pro Sekunde in den Himmel hinaufziehen und bei absinkender Luft ebenso ungestüm absacken lassen.

Ich hörte Geschichten von glücklosen Piloten, die sich im Sog einer Gewitterwolke wiederfanden und in Höhen von über 900 Metern mitgerissen wurden. Scherwindströmungen und Abwinde können in der Wolke chaotische Turbulenzen erzeugen. Gelingt es einem, sich daraus zu befreien, bestehen gute Chancen, daß man erfriert, vom Blitz erschlagen wird oder durch den Beschuß kiloschwerer Hagelstücke das Bewußtsein verliert. Es ist ratsam, solche Wolken möglichst zu meiden.

Eine Freundin von uns war bei einem Flug in Zentralspanien in den Sog einer Gewitterwolke geraten. Nachdem sie vergeblich alles mögliche versucht hatte, um Höhe abzubauen, löste sie schließlich aus lauter Verzweiflung einen Fullstall aus, wobei ein vollständiger Strömungsabriß erzeugt wird. Hätte sie dieses Manöver, bei dem man die Bremsleinen tief nach unten zieht, bei Windstille durchgeführt, wäre sie sofort im freien Fall senkrecht nach unten geschossen. Doch als sie den Fullstall auslöste, merkte sie zu ihrem Entsetzen, daß sie nicht etwa nach unten fiel, sondern langsam weiter nach oben gezogen wurde. Erst nach zehn hektischen Minuten sank sie unter der Wolkenbasis langsam ab, und als sie dem Sog der Gewitterwolke endlich entronnen war, konnte sie aus der Gefahrenzone fliegen, von der Tatsache ernüchtert, daß diese Luftmonster einen selbst dann gewaltsam nach oben ziehen konnten, wenn man kein Segel über sich hatte.

Ich fand diesen Sport faszinierend und abschreckend zugleich. Seltsamerweise hatte ich genau dasselbe empfunden, als ich im Alter von vierzehn Jahren *Die Weiße Spinne* von Heinrich Harrer las. Die beklemmenden Geschichten und die Schwarzweißfotos von dem Untergang geweihten Bergsteigern schockierten mich, doch das, was sie sich vorgenommen hatten, faszinierte mich. Ich war mir sicher, daß die Eiger-Nordwand das Letzte wäre, was ich je versuchen würde, doch zugleich hatten die Erfahrungen, die diese bemerkenswerten Männer gemacht hatten, einen unwiderstehlichen Reiz. Ich hatte das Gefühl, daß sie in einer außergewöhnlichen Welt lebten, daß sie Dinge sahen und spürten, die nur wenige Menschen überhaupt erleben wollten. Extreme Bergwände zu durchsteigen hatte etwas Atemberaubendes.

Genauso verhielt es sich mit dem Gleitschirmfliegen. Ich spürte, daß es mich magisch anzog wie große Tiefen am Rande eines Abgrunds. Ich wollte wieder damit anfangen und herausfinden, was es mir einbringen würde, hatte aber zugleich Angst davor. Es hatte eine irrationale Anziehungskraft. Diese berauschende Mischung von Vorfreude und Angst war mir vom Bergsteigen her bekannt. Wieder und wieder ermahnte ich mich, daß mir die unzähligen in den Bergen durchlebten Schrecken fürs ganze Leben reichten und es nicht sehr sinnvoll sei, die bekannten Gefahren des Kletterns gegen die unbekannten Schrecken des Fliegens einzutauschen. Ich hatte mich dem Drang, wieder mit dem Gleitschirmfliegen zu beginnen, bislang beharrlich widersetzt, doch nun begann meine Entschlossenheit zu schwinden. Ich ertappte mich dabei, wie ich über die Vorteile dieses Sports nachdachte und die Nachteile geflissentlich ignorierte.

Gleitschirmfliegen würde mir eine neue Welt von Abenteuern an exotischen Orten auf dem ganzen Erdball eröffnen. Was ich mit Sicherheit vermissen würde, wenn ich mit dem Bergsteigen aufhörte, war der pure Spaß, mit einer Gruppe von Freunden ein gemeinsames Abenteuer zu erleben. Das Wesentliche an solchen Touren waren für mich nicht unbedingt das Klettern oder die bezwungenen Gipfel, sondern das Lachen, die Freundschaft und die Geschichten, die wir uns hinterher erzählen konnten. Vielleicht könnte Gleitschirmfliegen die Leere füllen, die entstand, wenn ich mit dem Bergsteigen Schluß machte. Ich war mir allerdings nicht einmal sicher, ob ich überhaupt Schluß machen wollte. *Warum machst du nicht einfach ein bißchen weniger?* überlegte ich. *Beschränke dich auf ein paar ausgewählte Routen, die dich schon immer begeistert haben. Leg eine Art Liste mit den letzten paar Zielen an, die du unbedingt verwirklichen möchtest.* Wenn dann irgendwann der Tag käme, an dem ich wegen Verletzungen oder Zweifeln nicht mehr würde klettern können, würde ich statt dessen fliegen. Ich hatte mich immer gefragt, was aus mir würde, wenn ich nicht mehr klettern könnte. Nun, jetzt wußte ich es. Ich würde mich in die Lüfte erheben. Ich würde die Berge überfliegen, statt sie zu besteigen.

Es fiel mir schwer, mich damit abzufinden, daß ich nach allem, was ich in den Bergen erlebt hatte, ernsthaft ans Aufhören dachte, doch weil sich der Zustand meiner Beine verschlechterte, müßte ich diese Entscheidung früher oder später ohnehin treffen. Ich hatte Osteoarthritis, und im Winter schmerzte mein Knie. In meinem linken Fußgelenk, das ich mir am Pachermo zertrümmert hatte, waren die Schmerzen inzwischen sogar stärker als im Knie. Wahrscheinlich mußte ich das Gelenk in naher Zukunft versteifen lassen.

Vierzehn Jahre war ich auf der ganzen Welt geklettert, obwohl die Ärzte das nicht für möglich gehalten hatten; folglich sollte ich gelassen aufgeben können, was der Mittelpunkt meines Erwachsenenlebens gewesen war. Die Kletterei hatte mein Leben unermeßlich bereichert, hatte mich zu dem gemacht, der ich war, und dafür würde ich immer dankbar sein. Trotzdem würde es mir sehr schwer fallen, sie an den Nagel zu hängen.

Im Grunde meines Herzens wußte ich, daß ich nicht mehr mit der gleichen Begeisterung kletterte wie früher, und Tats Entscheidung hatte mich zum Nachdenken veranlaßt, warum ich es überhaupt tat. Allein daß ich mir diese Frage stellte, war ein Eingeständnis, daß sich vieles verändert hatte. Die Zahl meiner Freunde, die noch aktiv kletterten, nahm stetig ab. Diejenigen, die nicht ums Leben gekommen waren, hatten sich dem Gleitschirmfliegen zugewandt. Außer Ray Delaney und seit kurzem auch Bruce French gab es keine weiteren Kletterer, mit denen ich unbedingt auf Tour gehen wollte.

In meinem 1994 geschriebenen Buch *Spiel der Geister* hatte ich nicht nur zu erklären versucht, warum Bergsteiger kletterten, sondern auch den seltsamen Widerspruch ergründen wollen, der dem Klettern innewohnt. Es war einerseits eine Leidenschaft, etwas, das ich unendlich liebte, doch zugleich hatte es mich so sehr verletzt und zermürbt und so viele meiner Freunde das Leben gekostet. Ich hatte diesen Konflikt zwischen dem Vergnügen und dem Verlust von Freunden zu begreifen versucht, aber ohne großen Erfolg. Als ich mich einmal mit John Stevenson über die Verlustrate unterhielt, schätzte er sie auf etwa einen Verunglückten pro Jahr.

Nachdem ich das Buch geschrieben hatte, dachte ich, daß diese Zahl zu hoch gegriffen sei und im Laufe der Jahre widerlegt würde. Leider war es eine eher zu niedrige Schätzung gewesen. In den sechs darauffolgenden Jahren starben sieben weitere Freunde.

Im gleichen Zeitraum waren außerdem drei Bergsteiger, denen ich kurz persönlich begegnet war, tödlich verunglückt. Sie waren keine engen Freunde gewesen, aber Vorbilder, die ich sehr bewundert hatte. Ihre bergsteigerischen Leistungen hatten mich mit großem Respekt erfüllt, und trotzdem kamen alle drei bei unvorhersehbaren Lawinenabgängen ums Leben.

Als ich 1996 mit Tom Richardson auf dem Weg zum Basislager der Annapurna war, von wo aus wir den Südsattel des Singu Chulu in Angriff nehmen wollten, begegnete ich der berühmten französischen Bergsteigerin Chantal Maudit. Sie war sehr nett, und während wir an einer Berghütte zusammen Tee tranken, tauschten wir Nachrichten über gemeinsame Freunde in Chamonix aus. Sie erzählte mir, daß sie die Annapurna-Südwand im Alpinstil besteigen wolle, und ich war über dieses wagemutige Vorhaben sehr erstaunt. Beim Abschied winkten wir uns fröhlich zu, und ich sah ihr nach, wie sie flott den Waldweg hinaufstieg. Ich hoffte, sie in Katmandu wiederzusehen, doch das sollte nicht sein.

Ich habe nie erfahren, wie es ihr auf der Annapurna erging, aber anderthalb Jahre später, Mitte Mai 1998, rief Richard Else bei mir an und teilte mir mit, daß Chantal am Dhaulagiri ums Leben gekommen sei. In Lager 2 der Normalroute waren sie und Ang Tsering in ihrem Zelt verschüttet aufgefunden worden. Es wurde nie geklärt, ob es eine kleine Lawine oder einfach nur Neuschnee gewesen war, den sie nicht weggeräumt hatten und unter dem sie folglich erstickt waren. Es stellte sich jedoch später heraus, daß Chantal sich das Genick gebrochen hatte, was darauf hindeutete, daß aller Wahrscheinlichkeit nach eine Lawine die Ursache gewesen war.

Anatoli Boukreev war ich im November 1997 auf dem Banff Film Festival in Kanada begegnet. Für mich war Anatoli einer der weltbesten Bergsteiger. Die Liste der Besteigungen, die er vorzuweisen hatte, war eindrucksvoll. Er hatte elf der vierzehn Achttausender der Welt ohne künstlichen Sauerstoff bestiegen und dreimal den Everest bezwungen. Darüber hinaus hatte er viele der höchsten Gipfel der Welt im Alleingang und in weniger als einem Tag bezwungen, im Winter und immer ohne künstlichen Sauerstoff.

Er war an einer der unglaublichsten Rettungsaktionen in der Geschichte des Bergsteigens beteiligt gewesen, als er 1996 bei einem Sturm am Everest, der acht Menschenleben forderte, drei gestrandete Bergsteiger barg. In einer sturmgepeitschten Nacht führte er auf dem Südsattel allein die Rettungsaktion durch, und das, nachdem er gerade erst eine Everest-Besteigung ohne künstlichen Sauerstoff hinter sich hatte. Von sämtlichen Bergführern und Kunden, die damals in den Zelten am Südsattel Schutz suchten, war er der einzige, der stark oder willens genug war, die Bergungsaktion zu wagen.

Es war für mich eine große Ehre, als Anatoli mein Exemplar seines Buches *Der Gipfel* signierte – »Joe, genieße das Leben und die Berge«. Keine zwei Monate später, am Weihnachtsfeiertag, kam Anatoli bei einem Lawinenabgang an der Südwand der Annapurna I ums Leben.

Ray Delaney und ich saßen in P.K.'s Lodge in Namche Bazaar beim Bier, als ein Amerikaner, der mir irgendwie bekannt vorkam, uns ein paar freundliche Ratschläge über lohnenswerte Klettergebiete gab. Wir unterhielten uns nur kurz, und erst als Ray und ich schon talwärts in Richtung Phakding marschierten, ging mir auf, daß der Mann, mit dem wir gerade gesprochen hatten, Alex Lowe gewesen war. Ich bedauerte, nicht länger mit ihm geredet zu haben. In der amerikanischen Kletterszene war er eine der treibenden Kräfte, ein Mann, der meiner Generation ein Vorbild war. Er war einer der weltbesten Bergsteiger. Die Liste seiner Besteigungen und sein Kletterstandard in Fels und Eis waren höchst beachtlich.

Am 5. Oktober 1999 unternahmen Alex Lowe, David Bridges und Conrad Anker eine schnelle Trainingstour zur Einstiegsstelle ihrer geplanten Route in der Südwand des Shishapangma, einem Achttausender im tibetischen Teil des Himalaja. Es sollte eigentlich ein Ruhetag sein, und sie wollten sich nur ein wenig Bewegung verschaffen, um den Blutkreislauf in Schwung zu bringen und die Muskeln zu fordern.

Eine Stunde nachdem das Team das vorgeschobene Basislager verlassen hatte, löste sich vom Sattel zwischen dem Shishapangma und dem Gipfel des Punga Ri 1800 Meter über ihnen ein riesiges Schneebrett. Binnen dreißig Sekunden war es zu einer gewaltigen, lebensgefährlichen Lawine angewachsen, wie man sie im Himalaja häufig sieht. Die drei Männer rannten um ihr Leben. Alex Lowe und David Bridges liefen den leicht abfallenden Gletscher unterhalb der Südwand hinunter, Conrad lief quer hinüber. Alle drei Männer wurden von der Lawine erfaßt, und Conrad konnte von Glück sagen, daß er, nachdem er zwanzig Meter hangabwärts gerissen worden war, wieder herausgeschleudert wurde. Während er verzweifelt nach seinen Freunden suchte und die Hoffnung, sie zu finden, mit jeder Minute abnahm, wurde Conrad langsam bewußt, daß er sie nie wiedersehen würde.

Alex Lowe war fast zehn Jahre lang Conrads Freund und Mentor gewesen, und es muß ein schwerer Schlag gewesen sein, ihn auf so gewaltsame Weise und so plötzlich zu verlieren. In seinem bewegenden Nachruf im Magazin *Climbing* rühmte er Alex Lowes Leben und versuchte, in diesem überaus bitteren Verlust eine Bedeutung zu finden.

Die alten Fragen über das Bergsteigen waren plötzlich wieder aktuell. Wir waren uns des Risikos bewußt gewesen. Hätten wir anders handeln sollen? Sind die Risiken, die wir eingehen, den Lohn wert, den sie uns einbringen? Was treibt uns zum Bergsteigen an? Die Erforschung des Unbekannten hat die Menschheit dahin gebracht, wo sie heute steht. Auch heute empfinden es viele von uns als besonderen Reiz, neue Horizonte zu entdecken, in allen Lebensbereichen. Diejenigen von uns, die diese Bestimmung in den Bergen gefunden haben, können sich glücklich schätzen. Für Alex war es genau das, worum es beim Klettern ging: um die Erforschung der Seele, um die Zuversicht und die Erkenntnisse, die man gewinnt, wenn man etwas Schwieriges und Unmögliches wagt.

Für mich war dies immer das Wesentliche beim Bergsteigen gewesen, aber irgend etwas hatte sich in mir verändert, so daß ich die Unvermeidbarkeit solcher unwägbarer Risiken nicht mehr so leicht akzeptieren konnte. Manche Leute mögen mich für einen sehr erfahrenen Bergsteiger halten, weil ich auf der ganzen Welt geklettert bin und technisch schwierige Erstbesteigungen gemacht habe, aber verglichen mit dem Kletterniveau, das Anatoli und Alex erreicht hatten, war ich ein blutiger Anfänger. Daß sie so leicht und plötzlich verschwinden konnten, war schwer faßbar. Vor dem Lawinenunglück hatte Alex Lowe eine Mitteilung an die Website von *Mountain Zone* geschickt:

Im nachhinein wird mir klar, warum ich in die Berge gehe: nicht, um sie zu bezwingen, sondern, um in ihre unfaßbare Weite einzutauchen – so viel größer als wir selbst; um ein ausgewogenes Verhältnis zwischen Demut und Geduld einerseits und dem Drang, mir viel abzuverlangen, zu finden; um teilzuhaben an dem, was die Berge zu bieten haben, es auf lange Sicht mit guten Freunden und später auch mit meinen Söhnen zu teilen.

Den Bergen wohnt etwas inne, was die Seele anrührt. Sie wecken unsere Spiritualität, zeigen uns, wie vergänglich wir sind und wie unbedeutend unser Platz im Universum ist. Sie haben etwas Erdentrücktes, Sinnträchtiges, dem ich mich einfach nicht entziehen kann. Es wohnt ihnen ein unlösbarer und faszinierender

Widerspruch inne. Klettern hat selten einen Sinn, man hat dabei aber immer das Gefühl, das Richtige zu tun. Sid Marty, ein kanadischer Schriftsteller, schreibt in seinem Gedicht *Abbot*:

Die Menschen stürzen von den Bergen ab,
weil sie dort nichts zu suchen haben.
Darum suchen sie sie auf, darum müssen sie sterben.

Für mich war das eine eigenartige, aber schöne Erklärung. Ich war nahe davor, sie zu begreifen, doch der Sinn entzieht sich mir immer wieder, wie bei einem Bild, dessen Gesamteindruck sich verliert, sobald man zu nah herantritt. Man kann es nur erleben.

Obwohl ich Chantal, Anatoli und Alex nur flüchtig gekannt hatte, erschütterte es mich, daß diese grandiosen Bergsteiger so einfach umkommen konnten. Ihr Talent hatte sie nicht retten können. Wenn es sie so leicht erwischen konnte, wie standen dann wohl meine eigenen Chancen? Wenn es eine Frage der Wahrscheinlichkeit war, standen meine Chancen genauso wie ihre, und das war vielleicht sogar noch beunruhigender.

Mit vier Gläsern Bier schob ich mich vorsichtig durch das Gedränge an der Bar. Richard, John und Les redeten immer noch voller Begeisterung über ihre Flugerlebnisse.

»Seid ihr immer noch beim gleichen Thema?« fragte ich, während ich die Gläser verteilte.

»Ja, und du solltest wirklich wieder damit anfangen«, meinte John.

»Ob du's glaubst oder nicht, langsam denke ich das auch.«

»Du kannst dir nicht vorstellen, wie sehr sich alles verändert hat«, gab Richard Haszko zu bedenken. »Kein Vergleich zu früher.«

»Aber unter welchem Risiko?«

»Denk doch nur an die Dinger, mit denen wir früher geflogen sind«, warf John ein. »Wir hatten kein richtiges Gurtzeug, nur diese besseren BH-Träger, und haben einfach nur ein Holzbrett zwischen die Leinen gehängt.« Er lachte bei dem Gedanken.

»Und heute gibt es Airbag-Gurtsysteme, Kevlarleinen, Sitz-schalen, Rückenprotektoren und was nicht alles. Und sogar Rettungsschirme, falls man einen unkorrigierbaren Einklapper hat«, fügte Richard zu.

»Und dann all die technischen Geräte. Lauter schönes Spielzeug«, sagte John aufgeregt. »Man kann wirklich gute Funkgeräte kriegen, Variometer, die das Steigen und Sinken des Gleitschirms anzeigen, GPS-Systeme, Wind- und Geschwindigkeitsmesser. Es gibt alle möglichen Gurttypen und Speedsysteme, mit denen die Schirme ausgerüstet sind.«

»Okay, okay.« Mir drehte sich schon der Kopf.

»Du solltest es wirklich versuchen«, drängte Richard.

»Ich weiß nicht so recht«, murmelte ich. »Ich müßte erst einen neuen Luftfahrerschein machen. Das würde eine Ewigkeit dauern.«

»Nein, ganz und gar nicht«, widersprach John. »Du hast doch schon eine Menge Flugerfahrung. Da kommst du schnell wieder rein, stimmt's, Richard?«

»Na klar.« Als geprüfter Fluglehrer wußte Richard, wovon er redete. »Du müßtest nur ein bißchen auf die technischen Fragen in der theoretischen Prüfung pauken, aber ich bin mir sicher, daß du sie bestehst.«

Ein paar Wochen später hatte ich einen neuen Luftfahrerschein, nachdem ich bei Roger Shaw von Peak Paragliding einen Auffrischungsflugkurs gemacht hatte. Zu meiner Freude hatte sich gezeigt, daß ich meine Flugkenntnisse kaum verlernt hatte, und mit begehrlichen Blicken hatte ich die verwirrende Vielzahl an Gleitsegeln und Gurttypen beäugt, die es mittlerweile gab.

Nachdem ich mir einen Gleitschirm bestellt hatte, wurde die Ausrüstung Mitte Oktober endlich geliefert. Ich verbrachte etliche Tage mit der Lektüre von Bedienungsanleitungen und dem Versuch, mich mit der verwirrenden Anzahl von Riemen zur Feineinstellung, Verbindungsleinen des Speedsystems und Aufhängungspunkten des Gurtzeugs vertraut zu machen. Viele Stunden lang testete ich alles in der Garage, an einem Balken im Gurtzeug hängend, bis ich das Gefühl hatte, daß alles richtig saß.

Weil ich aber gar nicht wußte, wie es richtig sitzen mußte, war das gar nicht so einfach. Die Bedienungsanleitung für das Funkgerät ging über meinen Verstand, und mit dem Variometer war es nicht besser.

Der Sommer war längst vorüber, und mit ihm das gute Flugwetter. Angesichts des kalten, stürmischen Herbstwetters würde ich mich auf eine lange Wartezeit einstellen müssen, denn ich hatte nicht vor, meinen ersten Flug mit einem nagelneuen Gleitschirm bei ungünstigen Witterungsverhältnissen zu beginnen.

Kapitel 4

Auf weiten Schwingen

Während ich am Schreibtisch einen Stoß Fotos und Diakästen durchsah, klingelte das Telefon.

»Joe? Hier ist John.«

»Hallo, John. Wie geht's?«

»Schlimme Nachrichten«, sagte er düster. Diese Worte hatte ich nur zu oft gehört, und beim Klang seiner Stimme wurde mir ganz bang. Sofort überlegte ich, wer von unseren Freunden zur Zeit auf einer Kletterexpedition war. *Tom Richardson? Nein. Der ist gerade zurückgekommen. Außerdem ist jetzt Mitte Oktober, da sind alle zu Hause.*

»Wie schlimm?« fragte ich beklommen.

»Tat hat's erwischt«, erwiderte John gequält. »Er ist tot.«

»Tat ist tot?« Ich verstand nicht. *Er war doch gar nicht beim Bergsteigen; war es vielleicht ein Autounfall?*

»Ich hab's gerade von Peter Franks erfahren«, fuhr John fort. »Geoff Birtles hatte im Radio was darüber gehört, und da hab ich Peter auf seinem Handy angerufen. Er ist inzwischen vom Berg runtergekommen und macht jetzt auf der Polizeistation eine Aussage.«

»Peter Franks? Der Pilot?«

»Ja, er war auf dem Berg, als es passiert ist.«

»Welcher Berg?«

»In Griechenland«, sagte John, und da fiel mir ein, daß Tat und Peter vergangenen Samstag zu einem einwöchigen Paragliding-Urlaub am Tolo im Peloponnes südlich von Athen aufgebrochen waren.

»Sie sind auf einem Fluggelände namens Jesus geflogen«, fügte John hinzu. Das sagte mir nichts. Ich konnte keinen klaren Gedanken fassen und starrte wie betäubt auf die Diakästen auf meinem Schreibtisch. Einer davon trug die Aufschrift »Bolivien – Tat«. Mit leerem Blick starrte ich darauf. *Nicht Tat. Bitte sag mir, daß es nicht Tat ist.*

»Joe, bist du noch dran?«

»Was? Ja…entschuldige, ich hab mich nur gerade gefragt… na ja, bist du sicher, daß es Tat ist?« sagte ich verzweifelt. »Vielleicht hast du dich verhört…«

»Nein, es ist Tat. Peter hat gesehen, wie es passiert ist. Er ist tot, Joe. Tat ist tot«, sagte er stockend, und ich konnte seine Tränen erahnen, die Fassungslosigkeit, den ungläubigen Schmerz.

»Wie ist es denn passiert?« fragte ich leise, und wollte es eigentlich gar nicht wissen.

»Oh, weiß der Himmel. Wir können's uns nicht erklären…«

»Ist sein Schirm eingeklappt?« fragte ich und stellte mir vor, wie Tat in eine starke Turbulenz hineingeraten war, bei der die Luft senkrecht von oben auf die Kappe trifft, so daß sie vollkommen zusammenfällt. Bei zu geringem Bodenabstand wäre es unmöglich gewesen, das Segel rechtzeitig wieder aufzupumpen.

»Nein, es hat nicht so ausgesehen, als hätte er etwas falsch gemacht«, entgegnete John. »Peter sagte, sie seien erst vor etwa drei Stunden gemeinsam gestartet. Mein Gott. Sie haben ihn hinuntergetragen. Sie haben ihn in sein Segel gewickelt…« Ich hörte, wie er damit kämpfte, mit den schrecklichen Tatsachen fertig zu werden. Er holte tief Luft und faßte sich.

»Peter war nach dem Start nach rechts am Grat entlang gesegelt, Tat nach links. Als Peter sich umblickte, sah er, daß Tat Aufwind gefunden hatte und fast 180 Meter höhergestiegen war. Peter machte kehrt und flog in Tats Richtung, um mit ihm aufzusteigen, und dann sah er, wie Tats Schirm einklappte und ins Trudeln geriet. Tat hat offenbar nichts unternommen, um dem Trudeln entgegenzuwirken. Ich kann mir das nicht erklären.«

»Hat er den Rettungsschirm ausgelöst?«

»Nein, er hat gar nichts getan. Peter meinte, er habe vielleicht unter dem Einfluß der g-Belastung beim schnellen Aufstieg das Bewußtsein verloren. Einmal sah es kurz so aus, als wäre alles wieder in Ordnung, aber dann ist das Segel auf einmal u-förmig zusammengeklappt. Dann ist er am Boden aufgeschlagen.«

»Wer ist zuerst bei ihm gewesen?«

»Peter. Er ist zur Absturzstelle geflogen und neben Tat gelandet. Er sagte, er habe sofort gewußt, daß es ernst sei, weil Tat reglos zwischen den Steinen lag. Die anderen von der Gruppe sind vom Startplatz herübergerannt. Tat war bewußtlos und hat stark geblutet, als Peter bei ihm ankam. Sie konnten nichts tun. Tat hatte schwere Kopfverletzungen. Er ist nicht mehr zu Bewußtsein gekommen, und eine Viertelstunde nachdem Peter bei ihm angekommen war, ist er gestorben.«

»Mein Gott!« Ich konnte kaum glauben, was John mir da erzählte. Törichte Gedanken schossen mir durch den Kopf. *Tat hat mit dem Klettern aufgehört, damit so etwas nicht mehr passieren konnte. Das ist nicht fair.*

»Wie geht's Peter? Er muß völlig fertig sein.«

»Ist er auch«, sagte John. »Es macht ihm zu schaffen, daß er Tat nicht helfen konnte. Er meint immer noch, es hätte irgendwie möglich sein müssen, ihn zu retten.«

»Das kann ich ihm nachfühlen.« Ich stellte mir vor, wie Peter hilflos dagestanden hatte und sie Tat langsam den Hang hinuntergetragen hatten. »Also hat Tat einfach nur Pech gehabt?« fragte ich.

»Ja, großes Pech«, sagte John bitter. »Er ist unglücklich gelandet, nach hinten gekippt und mit dem Kopf auf den Boden geprallt. Das könnte einem auch passieren, wenn man von einer Trittleiter fällt.«

»Und sein Sturzhelm?«

»Der war unbeschädigt. Die Verletzung war ein Stück unterhalb des hinteren Randes. Weißt du, wie die Dinger aussehen? Sie sind hinten ähnlich wie Fahrradhelme ausgeschnitten.« Ich wußte genau, wie sie aussahen. So eine Verletzung war zwar nie ganz auszuschließen, aber sehr unwahrscheinlich.

»O mein Gott... nicht Tat...«

»Ich weiß«, sagte John. »Das ist einfach hundsgemein...«

»Es ist immer hundsgemein«, sagte ich bitter. Dann fielen mir Tats Frau und seine beiden Söhne Paul und Jamie ein. »Und was ist mit Jane und den Jungen?« Tat war in die beiden ganz vernarrt gewesen. Auf unseren Reisen hatte er ständig von ihnen erzählt. Es hatte ihn gefreut, daß sich ihre Beziehung mit zunehmendem Alter vom Vater-Sohn-Verhältnis zu einer tiefen Freundschaft entwickelte. »Weiß Jane es schon?« fragte ich. John antwortete nicht gleich.

»Nein, noch nicht.« Ich nahm sein Zögern wahr. Wer würde ihr die schreckliche Nachricht übermitteln? Ich schwieg, noch immer wie gelähmt.

»Ich werd's ihr sagen«, sagte John schließlich. »Ich rufe sie jetzt gleich an. Im Radio wird schon darüber berichtet. Nicht, daß sie's auf diese Weise erfährt.«

»Nein, bloß nicht«, pflichtete ich ihm bei.

»Wen hast du sonst noch informiert?«

»Bis jetzt nur dich«, erwiderte John. »Als nächstes wollte ich Richard anrufen und dann sämtliche Piloten, die wir kennen.«

»Wie wär's, wenn du alle Bergsteiger anrufst und ich die Piloten übernehme?«

»Würdest du das tun? Das wäre mir eine große Hilfe.«

»Ja, ich fange gleich damit an«, versprach ich.

Nach etlichen Telefonanrufen, auf die jeweils mit Fassungslosigkeit, Tränen und Ungläubigkeit reagiert worden war, fühlte ich mich schließlich so abgestumpft, daß ich die Nachricht so gleichgültig weitergab, als handelte es sich um etwas ganz Belangloses. Ich stand auf, schob die Fotos auf dem Schreibtisch zur Seite und ging aus dem Zimmer. In einer Ecke meines Büros lagen mein nagelneuer Gleitschirm und drumherum die ganzen Gerätschaften kreuz und quer auf dem Fußboden. Beim Anblick des Sturzhelms fühlte ich mich elend und innerlich leer und fragte mich, ob ich jemals wieder fliegen würde. Als ich die Treppe hinunterstieg, fiel mein Blick auf das schöne Foto vom Alpamayo, das Tat 1995 gemacht hatte, nachdem wir unbeschwert die Südwestflanke dieses Berges durchstiegen hatten, der oft als der schönste Berg der Welt bezeichnet wird.

Ich dachte daran, wie wir beim Abseilen von der Wand von herabstürzenden Eisbrocken bombardiert worden waren, die zwei deutsche Bergsteiger über uns losgetreten hatten. Ich hatte gerade neben einem alten, aus dem Eis ragenden Schneepflock gestanden und eine Schlinge durch die Öse gefädelt, ohne an einer Eisschraube gesichert zu sein, und während Tat sich zu mir abzuseilen begann, beeilte ich mich, den kniffligen Knoten zu binden, um mich einhängen zu können. In dem Augenblick, als Tat neben mir ankam, krachte ihm ein Brocken massives Wassereis von der Größe eines Fußballs auf den Helm. Sein Kopf kippte zur Seite, der Brocken prallte von ihm ab und traf mich, während ich noch über den Schneepflock gebeugt war, mit solcher Wucht am Hals, daß ich kurz das Bewußtsein verlor. Als ich wieder zu mir kam, hielt Tat mich an meiner Kapuze fest.

»Ich glaube, ich war gerade ohnmächtig, Tat«, sagte ich benommen.

»Oh, kein Wunder, Kid«, entgegnete er munter. »Das Ding ist mit Karacho gegen meinen Helm geknallt.«

»Hat es dich zuerst getroffen?«

»Ja, voll auf die Birne. Aber Mensch, war das nicht ein super Kopfball? Echt gekonnt, was? Ich sollte glatt in die englische Nationalmannschaft aufgenommen werden, findest du nicht?«

»Du bist mir vielleicht ein blöder Arzt«, brummte ich und klinkte mich in den Schneepfosten ein.

»Wieso? Geht's dir nicht gut?« fragte er.

»Ich werd's überleben.«

»Aber klar doch.« Er lachte und klopfte mir auf den Rücken.

»Darin bist du gut, Kid.« Und dann setzten wir den Abstieg fort, froh darüber, am Leben zu sein, begeistert darüber, an diesem Berg zu sein.

Ich betrachtete das Foto mit unseren schwach sichtbaren Spuren zum Fuß der Wand, die wir tags zuvor durchstiegen hatten. Von nun an würde ich diese schattenhaften Spuren immer als die Spuren aus einer schönen Vergangenheit ansehen und daran denken, daß sie von uns beiden stammten. Es waren unsere Fußstapfen in eine besondere Welt gewesen. Tat hatte dieses Foto von einem hohen Bergsattel aus gemacht, von dem aus wir einen letzten sehnsuchtsvollen Blick auf den majestätisch in den Morgenhimmel aufragenden Berg geworfen hatten. Schweigend und nachdenklich hatten wir dagesessen in dem Bewußtsein, wie glücklich wir uns schätzen konnten, solche Dinge tun und sehen zu können. Es war eine herrliche Tour gewesen.

Ich ging nach unten, goß mir einen starken Whisky ein und heulte. Am Abend trafen wir uns im Pub, tranken zuviel Bier und versuchten eine Erklärung zu finden, wie das hatte passieren können und warum Tat sterben mußte, warum all die anderen ums Leben gekommen waren. Wir kamen zu keinem rechten Ergebnis. Als Peter aus Griechenland zurückkam, versuchten wir es noch einmal, fanden aber immer noch keine Erklärung.

Tat und Peter waren gute Freunde gewesen, Rivalen in der Luft, und für die Qualität einer Freundschaft ist es nicht entscheidend, wie lange man sich kennt, sondern schlicht, daß man sich versteht.

Peter erzählte, wie er alles mögliche versucht habe, aber Tat habe stark geblutet, und es sei ihm nicht gelungen, die Blutung zum Stillstand zu bringen. Und dann sei Tat auf einmal tot gewesen und alle Hilfe zu spät gekommen. Wir versuchten Peter zu beruhigen, indem wir ihm versicherten, daß er nichts habe tun können, aber sein düsterer Blick verriet, daß er uns nicht glaubte. Es würde noch einige Zeit dauern, bis er darüber hinweggekommen wäre.

Tat hatte nichts Dummes getan oder eine folgenschwere Fehleinschätzung getroffen. Er war wie jeder andere Pilot gestartet und hatte sich in die Höhe gearbeitet. Es war alles ganz normal verlaufen, und dabei war er verunglückt. Wie John ganz richtig sagte: Es war, als wäre jemand in einen unbeschwerten Skiurlaub gefahren und dabei ums Leben gekommen. So etwas gibt's einfach nicht.

Ich mußte daran denken, wie ich damals auf der Route *Alea Jacta Est* beim Abseilen Angst gehabt hatte, die wackligen Knifeblade-Haken könnten ausbrechen, und wie ich deshalb im Spaß sagte, daß bei mir noch nie eine Abseilverankerung ausgebrochen sei. Das war ein kläglicher Versuch gewesen, mir selbst Mut zu machen, und Tat hatte mich daraufhin finster angeblickt.

»Bei mir schon«, hatte er leise gesagt. »Zweimal.«

Später in der Bar hatte er mir die genauen Einzelheiten erzählt. Einmal war ihm beim Winterbergsteigen in Nordwales beim Abseilen der Abseilhaken ausgebrochen. Tat hatte sich als erster abgeseilt, während sein Partner auf dem Felsvorsprung stehengeblieben war, in denselben Abseilhaken eingehängt wie Tat, während dieser zwanzig Meter am Seil hinuntergeglitten war. Dann hatte er den Halt verloren, war nach hinten gekippt und hinuntergestürzt. Sekunden später war er mit den Füßen an einen kleinen eisbedeckten Felsvorsprung gestoßen, mit dem Rücken zum Fels. Wie er das geschafft hatte, wußte er selbst nicht, aber in dem Augenblick, da seine Steigeisenzacken sich in das Eis auf dem Sims gruben, hatte er sich instinktiv gegen die Wand gepreßt, um das Gleichgewicht wiederzuerlangen. Gerade als er einen Seufzer der Erleichterung ausstieß, hörte er ein dumpfes Sausen und sah den Schatten seines Partners vorbeizischen. Er war heruntergerissen worden, als der Haken ausgebrochen und zu der an seinem Gurt befestigten Schlinge gezogen worden war. Tat hatte die Seile, die durch sein Abseilgerät liefen, noch in der Hand; er war in das System eingebunden und hatte keine Zeit, sich irgendwo festzuhalten, abgesehen davon, daß es ohnehin nichts gab, an dem er sich hätte festhalten können. Sein Partner stürzte schwer ins Seil. Irgendwie gelang es Tat, auf dem sechzig Zentimeter breiten Sims, ohne Sicherung, Haken oder was auch immer, den Sturz abzufangen.

Den zweiten Sturz hatte er beim Abstieg vom Gipfel des Lotus Flower Tower erlebt, einer phantastischen 600 Meter hohen Felssäule im Cirque of the Unconquerables in Kanada. Er und ein Freund hatten einen Abseilhaken angebracht, und Tat hatte sich in die Seile eingebunden und sich abzuseilen begonnen. Er war noch nicht weit gekommen, da war der Haken ausgebrochen und Tat durch die Luft geflogen. Nach etwa zehn Metern stieß er gegen einen Klemmblock, der sich in einer schwindelerregenden Felsspalte verkeilt hatte, die den Pfeiler durchschnitt. Tat kam zum Stillstand, außer Atem, aber ansonsten unverletzt, unter sich fast 600 Meter Abgrund. Glücklicherweise war sein Partner nicht in den Haken eingeklinkt gewesen.

Ich fragte mich, wie es möglich war, daß Tat zwei so katastrophale Ausbrüche von Abseilverankerungen überlebt hatte. Verglichen damit hätte ihm bei dem leichten Aufprall, den er bei seinem Gleitflugunfall erlitt, eigentlich nichts passieren dürfen. Vielleicht hatte ihn einfach das Glück verlassen.

All die Risiken, die Tat auf Bergen, Eisklettertouren und an Felswänden auf der ganzen Welt eingegangen war und bei denen er dank seines Könnens, guten Urteilsvermögens oder Glücks ungeschoren davonkam, waren durch eine einzige mißglückte Landung an einem Berghang in Griechenland bedeutungslos geworden.

Tat war ein guter Freund gewesen, ein wundervoller, warmherziger, lebensfroher Mensch, den ich gerne viel länger gekannt hätte. Ich wünschte, ich hätte ihm gesagt, wie sehr ich ihn bewunderte, wie beeindruckt ich von seinen Kletterkünsten war, wie stolz es mich machte, ihn zum Freund zu haben. Mit ihm zusammenzusein war einfach schön gewesen, ein Geschenk, das ich nun verloren hatte. Die anderen empfanden das gleiche. Es ist nicht leicht, die Empfindungen, die er ausgelöst hatte, in Worte zu fassen. Vielleicht lag es einfach daran, daß er dich so deutlich spüren ließ, daß er dich mochte, daß es ihn freute, mit dir zusammenzusein. Man kam sich dadurch als etwas Besonderes vor, es machte einen zufrieden.

Eigentlich waren wir in vielem so unterschiedlich gewesen wie Tag und Nacht, aber irgendwie hatten sich unsere Unterschiede ergänzt. Ich war klein, stämmig und ruppig. Tat war groß, schlaksig und gelassen. Ich konnte streitsüchtig und unerbittlich stur sein. Tat haßte Auseinandersetzungen. Ich trank zuviel, er trank zuwenig. Nach einem Eiskletterurlaub hatte er einmal lachend gesagt, dies sei für ihn die intensivste Saufsession seit Jahren gewesen, während ich selbst das Gefühl gehabt hatte, beinahe abstinent gewesen zu sein.

Ich war faul. Tat war voller Tatendrang, war impulsiv, mußte immer etwas tun und war nicht in der Lage, einfach mal auszuspannen. Ich hatte mich immer für einen eher ungeduldigen Menschen gehalten, doch im Vergleich zu Tat war ich die Ruhe selbst. Wie damals auf der Route *Alea Jacta Est* hatten sein Ehrgeiz und seine Ungeduld und meine Laschheit und Nachgiebigkeit manchmal fast zu einer Katastrophe geführt, aber meistens waren wir eine gute Seilschaft gewesen, deren unterschiedliche Stärken sich gut ergänzten. Seine Abenteuerlust und die ansteckende Begeisterung, noch einen schönen Tag in den Bergen dranzuhängen, hatten mich immer dazu angestachelt, noch eine weitere Tour vorzuschlagen. Ob im Langtang, wo er einem todkranken Baby das Leben rettete, in Huarez beim abendlichen Streifzug durch die Discos, am Pumori, wo ihm die eigenen Medikamente nichts halfen, oder in La Grave, wo er mich beinahe umgebracht hätte – überall war für mich Tats unverwüstliche, grenzenlose Lebensfreude vorherrschend gewesen. Von den meisten Touren im letzten Jahrzehnt waren die mit Tat die spaßigsten und denkwürdigsten gewesen.

Ich wünschte, er wäre noch immer da mit seinen stürmischen Umarmungen, seinem »Hi, Kid« und dem Leuchten in seinen Augen, wenn Aussicht auf ein neues Abenteuer bestand. Ihm gegenüber habe ich diese schlichten, ehrlichen Gedanken natürlich nie geäußert; so etwas ist einfach nicht üblich. Wer würde uns jetzt umarmen, fragte ich mich. Einen wie Tat würde es nie mehr geben.

Das Leben kam mir damals nicht grausam vor, sondern beängstigend flüchtig. Manchmal geht etwas über unseren Verstand, sind wir stumme Zeugen von etwas, das wir nicht begreifen können, bis am Ende der Tod das Dilemma löst. Wir möchten den Tod gern zu einem Fremden machen, möchten ein sicheres Leben führen, vernunftwidrig auf Unsterblichkeit hoffen, dabei ist der Tod niemals weit vom Leben entfernt, und die Toten sind niemals weit von den Lebenden. Wir verbannen den Tod aus unserem Leben, und folglich werden unsere Toten für uns zu Fremden, statt die Freunde zu bleiben, die sie einst waren.

Würde Tat jetzt für uns zu einem Fremden werden, da wir ohne ihn weiterlebten? Ich hoffte nicht. Es hatte mich immer erstaunt, wie schnell die Zeit nach dem Verlust eines Menschen verrinnt und wie schnell unsere Erinnerungen schwinden; das geht sogar so weit, daß wir uns nach wenigen Jahren kaum noch erinnern können, wann dieser Mensch starb. Ich fragte mich oft, warum wir mit unserem Leben so riskante Spiele spielen mußten. Die naheliegendste Erklärung, die mir als Grund dafür einfiel, weshalb wir kletterten, war die, daß es uns ermöglichte, auf dem schmalen Grat zwischen Leben und Tod zu balancieren und sich dadurch für einen kurzen Moment unsere Sicht auf das Leben veränderte. Diese zufällige Begegnung mit der Schattenseite machte uns klar, wie wichtig es war, einfach nur am Leben zu sein; dadurch lebten wir.

Wir kletterten, weil wir es gerne taten, und aus keinem anderen Grund. Wir philosophierten uns nicht gefrorene Wasserfälle hinauf oder machten uns in einem Unwetter und bei schwierigen Verhältnissen auf den Bergen Gedanken über die großen Geheimnisse des Lebens. Wir versuchten lediglich, aus dem Erlebnis soviel wie möglich herauszuholen.

Genau darum ging es; es war ein sehr einfaches Spiel. Wir spielten es, weil es uns als die beste Art zu leben erschien. Der Filmregisseur John Huston hat einmal geschrieben: »Das Wichtigste im Leben ist, um jeden Preis Langeweile zu vermeiden.

Wenn man feststellt, daß das, was man gerade tut, uninteressant ist, sollte man an seinem Leben besser etwas ändern. Ich werde von Dingen am Leben erhalten, die mich faszinieren.«

Die Berge hatten uns immer fasziniert, sie fesselten uns, und deshalb kletterten wir. Vielleicht war es das einzige, was wir je zu tun versucht hatten: gefährliche Spiele zu spielen, um Langeweile um jeden Preis zu vermeiden. Ich hatte geglaubt, daß ich mir über das, was wir da taten, keine Illusionen machte, mußte dann aber erkennen, daß derjenige, der behauptet, keine Illusionen zu haben, zumindest diese eine Illusion hat.

Nach Tats Tod wagte ich längere Zeit nicht zu fliegen. Ich war völlig entmutigt. Erst als der Frühling kam und das Wetter sich besserte, wurde mir bewußt, daß ich meine nagelneue Gleitschirmausrüstung entweder verkaufen oder ausprobieren müßte. Und davor hatte ich furchtbare Angst. John, Richard, Les und Peter machten mir Mut und bestärkten mich, nicht aufzugeben. Sie hatten recht, das war mir im Grunde klar, aber Tats Tod hatte mich zutiefst erschüttert. Sie selbst hatten schon viele Flüge hinter sich. Sie hatten Erfahrung in großer Thermik, waren in harten Turbulenzen geflogen und hatten lange Streckenflüge gemeistert. Sie wußten und verstanden, warum Tat so leidenschaftlich gern geflogen war.

»Warte doch einfach ab, bis dir ein wirklich guter Flug gelungen ist«, schlug Richard vor. »Etwas, was du noch nie zuvor gemacht hast, in großer Thermik oder einen langen Streckenflug beispielsweise, und wenn's dich dann noch nicht gepackt hat, nun ja, dann verkauf die Ausrüstung eben.«

»Dann hättest du deine Entscheidung wenigstens nicht aus dem Bauch heraus getroffen, sondern sie würde auf Fakten beruhen«, fügte John hinzu. »Wenn du jetzt aufgibst, würdest du's später vielleicht bereuen, weil du nie mit Sicherheit sagen könntest, ob deine Entscheidung richtig war.«

»Ja, da magst du recht haben«, räumte ich zögernd ein.

Als sich gutes Wetter einstellte, machte ich ein paar zaghafte und äußerst nervöse Flugversuche und war, ehrlich gesagt, ziemlich enttäuscht. Was wir da machten, war nichts anderes als früher. Ich zog den Schirm auf, hob ab, segelte in Kreisen am Kamm entlang und landete wieder oben am Berg. Es war keineswegs das wundervolle, aufregende Abenteuer, das John mir prophezeit hatte.

Ich wußte, daß die Flugverhältnisse in Großbritannien grundsätzlich viel schwieriger waren als auf dem europäischen Kontinent und kam zu dem Schluß, daß ich unbedingt eine Reise nach Zentralspanien buchen müßte, und zwar nach Piedrahita, etwa zwei Autostunden nördlich von Madrid. Dort sollte eins der besten Fluggebiete der Welt sein.

Ein paar Wochen bevor Richard, John, Les und ich nach Spanien abfliegen wollten, brach sich John bei einem verpatzten Flugstart am Mam Tor in Derbyshire den Knöchel. Tags darauf besuchte ich ihn im Krankenhaus. Vom Morphium und von den Schmerzen sah er grau und elend aus, und sein gelber, geschwollener Fuß mit der bläulichen Narbe und den vielen Fäden erinnerte mich an all die Operationen an meinem Knie und an den Fußgelenken. Als ich John so im Krankenhausbett liegen sah, schwand die vage Zuversicht, die ich gerade erst wiedergewonnen hatte, dahin. Ich wollte so etwas nie mehr durchmachen müssen. Folglich wurde der Urlaub kein großer Erfolg. Ich war zu ängstlich, um ihn genießen zu können. Das Wetter war mäßig, und ich tat nicht viel mehr als Hangsegeln, machte aber auch erste Thermikflüge. In Gegenwart zweier wachsamer Falken schraubte ich mich in schnellen Kreisen in der aufsteigenden Luft in die Höhe.

An unserem letzten Tag hatte Richard seinen allerbesten Flug; er segelte über den Paß in Richtung Avila und landete etwa dreißig Kilometer von unserem Startplatz entfernt. Ich hingegen war im Abwind talwärts gesunken und hatte betroffen zugesehen, wie Richard in weite Ferne entschwand. Bei der Landung hatte ich eine Mordswut im Bauch. Im ersten Moment war ich so enttäuscht und frustriert, daß ich auf dem Landefeld umherstampfte und die gesamte Natur um mich herum verfluchte. Erst als ich mich ein wenig beruhigt hatte, wurde mir bewußt, daß mir dieses Flugspiel offenbar nicht mehr gleichgültig war, denn sonst hätte ich mich über den mißlungenen Flug nicht so aufgeregt. Wie wäre es gewesen, wenn es mir gelungen wäre, Richard über den fernen Paß zu folgen?

Ein paar Monate später machte John – seit kurzem wieder ohne Gips und verärgert darüber, daß ihm der Flugurlaub in Spanien entgangen war – den Vorschlag, noch einen Kurztrip nach Piedrahita zu unternehmen. Diesmal war das Wetter ideal und die Fliegerei phantastisch. Als ich einmal gerade in die Talmitte hinabschwebte, die fast 900 Meter unterhalb des Startplatzes am Gebirgshang über Piedrahita lag, fiel mir ein, daß John mir etwas über sogenannte »Geländepunkte« erzählt hatte. Das konnte alles mögliche sein: eine Felsgruppe, ein Turm auf einem Bergkamm, die Dächer eines Dorfs oder auch unterschiedlich gefärbte Felder. Sie dienten als Anzeigepunkte für Stellen, an denen sich die bodennahe Luftschicht erwärmte und eine Thermiksäule aufstieg. Mein Variometer hatte mit seinem deprimierenden Brummton angezeigt, wie schnell ich sank. Als ich mich dem Boden näherte und nach einem geeigneten Landeplatz ohne Hochspannungsleitungen und große Bäume Ausschau zu halten begann, entdeckte ich einen dunklen Fleck, eine Art Erdhügel rechts von der Stierkampfarena der Stadt. Dies war einer der Geländepunkte, die mir John genannt hatte. Während ich ihn ansteuerte und zu seiner windabgewandten Seite segelte, kamen mir Zweifel, ob es mir gelänge, mich von so tief unten im Tal wieder in die Höhe zu arbeiten.

Da verbog sich auf einmal die linke Vorderkante meines Gleitsegels, und die Flügelspitze knickte ein. Ich zog den rechten Bremsleinengriff herunter, um die Richtung beizubehalten, und das Segel öffnete sich wieder. Ich war in eine Thermik eingeflogen. Es war ein enger, schwach ausgebildeter und bockiger Thermikbart, und ich flog in sein Zentrum und begann in so engen Kreisen zu fliegen wie möglich. Zu meiner Freude gab mein Variometer nun einen nervösen hohen Piepton von sich. Es brauchte mir gar nicht erst zu signalisieren, daß ich aufstieg.

Mir war, als hätte plötzlich eine riesige Hand nach mir gegriffen, nachdem ich behaglich in meinem Sitzgurt gesessen hatte, und mich gewaltsam nach oben gezerrt. Durch das anfänglich abrupte Höhersteigen war der Schirm in eine Schräglage geraten, und mit heftig klopfendem Herzen schoß ich himmelwärts. Ich hatte so etwas noch nie zuvor gemacht und war zugleich begeistert und besorgt. Mit zunehmender Höhe wurde die Thermik ruhiger und größer, und damit war es leichter, darin zu kreisen. Ich behielt mein Vario im Auge, das mitunter eine Steiggeschwindigkeit von 8 Metern pro Sekunde anzeigte. Ich blickte mich um, um festzustellen, ob sich außer mir noch weitere Gleitschirmsegler in dieser Thermik befanden, aber ich war allein. Ich entspannte mich ein wenig, froh darüber, es nicht mit der Schar von bis zu vierzig Paraglidern zu tun zu haben, die in einer chaotischen bunten Masse auf der Suche nach Aufwind hektisch über der Startzone hin und her kurvten, so daß ich Angst vor einer Kollision hätte haben müssen. *Ich kann es genießen*, dachte ich. Dabei flog ich versehentlich aus dem Thermikbart heraus und spürte, wie der Schirm seitlich einklappte, als die schnell sinkende Luft darauf traf.

Wenig später hatte ich über 1000 Meter an Höhe gewonnen und stellte fest, daß ich mich im Zentrum des weiten Tales befand, das auf den nach Westen durch die Berge schneidenden Paß führte. Als ich gerade überlegte, ob ich wieder zu der komfortablen Kammlinie zurücksteuern sollte, geriet ich fast im gleichen Augenblick mit Schwung in einen weiteren starken Thermikbart und begann, aufwärts zu kreisen.

Als ich mich dem Paß näherte, begann ich mich bangend zu fragen, ob ich für solch einen Flug überhaupt genügend Erfahrung hatte. John hatte mir gesagt, wie groß die Höhendifferenz zum Startplatz sein mußte, um den Paß gefahrlos zu überfliegen. Wenn ich nicht hoch genug wäre, lief ich Gefahr, von schnell sinkender Luft erfaßt zu werden und auf der anderen Paßseite in einen gewaltigen Rotor zu geraten. John hatte mich gewarnt, daß ein Pilot, der im Vorjahr genau dies getan hatte, sich bei einer harten Landung den Knöchel gebrochen habe. *Was hatte er gesagt?* Es wollte mir partout nicht einfallen. Ich mußte mich ganz aufs bloße Weiterfliegen konzentrieren, und allmählich machte sich die nervliche Anspannung bemerkbar. *900 Meter über dem Startplatz. Genau, das war's. Und wie hoch bin ich jetzt?* Ich blickte auf mein Vario. *150 Meter über dem Startplatz. Das genügt nicht.* Ich mußte noch einen Aufwind finden. Ich stieß auf sinkende Luft, worauf das Vario sein deprimierendes Brummen von sich gab; darauf trat einen Moment lang Stille ein, dann ertönte ein Piepton, danach noch einer und noch einer. *Na komm schon, pack mich,* brummte ich der unsichtbaren Thermik zu – und schon war ich drin.

Während ich in weiten Kreisen höherstieg, sah ich unter mir zwei große Greifvögel segeln. Ihre Flügelspitzen bewegten sich unmerklich, während sie in der aufsteigenden Luft schwebten. Plötzlich sah ich einen anderen Paraglider von links auf mich zukommen. Er hatte vermutlich gesehen, daß ich eine Thermik gefunden hatte, und war mir geradewegs gefolgt.

Wir hingen einander auf gleicher Höhe gegenüber und beschrieben am Himmel große schwingende Kreise. Manchmal war es, als stünden wir still und als drehte sich die Welt um uns, und ich mußte den Blick abwenden. Ich lachte, wenn wir höherstiegen, fluchte, wenn ich die Thermik verlor und wieder nach Aufwind suchen mußte. Ich war mir meiner Unzulänglichkeit nur zu bewußt, vor allem, als ich wieder nach meinem Gefährten Ausschau hielt und ihn weit im Westen hoch über dem Paß in Richtung Avila davonsegeln sah.

Ich erinnere mich, wie ich irgendwann zwischen den Beinen hindurch nach unten blickte und von einem Schwindelgefühl ergriffen wurde. Mir kam auf einmal der unangenehme Gedanke, daß ich in einem Synthetiksitz saß, der an dünnen Kevlarleinen hing, und unter mir mehr als 2000 Meter Leere war. *Was wäre, wenn die Leinen rissen?* Einen Moment lang hatte ich die entsetzliche Vorstellung, zum Talboden hinunterzustürzen, doch dann gewann der Verstand wieder die Oberhand. *Natürlich werden sie nicht reißen, du Idiot! Und wenn doch, löst du eben den Rettungsschirm aus.* Ich ließ augenblicklich die rechte Bremsleine los, langte nach hinten an mein Gurtzeug und suchte nach dem

Auslösegriff. Als er beruhigend in meiner Hand lag, sagte ich mir im Geiste auf, was ich zu tun hätte. *Zieh den Griff nach vorn und dann schleudere ihn kräftig nach hinten.* Der Rettungsschirm würde sich daraufhin schlagartig öffnen. *Theoretisch zumindest.*

Ich hielt den rechten Bremsleinengriff wieder fest umklammert und flog weiter in Richtung Paß. Ein Blick auf mein Vario zeigte mir, daß ich nun in 3200 Metern Höhe war. Also war ich mindestens 1000 Meter über dem Startplatz, und es gab keinen Grund, warum ich nicht versuchen sollte, über den Paß hinüberzukommen. Ich begradigte meinen Flug, verringerte den Zug an den Bremsleinen und trat mein Speedsystem voll durch, damit es flott voranging.

Eine Stunde später sank ich ins Tal von Avila hinab. Ich hatte den Paß nicht nur überflogen, sondern vom Startplatz eine Strecke von insgesamt dreißig Kilometern zurückgelegt. Seltsamerweise hatte ich in dem Moment, als ich nicht mehr ans Obenbleiben gedacht hatte, sofort abzusinken begonnen. Ich hatte auf einmal gespürt, wie ausgelaugt ich von dem Flug war. Eigentlich hatte ich nur den Paß überfliegen wollen; daß ich so weit gekommen war, übertraf alle meine Hoffnungen. Mir war klar, daß ein erfahrener Pilot diese Strecke in der halben Zeit geschafft hätte und nun bestrebt wäre, bis nach Avila zu kommen, weitere zwanzig Kilometer westwärts das lange, breite Tal hinauf. Mir genügte es, sachte hinunterzugleiten und zu landen.

Ich landete sanft auf einem sandigen Acker und war erstaunt, wie schlapp ich mich fühlte und wie weich meine Beine in dem Moment wurden, als der Flugstreß von mir abfiel. Es war mir nicht bewußt gewesen, wie anstrengend und nervenaufreibend Fliegen sein konnte. Ich war schweißgebadet, und vom vielen Kopfdrehen schmerzte mir das Genick. Ich streifte das Gurtzeug von den Schultern, löste die Beingurte und ließ sie zu Boden fallen. Als ich dann zu dem Paß hinübersah, dämmerte mir, was mir soeben gelungen war. Ich hatte gerade meinen ersten wirklich guten Flug hinter mir. Noch nie zuvor hatte ich etwas Vergleichbares erlebt. Ich verspürte eine Mischung aus Begeisterung und zaghafter Erleichterung, aus Freude und verebbender

Angst. Mir zitterten die Beine, und ich fühlte mich so schwach, daß ich auf die Knie sank.

Auf einmal begriff ich, warum Tat so gern geflogen war, und diese Erkenntnis überwältigte mich einen Moment. Ich wußte nicht, ob ich um Tat weinte oder vor Erstaunen über das eben Erlebte. Ich konnte fliegen. Das war wirklich etwas ganz verdammt Besonderes.

John hatte mich gewarnt, daß auf einigen Feldern Kampfstiere für die Stierkampfarena gezüchtet würden und es ratsam sei, nach ihnen Ausschau zu halten. Einmal war er auf einem vermeintlich freien Feld gelandet und hatte dort seinen Gleitschirm schon fast zusammengepackt, als sich in einer von Bäumen beschatteten Ecke des Feldes plötzlich ein dunkler Schatten erhob. Der Bulle kam mit rasender Geschwindigkeit auf ihn zu, und John war es nur mit knapper Not gelungen, seinen Gleitschirm und das Gurtzeug über eine mit Stacheldraht bewehrte Trockenmauer zu werfen und schnell hinterherzuspringen, ehe das Vieh ihn erreichte.

Während ich mich müde in Richtung Hauptstraße schleppte, um mich von einem Autofahrer nach Piedrahita mitnehmen zu lassen, vernahm ich plötzlich das Geräusch donnernder Hufe. Ich blickte wild um mich, aber auf der Obstbaumwiese, die ich gerade überquerte, war nichts zu sehen. Ich lief schnell auf den nächsten Baum zu, in der Hoffnung, die unteren Äste erreichen zu können. Mit fünfzig Pfund Gleitschirmausrüstung in einem riesigen, unförmigen Rucksack auf dem Rücken war das nicht leicht. Als die Hufschläge lauter wurden, wußte ich, daß ich den Baum nicht rechtzeitig erreichen würde. Ich fuhr herum und streifte hastig einen Schulterriemen ab. Vielleicht könnte ich mich mit dem Paraglider schützen.

Ein Fohlen und eine graue Stute kamen zwischen den Obstbäumen auf mich zugaloppiert, wirbelten, als sie mich auf der Wiese kauern sahen, aufgeschreckt herum und stürmten wiehernd und schnaubend davon. Ich sank auf die Knie und brach in Gelächter aus.

Während ich in der prallen Sonne saß und die spanischen

Autofahrer sich weder um die Geschwindigkeitsbeschränkung noch um meinen ausgestreckten Daumen scherten, dachte ich über meinen Flug nach, was ich falsch gemacht hatte und was ich beim nächsten Mal besser machen könnte.

Ich mußte noch eine Menge lernen. Dann dachte ich an Tat und all den Spaß, den wir zusammen gehabt hatten. Er war tot. Daran ließ sich nichts ändern. Mir fiel ein Segensspruch für die Toten aus meiner Kindheit ein:

Gesegnet seien die Toten,
denn sie haben Flügel zum Fliegen,
statt auf Erden zu wandeln.

Ja, sagte ich mir und dachte an Tat, *genau so ist es, Kid.*

Dann fiel mir der erste Vers von Gerard Manley Hopkins' Gedicht »Der Turmfalke« ein. Darin klingt alles an, was das Fliegen so wunderbar bereichernd macht. Tat hätte es gefallen:

Heute früh sah ich des Morgens Günstling,
den Kronprinzen im Reich des Tageslichts,
den von marmoriertem Morgendämmern angelockten
   Falken,
bei seinem Ritt auf der stetig unter ihm fließenden Luft,
und wie er hoch oben schwebte
an der Trense sanften Flügelschlags
in seiner Ekstase! Dann fort, vorwärts mit Schwung,
wie eine Schlittschuhschneide geschmeidig einen Bogen
   zieht: das Stürzen und Gleiten
bezwang den starken Wind.
Mein Herz schlug heimlich für einen Vogel,
– welche Vollkommenheit, welche Meisterschaft!

Kapitel 5

Der kälteste Tanz

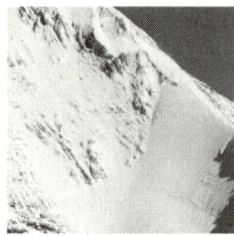

Das Flugzeug befand sich im Landeanflug auf Newark Airport, New York. Ich lugte aus dem Fenster auf die Lichter der Stadt und das letzte Abendrot am immer dunkler werdenden, von goldenen Schichtwolken durchzogenen Horizont. Als die Rollbahn in Sicht kam und die Flughafenlichter vor dem Nachthimmel funkelten, machte ich mich auf die Landung gefaßt. Ich war nie sonderlich gern mit dem Flugzeug geflogen, hatte es aber in den letzten Jahren so häufig tun müssen, daß mir mittlerweile nur noch beim Start und bei der Landung mulmig wurde.

Unter den Passagieren setzte überraschtes Gemurmel ein, als die Maschine auf einmal wieder höherstieg und in großen Kehren über dem östlichen Teil des Flughafens zu kreisen begann. Ich nahm an, daß wir zusammen mit anderen auf Landeerlaubnis wartenden Flugzeugen in eine Warteschleife eingewiesen worden waren. Vermutlich war die abgebrochene Landung unserer Maschine darauf zurückzuführen, daß man einem Flugzeug mit knappem Treibstoffvorrat Vortritt gewährt hatte. Weil das nichts

Joe in Schräglage,
Quietus, Stanage
Edge, Derbyshire

Tat auf dem Gipfel
des Alpamayo

Bergsteiger unterhalb
des Alpamayo folgen
unseren Spuren.

Beflügelt: Joe beim Start eines 56-Kilometer-Streckenflugs in Brasilien

Joe beim Vorstieg
am Chaupi Orco

Joe an den Bridalveil Falls,
Telluride, Colorado

Ray am Beginn der ersten
Seillänge am Bridalveil

**Joe auf steilem Eis,
Bridalveil Falls**

Ungewöhnliches war, dachte ich in der nächsten Dreiviertelstunde nicht weiter darüber nach.

Allmählich begannen mein Kater und die Übelkeit nach einer mit Tequila und Bier durchzechten Nacht zu schwinden. Als ich gerade wehmütig an die vergangene Woche mit Vorträgen und Eisklettern in Colorado zurückdachte und mir vornahm, nächstes Jahr mit Ray und Tat noch einmal nach Boulder zu reisen, riß mich der Pilot aus meinen Gedanken.

»Guten Abend, meine Damen und Herren, hier spricht der Kapitän«, gab er mit breitem texanischem Akzent bekannt. »Wie einige von Ihnen bemerkt haben dürften, haben wir unseren Landeanflug abgebrochen und werden deshalb heute abend leichte Verspätung haben. Ich versichere Ihnen, daß es keinen Grund zur Beunruhigung gibt.«

Bei diesen Worten setzte ich mich kerzengerade auf. Wenn der Flugkapitän, der während des gesamten Fluges von Denver International Airport bis kurz vor der Landung kein einziges Wort gesagt hat, plötzlich verkündet, daß es keinen Grund zur Beunruhigung gebe, ist es meist an der Zeit, höchst beunruhigt zu werden.

»Während unseres Landeanflugs hat ein Warnlicht des Fahrwerks eine Störung angezeigt«, fuhr er verbindlich fort. »Das ist nichts Besorgniserregendes. Nur eine kleine technische Schwierigkeit, vermutlich lediglich ein Problem im Schaltsystem. Wir glauben, daß das Fahrwerk ausgefahren und arretiert ist, aber dieses kleine Lämpchen behauptet, daß dem nicht so sei. Wir sind hier oben heute abend also einfach nur vorsichtig, und wie Sie sehen, ziehen wir Schleifen, um Treibstoff abzulassen.«

O heiliger Strohsack! Dachte ich. Man läßt doch keinen Treibstoff ab, wenn man nicht ein ernstes Problem hat.

»So, meine Damen und Herren, wir werden jetzt sehr tief über den Kontrollturm hinwegfliegen, damit die Leute dort unten einen Blick auf unser Fahrwerk werfen können. Erschrecken Sie nicht, wenn wir danach wieder höhersteigen. Dies ist kein Landeversuch. Entspannen Sie sich und genießen Sie den Flug. Wir bitten für die entstandene Verzögerung um Entschuldigung.«

Entspannen! Der Typ hat wohl 'nen Knall! Ich sah mich im Passagierraum um und war alles andere als beruhigt. Niemand wirkte sonderlich entspannt. Es erhob sich erneut ein Gemurmel, und die anderen Fluggäste sahen sich genauso verstohlen um wie ich, um herauszufinden, wie entspannt sie denn sein sollten. Nicht sehr, wie es schien. Ich zurrte meinen Sitzgurt fester und preßte das Gesicht ans Fenster. Wir begannen in einem langen Gleitflug niederzugehen, und ich spürte, wie sich mein Magen zusammenkrampfte.

Ich schaltete meinen Walkman ein. Bob Marley sang gerade »No Woman, No Cry«.

My fear is my only courage
so I'm going to have to push on through …
Everything's go'n' to be all right,
Everything's go'n' to be all right …

»Meine Angst ist mein einziger Mut, also muß ich weitermachen, alles wird gut, alles wird gut …« – *So ein Stuß!* dachte ich und schaltete das Gerät aus. Ich versuchte mich zu beruhigen, indem ich zur Ablenkung an völlig unnütze Tatsachen dachte. Ich hatte irgendwo gelesen, daß man Einsteins Relativitätstheorie einmal mittels eines Flugzeugs zu beweisen versucht hatte. Bei transatlantischen Flügen verschiebt sich die Zeit offenbar um 49 Nanosekunden, wieviel auch immer das sein mag. Um das zu messen, hatte man Atomuhren um die Erde geflogen. Dieser Theorie zufolge dehnt sich die Zeit also um so mehr aus, je schneller man reist. Ist das der Grund dafür, daß einem die Zeit so unheimlich lang vorkommt, wenn man in den Tod stürzt? Ich versuchte, diesen unerfreulichen Gedanken zu verscheuchen. Sachlich gesehen läuft das auf folgendes hinaus: Wenn man hundert Jahre lebt und sein gesamtes Leben lang in einem Flugzeug um die Welt fliegt, kann man damit rechnen, am Ende eine 100 000stel-Sekunde jünger zu sein. Wow! Heißt das also, daß man, wenn man schnell lebt, später stirbt? Damit wäre die Vorstellung, schnell zu leben und jung zu sterben, völlig ver-

kehrt, geradezu kontraproduktiv, wer hätte das gedacht. Und was habe ich davon?

Wir sausten im Tiefflug über den Flughafen hinweg und stiegen dann wieder in weichem Bogen in die Höhe. Alle warteten gespannt auf die Weisheiten des Flugkapitäns. Gutgelaunt meldete er sich wieder zu Wort.

»Also, Leute, die gute Nachricht lautet, daß das Fahrwerk ausgefahren ist.« Allgemein erleichtertes Aufatmen und aufgeregtes Getuschel war zu hören. »Allerdings«, fuhr der Kapitän fort, und das Gemurmel erstarb schlagartig, »dieses kleine Lämpchen behauptet immer noch, daß das Fahrwerk nicht arretiert sei.« Im Passagierraum herrschte eine angespannte Stille, und die Fluggäste rutschten nervös umher, fummelten an ihren Sitzgurten herum, zogen sich die Schuhe an und wieder aus, spähten aus dem Fenster und vermieden jeglichen Blickkontakt.

Ich versuchte mein Ablenkungsmanöver mit den »unnützen Tatsachen« fortzusetzen. Die meisten Menschen würden vermutlich annehmen, daß Serienmördern zur Anregung hauptsächlich harte Pornos oder sadistische, gewalttätige Horrorvideos dienen, aber dem ist nicht so. Ihre am häufigsten verwendete Quelle ist die Bibel. Genauer gesagt: Ihr besonderer Favorit ist die Offenbarung. Wer hätte das für möglich gehalten, und sind nicht manche Leute einfach total bekloppt?

Ich bemerkte, daß das Flugzeug offenbar wieder Kurs auf den Flughafen nahm. *Hast du gewußt*, fragte ich mich hektisch, *daß Riesenhaie im Alter von etwa fünfzehn Jahren fortpflanzungsfähig werden, zu diesem Zeitpunkt aber gerade in etwa die richtige Größe erreicht haben, um gefangen zu werden? Wenn sie sich also gerade auf den Verlust ihrer Jungfräulichkeit freuen, werden sie harpuniert und zu Tierfutter verarbeitet. Der Lebertran eines Riesenhais ist so fein, daß man ihn zum Schmieren der präzisen Navigationsinstrumente moderner Düsenflugzeuge verwendet. Wie viele Lebern brünstiger Riesenhaie werden wir wohl gleich über die Rollbahn verspritzen?*

»Meine Damen und Herren«, sagte der Kapitän gedehnt und in seiner lockeren, jovialen Art, die mir langsam auf die Nerven ging. »Wir befinden uns jetzt im Landeanflug und dürften in etwa zehn Minuten landen. Es besteht kein Grund zur Beunruhigung, also vergewissern Sie sich bitte, ob Sie richtig angeschnallt sind. Ich danke Ihnen, daß Sie heute abend mit uns geflogen sind, und wünsche Ihnen eine angenehme Weiterreise.« *Na klar doch*, dachte ich. *Und wieso ist der Kerl so verdammt fröhlich? Denk daran: Wenn dich jemand ärgert, brauchst du zweiundvierzig Gesichtsmuskeln, um einen finsteren Blick aufzusetzen, aber nur vier Muskeln, um den Mittelfinger zu heben.* Ich blickte den Gang hinunter, in der Hoffnung, der Pilot würde gleich auftauchen.

Mir fiel auf, daß er das »kleine Lämpchen« gar nicht mehr erwähnt hatte. Vielleicht bedeutete das, daß das Problem behoben war. Aber wenn dem so wäre, hätte er es uns dann nicht gesagt, damit wir uns keine Sorgen mehr zu machen brauchten? Vielleicht hatte er es nicht erwähnt, weil das Problem keineswegs behoben war, und wir uns eigentlich Sorgen machen müßten, er das aber nicht wollte? *Mein Gott, ich hasse Flugzeuge.*

Die Lichter des Flughafens kamen wieder in Sicht, und während wir an Höhe verloren, bemerkte ich, daß wir nicht die gleiche Landebahn ansteuerten wie zuvor. *Aha, das hast du also vor. Du hältst uns auf Abstand zu Flugzeugen voller Menschen und Treibstoff, zu Flughafengebäuden und harten Gegenständen, in die wir nicht hineinprallen wollen, wenn unser Fahrwerk einkracht und die Tragflächen abbrechen, wie? Sehr clever. Und dann werden wir uns in eine riesige, mit Treibstoff gefüllte Zahnpastatube verwandeln, und Sorgen werden das letzte sein, was wir uns machen. Hör auf, so was zu denken, du Idiot. Denk an was anderes!*

Wußtest du, daß der Orgasmus eines Schweins dreißig Minuten dauert? In meinem nächsten Leben möchte ich ein Schwein sein. Manche Löwen kopulieren über fünfzigmal am Tag. Wenn ein Schwein das täte, müßte der Tag fünfundzwanzig Stunden haben. Ich möchte trotzdem ein Schwein sein.

Die Flugzeugmotoren jaulten laut auf, als der Pilot die Geschwindigkeit drosselte. Ich umklammerte die Armlehne so fest, daß meine Knöchel weiß wurden.

Die Maschine neigte sich leicht nach vorn und flog parallel zur

..., die ihr mich liebhabt,
seht nicht auf das Leben,
das ich beende,
sondern auf das Leben,
das ich beginne.

(Augustinus)

Kreuzberg / Rhön

© Rapido

Eigentlich wollten wir
uns noch so vieles sagen.
Eigentlich wollten wir
den Weg gemeinsam gehn.
Ihr erkennt keinen Sinn,
doch Ihr müsst es tragen.
Ich bin bei Euch und
werd' Euch zur Seite stehn.

Zum Andenken an

Elisabeth Berninger

geb. Reißle

* 10.4.1935 † 6.1.2008

O Herr, gib ihr die ewige Ruhe !

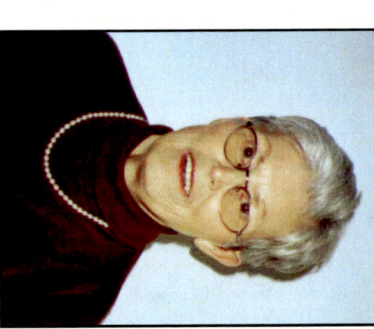

Bestattungen Meder

Rollbahn, keine fünfzehn Meter über dem Asphalt. Ich stellte mein Ablenkungsmanöver ein und starrte reglos aus dem Fenster. Die Piloten brachten die Maschine in einem sehr langen, flachen Gleitflug herunter. *Sie befürchten also, das Fahrwerk könnte einklappen.* In dem Augenblick, als mir dieser Gedanke gerade durch den Kopf ging, sah ich auf der angrenzenden Rollbahn ein Feuerwehrauto mit hoher Geschwindigkeit vorbeibrausen, dann noch eins und noch eins. Die blinkenden orangen Lichter entfernten sich, und weitere sechs Rettungsfahrzeuge sausten am Fenster vorbei. Offensichtlich machte sich da jemand sehr große Sorgen.

Ich habe einmal gehört, daß ein Kakerlak neun Tage ohne Kopf weiterleben kann, ehe er verhungert, was mir immer etwas sinnlos erschienen ist. Das ist noch seltsamer als bei den Gottesanbeterinnen, wo das Männchen das Weibchen erst dann begatten kann, nachdem ihm das Weibchen den Kopf abgebissen hat. Das kam mir unangenehm bekannt vor. Ich nahm mir vor, einige meiner früheren Beziehungen diesbezüglich noch einmal zu durchleuchten. *Ach, was soll's! Falls ich in diesem Flugzeug sterbe, werde ich mit Sicherheit als Schwein wiedergeboren.* Ich dachte ganz fest an Schweine, in der Hoffnung, daß meine Reinkarnationschancen dadurch begünstigt würden.

Ich holte tief Luft, hielt die Armlehnen weiterhin fest umklammert und wartete darauf, daß das Fahrwerk den Boden berührte. Ich blickte gangabwärts und zählte die Sitzreihen bis zum nächsten Notausgang. Drei Reihen weiter vorn befand sich das rote Zeichen über der ovalen Tür. Die drei Sitzplätze neben dem linken Notausgang über der Tragfläche waren frei. Ich wünschte, ich hätte früher daran gedacht und mich vorgesetzt. Zumindest wußte ich, was zu tun war, wenn etwas schiefging. *Spring schnell zu diesem Notausgang.* Ich war kräftig und geschickt genug, um die Tür problemlos aufzubekommen. Ich zog die Karte mit den Sicherheitsanweisungen aus der Rückenlehne des Sitzes vor mir und versuchte, sie zu studieren.

Dann setzte die Maschine mit einem kaum merklichen Ruck am Boden auf, raste die Rollbahn hinunter und wurde immer langsamer; die Feuerwehrautos holten uns ein und fuhren neben uns her, und die Passagiere lachten erleichtert auf. Es war alles umsonst gewesen. Als ich die Karte mit den Sicherheitsanweisungen wieder zurücksteckte und mir vornahm, sie zukünftig rechtzeitig zu lesen, merkte ich, daß mein Kater verflogen war.

Eine Woche später waren die Dias von der Colorado-Reise fertig, und ich sah sie mir im Schnelldurchlauf am Diabetrachter in meinem Büro an. Obwohl mir nur vier freie Tage geblieben waren, hatte ich es mir nicht nehmen lassen, mit Jack Roberts, Clyde Soles und Eric Coomer Eisklettern zu gehen. Die Faszination des Kletterns in steilem Eis und auf sonnengewärmtem Fels zieht mich nach wie vor in die Berge. Es war die Bergsteigerei, die ich an den Nagel hängen wollte. Die hohe Verlustrate auf den Gipfeln hatte in mir den Wunsch, sie zu besteigen, abgetötet.

Am letzten Tag hatten wir ein paar kleinere Eisrouten in Vail gemacht und waren am Rigid Designator, einer atemberaubenden, frei stehenden Eissäule von fünfundvierzig Metern Höhe, mit Top-Rope geklettert. Ich hatte leichte Gewissensbisse gehabt, weil ich nicht vorgestiegen war, doch aufgrund eines hartnäckigen Gebrechens namens Feigheit war ich unfähig gewesen, das mir angebotene Seil abzulehnen.

Zuvor hatte Jack uns die teuflische Kunst des »Dry Tooling« demonstriert. Darunter verstand man das Klettern auf sogenannten Mixed-Routen in Fels und Steileis mit Steigeisen und Pickeln, um an winzigen Kanten und Rissen Halt zu finden. Kombinierte Eistouren wurden sie deshalb genannt, weil Eis auf der Route zwar im allgemeinen vorhanden war, aber nicht genug, um mit reinem Wasserfallklettern vergleichbar zu sein. Teils war es trockener Fels, teils Fels mit einem dünnen Eisüberzug. Die Eispickelspitzen vorsichtig in hauchdünnes Eis zu haken, die Haue oder gar den Schaft des Pickels in Risse zu vergraben und mit Monozacken auf winzigen Felskanten zu balancieren war die neueste Spielform im Alpinismus. Es war weitaus schwieriger, als es aussah – wie Clyde und ich feststellten, als wir immer wieder von den unteren drei Metern des Felsens herunterfielen, den Jack gerade behende hinaufgetänzelt war. Dank seines Könnens überwand er glatte Felspassagen und erreichte den labilen Zufluchtsort millimeterdicker Eisflecken. Mit etwas Glück ging es dann auf dickerem Eis weiter und zum guten alten, reinen Eisklettern zurück. Es war eine anstrengende, heikle, schwer zu sichernde und nervenaufreibende Technik.

Einen Abend hatte ich in Gary Neptunes Klettershop in Boulder vor zahlreichem Publikum einen Diavortrag gehalten. Während die Zuschauer eingetrudelt waren, hatte ich in Büchern und Zeitschriften geblättert und war dabei auf ein atemberaubendes Schwarzweißfoto der Bridalveil Falls gestoßen. Ich hatte von der Route und ihrer erstaunlichen Erstbegehung gehört, wußte aber nicht genau, wo sie lag. Das Foto brannte sich unauslöschlich in mein Gedächtnis ein. Ich mußte den Bridalveil unbedingt machen.

Wie immer beim Klettern, vermögen manche Routen meine Vorstellungskraft auf unmittelbare und ganz spezielle Weise zu fesseln, sei es aufgrund ihrer ästhetischen Schönheit oder ihrer grandiosen Lage, weil sie als schwierige, beeindruckende Klassiker gelten oder einfach nur geschichtsträchtig sind. Damit meine ich, daß die Art und Weise ihrer Erstbegehung sie zu einem Meilenstein in der Klettergeschichte gemacht hat. Das allein macht sie verlockend.

Als junger ehrgeiziger Kletterer hatte ich von Routen wie Cenotaph Corner und Left Wall am Cromlech, Point Five und Zero Gully beim Ben Nevis, Right Unconquerable und Valkyrie in Derbyshire und großen alpinen Klassikern wie dem Walkerpfeiler der Grandes Jorasses und dem mittleren Frêney-Pfeiler an der Südseite des Montblanc geträumt. Irgendwann hatte ich sie alle durchstiegen und meine Träume wahr gemacht. Was mich dazu angespornt hatte, waren die faszinierenden Geschichten dieser Routen, die klettertechnischen Schwierigkeiten und ihre besondere Schönheit gewesen. Die echten klassischen Kletterrouten vereinigten all diese Elemente, und die Bridalveil

Falls standen ganz oben auf meiner Liste der begehrten Klassiker.

Die Bridalveil Falls weisen all diese Eigenschaften auf: Schönheit, Legende, Klasse, Gefährlichkeit und das wesentliche Element Unwägbarkeit. Ihre Erstbegehung war ihrer Zeit weit voraus gewesen. Zu einer Zeit, da Point Five als hochgesteckter Klettertraum galt, war es Jeff Lowe und Mike Weiss gelungen, den Bridalveil zu durchsteigen, was damals kaum einer für möglich gehalten hätte. Bei Point Five sind nur etwa zehn Meter wirklich schwierig; am Bridalveil hingegen ist das Eis über eine Länge von hundert Metern durchgehend vertikal oder überhängend und der Schwierigkeitsgrad gut zwei Grad höher. Was am Point Five das härteste Teilstück war, war am Bridalveil die leichteste und eine nur ganz kurze Passage. Nachdem ich Point Five durchstiegen hatte, war ich tatsächlich so naiv gewesen, mir einzubilden, eine schwierige klassische Route gemeistert zu haben, und das war in den Achtzigern gewesen.

Lowe und Weiss hatten ihre bemerkenswerte Durchsteigung des Bridalveil bereits 1974 gemacht, mit alten Eisbeilen von Chouinard, die noch Bambusschäfte hatten, und mit Eisschrauben, die für ihre schwierige Handhabung bekannt und nicht sehr zuverlässig waren. Trotzdem haben sie die brüchigen Vorsprünge, die schwach ausgebildeten Säulen und die zahlreichen Überhänge seilfrei erklommen. Sie stuften die Route als WI 6 + ein. Fünfundzwanzig Jahre später ist sie immer noch ein gewagtes Unternehmen. 1996 schrieb Jeff Lowe: »…es gibt immer noch sehr wenige schwierigere Routen; das obere Ende der Skala liegt heute bei WI 7 auf reinem Eis.«

Die klettertechnischen Schwierigkeiten von reinem Eis sind nicht unbegrenzt steigerungsfähig. Der ursprünglich als WI 6 + eingestufte Bridalveil wird mit modernen Geräten und Techniken mit Schwierigkeitsgrad 5 + bewertet, kann unter sehr schlechten Bedingungen aber leicht Grad 6 entsprechen.

Er ist zweifellos atemberaubend: eine riesige, 120 Meter hohe weiße Kaskade aus zarten Eissäulen, Schleiern von Blumenkohleis und filigranen, tropfsteinartigen Zapfen an einer Felswand am oberen Ende eines Talkessels. Große Eispilze mit herabhängenden Krallen und schuppenförmiges Eis, das an gebauschte Federbüsche und zarte Spitzen erinnert. Im Sommer donnert der Wasserfall mit ohrenbetäubendem Getöse herab, und man kann sich nur schwer etwas vorstellen, das stark genug wäre, diesen furchteinflößenden Riesen zum Verstummen zu bringen. Die Winter in Telluride sollen jedoch kalt genug sein, um die ganze Hölle vereisen zu lassen. »To-hell-u-ride« pflegten die alten Minenarbeiter diesen Ort zu nennen.

Bei der Schwierigkeitsbewertung von Eiskletterrouten wird sowohl die schwierigste Passage einer Route berücksichtigt als auch die allgemeine Beschaffenheit des Eises: kompakt oder blasig, morsch oder firnartig. Dieses Element ist unendlich variabel. Für die Schwierigkeitsskala von Wasserfalleis wird die Abkürzung WI benutzt, die für »water ice« steht; WI I ist die leichteste Route – leicht begehbar, Sturz fast ausgeschlossen, es sei denn, man wird erschossen – und WI 6 die schwierigste – unglaublich steil, kräftezehrend und furchterregend.

In manchen Eiskletterführern gibt es auch einen Grad WI 7 für reines Eis; er stellt den derzeit absoluten Grenzwert dar und erfordert enorme körperliche Leistungsfähigkeit und außerdem einen kamikazeartigen Mut, über den nicht viele Menschen verfügen. Von solchen Routen existieren nur eine Handvoll, und nur wenige davon sind ein zweites Mal begangen worden. Wer sich auf so etwas einläßt, ist entweder hoffnungslos dumm, verfügt nicht über die geringste Phantasie oder hat einfach nur großes Pech und wird vermutlich bald Zwiesprache mit den Engeln halten.

Die Schwierigkeitsskala ist zwar ziemlich präzise, doch Eis ein so unbeständiges Element, dessen Aufbau sich je nach Witterung und Jahreszeit verändert, daß der Kletterer sich nicht darauf verlassen kann. Bei der Bewertung wird ein allgemeiner Normalzustand der Tour zugrunde gelegt. Es wäre vielleicht sinnvoller, Routen nach der voraussichtlichen Gefühlsskala zu bewerten, die der potentielle Kletterer durchlaufen wird, beginnend mit dem untersten Grad und aufsteigend: gelangweilt, fasziniert, gefesselt, beunruhigt, entsetzt, außer Kontrolle und tot.

Eine Eiskletterroute kann bei idealem, dickem Eisaufbau um einen Schwierigkeitsgrad leichter sein als angegeben, bei dünnem Eisaufbau einen ganzen Grad schwieriger. Frei stehende Eissäulen, oft »Zigarren« genannt, sind für ihre Unzuverlässigkeit berüchtigt. Sie können binnen einer einzigen Woche entstehen und wenige Tage später ohne Vorwarnung zusammenkrachen. Hängt man zu diesem Zeitpunkt zufällig gerade an so einer Säule, kann das äußerst bitter sein. Man braucht eine gewisse Erfahrung, um solche Veränderungen einschätzen zu können. Davon kann es abhängen, ob man eine Route angstvoll genießt oder schmerzhaft ums Leben kommt.

Als Grad 5 eingestuftes Wasserfalleis wird unter anderem beschrieben als »…anstrengende Kletterei auf durchgehend gutem Eis, überwiegend senkrechte Passagen mit einigen Rastpositionen. Das Eis kann sehr dünn und fragil sein. Sicherungen können zuverlässig sein, aber nur mit Mühe und Geschick gelegt werden. Sicherungspunkte und Zwischensicherungen können weit auseinanderliegen und durch Eislawinen gefährdet sein.«

Die nächsthöhere Stufe, WI 6, habe ich in Eiskletterführern folgendermaßen beschrieben gesehen: »…sehr steile, anstrengende Eispassagen, andauernd senkrechte bis leicht überhängende Kletterei und sehr wenige Rastplätze. Es ist damit zu rechnen, daß das Eis nicht von bester Qualität ist, es kann morsch, blumenkohlartig oder tropfsteinartig und frei hängend sein, oft dünn und ohne Sicherungsmöglichkeiten. Fragiles Röhreneis und brüchige, senkrechte Eispilze erfordern großes Geschick beim Erkunden. Erforderlich ist ein weit überdurchschnittliches Können, ein kühler Kopf sowohl des Voraus- als auch des Nachsteigenden und eine ausgereifte Klettertechnik. Bei diesem Grad darf man nicht einmal daran denken, daß man abstürzen könnte!« heißt es hilfreich am Schluß.

Die Bridalveil Falls befinden sich bei Telluride in den San Juan Mountains, Colorado, etwa sieben Autostunden von Boulder entfernt. Ich war ein paar Jahre zuvor als Vortragsredner beim

Mountain Filmfestival schon einmal dort gewesen und hatte die Stadt als einen lebhaften, malerischen, wenn auch etwas teuren Wintersportort in Erinnerung. Sie liegt am Kopfende eines atemberaubenden Talkessels und wird von den Gipfeln der Mount-Sneffels- und Silverton-West-Gruppe der San Juans überragt. Als Clyde mir von den Eisklettermöglichkeiten in Colorado vorschwärmte, hatte er noch eine andere berühmte Route erwähnt: die Ames Ice Hose. Sie war, sofern das überhaupt möglich ist, klettertechnisch noch schwieriger und anspruchsvoller als der Bridalveil, und die beiden Routen gelten zu Recht als die megaklassischen schweren Eisrouten Amerikas.

Spät am Abend beschloß ich, daß die Bridalveil Falls unser nächstes Winterabenteuer sein würden. Eric Coomer, ein erfahrener Big-Wall-Kletterer, der immer dann am glücklichsten ist, wenn er sich in seinem Jagdgebiet namens Yosemite eine überhängende Testwand hochnageln kann, fragte mich, ob ich Lust hätte, mit ihm eine Big-Wall-Route zu versuchen. Durch übermäßigen Alkoholgenuß ermutigt, vergaß ich meinen langgehegten Horror vor seidendünnen, über Hunderten von Metern Leere baumelnden Seilen, die es hochzujümaren galt, und erklärte begeistert, daß ein Abenteuer mit Eric genau das sei, was ich brauchte.

In Wahrheit hatte ich mir insgeheim immer gewünscht, eine der klassischen Big-Wall-Routen auf dem Granit des El Capitan zu klettern. Die Nose, die Salathe Wall und die Nordwestwand des Half Dome hatten mich schon immer gereizt; bislang hatte ich jedoch niemanden gefunden, der mich begleitet hätte. Zu dem Zeitpunkt, als ich das Flugzeug nach Newark bestieg, hatte ich mir vorgenommen, noch zwei klassische Touren zu machen. Ich hatte eingehend über Tats Entschluß nachgedacht, mit dem Bergsteigen aufzuhören, und obwohl ich versucht war, mich ihm anzuschließen, hatte ich das Gefühl, noch ein paar bestimmte Touren machen zu müssen. Es fiel mir ziemlich schwer loszulassen. Insgeheim hatte ich mir im Geiste eine Liste klassischer Routen gemacht. Ich wußte, daß ich irgendwann aufhören mußte – meine Beine ließen mir keine Wahl –, und ich hielt es für besser, es mit ein paar unvergeßlichen und ganz speziellen Routen langsam auslaufen zu lassen, als mit einem Schlag aufzuhören.

Kurz nach meiner Rückkehr rief ich Ray in seinem Klettershop »Kathmandu« in Utrecht, Holland, an.

»Hör mal, Ray«, sagte ich munter. »Ich hab da einen genialen Plan…«

»Aha«, sagte er mißtrauisch.

»Du wirst begeistert sein.«

»Ich glaube, das hab ich schon des öfteren gehört.« Er seufzte. »Also, spuck's aus.«

»Bridalveil«, sagte ich. »Colorado, nächsten Winter. Was hältst du davon?«

»Bridalveil? Kommt mir irgendwie bekannt vor. Hat den nicht Jeff Lowe vor etlichen Jahren gemacht?«

»Ja, mit Mike Weiss«, bestätigte ich. »Das war 1974! Kannst du dir vorstellen, damals und mit der Ausrüstung, die sie hatten, Grad 6 + zu klettern?«

»Grad 6 + ?« kreischte Ray. »Wir können keine verdammten 6 + klettern! Bist du wahnsinnig?«

»Klar können wir das«, sagte ich und versuchte, meine Zweifel zu verbergen. »Und so schwierig wird's schon nicht sein. Nicht mit der modernen Ausrüstung von heute und nicht, wenn die Route in gutem Zustand ist.«

»Wie schwierig ist sie denn in gutem Zustand?

»Na ja, 5 + , vielleicht ein bißchen Grad 6…«

»Ein bißchen Grad 6! Ich will Grad 6 nicht klettern. Sechs bedeutet überhängend. Grad 6 ist gruselig. Grad 6 ist…«

»Die Route sieht echt toll aus! In Jeff Lowes *Ice World* ist ein Foto davon. Das Buch liegt bei dir im Laden. Guck's dir mal an. Seite 212.« Es herrschte eine Weile Schweigen, dann hörte ich, wie Seiten umgeblättert wurden und wie Ray zischend Luft holte.

»Sieht gut aus, was?« Ich nahm an, daß er das Foto betrachtete.

»Ich bin mir nicht sicher, ob ›gut‹ der richtige Ausdruck ist«, brummte er finster. »Die Route wird hier als WI 6 eingestuft, weißt du das?«

»Äh, na ja, das stimmt, aber das hat eigentlich nichts zu bedeuten ...«

»Es bedeutet, daß es Grad 6 ist ...«

»Ja, aber es ist eine klassische Route. Sieh's dir doch einfach mal an. Und stell dir vor, wie du selbst dort raufkletterst.« Ich hatte das gleiche Buch auf meinem Schreibtisch liegen und starrte fasziniert auf die gestuften Säulen aus blauem Wassereis und die Blumenkohleispilze. »Wir müssen sie unbedingt machen. Nächsten Winter, okay?«

»Wo ist das überhaupt?« fragte Ray, und ich wußte, daß er angebissen hatte.

»Bei Telluride«, antwortete ich. »Hübsches Städtchen. Wir fliegen nach Denver, mieten uns ein Auto, fahren sieben Stunden und stürzen uns auf den Bridalveil. Wenn wir den geschafft haben, können wir uns die Ames Ice Hose vorknöpfen.«

»Was ist das denn?« fragte Ray argwöhnisch. »Noch ein Klassiker, nehme ich an.«

»Äh, na ja, das stimmt tatsächlich. Sieht toll aus. Du wirst davon begeistert sein.«

»Und wie schwierig ist der, wenn ich fragen darf?«

»Nun, Grad 5 mit ein bißchen 6, ungefähr genauso wie der Bridalveil«, sagte ich.

»Machst du Witze?«

»Wenn wir den Bridalveil schaffen, müßten wir auch die Ames schaffen, wenn's derselbe Grad ist.«

»Du klingst aber nicht ganz überzeugt«, sagte Ray streng.

»Die Route ist ernster ...«

»Gefährlicher, wolltest du wohl sagen.«

»So ungefähr.« Ich spürte, daß er schwankte. »Aber sie ist ein Megaklassiker.«

»In der Regel sind sie deshalb Megaklassiker, weil sie megaextrem sind«, sagte Ray schroff. »Was steht denn im Führer?«

»Moment, ah ja, es wird als WI 5/6 eingestuft, 200 Meter hoch und dann heißt es weiter ... ›man braucht Eishaken, Eisschrauben und Schlingenmaterial. Es ist ratsam, vor allem Können, Mut und Geschick mitzubringen statt sich darauf zu verlassen, die bei der ersten Seillänge gesetzten Schrauben könnten solide genug sein, um einen Sturz abzufangen. In der ersten Seillänge sind meist keine Sicherungsmöglichkeiten vorhanden; Schrauben sind nur für die letzten beiden ...‹« Ich brach ab, weil Ray laut losprustete. »Na komm«, versuchte ich ihn zu überreden. »Es wird ein Riesenspaß sein und was völlig anderes als La Grave.«

»Ja, das ist ein Argument«, stimmte Ray zu.

»Na gut, bist du dabei?«

»Eigentlich schon«, sagte Ray vorsichtig. »Ich bin mir bloß nicht sicher, ob wir zu so einer Art Kletterei imstande sind. Das sieht wirklich grauenerregend aus.«

»Klar sind wir das«, sagte ich leichthin. »Es ist nichts weiter als Eisklettereí. Wir tun nur etwas, womit wir uns auskennen, und damit hat sich's. Da gibt's gar keine Probleme. Wie dem auch sei, wir können ja jederzeit abhauen.«

»Ja, darin sind wir gut«, lachte Ray.

Ein Jahr später, im Januar 1999, standen Ray und ich am Fuß der Bridalveil Falls, blickten mit steifen Hälsen hinauf und fragten uns, ob wir uns nicht zuviel vorgenommen hatten. Wir waren zum Einstieg der Route gegangen, um nachzusehen, in welchem Zustand das Eis war. Insgeheim wünschten wir uns wohl beide, daß es sich gerade in Wasser auflöste, damit wir eine ehrenvolle Ausrede hätten, um abhauen zu können. Dummerweise sah das Eis tadellos aus.

Eigentlich hatten wir gehofft, daß Tat mit von der Partie sein würde, damit wir auf sein sagenhaftes Können vertrauen könnten, wenn wir beide vor Angst erstarrten, aber Tat war drei Monate zuvor ums Leben gekommen. Als wir nun am Fuß der Eiskaskade standen, kamen wir uns ziemlich dämlich vor und waren über unseren Ehrgeiz einigermaßen erschrocken. Wir machten ein paar halbherzige Witze über Tats letzten genialen Plan, der es ihm ermöglichte, diese Route nicht mehr klettern zu müssen, und trotteten verdrossen auf die Lichter von Telluride zu.

Wasserfallklettern ist ein hochgradig süchtig machender Zeitvertreib. Es ruft in mir eine Vielzahl widersprüchlicher Gefühle hervor, die Fragen aufwerfen, auf die ich keine Antwort weiß. Die wichtigste davon ist: *Was tust du da eigentlich, du Idiot?* Dieser panische Gedanke schießt mir normalerweise gerade dann durch den Kopf, wenn ich an einem monströsen, schmelzenden Eisgebilde einen Punkt erreicht habe, von dem aus es kein Zurück gibt. Wenn man solch eine Erfahrung überlebt, scheint das Hirn fatalerweise zu einer sonderbaren Art von Verdrängung imstande zu sein, und während du in der Bar sitzt und ein dringend benötigtes Bierchen schlürfst, verwandelt sich die alptraumhafte Tour im nachhinein in etwas ganz Wunderbares: in eine Route von großer ästhetischer Schönheit, die auf immer in dir weiterleben wird; in ein dermaßen berauschendes Abenteuer, daß du von nun an ein anderer Mensch bist. Wenn dir dein Seilpartner einen Kletterführer unter die Nase schiebt und aufgeregt auf einen noch größeren und noch bedrohlicheren Eiszapfen deutet, springst du folglich nicht etwa entsetzt vom Barhocker und rennst schreiend hinaus. Nein, du setzt ein leicht irres Grinsen auf und sagst: »Mensch, das sieht phantastisch aus. Da müssen wir unbedingt hin.« Wenn du klug und erfahren bist, bestellst du dir daraufhin schnell noch einen großen Whisky zum Nachspülen, um sicherzugehen, daß der Zustand des Irreseins auch schön stabil bleibt.

Wasserfallklettern kommt dem Außenstehenden wie eine umständliche, wenn auch etwas ungewöhnliche Form des Selbstmords vor. Ziemlich häufig schleicht sich dieser Gedanke leider auch ins Hirn des unglückseligen Kletterers ein.

Moderne Eisgeräte werden heutzutage mit teuflisch aufregenden und aggressiven Markennamen versehen. Bei *Rambos*, *Footfangs* und *Terminators* handelt es sich um Steigeisen. *Black Prophets*, *Aliens* und *Cobras* sind Eispickel, früher Alpenstöcke genannt. Solche Namen sollen Visionen von mythischen, furchtlos gegen alle Widrigkeiten gewonnenen Kämpfen heraufbeschwören. Es lassen sich davon auch hoffnungslos leichtgläubige und leicht verzweifelte Eiskletterer beeindrucken, die in ihrem Krieg mit der eisigen, nassen Vertikalen gerade nach einer winzigen Kante suchen. Wenn du mit solchen Geräten herumfuchtelst und dich dabei nicht heldenhaft fühlst, wirst du es nie sein. Wenn ich mir ein Paar Steigeisen der Marke Terminator anschnalle und die Hände durch die Handschlaufe eines Eispickels Marke Cobra schiebe, weiß ich, daß ich Dantes Dämonen vernichtend schlagen könnte, wenn ich wollte – jedenfalls so lange, bis ich den Boden unter den Füßen verliere. Dann habe ich nur noch Angst und komme mir ein bißchen dämlich vor.

Während einst die einzige Sicherungsmöglichkeit darin bestand, glatte Eisenspikes ins Eis zu rammen oder bessere Korkenzieher hineinzudrehen, bei denen die Chance, einen Sturz zu halten, ebenso groß war, wie wenn man eine nasse Zigarette hineingedrückt hätte, gibt es heute superscharfe Eisschrauben, die sich mit Leichtigkeit in hartes Eis graben. Im Gegensatz zu ihren Vorgängern können sie, sofern das Eis gut ist, ziemlich schwere Stürze halten, und der Energieverbrauch beim Anbringen ist nicht mehr so groß, daß man damit eine ganze Kleinstadt beleuchten könnte.

Man sollte eigentlich erwarten, daß diese willkommenen Entwicklungen den Sport beträchtlich sicherer gemacht hätten. Unglücklicherweise stürzen sich die Kletterer nun auf Eistouren, an die sich vor zehn Jahren noch niemand herangewagt hätte.

Mein erstes Auto, eine Rostlaube der Marke Mini, fuhr, wenn man ordentlich Gas gab, erschreckend schnell und klebte wie Kleister in den Kurven. Die Bremsen waren eine Katastrophe, das Steuerrad vibrierte wie eine Waschmaschine im Schleudergang, und die Größe des Fahrzeugs machte einem keine Illusionen, daß es sich, falls man gegen etwas prallte, im Handumdrehen in einen verbeulten Blechwürfel verwandeln würde. Folglich ließ ich beim Fahren immer ein wenig Vorsicht walten.

In einem kürzlich erschienenen Bericht der *Automobile Association* stand zu lesen, daß eine erschreckend große Zahl tödlicher Unfälle darauf zurückzuführen sei, daß das moderne Auto mit seinem fast lautlosen Lauf und der weichen Federung, mit Antiblockiersystemen, Seitenaufprallstangen, Airbags und trügerisch kraftvoller Beschleunigung die Fahrer in einen Schlaf einlulle, aus dem sie niemals mehr erwachten.

Die Sicherheitsmaßnahmen, die eigentlich dazu gedacht waren, das Autofahren sicherer zu machen, haben dazu geführt, daß die Leute immer schneller und riskanter fahren. Ich war schon immer der Meinung, daß die wirksamste Sicherheitsmethode ein spitzer Dorn wäre, der aus der Mitte des Lenkrads herausragte und bis auf etwa zwanzig Zentimeter an den Brustkorb des Fahrers heranreichte. Und das ohne Sicherheitsgurt.

Beim Eisklettern scheint es sich ganz genauso zu verhalten. Aufgrund verbesserter Ausrüstungsgegenstände versuchen sich die Kletterer an immer schwierigeren und gefährlicheren Routen. Es ist ein Teufelskreis, den man ziemlich amüsant finden kann, sofern man nicht zufällig selbst klettert.

Überraschenderweise gibt es beim Wasserfallklettern vergleichsweise wenig tödliche Unfälle. Natürlich kommt es vor, daß hin und wieder jemand von einer Lawine heruntergerissen wird, manchmal stürzen Eissäulen ein und zermalmen die unglückseligen Seilschaften, die gerade daran hingen, und manche Kletterer leisten sich kurze Stürze, die unerklärlicherweise sehr lang werden und abrupt am Boden enden – aber das ist auch nicht anders zu erwarten.

Solche Stürze haben phantasievolle Namen erhalten. Unter einem »Abschäler« oder einem »Lob« versteht man einen kurzen, beängstigenden, aber nicht unbedingt tödlichen Sturz. Ein »Reißverschlußsturz«, bei dem nacheinander sämtliche Sicherungspunkte ausbrechen, und ein Sturz mit dem treffenden Namen »Kreischer« sind wesentlich schlimmer, und wenn man das Pech hat, einen »Krater zu schlagen« und folglich einen »Desmond Decker« zu erleben, sind deine Eiskletterabenteuer meist schlagartig beendet.

Ein »Bomber« ist ein unkontrollierter freier Fall, der schnell in einen »Kreischer« ausarten kann, besonders dann, wenn dabei der Reißverschluß aufgeht. Im ungünstigsten Fall kann daraus ein »Birdman« werden, ein lang anhaltender freier Fall mit viel Armgeflatter und wild umherschwingenden Eisgeräten, bevor man den unvermeidlichen »Krater schlägt« und in Frühpension geht.

Einem Außenstehenden, der zum ersten Mal anderen beim Wasserfallklettern zusieht, könnte man es wahrhaftig nicht verdenken, wenn er die Todesrate der Eisgeher auf annähernd neunzig Prozent schätzte. Aber weil es ein so seltsam anmutender Sport ist, weil die Gefahren selbst für einen, dessen Testosteronspiegel die Intelligenz weit übersteigt, so offensichtlich sind, sind nur wenige Leute so dumm, sich darin zu versuchen. Und wenn sie es tun, sind sie dabei sehr, sehr vorsichtig.

Die Begehung vertikaler Eiskaskaden von der Größe eines Wolkenkratzers setzt einen gewissen Mangel an Phantasie voraus. Diese Art Kletterei kann körperlich anstrengend und technisch extrem schwierig sein und größte Konzentration und einen kühlen Kopf verlangen, um besonnene Entscheidungen treffen zu können, selbst wenn sie so furchterregend ist, daß man vor Angst wie von Sinnen ist. Diese Art Kletterei ist völlig idiotisch, und genau darin liegt ihre Faszination. Es kann ein zutiefst berauschendes Erlebnis sein. Es ist ein Paradox. Eisklettern kann idiotisch bis an die Grenze des Wahnsinns sein und zugleich das Besonnenste, Ruhigste, Kontrollierteste und Lebendigste, was du je tun wirst. Es ist so dumm, wie es wunderbar ist.

Jon Krakauer hat in seinem unterhaltsamen Buch *Auf den Gipfeln der Welt. Die Eiger-Nordwand und andere Träume* die Durchsteigung des schwierigen Eispfeilers Love's Way, eines 108 Meter hohen Wasserfalls in Alaska, beschrieben:

[…] egal wie behutsam ich die Eisbeile einsetzte, immer wieder brachen Stücke – manche zwanzig oder dreißig Pfund schwer – unter meinen Schlägen aus dem Eis, stürzten an meinem Kopf vorbei, wurden mit einem leichten Pfeifen immer schneller und zerplatzten zwanzig Stockwerke unter mir am Hang, während ich wie gebannt zusah […] Weil das Eis überhängend war, mußten die Arme während der dreißig oder vierzig Minuten, die mein Aufstieg dauerte, etwa achtzig Prozent meines Körpergewichts halten. Die körperliche Anstrengung war etwa vergleichbar mit einem halbstündigen Üben von Klimmzügen, wobei man nach jedem Aufschwung an einem Arm hing und mit dem anderen mehrmals einen zwei Pfund schweren Hammer schwang.

Klingt das nicht einfach großartig? Zieht man zudem in Betracht, daß der Eisgeher mit einer stattlichen Anzahl scharfer Eisschrauben, Steigeisen und diversen Spikes ausgerüstet ist, darf man an einen Sturz gar nicht denken. Eisbeile sind durch Handschlaufen mit dem Handgelenk des Kletterers verbunden und haben bei einem Sturz die lästige Angewohnheit, an den rudernden Armen des Kletterers wild herumzuschlenkern. Meist ist der Sturz an sich gar nicht das Problem, sondern der Aufprall. Schlägt man zuerst mit den Füßen am Boden auf, führt das, wenn man Steigeisen an den Schuhen hat, oft mit erschreckender Durchschlagskraft zu zersplitterten Beinknochen. Ich weiß das aus Erfahrung. Mir ist das schon zweimal gelungen. Das ist schon schmerzhaft genug, doch oft genug schlitzt man sich obendrein genau mit den Geräten und Schrauben, die einem eigentlich das Leben retten sollten, den Bauch auf.

Friedrich Nietzsche hat einst geschrieben: »Wenn du lange in einen Abgrund blickst, blickt der Abgrund auch in dich hinein.« Damit hatte er sicherlich nicht unrecht, aber darüber hinaus hat er auch folgendes festgestellt: »Das Geheimnis, um die größte Fruchtbarkeit und den größten Genuß vom Dasein einzuernten, heißt: *gefährlich leben!*« Er hätte das möglicherweise anders gesehen, wenn man ihm ein paar Eisgeräte in die Hand gedrückt und ihn damit in Richtung Bridalveil Falls geschoben hätte.

Unser erster Versuch am Bridalveil endete mit einer schmachvollen Niederlage. Als wir beim Zustieg ankamen, stellten wir zu unserer Enttäuschung fest, daß bereits zwei Seilschaften auf dem Eis waren. Eine davon hatte sich die linke Seite des Eisfalls vorgenommen und kletterte mit schockierender Schnelligkeit und Leichtigkeit empor.

Wir hatten gehört, daß die leichteste Route an einer steilen Eissäule an der rechten Seite des Eisfalls oberhalb eines Kegels aus geschupptem, achtzig Grad steilem Eis entlangführt. Nach dieser langen Passage sollten die beiden Routen in der Eisfallmitte zusammenlaufen und über eine Eissäule zu einem beängstigend überhängenden Bereich mit Blumenkohleis führen. Es wird so genannt, weil es sich aus krausen, röschenartigen Eisgebilden zusammensetzt, die aussehen wie ein dichter Haufen überdimensionaler, auf den Kopf gestellter Artischocken. Wenn man diesen vertrackten Teil der Route hinter sich hat, geht es über eine senkrechte, gerillte Säule und eine geneigte Fläche aus glattem Wassereis zu einem geschützten Höhlenbiwak. Von dort führt ein kurzer, fünfzehn Meter hoher Absatz zum Gipfel. Die mittlere Passage ist der längste und schwierigste Teil dieser Route.

Wir konnten uns nicht einigen, wer die erste Seillänge vorsteigen sollte. Normalerweise sind leidenschaftliche, ehrgeizige Kletterer wild darauf, den Leithammel zu spielen und den schwierigsten Teil zu übernehmen. Aufgrund eines hochentwickelten Feigheitssinns neigten Ray und ich genau in die andere Richtung und hatten einen kurzen, heftigen Wortwechsel. Schließlich verkündete Ray, daß die erste Länge ihm gehöre, und stapfte unverzüglich zur rechten Route, auf deren erster Seillänge bereits eine Seilschaft zugange war. Also würde ich wohl oder übel den vertrackten Mittelteil übernehmen müssen, den ich mit anwachsendem Grausen beäugte. Von meiner Fähigkeit, überhängendes Blumenkohleis zu begehen, war ich nicht so recht überzeugt.

Wir sahen zu, wie der Seilerste ziemlich lange an der Säule kämpfte; weshalb er so lange brauchte, konnten wir uns erst erklären, als wir anderthalb Stunden später selbst dort oben waren. Von den Spitzen einiger Eiszapfen hoch über der Säule tropfte Wasser herab. Der Sprühregen aus eiskaltem Schmelzwasser war von unten nicht sichtbar gewesen, und nun, da der eisige Morgenfrost vorüber war und der Wasserfluß dramatisch zugenommen hatte, kamen wir nicht mehr weiter. Wir wurden nicht nur klitschnaß, es war wegen des herabströmenden Wassers auch fast unmöglich, nach oben zu blicken, um eine Stelle zur Plazierung unserer Eispickel zu finden. Wir brachen den Versuch ab und machten uns auf zu den Bars von Telluride.

Als wir erneut zum Einstieg der Route hinaufstapften, um unseren zweiten Versuch zu starten, gewahrten wir zu unserer Enttäuschung Spuren im über Nacht gefallenen Neuschnee. Trotz unseres frühen Aufbruchs waren uns also andere zuvorgekommen. Obwohl starker Frost herrschte, floß zu unserem Erstaunen immer noch Wasser die rechte Route hinab. Da sich am Einstieg zudem gerade eine Zweierseilschaft startbereit machte, blieb uns nichts anderes übrig, als die schwierigere Säule an der linken Seite in Angriff zu nehmen. Ich freute mich diebisch, daß sich Rays gestriger Versuch, die erste und leichtere Seillänge für sich zu beanspruchen, nun als Eigentor erwies. Ray war weniger begeistert.

»Diesmal wirst du wenigstens nicht naß«, sagte ich lachend, während er das über ihm aufragende Eis mürrisch beäugte.

»Hi, Kumpels. Ihr wollt wohl den Bridalveil machen, was?« rief uns ein rotbärtiger Mann fröhlich entgegen, während er von rechts, wo er sich gerade angeschirrt hatte, zu uns herüberkam. Ray und ich sahen uns fragend um. Was glaubte der wohl, was wir sonst noch vorhaben könnten, so, wie wir da standen, bis auf die Zähne mit Klettergeräten bewaffnet?

»Klar, wir dachten, das sei 'ne gute Idee«, erwiderte ich.

»Wo kommt ihr Kerls denn her?«

»Aus England.«

»Briten. Cool, eh.« Er sprach mit breitem texanischem Dialekt. »Ich hab ihn schon ein paarmal gemacht. Er ist jedesmal anders.«

»Du hast ihn schon mal gemacht?« fragte Ray ungläubig. Er war offenbar der Ansicht, wenn man die Route einmal gemeistert habe, sei es das beste, seine Eisgeräte zu verkaufen und fortan nie mehr amerikanischen Boden zu betreten.

»Na klar doch, Mann. Echt cool, die Route.«

»Cool? Allerdings«, brummte Ray, während er an seinem Klettergurt herumfummelte.

»Die ist echt irre, Mann. In manchen Jahren hat sie zwei Überhänge. Dann ist sie hundert Prozent Grad 6.«

»Zwei Überhänge? O Gott!« rief ich aus.

»Prost Mahlzeit«, kommentierte Ray.

»Wie ist denn das komische Eis da oben?« Ich starrte auf einen Bereich mit überhängenden Eisschuppen in der Mitte des Eisfalls.

»Du meinst das Blumenkohleis. Mensch, das ist echt genial!« schwärmte unser Gefährte. »Da kannste echt geile Züge machen: hakeln, stemmen, hähnchenflügeln…«

»Hähnchenflügeln? Was zum Teufel soll das denn sein?« fragte ich argwöhnisch.

»Das ist echt Wahnsinn.« Der Mann demonstrierte es uns, indem er den Pickelschaft umklammerte und den Ellbogen abwinkelte, so daß der Unterarm parallel zum Körper war. »Du suchst dir 'ne gute Pickelplazierung, klaro?« Ich nickte. »Dann ziehst du den Ellbogen hoch und klemmst ihn hinter die Schuppen. Und das mit beiden Armen.« Er machte die gleiche Bewegung mit dem anderen Arm. »Und dann, ey Mann, dann hähnchenflügelst du! Affengeile Züge. Wirste schon hinkriegen, Kumpel.« Er schlug mit dem Ellbogen wie mit Flügeln und kicherte lustig vor sich hin. Ich starrte ihn an, als wäre er übergeschnappt. Er wünschte uns viel Glück und stapfte vergnügt zu seinen Begleitern zurück.

»Hähnchenflügeln?« sagte ich und blickte Ray entgeistert an. »Der Kerl ist total meschugge.«

»Ja, und das kommt alles auf der zweiten Seillänge, bei der du den Vorstieg haben wirst«, sagte Ray aufgekratzt und marschierte zum Fuß der linken Eissäule.

Ray überwand den Kegel mit dem geschuppten Eis am Einstieg und schob sich dann nach links auf eine steile Eissäule zu. Auf halber Höhe entdeckte er zwischen Säulenrand und Felswand eine kleine Höhle. Er querte umständlich vom linken Rand der Säule zur Höhle, brachte an der Höhlenrückwand eine Eisschraube an und wagte sich dann nicht so recht an die luftigen, ausgesetzten Züge auf die vertikale Eissäule zurück. Ich sah zu, wie er sich mit weit abgespreizten Beinen hinüberzu-schieben begann und dabei sein eines Steigeisen über die Fels-wand schrammte und das andere ins Eis eindrang. Am Höh-lenrand konnte ich einen Fries aus armlangen Eiszapfen sehen. Oberhalb des Höhleneingangs würde Ray aufs Eis zurück-kommen, aber es sah extrem schwierig aus. Ich wollte ihm eine Warnung zurufen, wußte aber, daß das zwecklos wäre. Fünfzehn Meter links von mir rauschte eine Fontäne in das Wasserbecken am Fuß des Wasserfalls und machte jegliche Verständigung zwischen uns unmöglich. Ich hoffte, die Eisschraube wäre zu-verlässig, denn wenn sie ausbrach, würde Ray fast dreißig Meter tief stürzen.

Als mir dieser Gedanke gerade durch den Kopf ging, sah ich, wie Ray den Arm ausstreckte und mit dem Pickel gegen das Eis über dem Höhlendach schlug. Und schon war er weg. Unter seinem Schlag war ein großer Eisbrocken ausgebrochen, und Ray kippte unter wildem Gefuchtel von Armen und Beinen nach hinten. Ich ließ mich schnell wieder an dem Lawinenkegel hin-unter, in der Hoffnung, möglichst viel Seil einholen zu können, um seinen Sturz zu verkürzen. Ich machte mich schon auf den Aufprall gefaßt, aber nichts geschah. Ray war verschwunden, während ein gelbes Eisbeil in elegantem Bogen durch die Luft flog und sich in den Lawinenkegel am Rand des Wasserbeckens eingrub. Es vergingen einige Minuten, und ich begann mich besorgt zu fragen, ob Ray sich verletzt habe. *Wo war er? War er irgendwo kopfüber zwischen Eis und Fels eingeklemmt?*

Als ich mir langsam ernsthafte Sorgen machte, tauchte Rays Kopf auf der Höhe des Höhleneingangs auf. Er rappelte sich langsam auf und schüttelte benommen den Kopf. Nach einer kurzen Pause zog er ein Stück Seil herauf, klinkte sich in die Eis-schraube ein und gab mir ein Zeichen, daß ich nachkommen solle.

Als ich mich dem Höhlenrand näherte, bemerkte ich Blut-spritzer auf dem Eis.

»Bist du verletzt?« Ich blickte nach oben, und Ray streckte den Kopf aus der Höhle. Er grinste verlegen; Kinn und Hals waren blutverschmiert.

»Hab 'nen Schlag ins Gesicht gekriegt«, sagte er. »Hast du gesehen, wie groß der Eisbrocken war?«

»Ich hab was Großes gesehen.«

»Ja, genau das ist mir ins Gesicht geprallt. Hat mich glatt runtergeputzt.«

»Das hab ich gemerkt.«

»Ich glaube, ich blute.« Er betastete sein Gesicht und musterte das Blut auf seinem Handschuh. »Oh, und mein Beil ist runtergefallen.«

»Ja, das hab ich ebenfalls bemerkt«, sagte ich. »Du Idiot!«

Er grinste mich fröhlich an, und dabei bemerkte ich, daß er ein Loch in der Backe hatte. Es war etwa drei Zentimeter groß und blutete.

»Na, damit haben wir denen aber gezeigt, wozu wir Briten in der Lage sind«, sagte er, und ich sah fasziniert zu, wie das Loch wie ein Minimund die Bewegungen seiner Lippen nachmachte.

»Sie haben den Sturz nicht gesehen. Sie sind schon bei der zweiten Seillänge und sind wahrscheinlich gerade wie verrückt am Hähnchenflügeln.«

»Ich möchte lieber nicht weiter vorsteigen«, sagte Ray, der leicht mitgenommen wirkte. »Ich dachte schon, mir steht ein Kreischer bevor, aber ich bin nur in der Höhle gelandet.«

»Ich glaube, es ist das beste, wenn wir uns abseilen und das Ding da nähen lassen.« Ich deutete mit dem Kopf auf sein Gesicht, und er fingerte wieder an dem Loch herum.

»Es tut nicht weh, fühlt sich nur ein bißchen taub an.« Das Loch ging ekelerregend auf und zu, und während er sprach, tropfte Blut heraus. Ich beugte mich vor und untersuchte die Wunde. Wenn ich vorsichtig gegen die Wange drückte, öffnete sie sich, und dahinter sah man die Zähne schimmern.

»Sieht gut aus«, erwiderte ich fröhlich. »Es ist nämlich ein glatter Schnitt. Das muß das Eis gewesen sein. Der Riß ist so sauber, daß man meinen könnte, er sei mit einem Skalpell gemacht worden.«

»Wirklich?« Er bohrte mit der Zunge darin herum.

»Hör auf damit«, sagte ich. »Es sieht schon eklig genug aus, ohne daß du die Zunge durchsteckst. Also komm, steigen wir runter.« Ich reichte ihm das Beil, das ich aus dem Lawinenkegel gefischt hatte, und begann die Seile zu sortieren. Niedergeschlagen trotteten wir nach Telluride. Ich lieferte Ray im medizinischen Zentrum ab und demonstrierte der Frau an der Anmeldung die unterschiedlichen Formen, die Rays Wunde annehmen konnte, wenn er die Backen aufblies, redete oder mit der Zunge dagegendrückte.

»Das ist widerlich. Hören Sie auf damit!« kreischte sie, und Ray grinste belustigt, bis ihn eine junge Ärztin abholte.

»Das muß genäht werden«, sagte sie streng.

»Wird das meine Modelkarriere beeinträchtigen?« fragte er, als sie ihn in einen winzigen Raum schob.

»Ich warte in der Bar auf dich, Ray«, rief ich ihm nach und lächelte der Frau an der Anmeldung zu. »Er ist leider sehr, sehr dumm«, sagte ich so laut, daß Ray es hören konnte. »Das ist angeboren, wissen Sie«, fügte ich hinzu, und sie lächelte mir skeptisch zu.

Eine Stunde später tauchte Ray in der Bar auf und präsentierte stolz die lange Naht auf seiner Backe.

»Das hat vierhundert verdammte Dollar gekostet«, beklagte er sich.

»Tja, das ist eben die amerikanische Gesundheitsfürsorge.« Ich sah mir die Stiche an. »Sie scheinen ihre Sache gut gemacht zu haben. In ungefähr einem Jahr wird davon kaum noch was zu sehen sein.«

»Hör mal, ich hab mir was überlegt«, sagte Ray. »Vielleicht ist es besser, wenn wir uns eine andere Route vornehmen. Damit wir ein bißchen mehr Eiskletterei gemacht haben, bevor wir den Bridalveil noch mal angehen.«

»Oh, gute Idee«, sagte ich erleichtert. »Ich hatte schon befürchtet, du hättest die Nase gestrichen voll und wolltest aufgeben.«

`»Von wegen«, schnaubte Ray. »Ich hab mit diesem Mistding schließlich noch ein Hühnchen zu rupfen.«

Tags darauf kletterten wir die Ames Ice Hose. Das letzte Teilstück war stark am Abtauen. Als ich oben ankam, waren von den sechs Eisschrauben, die ich im Vorstieg gesetzt hatte, bis auf die letzte alle herausgeschmolzen, und Ray brauchte sie nur mit den Fingern aus dem Eis zu ziehen. Die Ames Ice Hose erwies sich als eine der schönsten Eistouren, die ich je gemacht habe – abwechslungsreiche, herausfordernde, andauernd senkrechte Passagen. Wir kletterten sie in einem so eleganten Stil, daß unser Selbstvertrauen nach unseren Rückschlägen am Bridalveil wieder gestärkt wurde.

Früh am nächsten Morgen trotteten wir, unseren Kater von der Feier der gemeisterten Ames Ice Hose auskurierend, müde wieder zum Eisfall. Schneeflocken wirbelten in der Luft, und es herrschte starker Frost. Diesmal waren keine anderen Seilschaften auf dem Eis. Wir konnten uns also in Ruhe lächerlich machen.

Ray kletterte zügig bis zur blutverspritzten Höhle und richtete eine solide Sicherungsstelle ein, von der aus ich an einer steilen Eissäule vorausstieg bis zu einem zuverlässigen Sicherungspunkt mit Eisschrauben und verzwirbelten Eiszapfen, gleich links von der überhängenden Stufe aus Blumenkohleis in der Mitte. »Keine Bange, ich bin direkt hinter dir«, sagte Ray grinsend, als ich mit dem Eisbeil die ersten vorsichtigen Hiebe machte. Nach etwa fünf Metern hing ich über einer Rille zwischen wei vertikalen Eissäulen, und die Kraft in meinen Armen ließ schnell nach. Ray war unterhalb des überhängenden Teils der Seillänge und nicht zu sehen. Mein Atem ging etwas unregelmäßig, als ich an einer schwierigen Stelle zwischen zwei hohlen Eiszapfen eine Eisschraube zu setzen versuchte. Nach einem ungelenken Schwung nach rechts um die Säule herum befand ich mich in einem unübersichtlichen Bereich mit vorstehenden Eisschuppen. Dort verlor ich das Gleichgewicht und hing frei mit den Armen an den Eisbeilen, während ich herauszufinden versuchte, wie ich am besten weiterkäme.

Nachdem es mir gelungen war, das Eisbeil rechts über mir solide zu verankern, zog ich mich so weit hoch, daß ich den rechten Ellbogen abwinkeln konnte. Instinktiv schob ich den Ellbogen nach rechts. Im Nu war er hinter eine Eisschuppe gerutscht, und als ich den Ellbogen nach außen drückte, stellte ich fest, daß es ganz leicht war, so das Gleichgewicht zu halten. Als ich mit dem linken Arm den gleichen Zug machte, hing ich auf einmal, beide Ellbogen in Schulterhöhe abgewinkelt, bequem hinter Eisscheiben. *Meine Güte!* dachte ich. *Ich hähnchenflügle ja! Das war es also, wovon der Kerl gequasselt hat.* Trotz der abenteuerlichen Position war es ein verblüffend stabiler und entspannter Stand. Ich stieß einen Juchzer aus, und Ray rief zu mir herauf, ob alles in Ordnung sei.

»Genial«, brüllte ich. »Echt irre!« Ich blickte nach oben und stellte zu meiner Enttäuschung fest, daß kein zweiter Abschnitt mit Überhängen, wie er sich in manchen Jahren bildet, vorhanden war. Bis zu diesem Punkt war mir die Aussicht auf eine solche Steigerung des Schwierigkeitsgrads höchst beängstigend erschienen. Ich wußte, daß ein Rückzug äußerst schwierig, wenn nicht gar unmöglich wäre, nachdem ich den ersten Abschnitt mit Überhängen bewältigt hatte. Jetzt hingegen hätte ich mich gefreut, wenn der Weg weiter oben von einer weiteren scheinbar unüberwindlichen Barriere versperrt gewesen wäre. Ich wußte, daß ich sie mit Leichtigkeit überwinden könnte. Sofern es sich um Wassereis handelte, traute ich mir Grad 6 + und sogar Grad 7 zu. Das war keine großspurige Überheblichkeit, sondern schlicht und einfach die Wahrheit. Ich hatte gemerkt, daß ich besser war, als ich gedacht hatte, zumindest jetzt in diesem Moment, und das war ein herrliches Gefühl. Von da an wußte ich, daß wir es schaffen würden.

Es ging uns nicht darum, »harte« Kletterer zu sein und anderen zu beweisen, wie gut wir waren, sondern es war schlicht und einfach eine Herausforderung für uns. In dem Moment, da mir aufging, daß ich körperlich und mental stark und kräftig genug war, um die bevorstehenden Hindernisse zu überwinden, durchströmte mich eine riesige Freude, kam mir die frohe Erkenntnis, daß genau das der Grund war, weshalb ich dort war. Ich war dazu bestimmt, hier zu sein. *Das bist du, darum tust du das*, dachte ich und grinste bis zum Ende der Seillänge breit vor mich hin, genoß die ausgewogene Mischung aus Kraft und Geschicklichkeit, die feine Balance zwischen gymnastischem Tanz und aggressiver Stärke. Ich war völlig versunken in das Spiel des Eislesens. Das Gefühl der Unbesiegbarkeit war durchdrungen von der wundersamen Absurdität meines Tuns – dem unveränderlichen Wesen des Kletterns, des Daseins schlechthin. Ob an einer hoch aufragenden Granitwand, einem Himalaja-Riesen, einer Alpennordwand oder einem zerbrechlichen, filigranen Gebilde aus hoch aufragendem Wassereis, das Gefühl war überall das gleiche.

Alle meine deprimierten Gedanken waren bedeutungslos geworden. Es gab nur einen einzigen Grund, weshalb ich da war – um ins Unbekannte zu klettern, um bis an meine Grenzen zu gehen und herauszufinden, wie weit ich gehen konnte. Ich wußte, daß dieses Gefühl nach Beendigung der Tour rasch verfliegen würde, und deshalb wollte ich es auskosten. Ich hatte es schon lange nicht mehr empfunden. Es hatte mir gefehlt.

Der Ausgang mußte ungewiß sein, die Aussichten beängstigend, das Verletzungsrisiko hoch, sonst hätte man nichts dazugelernt und nichts bewiesen. Ich wollte nicht sterben, aber ich bezweifle, daß ich die Touren gemacht hätte, wenn der Tod nicht immer gegenwärtig gewesen wäre. Ich setzte die Richtlinien des Spiels fest. Wir hatten alles zu verlieren. Obwohl wir der Realität zu entkommen suchten, waren mir die Dinge nie zuvor so real, so klar, so scharf und richtig erschienen.

Als ich die Sicherungshöhle kurz vor dem oberen Ende des Wasserfalls erreichte, setzte ich drei solide Eisschrauben und rief zu Ray hinunter, daß alles in Ordnung sei und er nachkommen könne. Ich hängte mich ins Seil und blickte über die Tiefe des gefrorenen Wasserfalls hinweg. Es hatte aufgehört zu schneien. Weit unten ins Tal eingebettet lag Telluride. Die Luft war leuchtend klar, herb und frisch und fühlte sich auf den Lungen angenehm kühl an. Der glasklare Winterhimmel hatte etwas fast Körperhaftes. Ich zog fest an den Seilen, als Ray sich in Bewegung setzte, langsam und steifgefroren nach der langen Warterei unter den Eisüberhängen.

Ich beobachtete, wie der Hauptstrom des Wasserfalls in einem reißenden weißen Strahl in die Tiefe stürzte, wie Eiskristalle im

Nachmittagslicht funkelten und Wasserdampfwolken in den Himmel aufstoben. Ich lauschte der Dissonanz des tosenden Wassers, an- und abschwellend wie ein gewaltiges, wogendes, sinfonisches Meer, so volltönend, daß das Krachen des Wassers im Wasserbecken eine Erinnerung an die Brandung der Ozeane wachrief. Ich fragte mich, warum wir seinen Anblick je als bedrohlich empfunden hatten, statt, wie ich jetzt, von seiner Schönheit fasziniert und gefesselt zu sein. Irgendwo war mir klar, daß ich das, was ich gerade betrachtete, aus überglücklichen Augen sah, durch den Adrenalinausstoß verfälscht. Doch in diesem Moment war es wahr, und das reichte mir vollauf.

Während ich das Schauspiel in mich aufnahm und es genoß, glücklich und lebendig an diesem Ort zu sein, versuchte ich ihn mir für immer einzuprägen. Ich wußte, daß das Bild verblassen würde. Das war immer so, und der Gedanke betrübte mich. Wie seltsam und unbefriedigend ist es doch, so nahe an die Grenze der Vollkommenheit zu gelangen und sie doch nicht erreichen zu können.

Ich wollte diesen Augenblick so lange wie möglich festhalten, ehe ich wieder in die graue Wirklichkeit zurückgerissen würde. Die Franzosen haben einen Ausdruck für solche Gefühle: *le petit mort*, der kleine Tod. Die postkoitale Depression, der flüchtige, traurig stimmende Verlust, wenn es vorüber ist. So ähnlich empfand ich das damals. Der bittersüße, berauschende Schmerz von Ekstase und Verlust. Das halb verlorene, halb gewonnene Spiel des Lebens, das wir nie ganz beenden konnten. Es schien, als könnte man manchmal und für einen flüchtigen Augenblick ganz nahe in den unbeschreiblichen Grenzbereich der Vollkommenheit gelangen, wenn alles in Sekundenbruchteilen wieder in sich zusammenfällt, ein unaussprechlicher Augenblick, der dich mit einem Gefühl der Verwunderung erschöpft zurückläßt. Diese Empfindungen machten das Leben um so lebenswerter.

Die Seile in meinen Händen spannten sich. Ray war abgerutscht. Ich blickte hinunter und sah ihn mit halb erschrockener, halb verärgerter Miene an den Überhängen baumeln. Die Seile lockerten sich wieder. Er kletterte weiter. Ich lachte über sein überraschtes Entsetzen und weil ich alles als großen Spaß empfand. Er war die Seillänge zu schnell angegangen, hatte seine Eispickel in Luftblasen gehakt, statt sie kräftig ins Eis zu hauen.

Die Seile spannten sich erneut, als einer seiner leicht eingehakten Eispickel aus dem Eis riß, und über das Donnern des Wasserfalls hinweg hörte ich eine Flut von Verwünschungen. Als er leicht pendelnd über der Tiefe hing, mußte ich wieder lachen und zog ihn mit scherzhaften Beleidigungen auf.

Atemlos, aber mit einem breiten Lächeln erreichte Ray die Höhle. Ich wußte, wie er sich fühlte. Ich klopfte ihm auf den Rücken, drückte seine Schulter und grinste ihn vergnügt an, aber wir umarmten uns nicht. Dafür war Tat zuständig gewesen.

Während wir in der zunehmenden Dämmerung den Pfad hinunterstolperten, unterhielten wir uns begeistert über die Route und staunten über den Wagemut und das Können von Jeff Lowe und Mike Weiss, die diese Tour fast ein Vierteljahrhundert zuvor ausprobiert hatten.

»Wie war das mit deiner Idee von der Liste?« fragte Ray, als wir auf das Auto zutrotteten. »Woran genau hast du gedacht?«

»Ich weiß es nicht genau. Das war nur so eine Idee. Ein paar klassische Routen zu machen, um die Lücken in meinem Kletterlebenslauf zu schließen, ehe ich ganz aufhöre.«

»Willst du das wirklich tun?« fragte Ray. »Nach dieser Tour?«

»Ja, ich glaube schon«, erwiderte ich und blieb stehen, um den Bridalveil am Kopfende der Schlucht zu betrachten. »War doch gut, die Tour, oder?«

»Grandios«, sagte Ray leise.

»Es wäre schön, es dabei bewenden zu lassen, oder?«

»Ja, schon möglich«, pflichtete er mir bei. »Aber es wäre auch schön weiterzumachen.«

»Ich weiß, aber irgendwann muß Schluß sein«, sagte ich. »Und ich möchte den Zeitpunkt gerne selbst bestimmen.«

»Wie Tat, meinst du?« sagte Ray, leise lachend.

»Ja, wie Tat«, sagte ich leise. »Und das war auch richtig. Er hat dann einfach Pech gehabt.«

»Okay, also was ist dann mit dieser Liste? Hast du noch weitere geniale Pläne auf Lager?«

»Wie wär's mit der Nose oder Salathe?«

»Ja, das wäre nicht schlecht«, sagte Ray. »Ich bin noch nie im Yosemite gewesen. Und dort wäre es warm …«

»Vermutlich«, sagte ich. »Aber wenn wir unsere Liste nicht auf ein paar wenige Ziele beschränken, werden wir nie aufhören.«

»Okay, Bridalveil war also eins davon. Die Eistour. Salathe oder die Nose wären die Felstour. Dann brauchen wir noch eine Bergtour. Einen echten Klassiker. Was schlägst du vor?«

»Irgendeine neue Route vielleicht«, sagte ich unschlüssig. »Ich werd mal darüber nachdenken.«

»Ja, ich auch«, sagte Ray, als wir beim Auto ankamen. »Also, dann laß uns mal ein Bierchen trinken gehen. Das haben wir uns verdient.«

Kapitel 6

Veränderungen

Bei meiner Rückkehr nach Sheffield wußte ich nicht so recht, was ich mit mir anfangen sollte. Ich war vor kurzem in ein neues Haus eingezogen. Na ja, neu ist übertrieben. Es war zweihundertfünfzig Jahre alt: ein altes Landarbeiterhäuschen mit neunzig Zentimeter dicken Wänden, keinem einzigen rechtwinkligen Türrahmen oder einer geraden Wand und altertümlichem Mauerwerk mit Kalk und Roßhaarmörtel, was das Aufhängen von Bildern zu einem Alptraum machte. Ich liebte dieses Haus. Es hatte Charakter und Individualität und war von der Geschichte zahlloser Generationen durchdrungen, die ihr Leben unter seinem Dach verbracht hatten.

Ein paar Monate zuvor hatte ich ohne Vertrag oder Vorschuß meinen zweiten Roman zu schreiben begonnen. Meiner Agentin Vivienne Schuster hatte ich versichert, daß ich keinen Vertrag brauchte und mich das vom Termindruck befreien würde.

»Aber ohne diesen Druck würden Sie gar nichts zustande bringen, Joe«, sagte sie. »Wenn Sie einen Vertrag unterzeichnet haben, erwachen in Ihnen die Schuldgefühle eines abtrünnigen Katholiken, und das gibt Ihnen die Disziplin, bis zum Ende durchzuhalten.«

»Na ja, so war das bisher«, gab ich ihr recht. »Aber diesmal wird es anders sein.«

»Wer's glaubt, wird selig!« sagte sie und gab mir damit unumwunden zu verstehen, daß sie nicht damit rechnete, je im Leben ein Manuskript zu sehen. Ich nahm mir fest vor, ihr das Gegenteil zu beweisen, und begann eifrig auf meine Tastatur einzuhacken. Als ich 25 000 Wörter im Kasten hatte, merkte ich, daß ich mich in eine Sackgasse geschrieben hatte. Mein Roman hatte lediglich zwei Charaktere, und zu meiner großen Bestürzung stellte ich fest, daß ich beide umgebracht hatte. Das war ein ziemlich gravierender Handlungsfehler.

Der Umzug lieferte mir erfreulicherweise eine Menge Ausreden, nicht arbeiten zu können, etwas, worin ich im Laufe der Zeit sehr gut geworden bin. Der Küchenfußboden mußte gefliest, ein Holzofen installiert und die Kamine neu ausgekleidet werden. Im Arbeitsraum unter dem Dach mußten zwei Dachfenster installiert werden, damit er heller wurde, und die Baugenehmigung für den Anbau eines Wintergartens an der Hausrückseite mußte beantragt werden. Statt über diese lästigen und kostspieligen Pflichten verärgert zu sein, war ich froh, meinem Computer entfliehen zu können. Mit dem Schreiben geriet ich zwangsläufig in Verzug.

Das hatte aber noch weitere Gründe. Eine zufällige Begegnung mit Marek Kriwald, dem Leiter von Parliament Communications, das Vortragsredner an Firmen vermittelte, führte unvermutet zu einer florierenden Rednerlaufbahn. Zwar hatte ich schon auf der ganzen Welt Diavorträge gehalten, aber meist vor einem Publikum, das sich aus Bergsteigern und vielen Nichtbergsteigern zusammensetzte, die mein Buch *Sturz ins Leere* gelesen hatten. Durch Marek und seine Firma nannte sich das, was ich da hielt, auf einmal Motivations- oder Inspirationsvorträge. In Wirklichkeit tat ich nichts anderes, als die Geschichte von *Sturz ins Leere* zu erzählen.

Mag sein, daß sie in vielerlei Hinsicht inspirierend ist, aber für Simon und mich war sie nichts weiter als Realität gewesen. Wir waren ein recht pragmatisches Bergsteigergespann, und für uns war nicht das Unglück an sich das Erstaunliche gewesen, sondern die Tatsache, daß wir es überlebt hatten. Wir hatten schon etliche Freunde bei Kletterunfällen verloren und machten uns bezüglich der Risiken, die wir eingingen, keine großen Illusionen.

Es war mir einigermaßen peinlich, vor großen Gruppen erfolgreicher, hochmotivierter Geschäftsleute zu stehen und ihnen von unserer vermurksten Bergexpedition zu erzählen. Vor Generaldirektoren riesiger multinationaler Konzerne zu reden war für mich genauso herausfordernd wie die Begehung gefrorener Wasserfälle im 6. Schwierigkeitsgrad. Zu meiner Freude schienen die Vorträge ohne mein Zutun eine Art Inspirations- oder Motivationsknopf auszulösen, und die Nachfrage nach weiteren Vorträgen nahm schnell zu.

Anfang 1998 kam ein überraschender Telefonanruf von Jonathan Sissons, dem Leiter der Lizenzabteilung im Verlag Jonathan Cape. Eine Produktionsfirma in Los Angeles habe sich nach den Filmrechten für *Sturz ins Leere* erkundigt. Jonathan hatte schon seit fast zehn Jahren mit unterschiedlichem Erfolg versucht, die Rechte für eine Verfilmung zu verkaufen.

Ich hatte Zweifel, ob man das Buch überhaupt verfilmen konnte. Ende der Achtziger war ich einmal bei Fred Zinneman, dem bekannten Hollywoodregisseur und Filmproduzenten, eingeladen gewesen. Als Kind in den österreichischen Alpen aufgewachsen, war er ein begeisterter Bergwanderer und Bergsteiger gewesen und hatte die Bergsteigerszene nie aus den Augen verloren.

Als Fred Zinneman mich damals zum Kaffee in sein Londoner Haus einlud, war er längst pensioniert, und ich war gespannt, worin sein Interesse bestand. Ich hatte erwartet, daß die Wände seiner Räume mit Fotos berühmter Stars und legendärer Kinofilme verziert wären, doch zu meinem Erstaunen waren überwiegend Alpenbilder zu sehen. Wir sprachen über die Möglichkeiten, *Sturz ins Leere* zu verfilmen. Zinneman meinte, diese

Geschichte sei Hemingways Roman *Der alte Mann und das Meer* sehr ähnlich. Ich hielt das für ein ziemlich tolles Kompliment, doch er stellte schnell klar, daß er damit keineswegs den literarischen Wert meines Buches gemeint habe. Er war als Regisseur mit der Verfilmung von Hemingways großartigem Roman, für den dieser den Nobelpreis erhalten hatte, befaßt gewesen, und es hatten sich, erklärte er mir, bald ernsthafte Schwierigkeiten ergeben.

»*Der alte Mann und das Meer* ist ein wunderbares Buch, aber es ist äußerst schwierig, dessen immense Kraft filmisch umzusetzen«, sagte er. »Was hat man denn im Grunde? Einen alten Mann und einen großen Fisch. Alles, was sich in dem Buch ereignet, geschieht aus der Perspektive des alten Mannes. Dies im Film darzustellen war ein schier unlösbares Problem. Und dann hatten wir den Fisch. Unser tolles großes mechanisches Gummiding ging ständig unter und weigerte sich, einem Merlin auch nur annähernd ähnlich zu sehen. Ich habe schließlich kapituliert, und John Huston hat das Projekt übernommen.«

»Ich habe den Film nie gesehen«, sagte ich. »Aber von dem Buch war ich begeistert. Hemingway muß gewußt haben, daß er niemals etwas Besseres zustande bringen würde, nachdem er etwas so Brillantes geschrieben hatte, eine perfekt komponierte Geschichte, in der kein einziges Wort zuviel ist. Vielleicht hat das zu seinem baldigen Tod beigetragen.«

»Möglich«, pflichtete Fred mir bei. »Jedenfalls besteht aus filmischer Sicht bei Ihrem Buch dasselbe Problem. In Ihrer Geschichte gibt es nur Sie und Simon. Das Seil wird ziemlich bald durchtrennt, und von da an wird alles entweder aus Ihrer oder aus Simons Perspektive gesehen. Wie soll man so etwas filmen?«

Seither hegte ich starke Zweifel, ob man daraus einen Kinofilm machen könnte, und war erstaunt, als Jonathan Sissons anrief und mir mitteilte, daß Fogwood Films an den Rechten interessiert sei. Fogwood war die Produktionsfirma von Sally Field, der zweifachen Oscar-Preisträgerin.

»Sie meinen es ernst«, sagte Jonathan. »Sie haben sich mit der Produktionsfirma Cruise-Wagner zusammengetan.«

»Wer ist denn das?«

»Cruise. Tom Cruise. Der Schauspieler. Das ist seine Produktionsfirma. Er hat das Buch gelesen und will in dem Film die Hauptrolle übernehmen.«

Ich lachte laut auf. »Heller Wahnsinn.« Als ich aufgelegt hatte, fragte ich mich, auf welch andere seltsame Pfade mich dieses Buch noch führen würde. Tom Cruise, einer der höchstbezahlten Schauspieler der Welt, wollte mich spielen. Ziemlich konfus wankte ich die Treppe hinunter und goß mir einen extrastarken Gin ein.

Man spendierte mir einen Flug erster Klasse nach Los Angeles. Eine Limousine setzte mich vor dem Beverly Hills Wilshire Hotel am Rodeo Drive ab, wo man mich in eine Suite führte, die größer war als mein ganzes Haus.

Sally Field erwies sich als eine sympathische Frau – charmant, ungekünstelt und unprätentiös –, ganz anders, als ich mir einen Filmstar vorgestellt hatte. In den Paramount Studios unterzeichneten wir den Vertrag. Das bekannte Unterhaltungsmagazin *Variety* brachte auf dem Titelblatt ein Foto mit Cruise und der Überschrift »Cruise stürzt ins Leere«, und Martin Shafer von Castle Rock Entertainment ließ verkünden, daß Tom Cruise der Hauptdarsteller sein würde. Es war ein überaus verwirrendes Erlebnis, das ich kaum fassen konnte und mich mit der quälenden Sorge erfüllte, daß die Dinge einmal mehr außer Kontrolle gerieten.

Ich hatte nie vorgehabt, Schriftsteller zu werden, und die Vorstellung, daß über mich ein Kinofilm gemacht werden sollte, war noch absurder. Der große Erfolg des Buches hatte mich irgendwie verunsichert. Als Kletterer hatte ich mich immer an meinesgleichen gemessen und an meinen Idolen, denen ich insgeheim und vergebens nachzueifern versuchte. Dabei hatte ich stets zu den Bergsteigern aufgesehen, die so viel besser waren als ich, und hatte meinen Wert an ihrem Niveau gemessen. Kein einziges Mal war ich auf die Idee gekommen, mich daran zu messen, ob ich besser sei als andere. Mir war zwar durchaus bewußt, daß ich in der Bergsteigerwelt bekannt war, hatte das jedoch in bezug auf meine Kletterleistungen gar nicht verdient. Mir war klar, daß es meine Bücher waren, derentwegen ich geschätzt wurde, aber ich selbst betrachtete mich eher als Bergsteiger.

Zu Hause war ich von Weltklasse-Kletterern umgeben. Die Leistungen von Felskletterern wie Jerry Moffat, Ben Moon, Paul Pritchard und Johnny Dawes und von Bergsteigern wie Al Rouse, Rab Carrington, Jon Tinker, Mick Fowler und Brendan Murphy stellten alles, was mir beim Klettern je gelungen war, in den Schatten. Auf Messen oder Filmfestivals begegnete ich einigen der talentiertesten Kletterer der Welt, was nur dazu führte, daß ich mir noch mehr wie ein Hochstapler vorkam. Mit dem Abschluß des Filmdeals verstärkte sich dieser Gefühlswirrwar noch, was mich jedoch nicht davon abhielt, den Vertrag bereitwillig zu unterschreiben.

In Los Angeles brachte ich drei Tage mit dem Drehbuchautor zu, und als ich dann wieder nach Hause flog, war mir ziemlich schleierhaft, was für eine Art Film da produziert werden sollte. Der Drehbuchautor schien keinen blassen Schimmer zu haben, worum es in der Geschichte ging: um das Drama zweier Menschen allein in der einsamen Wildnis. Von bergsteigerischen Techniken verstand er noch weniger, obwohl wir zusammen mehrere Bergsteigerläden aufgesucht und ich ihm geduldig den Gebrauch von Steigeisen, Eispickeln und Kletterseilen erklärt hatte. Ich wies ihn auf das zentrale Problem hin, das mir Zinneman dargelegt hatte, und war einigermaßen sprachlos, als sein Lösungsvorschlag darin bestand, Simon und mich mit Funkgeräten auszustatten. Meines Erachtens lag er damit ziemlich daneben.

Es wurde schnell deutlich, daß der Film lediglich als Staffage für Tom Cruise dienen sollte; folglich machte ich mir kaum noch Illusionen darüber, daß man auf eine originalgetreue Wiedergabe der Geschichte sonderlich bedacht sein würde. Bis auf wenige Ausnahmen war in den meisten bedeutenden Hollywoodfilmen der jüngsten Vergangenheit keine oder so gut wie keine Charakterentwicklung feststellbar; der Handlungsverlauf war flach und oft nichtssagend, die Filme wurden lediglich durch Action vorangetrieben, und von qualitätvollen Drehbüchern konnte nur selten die Rede sein. Wahrheitsgehalt und geschichtliche Fakten wurden in der Regel leichtfertig ignoriert.

Die wenigen in Hollywood produzierten Bergsteigerfilme, die ich gesehen hatte, hatten mein Vertrauen in keiner Weise zu steigern vermocht. *K2* war klischeehafter, sentimentaler Schund. Sylvester Stallones Bergsteiger-Actionthriller *Cliffhanger* war zum Brüllen komischer Schwachsinn. Hollywoods jüngste Darbietung, der von unglaubwürdigen, spektakulären Szenen vorangetriebene Kinofilm *Vertical Limits*, war ein so peinlicher nationalistischer Kitsch, daß ich mittendrin den Saal verließ. Man hatte darüber nicht einmal lachen können.

Vielleicht hätte ich bei dem Filmgeschäft prinzipienfester sein sollen und die großen Geldsummen ignorieren müssen, um die es dabei ging. Ich wage jedoch zu behaupten, daß es sich bei Leuten, die anderen vorwerfen, »sich zu verkaufen«, meist um solche handelt, denen noch nie eine garantierte finanzielle Sicherheit angeboten wurde. Während ich in solche Gedanken versunken heimwärts flog, mußte ich an Groucho Marx denken. »Das sind meine Prinzipien«, hatte er gesagt. »Wenn sie euch nicht passen – ich hab noch andere.«

Während ich in den folgenden neun Stunden die Bordküche der ersten Klasse leerzutrinken versuchte, grübelte ich darüber nach, wer wohl die Rolle von Simon spielen würde – vermutlich Nicole Kidman.

Das Filmgeschäft, der Umzug und die neue Herausforderung als Vortragsredner stellten eine Art Wendepunkt in meinem Leben dar. Eigentlich hätte ich überglücklich sein müssen. Ich besaß die Freiheit, Eis-, Felswände und Berge zu erklettern, wann immer ich Lust dazu hatte und konnte mir damit irgendwie meinen Lebensunterhalt verdienen. Ich unternahm jetzt viel mehr, als ich je unternommen hatte. Ich fuhr gerne zum Gleitschirmfliegen in die Berge des Peak District, eine Viertelstunde von meinem Haus entfernt, und hatte vor, an allen möglichen anderen Orten der Welt zu fliegen. Ich dachte daran, die mächtigen Granitwände des El Capitan im Yosemite Park zu durchsteigen und in Nepal Gleitschirm zu fliegen, die weißen Segel von Annapurna und Dhaulagiri als Hintergrundkulisse.

Mit Klettern, Schreiben und Vorträgen führte ich ein Leben voller Abenteuer, Reisen und aufregenden Dingen. Im Laufe dieser Unternehmungen habe ich wundervolle Menschen vieler Nationen und Weltanschauungen kennengelernt, hat sich mein Horizont erweitert und meine Weltsicht vollkommen verändert. Darüber hinaus habe ich auf der ganzen Welt viele Freunde gewonnen und mit ihnen Dinge erlebt, die mein Leben gewaltig umgekrempelt haben. Ich habe erfahren, wir stark wir sein können und wie schwach. Ich habe erlebt, wie Freunde für mich ihr Leben aufs Spiel gesetzt haben, und das hat mich demütig gemacht; ich werde für immer in ihrer Schuld stehen.

Ich genieße es, mit klopfendem Herzen vor Publikum zu reden, und es schmeichelt mir und macht mich zugleich verlegen, daß manche Leute meine Vorträge offenbar unterhaltsam und anregend finden. Das hat mir geholfen, vieles in ein anderes Licht zu rücken. Ich hatte immer das Gefühl gehabt, keine Kontrolle über mich zu haben, einfach auf der Straße des Lebens entlanggefahren zu sein und überall Dusel gehabt zu haben. Ich hatte nie etwas geplant.

Meine innere Unruhe setzte im Winter 1998 ein. Ich war gerade von einem Kletterurlaub an den überhängenden, tropfsteinbewehrten Kalksteinwänden auf Koh Phi Phi, einer Felseninsel in der Andamanensee in Südthailand zurückgekehrt. Auf dem Fußboden hinter der Haustür lagen wie üblich eine Menge Briefe und Werbesendungen, und ich sammelte sie auf und legte sie auf den Küchentisch. Auf der Rückreise war es zu Verzögerungen gekommen, und nach dem siebzehnstündigen Rückflug von Thailand war meine innere Uhr durcheinander. Schlaftrunken blätterte ich die Post durch und trank dabei einen starken schwarzen Kaffee. Ein Brief mit einer roten Briefmarke ragte aus dem Stapel hervor. Ich wußte, daß er von meiner Agentin war, und öffnete ihn rasch, gespannt darauf, was sie geschrieben hatte.

Als ich den Brief ein paar Minuten später langsam auf den Tisch zurücklegte, hatte sich etwas in meinem Leben unwiderruflich verändert. Meine Mutter war gestorben, während ich verreist gewesen war.

Niemand hatte mich benachrichtigen können. Meine Schwester Sarah hatte aus Verzweiflung bei Vivienne angefragt, ob sie wisse, wie man mich erreichen könne, und ihr erzählt, was geschehen war. Nicht ahnend, daß es niemandem gelungen war, mir die Nachricht zu übermitteln, hatte Vivienne mir einen wunderschönen, einfühlsamen Beileidsbrief geschrieben. Es war ein Schock für mich. Ich wußte, daß Ma krank gewesen war. Sie hatte zu einer Routineuntersuchung ins Krankenhaus gemußt und mir versichert, daß es nichts Ernstes sei und ich den Thailandurlaub nicht abzublasen brauche. Vermutlich hatte sie viel mehr gewußt, als sie mir gesagt hatte.

Ich stand auf, holte mir das Telefon und rief Sarah an in der Hoffnung, daß alles ein Mißverständnis sei.

»Doch, es ist wahr«, sagte Sarah leise, und ich hörte starr und stumm zu, wie sie mir Bericht erstattete. »Wir haben alle auf dich gewartet«, fügte sie hinzu. »Wir wußten nicht, wo du warst, und deshalb ist alles aufgeschoben worden.«

Ich fühlte mich mies und schämte mich; allein, daß ich nicht dabeigewesen war, als Ma starb, war schlimm genug. »Und wann ist die Beerdigung?«

»Am Dienstag. In vier Tagen. Komm so bald wie möglich nach Hause, Joe, wir würden dich so gerne sehen.« Und das war's. Ma war von uns gegangen.

Meine Mutter war eine sehr fromme Frau gewesen. Sie stammte aus Listowel in der irischen Grafschaft Kerry, und ihr katholischer Glaube hatte ihr immer Halt gegeben. Außerdem war sie eine sehr starke und entschlossene Kämpfernatur. Als sie Mitte der siebziger Jahre ihren Kehlkopfkrebs besiegte, während alle schon überzeugt waren, daß sie sterben werde, hatte sie das ihrem Glauben an Gott zugeschrieben. Sie hatte mir erzählt, eine irische Krankenschwester vom Royal Marsden Hospital in London habe sie an einem Tag, als es ihr sehr schlecht ging, gescholten, weil sie keine Hoffnung mehr habe. Als gute Katholikin dürfe sie das Leben nicht aufgeben: Das habe Gott zu bestimmen, und Ma solle anfangen zu beten. Ma betete und blieb am Leben. Für sie war die Sache klar: Ihre Gebete waren erhört worden. Ich persönlich fand, sie habe überlebt, weil sie zäh und hartnäckig war, aber davon wollte sie nichts hören.

Als ich sechzehn war, fiel es mir folglich sehr schwer, Ma zu sagen, daß ich nicht mehr an Gott glaubte. Daß ich überzeugt war, recht zu haben, machte die Sache noch schwieriger. Ich war mir damals noch nicht sicher, ob ich im Angesicht des Todes standhaft am Atheismus festhalten würde. Als ich 1985 in Peru wußte, daß das Spiel aus war und ich sterben würde, das jedoch zu nichts führte, zu keinem Paradies, sondern nur zu ewiger Leere, dachte ich kein einziges Mal daran, mich wieder dem Gott meiner Kindheit zuzuwenden. Das war vermutlich das Eindringlichste und Erschütterndste, was ich in jenen schrecklichen Tagen in Peru gelernt habe: Für mich gab es keinen Gott.

Ich respektierte Mas Glauben voll und ganz. Ja, ich war sogar neidisch darauf. Ich wünschte, ich könnte auch auf etwas so Starkes vertrauen. Obwohl ich nicht mehr an Gott glaubte, war es eine Quelle heimlichen Trostes gewesen, daß Ma für mich betete. Ich nahm jede nur mögliche Hilfe bereitwillig an. Und dann war sie auf einmal tot. Ich fragte mich, wie es nun weitergehen würde.

Manchmal, so wie damals in Bolivien nach dem Überleben des Lawinenabgangs, schaue ich zu den Sternen auf und frage mich, ob sie unter ihnen umherwandelt. Hat sie den Ort gefunden, um den sie so fest gebetet hat? So, wie die Berge einem bewußt machen können, wie unbedeutend und verletzlich man ist, können einem auch die Sterne, die in großer Höhe so intensiv leuchten, deutlich machen, wie belanglos die eigene Existenz ist. In manchen Nächten ist es mir schier unerträglich, zu den Myriaden von Diamanten am samtschwarzen Himmel hochzusehen. Sämtliche Überzeugungen und die Philosophie, nach der ich zu leben und meine Welt zu verstehen versuche, beginnen zu zerfallen.

Ich mache mir Gedanken darüber, wie groß die Überlebenschancen in den Bergen sind, doch wenn ich zu den Sternen aufschaue, zu dieser Unzahl anderer Welten, wird mir klar, daß das eigentlich gar nicht so wichtig ist. Im Universum gibt es mehr Sterne, als es Sandkörner an sämtlichen Stränden der Erde gibt. Wir sind ungeheuer unwissend und in bezug auf Zeit und Raum völlig bedeutungslos. Dieser Gedanke ist höchst betrüblich, wenn man keinen Gott hat, an dem man sich aufrichten kann, der einem etwas anderes als diese trostlose Unermeßlichkeit zu bieten und die Bedeutungslosigkeit zu erklären vermag. Unser Leben ist nicht mehr als ein Lidschlag zwischen zwei Ewigkeiten.

Ohne den Trost einer Religion bleibt mir nichts anderes übrig, als mich an vage Vorstellungen zu klammern, wer ich bin und weshalb ich lebe; egal welche Überzeugungen ich mir auch zusammenflicke, ich kann mich doch nie mehr ganz so sicher fühlen wie einst.

Wenn ich das Bedürfnis ablegen könnte, in die Zukunft zu blicken, wenn ich mich von den Zwängen der Vergangenheit befreien könnte und nur in der Gegenwart und für die Gegenwart lebte, dann, so glaubte ich, könnte ich absolute Freiheit erlangen. Auf die gespenstischen Momente, in denen ich mich an einem Berg auf dem schmalen Grat zwischen Leben und Tod entlangbewegte, schien das am ehesten zuzutreffen. Dann gewann alles einen gewissen Sinn, wenn ich ihn auch nie ganz greifen konnte.

Für mich gibt es keine Religion mehr, keine Glaubenslehre oder irgendein anderes System, anhand dessen ich meine Welt begreifen kann. Ohne Glaubenslehren versuche ich einfach an einen metaphysischen Sinn der Welt zu glauben, während das Leben seinen Lauf nimmt. Es ist eine überwältigende Kombination von allem, was ich erlebt, empfunden und gesehen habe und nicht zu erklären vermag. Diese Überzeugung treibt mich immer wieder an einen Ort zurück, wo ich niemals sicher bin; ein Ort, der verlockend ist, weil er sich nicht definieren läßt. Er ist nicht greifbar und muß schlicht erlebt werden. Vielleicht ist das der Grund, warum ich die Berge so geliebt habe. Sie boten mir, wenn auch nur für kurze Zeit, die Möglichkeit zu fliehen, etwas zu tun, ohne Fragen stellen zu müssen.

Ich habe einmal gelesen, daß einem Bergsteiger »Härte und große Anstrengung kaum etwas ausmachen, weil das Leben eines Bergsteigers eine Vorbereitung auf den Tod ist, und wenn der Tod eintritt oder herannaht, ist der Bergsteiger zumindest teilweise zufrieden«. Ich kann mich allerdings nicht entsinnen, Zufriedenheit empfunden zu haben, als ich mit einem zerschmetterten Knie am Grund einer Gletscherspalte lag.

Die Widersinnigkeit liegt in der Tatsache, daß wir solche Risiken freiwillig eingehen, obwohl wir doch so gern am Leben bleiben möchten. Warum tun wir das? Vielleicht hat es etwas mit der Wahrnehmung zu tun – was wir empfinden, ist das einzige, was wir wirklich wissen, das einzige, von dem sich genau sagen läßt, was wir sind. Aber andere mögen das nicht so sehen. Das isoliert uns. Wir hoffen, daß andere die gleichen Dinge empfinden, weil wir so nicht den Verstand verlieren, und weil uns das erlaubt, ein Gedankengebäude zu errichten, in dem wir leben können.

Sämtliche Vorstellungen oder Anschauungen, die ich in meinem Leben zusammengetragen hatte, gingen zu Bruch, als Ma starb. Hatte ich sie geliebt? Ich hatte sie nie als etwas anderes angesehen als meine Mutter. Sie war Ma. Wie das Fundament eines Hauses war sie immer da, war sie immer dieselbe – und ich brauchte mir über sie keine Gedanken zu machen, bis sie starb und es auf einmal so viele unbeantwortete Fragen gab.

Als Vivienne in ihrem Brief schrieb, einen Elternteil zu verlieren sei wie ein »Übergangsritual«, begriff ich nicht ganz, was sie meinte. Im Laufe der Jahre ist mir der Sinn deutlicher geworden. Wenn ich jetzt auf eine Reise gehe, allein, als ein Erwachsener, der durch die zweite Hälfte seines Lebens treibt, beginnt es mir zu dämmern – die Ahnung, daß das Leben kürzer wird. In ihrem letzten Brief hatte Ma geschrieben, daß ich egoistisch sei, und sie hatte recht gehabt. Das war nach einem klassischen Familienstreit gewesen, wie so viele andere in der Vergangenheit, wenn die Wogen der Erregung zu hoch schlugen und Dinge gesagt wurden, die man nicht einmal hätte denken dürfen. Wie so viele Meinungsverschiedenheiten, war auch diese bald vergessen und vergeben – gerade noch rechtzeitig –, aber es war ihr letzter Brief an mich gewesen, und das machte mir zu schaffen. Ich hatte ihr verärgert geantwortet, denn wir hatten uns letztes Weihnachten heftig gestritten, aber meine Wut rührte daher, daß sie wie immer recht gehabt hatte, und das hatte mich tief getroffen. Wir hatten den Streit mit Blumen beigelegt, aber ich werde ihn mein Leben lang bereuen, ihn und die Tatsache, daß ich nicht da war, als sie starb.

Von Gefühlen überwältigt stand ich vor der vordersten Kirchenbank und blickte auf Mas Sarg, während der Pfarrer den Segen für die Toten sprach in Worten, die mir nichtssagend und geistlos erschienen. Als ich mich mit meinen Brüdern hinunterbeugte, um den Sarg auf die Schultern zu heben, tropften Tränen auf den glänzenden Deckel; ich hielt den Kopf leicht gesenkt und hoffte, einigermaßen die Fassung wiederzugewinnen. Als wir ans Sonnenlicht hinaustraten, wunderte ich mich, wie der Sarg so schwer sein konnte, wo sie doch eine so zierliche alte Dame gewesen war.

Kapitel 7

Zerstörte Illusionen

Im darauffolgenden Frühling, als ich gerade am Schreibtisch saß und eine Rezension über Peter und Leni Gillmans Biographie von George Mallory verfaßte, kam im Radio die Kurzmeldung, ein Expeditionsteam habe hoch oben an der Everest-Nordseite Mallorys Leiche gefunden. Das war eine aufregende und interessante Nachricht. Als ich später jedoch die veröffentlichten Fotos sah, war ich entsetzt und angewidert.

Ich war ohnehin schon ziemlich abgestoßen von dem, was kurz zuvor über das erschreckende Verhalten der Bergsteiger am Everest berichtet worden war. Als die grausigen Fotos von Mallorys gefrorenem Leichnam um die ganze Welt gingen, zerbrach etwas in mir; eine Leidenschaft war erloschen. Bergsteigen war nicht mehr das, was es einst gewesen war und würde es niemals mehr sein. Ich fühlte mich betrogen.

Als Conrad Anker am 1. Mai 1999 an der Everest-Nordwand in 8200 Metern Höhe auf George Mallorys gefrorene Leiche stieß, war das eine aufsehenerregende Entdeckung. Die Suchexpedition hatte gehofft, das Geheimnis um Mallory und Irvine lösen zu können. Waren die beiden bis zum Gipfel gekommen? Gab es in der Kodak-Pocketkamera, die Mallory oder Irvine dabeigehabt hatte, eingefrorene fotografische Beweise? Es muß ein unheimlich bewegender Augenblick gewesen sein, dort neben dem Leichnam eines der berühmtesten Bergsteiger der Geschichte zu sitzen und kurz vor der Lösung eines der größten Rätsel des Bergsteigens zu stehen.

Es war nichts weiter erforderlich als eine sorgfältige und pietätvolle Untersuchung der Leiche. Unglücklicherweise war nirgends ein Fotoapparat zu entdecken. Aus der Lage des Körpers, den erkennbaren Verletzungen und dem zerrissenen Seil an Mallorys Taille konnte man jetzt mit einiger Sicherheit schließen, daß die beiden Männer den Gipfel nicht erreicht hatten, sondern während des Rückzugs in der Dunkelheit bei einem Sturz ums Leben gekommen waren. Mehr brauchten wir gar nicht zu wissen. Die Fotos und die geschmacklosen Beschreibungen, was die Vögel mit seinem Körper angerichtet hatten, waren völlig überflüssig. Ich fragte mich, ob die Mitglieder des Suchtrupps auch nur eine Sekunde darüber nachgedacht hatten, was sie da eigentlich taten, als sie seine Habseligkeiten durchsuchten, die Leiche dann unter einem Steinhaufen begruben und an dem frischen Grab ein Gebet sprachen.

Conrad Anker hatte in den Bergen gute Freunde verloren, so wie wir alle. Einige davon konnten mit Fug und Recht als die großartigsten Bergsteiger ihrer Generation angesehen werden, moderne Mallorys sozusagen. Ich nehme an, Conrad Anker wäre entsetzt, wenn vielleicht irgendwann die gefrorenen, böse zugerichteten Leichen seiner Freunde gefunden würden und man diese durchsuchte, fotografierte und ihrer persönlichen Dinge beraubte.

1997 nahm Paul Nunn an einer britischen Expedition zur Westwand des Latok II im Karakorum teil. Don Morrison, ein Mitglied des Teams, kam dabei ums Leben, als er unangeseilt in eine Gletscherspalte stürzte. Rund zehn Jahre später kam Paul Nunn bei einer anderen Expedition zum Latok wieder in diese

Gegend. Am Gletscherrand stießen die Expeditionsmitglieder zufällig auf die Überreste ihres Freundes Don Morrison, die der Gletscher inzwischen ausgestoßen hatte. Da sie das Gurtzeug identifizieren konnten, waren sie überzeugt, daß es die Körperteile ihres Freundes waren. Sie trugen behutsam so viel zusammen, wie sie fanden, wählten eine Stelle aus, die vor weiteren Gletscherbewegungen sicher war und bestatteten ihren Freund mit einem Gefühl der Trauer über wachgerufene Erinnerungen und der Freude, ihrem Freund diesen letzten respektvollen Dienst erwiesen haben zu können. Sie machten keine Fotos von ihm.

Ein Freund aus Ecuador verlor bei einem Lawinenunglück am Antisana seinen Bruder. Er wußte, daß der Gletscher sich schnell voranschob, und nach Ablauf des von ihm geschätzten Zeitraums kehrte er wiederholt an diesen Ort zurück und suchte mehrere Jahre lang den Gletscherrand ab, bis er seinen Bruder schließlich fand. Mit seinen Helfern trug er die traurigen Überreste zusammen und bestattete seinen Bruder in einer wehmütigen, würdevollen Trauerzeremonie. Bei einer meiner Expeditionen kam ich auf der baumlosen Hochebene an dem sorgsam gehegten Grab dieses Mannes vorbei. Es war von weißen, sternförmig angeordneten Steinen umrahmt, an dem schlichten Grabstein blühten Wildblumen, und die eindrucksvollen, von Eis durchzogenen Hänge des Antisana ragten über dem Grab in den Himmel. Es war ein Moment des stillen Gedenkens und des Respekts, ein Moment, der mir eindringlich ins Bewußtsein rief, wie leicht ich selbst dort hätte liegen können.

Ich betrachtete das Buch auf meinem Schreibtisch. Auf der Rückseite des Umschlags war ein Foto von Mallory in Armeeuniform, das ihn vermutlich während eines Urlaubs von den Schützengräben an der Westfront zeigte. Sein dünner Oberlippenbart stand in merkwürdigem Gegensatz zu seiner kindlich glatten Haut. Die Augen blickten direkt aus dem Foto heraus, klar, leuchtend und suchend. Seine Frau Ruth im Hintergrund hatte den gleichen auffallend offenen Blick.

Ich betrachtete das Foto, aber was ich tatsächlich sah, war sein schrecklich zugerichteter Körper mit dem alabasterweißen Rücken, dem gebrochenen Bein und dem einen Nagelschuh. Ich mußte daran denken, was die Goraks, die nepalesischen Raben, mit ihm angerichtet hatten, und wünschte, das Expeditionsteam hätte das verfluchte Foto nie veröffentlicht. Es war nicht nur abstoßend und geschmacklos. Es hatte eine Erinnerung zerstört.

Ich betrachtete wieder das Foto mit Mallorys aus der Vergangenheit herausblickendem Gesicht. Thom Pollard und Andy Politz waren noch einmal an den Everest zurückgekehrt, um sich, mit einem Metalldetektor bewaffnet, ein zweites Mal umzusehen und herauszufinden, welche Gegenstände sie übersehen hatten. Sie machten sich daran, Mallory aus dem steinernen Grab auszugraben, und mißachteten damit die Gebete, die in einer ehrfürchtigen Abschiedszeremonie für ihn gesprochen worden waren. Mit Hilfe des Metalldetektors orteten sie eine kaputte Armbanduhr in seiner Hosentasche. Dann zerrten sie ein Stück des verwitterten Seils hervor, das an Mallorys Taille befestigt war, und rissen es ab. Nachdem sie dann noch den Nagelschuh von Mallorys gebrochenem rechtem Bein gezogen hatten, hatten sie drei weitere Gegenstände geborgen, von denen sich behaupten ließ, daß sie für die Forschung von großem Wert seien.

Jetzt wollten sie sein Gesicht sehen. Sie brachten es fertig, jegliche Zurückhaltung abzulegen, die das erste Suchteam noch empfunden hatte, und begannen, Mallorys Kopf aus dem Eis zu befreien. Nach und nach pickelten sie sein Gesicht aus dem harten Eis, bis sie es umdrehen und betrachten konnten. Es war »in tadellosem Zustand ... Die Augen waren geschlossen. Am Kinn waren noch Bartstoppeln zu erkennen.« Am Kopf entdeckten sie eine Wunde, die Mallory sich bei dem schweren Sturz zugezogen haben mußte und die zu seinem Tod geführt haben könnte oder auch nicht. Zumindest lieferte sie ihnen eine Ausrede dafür, daß sie ihn so kaltblütig aus dem Eis gehackt hatten. Dann begruben sie ihn ein zweites Mal, damit er in Frieden ruhe, und einer von ihnen rezitierte Psalm 103. Ob das wohl für Mallorys Seelenheil oder ihr eigenes gedacht gewesen war?

Ob sie bei ihrer Aktion den enormen finanziellen Wert dieser jämmerlichen Überreste im Hinterkopf hatten, weiß ich nicht. Vielleicht hatten sie es aus reinem Interesse für die historische Forschung getan. Andernfalls hätten sie die Leiche womöglich bis auf die Haut ausgezogen. Das Ziel der Expedition war gewesen, Mallory oder Irvine zu finden und das Rätsel zu lösen, ob einer von ihnen, oder alle beide, den Gipfel erreicht hatten oder nicht. Meiner Ansicht nach haben sie eine Leiche geplündert.

Als ich 1999 auf dem Hay Literary Festival vor tausend Zuhörern Sir Edmund Hillary interviewte, kam unvermeidlich auch die Frage zu Mallory auf. Etwas müde, denn man hatte ihm dieselbe Frage vermutlich schon unzählige Male gestellt, legte Hillary seine Ansicht über die jüngsten Ereignisse im Zusammenhang mit der Entdeckung von Mallorys Leiche dar. Es sei dadurch überhaupt nichts gelöst worden, sagte er, ohne fotografische Beweise werde das auch nie geschehen.

»Ich kann wohl sagen«, fügte er hinzu, »daß ich zutiefst empört war, als die Fotos von Mallory in sämtlichen Medien veröffentlicht wurden. Für mich war Mallory ein Held gewesen. Er war der Mann, der mein Interesse am Mount Everest geweckt hatte … und daß von dieser heroischen Gestalt all diese schrecklichen Fotos gezeigt wurden, wie er da auf dem Geröll lag, mit entblößtem Rücken, gebrochenem Bein … ich fand das grauenhaft.« Das Publikum zollte ihm für diese Worte begeisterten Applaus.

Fotos und Gemälde von Menschen aus der Vergangenheit schaffen auf magische Weise eine Verbindung mit dem Betrachter. Ich blickte wieder auf das Porträt von Mallory, wie er aus dem Rückeinband des Buches herausschaute. Er war ein gutaussehender Mann in der Blüte seines Lebens, und mir kam es vor, als wäre sein Blick direkt auf mich gerichtet und als führte er mich durch dieses Fenster in sein Leben.

David Robertson hat George Mallory in seiner Biographie als »jugendlich wirkenden und außerordentlich liebenswürdigen« Menschen beschrieben. Er ist jetzt der »Mallory des Everest«, aber wir sollten nie vergessen, daß er auch Vater, Ehemann, ein zuverlässiger Freund und ein Mann von Ehre und Eleganz gewesen war. Viel lieber würde ich mich so an ihn erinnern wie Wilfrid Noyce bei der erfolgreichen Everest-Expedition von 1953. Noyce schrieb, daß sie beim Anblick der Western-Cwm-Route, die Mallory im Juli 1921 als erster entdeckt hatte, »…Mallorys Gestalt zu sehen meinten, die hinter dem Lingtrem und dem Pumori hervorschaute« – eine heroische Gestalt aus der Vergangenheit, die geisterhaft, mit wohlwollendem Blick zu der damals erfolgreichen Expedition herabsah.

Seine tieftraurigen Freunde »…konnten es kaum fassen, daß sie George nie mehr sehen sollten, wie er mit unbeschreiblich geschmeidigen Bewegungen die Berge bestieg, nie mehr hören sollten, wie er mit seiner unvergeßlichen Stimme über schöne Dinge und rechte Taten sprach«. Der große Alpinist Geoffrey Winthrop Young beschrieb Mallory als »magischen Abenteurergeist und die personifizierte Jugend… Weder die Zeit noch seine eigene Gleichgültigkeit vermochten den Eindruck zu verändern, den man in Gegenwart seiner glühenden Lebenskraft empfand. Es gibt Wesen, deren beste Ausdrucksmöglichkeit die Bewegung ist. Jede von Mallorys Bewegungen war in sich selbst schön. Kein Wunder also, daß er Bergsteiger war, denn das Klettern ist die ideale Möglichkeit für vollkommene Bewegungen…« Heute sehen das nicht alle Kletterkollegen so: Für manche ist Mallory nichts weiter als eine Ware.

Die Entdeckung seiner Leiche löste nicht nur in der Bergsteigerwelt eine Woge der Erregung aus. Das Geheimnis um Mallory und Irvine hat die Menschen auf der ganzen Welt in den Bann gezogen. Die jüngsten Entdeckungen haben zur Lösung dieses Geheimnisses nicht viel beigetragen. Die Art und Weise, wie sich die Entdecker verhalten haben, hat jedoch ein ethisches Dilemma aufgeworfen.

Möglicherweise haben die beiden Bergsteiger den Gipfel neunundzwanzig Jahre vor Hillary und Tenzing erreicht, aber solange keine Kamera gefunden wird und Fotos entwickelt werden können, werden wir das nie wissen. Macht das etwas aus? Sie sind ums Leben gekommen. Sie sind gescheitert. Die meisten Bergsteiger würden sagen, daß man nicht von einem erfolgreichen Aufstieg sprechen kann, wenn man beim Abstieg tödlich verunglückt ist. Sir Edmund Hillary hat sich dementsprechend geäußert, desgleichen Mallorys Sohn und sein Enkel. Clare Millikan, Mallorys Tochter, hat gesagt, daß sie nun, da die Leiche ihres Vaters entdeckt worden sei, ihre Meinung geändert habe und glaube, er habe den Gipfel erreicht. Sie fügt jedoch an, daß »das meiner Meinung nach nicht richtig zählt, wenn man nicht lebend zurückgekommen ist«. Von Anfang an hatte nie wirklich ein Risiko bestanden, daß Hillarys und Tenzings Erfolg im Jahre 1953 durch historische Entdeckungen angefochten werden könnte.

Wir wissen nun etwas darüber, auf welche Weise Mallory und Irvine starben. Sie waren nicht voneinander getrennt gewesen. Die Theorie, daß Mallory, der erfahrenere Bergsteiger, allein bis zum Gipfel gestiegen sein könnte, ist widerlegt worden. Die beiden Männer sind vermutlich beim Abstieg abgestürzt. Möglicherweise ist das Seil gerissen und Irvine tiefer hinabgestürzt. Es sieht so aus, als hätte Mallory einen tiefen Sturz überlebt, wenn auch mit einem zweifach gebrochenen Bein. Die Lage seines Körpers deutete darauf hin, daß er versucht hat, zu einer geschützten Stelle zu kriechen und währenddessen gestorben ist. Es genügt, wenn wir uns vorstellen, was damals geschah, und für einen Bergsteiger ist diese Vorstellung äußerst bitter.

Mehr haben wir nicht erfahren. Sollte man Irvines Leiche irgendwann finden, läßt sich vielleicht feststellen, ob die beiden den Gipfel erreichten, mehr aber auch nicht.

Warum meinten die Expeditionsmitglieder, Fotos von Mallorys gefrorener Leiche veröffentlichen zu müssen? Wir brauchen keine Fotos als Beweis, daß man Mallory gefunden hat. Wir können es ihnen auch so glauben, und der Beweis kann in Archiven verwahrt werden für den Fall, daß die Tatsache je in Frage gestellt wird.

Conrad Anker hat in seinem Buch *The Lost Explorer* eine anschauliche und geschmacklose Beschreibung davon gegeben, wie Mallorys Körper von den Krähen »...ausgehöhlt worden war, beinahe wie ein Kürbis«. Ich frage mich, ob das, was wir über Mallorys und Irvines Gipfelversuch wissen, durch diese Beschreibung gewonnen hat. Er beschrieb dann noch, wie er aus Mallorys rechtem Unterarm ein dreieinhalb Zentimeter großes Stück Haut herausschnitt. Offenbar war das nicht leicht gewesen. Als er mit der gezähnten Klinge eines Mehrzweckmessers in Mallorys Fleisch schnitt, »war es, als schneide man hartes, gegerbtes Sattelleder«, schrieb er. Mußten wir das wirklich wissen?

Warum bloß hielt man es für nötig, ein Stück aus seinem Unterarm einer DNA-Analyse zu unterziehen? Wenn man hoch oben an den Hängen des Everest eine Leiche in Nagelschuhen und Tweedkleidern findet, im Hemdkragen ein Etikett mit dem Namen G. Mallory, in der Brusttasche einen Brief seiner Frau, wen, um alles in der Welt, glaubt man dann wohl gefunden zu haben?

Einige seiner Angehörigen mögen der Entnahme von Gewebeproben für eine DNA-Analyse zugestimmt haben, aber doch gewiß nur für den Fall, daß die Überreste nicht identifizierbar wären. Sowohl sein Sohn als auch sein Enkel äußerten ihr Entsetzen über die Veröffentlichung dieser Fotos. Julia Irvine, Andrew Irvines Nichte, sagte, sie hoffe, man werde ihren Onkel »Sandy« nie finden, weil sie befürchte, daß er dann das gleiche Schicksal erleiden würde wie Mallory. In der *Sunday Times* wurde sie mit folgenden Worten zitiert: »Diese beiden unglaublich mutigen Männer haben es doch wohl verdient, daß man sich ihrer erinnert als Menschen, die mit so wenigen Mitteln so viel erreicht haben, und nicht als Schaustücke in einem Monstrositätenkabinett.«

Wie lange mußt du tot sein, bevor dein Körper zu nichts weiter als einem archäologischen Fund wird? Manche würden sagen: ewig. Entscheidet der Berühmtheitsgrad eines Menschen darüber, wieviel Achtung und Würde seinen Überresten erwiesen wird?

Wenn dem so ist und wenn es möglich wäre, wäre es dann heute akzeptabel, die gefrorenen Körper von Captain Scott, Wilson und Bowers zu suchen? Würde das Interesse, das dadurch ausgelöst würde, Vorwand genug sein, ihre Überreste zu fotografieren, sie so vieler Gegenstände zu berauben, wie man für eine Zurschaustellung zu brauchen glaubte, die Leichen ungeniert für eine umfangreiche Dokumentation über ihre Wiederentdeckung zu filmen, alles zu tun, was nötig wäre, um es zu einem verkäuflichen Ereignis zu machen? Natürlich nicht, aber wenn es dennoch geschähe, würde sich jedermann aller Aufschreie zum Trotz die Fotos ansehen und den Film anglotzen. Wir sind heillos neugierig. Mit dieser Neugier verantwortlich umzugehen, ist Aufgabe sowohl der Fotografen als auch von Presse und Medien.

Am Everest gibt es schon jetzt einen grauenhaften Rekord der vielen Toten, die man einfach an den Berghängen liegenläßt, ohne sie zu bestatten. Erst im Jahre 1996 gingen Bergsteiger im Western-Cwm unablässig an den gefrorenen und verstümmelten Überresten anderer Bergsteiger vorbei. Traurigerweise. Fotos in Anatoli Boukreevs Buch *Der Gipfel* zeigen, daß die Überreste keine zwanzig Meter von der Stelle entfernt waren, an der Hunderte von Bergsteigern über das Cwm zu Lager III am Fuß der Lhotsewand hinaufstapften. Aus mir völlig unverständlichen Gründen kam niemand auf die Idee, die unglückseligen Seelen in einer nahen Gletscherspalte zu begraben. Die Wahrheit ist, daß es ihnen schlichtweg ziemlich egal war. Sie hatten eine Menge Geld gezahlt, um sich den Everest hinaufführen zu lassen, und so etwas gehörte nicht dazu.

1996 kamen zwei japanische Bergsteiger bei ihrem Gipfelanstieg hoch oben am Berg an drei indischen Bergsteigern vorbei, alle dem Tod nahe. Sie machten nicht die geringsten Anstalten, ihnen Beistand zu leisten, ihnen etwas zu essen, Wasser, Sauerstoff oder schlicht eine tröstende Hand anzubieten. Statt dessen vermieden sie jeglichen Blickkontakt und setzten ihren Weg zum Gipfel fort, den sie schließlich auch triumphierend erreichten. Beim Abstieg zum Hochlager kamen sie wieder an den Indern vorbei, die immer noch lebten. Sie hätten nichts tun können, um sie zu retten, aber sie hätten zumindest ein Fünkchen Anteilnahme zeigen können. Als sie das Basislager erreichten, verkündete Eisuke Shigekawa: »Oberhalb von 8000 Metern ist nicht der Ort, wo man sich Moral leisten kann.« Wenn das wahr wäre, sollte niemand dort hinaufgehen.

Wenn Bergsteiger am Everest sich tatsächlich »keine Moral leisten können« und ethisches Verhalten zu kostspielig wird, heißt das dann nicht, daß die Ideale dieses Sports verkauft worden sind? Wann haben beim Bergsteigen die Mittel je das Ziel gerechtfertigt? Ohne jeden Zweifel hätten sich Shipton, Tilman oder Whymper ihren Bergkameraden gegenüber niemals so verhalten.

Ich nehme an, die meisten Bergsteiger glauben, Stil, Ethik und Moral seien für die Zukunft unseres Sports unabdingbar. Ich frage mich, was Nichtkletterer von uns halten, wenn sie aus den Vorfällen am Everest den Eindruck gewinnen, so gehe es beim Bergsteigen generell zu.

Unabhängig davon, welche anderen Debatten durch solches Verhalten angeregt worden sein mögen, bleibt eine schlichte Tatsache bestehen. Keinem Bergsteiger würde es gefallen, wenn seine Leiche oder die seines Vaters, seines Sohnes, seiner Frau, seines Bruders oder seiner Freundin so behandelt würde, und folglich haben wir absolut kein Recht, so mit George Mallory umzugehen. Meiner Ansicht nach läuft das auf Leichenfledderei hinaus.

Die Gefühle, die dieses Verhalten in mir hervorrief – eine Mischung aus Abscheu und Traurigkeit –, verstärkten meine ohnehin schon unsicheren Gefühle hinsichtlich des Kletterns noch. Tats Tod in Griechenland fünf Monate später brachte das Faß zum Überlaufen. Ray und ich würden die wenigen Routen auf unserer persönlichen Liste noch klettern, und dann wäre Schluß.

Ich betrachtete wieder das Foto von Mallory und dachte an seine glühende Lebenskraft und seine geschmeidigen Bewegungen, die in sich selbst schön waren. So würde ich ihn im Gedächtnis bewahren.

Kapitel 8

Mehr als ein Traum

Beim Blättern in einem Zitatenlexikon fiel mein Blick auf den Abschnitt über Jugend und Alter.

> Die Jugend ist keine Lebenszeit ... sondern ein Geisteszustand. Jung zu sein hat nichts mit vollen Wangen, roten Lippen und elastischen Knien zu tun ...; es ist eine Sache des Willens, der Phantasie, der Vitalität der Gefühle ... der Frische der tiefen Quellen des Lebens. – *unbekannter Verfasser*

Ach wirklich? dachte ich, während ich an diesem Morgen nach meinem vierzigsten Geburtstag meine belegte Zunge und meine glasigen Augen musterte. Meine Wangen erschienen mir alles andere als voll, sondern unnatürlich gerötet, und was die elastischen Knie angeht: meine knirschen. Vierzig. Nun bin ich vierzig Jahre alt. Heiliger Strohsack! Wer hätte das je gedacht? Höchste Zeit, mir einen Sack über den Kopf zu stülpen und langsam dem Ende entgegenzudämmern.

Es heißt immer, das Leben fange mit Vierzig erst an; nur Leute über Vierzig können so einen Quatsch verzapfen, finde ich. Selbstverständlich fängt das Leben nicht mit Vierzig an – es fängt lediglich an, Spuren zu zeigen. Mit Vierzig hat man die halbe Strecke zum Grab zurückgelegt – toller Anfang! Das Leben verändert sich mit Vierzig. Das stimmt allerdings.

Was ist denn besser, nachdem man Vierzig geworden ist? Daß der Bauch unaufhaltsam den Zehen zustrebt, daß aus Nasenlöchern und Ohren Haare wachsen, daß die Glieder schmerzen und die Haare grau werden? Tut mir leid, aber ich kann das nicht als Besserung empfinden.

Und wie steht's mit den denkenden Teilen – daß die Gedanken allmählich so reaktionär werden, daß man, wie ich, auf einmal wutentbrannt auf Nachrichtensprecher einbrüllt und lauthals über das Geschreibsel von Journalisten flucht, während mich solche Sachen in den vergangenen vier Jahrzehnten völlig kaltgelassen haben? Früher wurden meine Leidenschaften durch die leichtfertigen Eskapaden einer sorglosen Jugend angeheizt, und jetzt tue ich nichts weiter, als vor dem Fernseher unverständliches Zeug zu brummeln, bebend vor Wut, aber zu apathisch, um etwas dagegen zu unternehmen.

Wie ist es möglich, daß man die erste Lebenshälfte an der Grenze von allem verbringt, mit all den brillanten Ideen, die einem schlagartig kommen, nachdem man den Wurm aus der Tequila-Flasche gegessen hat, und daß es einem dann in der zweiten Hälfte schon zuviel ist, die Zahnpastamarke zu wechseln? Wo ist das alles geblieben?

Als Grünschnabel sind alle meine Verletzungen selbstverschuldet und die Sache wert gewesen – zumindest bis zu einem gewissen Grad. Eineinhalb Jahre auf Krücken, neun Operationen, all die Narben und Stiche, Stifte, Platten, Drähte und Nägel – nein, das ist alles andere als amüsant oder besonders lohnenswert gewesen. Ebensowenig das Morphium und der süßliche Gestank des Narkosegases oder der säuerliche Geruch alter Gipsverbände und die Schmerzen bei der Physiotherapie. Aber denk doch an all den Spaß, den wir gehabt haben, die Geschichten, die wir uns erzählt haben, und wie wir auf dem ganzen Weg bis zum Operationstisch gelacht haben. Das war prima – na klar –, und ich vermisse das alles.

Ich vermisse all den Schwachsinn. Mir graut vor dem Tag, an dem ich nach fünf Halben nicht mehr bis zum nächsten Morgen durchschlafen kann. Wie lange wird es dauern, bis die Kontrolle über die eigene Blase nur noch eine schwache Erinnerung ist, bis die Haarbüschel in meinen Ohren mit den Haaren in meinen Nasenlöchern zusammenwachsen? Wieso freue ich mich nicht mehr auf die gleichen Dinge wie früher? Früher konnte ich nicht genug über die Stränge schlagen, ohne Rücksicht auf meine Gesundheit.

Ohne lange zu fackeln bin ich mit sieben Halben im Blut zum Badezimmerfenster im dritten Stock hochgeklettert – jedenfalls so lange, bis John aus zwölf Metern Höhe rittlings auf eine Mauer fiel und sich einen fünffachen Beckenbruch und Hoden von der eindrucksvollen Größe von Grapefruits zulegte.

Das Alter soll angeblich Weisheit, Besonnenheit und Erfahrung mit sich bringen, doch wenn es bei mir je soweit käme, würde ich alles geben, um bedenkenlos etwas völlig Hirnverbranntes zu tun, um idiotische Fehler zu begehen, ohne mir darüber Gedanken zu machen. Wie konnte ich jemals glauben, daß es kein Spaß sei, von allen guten Geistern verlassen mit dem Schlitten über eine Skischanze zu schlittern?

Ich nahm zwei Aspirintabletten, trank ein Glas Alka Seltzer und schlurfte nach unten in die Küche. Während das Kaffeewasser warm wurde, las ich mit scheelem Blick die Worte eines anderen unbekannten Verfassers.

Niemand altert, indem er eine Reihe von Jahren hinter sich bringt; man altert nur dadurch, daß man seine Ideale aufgibt. Die Jahre lassen die Haut verknittern, doch wenn man sich für nichts mehr begeistern kann, verkümmert die Seele. Sorgen, Zweifel, Mißtrauen, Angst und Verzweiflung … das sind die langen, langen Jahre, die den Kopf beugen und den wachsenden Geist wieder zu Staub werden lassen. Ob siebzig oder siebzehn, im Herzen eines jeden Menschen wohnt der unerschöpfliche kindliche Appetit auf das Wunderbare und die Freude am Leben.

Als ich gerade über meinen eigenen unerschöpflichen kindlichen Appetit nachdachte, klingelte das Telefon, und John fragte an, ob ich mit ihm Gleitschirm fliegen ginge. Ich sagte, ich müsse arbeiten, und legte auf. Dann sah ich zu dem blauen Himmel und den Wolken hinauf und stellte mir vor, wie ich durch sie hindurchschwebte, in ihren wirbelnden Zentren mühelos höherstieg, wie mein Herz dann einen Satz machte, wenn der Schirm plötzlich seitlich einklappte, und dann blickte ich auf meinen Bildschirm und das Buch, das ich gerade rezensierte, und dachte: »Pfeif drauf, ich werde ein andermal alt.« Ich schnappte mir meinen Gleitschirm und zog los.

Als ich zurückkam, blinkte das Lämpchen am Anrufbeantworter; ich drückte auf den Knopf und hörte Ray Delaney verkünden, er habe eine Idee und ich solle gleich zurückrufen. Ich rief ihn in Holland an, und er nahm nach dem ersten Läuten ab und sagte, er habe einen genialen Plan. Mir rutschte das Herz in die Hose.

»Ach ja?« versetzte ich argwöhnisch. »Okay, was ist's denn diesmal?«

»Ah, du wirst begeistert sein. Ich muß unbedingt mit dir reden«, sagte er.

»Das tust du doch schon. Na los, spuck's aus.«

»Gut, also, du erinnerst dich an deine Idee mit der Liste?«

»Ja…«

»Also, ich hab gedacht…«

»Das ist nicht immer das beste, hab' ich recht…?«

»Wir haben eine klassische Eistour gemacht: Bridalveil. Okay? Wir wollen noch was am El Cap oder am Lotus Flower Tower oder an beiden machen, das wäre dann die Felstour…« Er hielt inne. »Aber wir haben noch gar keine Bergtour, stimmt's?«

»Na ja, das liegt wohl daran, weil wir mit dem Bergsteigen aufhören wollten«, sagte ich vorsichtig.

»Nein, nein, das wollten wir erst tun, nachdem die Liste abgehakt ist.«

»Wir haben uns doch diese riesige Eiskaskade in Nepal vorgenommen. Was soll das sein, wenn's kein Bergsteigen ist?«

»Es ist eine Eisroute. Sie beginnt nach einem zwanzigminütigen Fußmarsch von einer Bar und endet mit einem Spaziergang hinunter ins Tal.«

»Genau. Die perfekte Bergtour.«

»Das ist kein Berg. Das ist nichts weiter als ein Hang. Es ist Eiskletterei. Aber egal, darum geht's gar nicht. Ich hab mir neulich ein Video angesehen, und da dachte ich, das ist's: Wir machen die '38er Route in der Eiger-Nordwand.«

»Was? Bist du verrückt?«

»Nein, paß auf. Ich schick dir das Video. Der Film wurde letzten September an drei Tagen live gedreht, als zwei schweizerische Seilschaften die Wand durchstiegen. Sie hatten Helmkameras und mehrere feste Kamerapositionen, und es sah phantastisch aus. Und außerdem wirkte es überhaupt nicht schwierig.«

»Das lag daran, weil du dabei in deinem Wohnzimmer gehockt und ein Bierchen getrunken hast«, sagte ich.

»Na komm, Joe. Du hast immer gesagt, du wolltest diese Route machen. Vor zehn Jahren, nach der Ama-Dablam-Tour haben wir's uns vorgenommen, erinnerst du dich?«

»Ganz dunkel …«

»Du hast damals gesagt, das sei die großartigste Route der Welt. Du hast gesagt, du würdest es bereuen, wenn du es nicht wenigstens mal versucht, wenn du nicht wenigstens bis zum Einstieg gegangen und mal geschnuppert hättest …«

»Da muß ich besoffen gewesen sein. Das war der nepalesische Whisky …«

»Du bist damals gerade den Pfad nach Lukla runtergewandert, und zwar stocknüchtern.«

»Ray, wir sind vierzig, fett und feige.«

»Wir schaffen das. Wenn die Kletterbedingungen gut sind und das Wetter mitmacht, schaffen wir es, das weiß ich. Wenn der Fels trocken ist, ist es technisch nicht schwierig …«

»Da sind auf einmal ziemlich viele *Wenns*«, wandte ich ein.

»Sei nicht so negativ ...«

»Ich finde, ich bin einfach nur vernünftig.«

»Paß auf, überleg's dir einfach mal, okay? Ich schick dir das Video, sieh's dir an und denk darüber nach.«

»Da gibt's nichts nachzudenken«, brummte ich. »Mit der Liste waren Sachen gemeint, die Spaß machen und bei denen man heil davonkommt. Der Eiger ist kein Spaß.«

»Könnte es aber sein. Das Video ist unterwegs, ruf mich an«, sagte Ray und legte auf. *Dieser raffinierte kleine Schuft!* dachte ich, ging in mein Arbeitszimmer und versuchte, nicht mehr daran zu denken. Peter und Leni Gillmans exzellente George-Mallory-Biographie *The Wildest Dream* lag immer noch auf meinem Schreibtisch. Ich hatte einen Text für die Umschlagrückseite verfaßt und dabei nach Worten gesucht, die diesem beachtlichen und nachdenklich stimmenden Buch gerecht würden, das weit mehr über diesen Menschen erzählt, als eine Geschichte über seine Everest-Expeditionen je erzählen würde.

Als ich das Buch in mein Bücherregal stellen wollte, fiel mein Blick auf *Die Weiße Spinne* von Heinrich Harrer. Daneben stand Dougal Hastons Autobiographie *In High Places*. Sie enthielt eine ausführliche Beschreibung seiner Eiger-Nordwandbegehung über die John-Harlin-Direttissima, bei deren Erschließung Harlin ums Leben gekommen war. Ich erinnerte mich, daß Peter Gillman und Chris Bonington im *Daily Telegraph* über diese Unternehmung berichtet hatten. Chris war als Fotograf in der Wand geklettert, und Peter hatte die Reportage geschrieben. Später schrieb er in Zusammenarbeit mit Haston das Buch *Eiger Direct*, einen spannenden Bericht über die Begehung der John-Harlin-Route. Ich entdeckte es zwischen Harrers und Hastons Büchern. Auf den Bücherregalen rings an den Wänden meines Arbeitszimmers unterm Dach stehen Hunderte von Bergbüchern kunterbunt durcheinander. Das Chaos rührt noch vom Umzug her, nach dem ich die Bücher ohne bestimmtes System, weder nach Themen oder Autor geordnet, eingestellt habe. Deshalb war ich ziemlich überrascht, als ich zwölf Bücher nebeneinanderstehen sah, die alle den Eiger zum Thema hatten. Ich dachte an das, was Ray am Nachmittag am Telefon gesagt hatte.

Na komm, Joe. Du hast immer gesagt, du wolltest diese Tour machen. Womit er natürlich recht hatte. Das war immer einer meiner größten Träume gewesen. Der Eiger, die Literatur über ihn und seine Geschichte waren der Kernpunkt gewesen, weshalb ich mit dem Bergsteigen angefangen hatte und was Bergsteigen meiner Meinung nach sein sollte: wagemutig, herausfordernd und inspirierend. Er war nicht der schwierigste oder der höchste Berg. Es war einfach »Der Eiger«. Schon die bloße Erwähnung des Namens ließ mein Herz höher schlagen. Der Schicksalsberg, ein metaphorischer Berg, der alles verkörperte, was das Bergsteigen ausmacht – eine Route, von deren Begehung ich mein ganzes Erwachsenenleben lang geträumt hatte.

In Vorlesungen und Seminaren an der Uni habe ich von den großen Klettertouren geträumt, habe ich mir ausgemalt, wie ich unaufhaltsam Eisfelder erklomm und Hunderte von Metern oberhalb unberührter Gletscher wagemutig über Granitdächer kletterte. Als dann der Tag kam, an dem ich auf den Gipfeln dieser Träume saß, waren sie auf einmal Wirklichkeit und gewöhnlich geworden – verdampften sie wie der Tau an der Sonne und hatten fortan nie mehr die gleiche Anziehungskraft und Faszination. Wenn ich irgendwann den Eiger bestieg, würde auch mein größter Traum verdampfen. *Nein*, sagte ich mir, *zerstöre diesen Traum nicht. Das ist besser so.*

Ich bin immer ein schlechter Lügner gewesen, und mir war nicht ganz wohl bei dieser Lüge. Ich hätte mir eingestehen sollen, daß ich nicht gut genug war. Ich hätte sagen sollen, daß ich Angst davor hatte, habe es aber nicht getan – obwohl an beiden Gedanken etwas Wahres war. Als ich jetzt auf die Reihe von Büchern über den Eiger blickte, fragte ich mich, ob ich sie wohl unbewußt nebeneinandergestellt hatte, weil ich wußte, daß ich sie eines Tages vielleicht wieder lesen müßte.

In einem Absatz von Peter und Leni Gillmans Buch wird Mallorys Artikel für das *Alpine Journal* zitiert, in dem er seine Montblanc-Besteigung schilderte:

Während sie sich das letzte Schneefeld zum Gipfel hinaufschleppten, befürchtete Mallory, von einem enttäuschenden Gefühl der Ernüchterung befallen zu werden, doch dann durchflutete ihn das erhebende Bewußtsein, daß selbst dieser beschwerlichste Abschnitt ein Teil der ganzen Erfahrung sei. »Wir folgten dem Traum bis zum Ende.« Wieder einmal hat Mallory den Gedanken vom Traum ins Feld geführt, um seine Absichten und Ziele zu beschreiben. Er endet mit folgender Passage: »Man muß erobern, erfolgreich sein, zum Gipfel gelangen; man muß das Ziel kennen, um überzeugt zu sein, daß man das Ziel erreichen kann – um zu wissen, daß es keinen Traum gibt, den es nicht zu wagen gilt ... Ist das der Gipfel, der den Tag krönt? Wie kühl und still es hier ist! Wir triumphieren nicht – wir sind froh, beglückt und schlicht erstaunt ... Haben wir einen Feind besiegt? Keinen anderen als uns selbst ...«

Seine Ideen kamen mir sehr vertraut vor, und ich erinnerte mich an eine Zeit, als ich ein junger, selbstsüchtiger und allzu ehrgeiziger Bergsteiger war und ganz ähnlich dachte. Weil ich unzählige Stunden von diesen ruhmreichen Bergtouren geträumt hatte, kam es mir, nachdem ich einen dieser Gipfel irgendwann erreicht und die Route im Führer abgehakt hatte, im nachhinein oft so vor, als wäre das im Traum geschehen. Bei manchen Aufstiegen fragte ich mich, *ist das hier Wirklichkeit oder nur ein Traum?* während ich zusah, wie sich über mir am goldenen Granit ein Freund einen schwierigen Fingerriß hinaufkämpfte. Es konnte vorkommen, daß ich eine Verschneidung oder einen steilen Eisüberhang erreichte, die mir verblüffend bekannt vorkamen. Es war nicht so, daß ich diese Stellen schon einmal gesehen zu haben meinte, sondern eher das unheimliche Gefühl hatte, zu ihnen, zu diesem erhebenden Erlebnis hingeführt worden zu sein. Daß ich dazu bestimmt war, genau dies zu tun, daß es genau so sein mußte.

Nachdem ich jahrelang Kletterführer und Bücher über die Glanzleistungen meiner Helden gelesen hatte, war ich von

Freude und Ehrfurcht erfüllt, wenn ich ihren geisterhaften Spuren folgte, auf den gleichen sturmumtosten Felsvorsprüngen biwakierte, mich vereiste Fingerrisse hochkämpfte und dieselben ausgesetzten, riesigen Eisfelder durchstieg wie sie. Dabei war mir die ganze Zeit bewußt, daß ich nie im Leben so gut werden könnte, wie sie es gewesen waren.

Es waren die Worte meiner Idole, die mich zum Bergsteigen angeregt hatten. Hermann Buhls *Achttausend drüber und drunter*, Riccardo Cassins *Fifty Years of Alpinism*, Walter Bonattis *Große Tage am Berg*, Lionel Terrays *Vor den Toren des Himmels* und Kurt Diembergers anregendes Buch *Gipfel und Geheimnisse* waren meine Bibeln. Diese Bücher waren ihre Denkmäler und meine Motivation. Hoch über ihnen allen stand *Die Weiße Spinne* von Heinrich Harrer – nicht, weil es ein besonders meisterhaftes Stück Literatur war, sondern weil es so beklemmend war, daß ich mich, als ich es im Alter von vierzehn Jahren las, gewundert hatte, wie diese Männer so Schreckliches durchmachen konnten. Damals schwor ich mir, niemals Bergsteiger zu werden.

Oft habe ich mich gefragt, ob meine Helden beim Bergsteigen je einen solchen Ballast an Ängsten und dunklen Schrecken mit sich herumgeschleppt haben wie ich. Ich war überzeugt, daß Helden keine solche Empfindungen hätten. Ich hingegen werde von alptraumhaften Visionen verfolgt, wie das alles enden wird. Es ist, als säße eine schwarze Nebelkrähe auf meinen bebenden Schultern und raunte mir düstere Warnungen über nahende Katastrophen zu. Ich habe meine Klettergefährten nie gefragt, ob es ihnen manchmal genauso ergeht. Die Scham über meine Schwäche und die Angst vor ihrem Hohn haben mich davon abgehalten. Es gab Momente – oft während der nervenaufreibenden Stunden, wenn wir bei einem Unwetter biwakierten –, in denen meine Rachegöttin, die Krähe, mit eisigem Flügelschlag herbeigeflogen kam und ihren Schnabel an mein Ohr neigte. *Du hast hier nichts zu suchen, Junge, du gehörst nicht hierher, sag ihm das jetzt, na los, sag ihm, daß du umkehren willst.*

Und so wartete ich zitternd die langen dunklen Biwakstunden hindurch auf den Tagesanbruch und erzählte meinem Gefährten makabre Witze in dem kläglichen Versuch gespielter Tapferkeit. Ich habe nie angenommen, daß mein Partner genau das gleiche empfinden könnte. Es wäre mir nicht im Traum eingefallen, ihn zu fragen.

Wenn dann am Morgenhimmel die brennende Sonne emporstieg und wir weiterkletterten und über goldenen, sonnengewärmten Granit tänzelten, uns auf Zehenspitzen über das filigrane Band eines schmalen, verschneiten Grates auf einen fernen Gipfel zubewegten, dann wunderte ich mich, wie ich mir so dumme Fragen hatte stellen können. Wenn ich die Alpendohlen bei ihren akrobatischen Spielen auf thermischen Winden tanzen sah, dachte ich nicht mehr an die widerwärtige Krähe.

Ich schüttelte den Kopf und versuchte, die Gedanken an den Eiger zu verscheuchen. *Zum Kuckuck mit Ray!* Als ich mich vorbeugte, um die Biographie über Mallory ins Regal zu stellen, fiel mein Blick auf Daniel Ankers Buch *Eiger. Die Vertikale Arena.* Impulsiv zog ich es heraus und blätterte darin. Es war eine illustrierte Bergmonographie über den Eiger, mit einer Fülle alter und neuer Fotografien. Ein Teil des Buches war der genauen Beschreibung der Schlüsselstellen der klassischen Route gewidmet: dem Schwierigen Riß, dem Hinterstoisser-Quergang, dem Schwalbennest – dem Biwakplatz am unteren Rand des Ersten Eisfeldes –, dem Eisschlauch und dem riesigen Zweiten Eisfeld, das zum Bügeleisen führt, und dem unheilverkündenden Todesbiwak. Dann das Dritte Eisfeld, die Rampe, der Götterquergang und schließlich die Weiße Spinne und die furchterregenden Ausstiegsrisse. Wunderbar bildhafte Namen, durchtränkt von der Geschichte tragischer Unglücke und mutig errungener Siege.

Jedes Kapitel begann mit einer Textpassage über die jeweilige Wandstelle, die auf der gegenüberliegenden Seite ganzseitig abgebildet war. Auf der Seite, an der ich das Buch zufällig aufschlug, war ein Foto von der Nordwand während eines Sturms; im Vordergrund die Rote Fluh, die trotz ihrer 300 Meter Höhe in der Monumentalität dieses Amphitheaters mit seinen Felspfeilern und dem vom Steinschlag geschwärzten Eis untergeht.

Mächtige Wasserfälle ergossen sich über die Wand, sprühten von den Rändern der Eisfelder als Fontänen in die Tiefe. Es war ein atemberaubendes Bild. Ich konnte mir ausmalen, was für ein unberechenbares Monster dieser Berg sein konnte. Die ganze Wand war von Wasser überströmt, und man brauchte keine große Phantasie zu haben, um sich vorzustellen, wie bei einem Gewitter höllische Steinsalven hinunterzischten und Lawinen durch die Rinnen schossen, als wollte der Berg sich selbst vernichten.

Beim Weiterblättern stieß ich auf das schockierende Foto von Toni Kurz, wie er leblos über dem Abgrund hängt. Auf der linken Seite war ein Foto, das ihn kurz vor der Besteigung zeigte – jung, glücklich, lächelnd. Es erinnerte mich an das Foto von Mallory mit dem klaren, direkten Blick. Ich betrachtete Toni Kurz mit seinem jungenhaften, von ungebändigten dunklen Locken umrahmten Gesicht, der zwischen Alpenblumen saß und in die Kamera lächelte.

Die Gesichter aus längst vergangener Zeit zogen mich auf unerklärliche Weise in ihren Bann. Wie der junge Toni Kurz da in diesem Augenblick vor vierundsechzig Jahren in die Kamera blickte, ohne sein Schicksal zu ahnen, schien er zu mir zu sprechen: »Ich bin tot, aber ich reiche meine Lebendigkeit und mein Leben an dich weiter, denn auch du wirst einmal verglühen und so still und zufrieden sein wie ich, für den Jahrhunderte nicht einmal Sekunden sind.« Er, der in der Geschichte des Bergsteigens unsterblich geworden ist, lebt in den Fotografien eines Buches für immer weiter.

Während ich das Buch langsam durchblätterte, von dem grausigen Foto von Edi Rainers zerschmetterter Leiche auf dem Geröll am Fuß der Wand bis zu der dunklen Einkerbung der Rampe, war ich angezogen und abgestoßen zugleich. Einen Augenblick lang starrte ich entsetzt in das Buch, im nächsten beugte ich mich fasziniert vor und fragte mich, wie schwierig diese Passage wohl sein mochte. Könnte ich das schaffen?

Das Telefon klingelte. Ich stellte beide Bücher ins Regal zurück und nahm ab.

»Hast du darüber nachgedacht?« fragte Ray verschwörerisch.

»Worüber?« raunzte ich.

»Über die '38er Route am Eiger ...«

»Hör bloß mit dem verdammten Eiger auf.«

»Also, hast du's getan?«

»Nein, natürlich nicht«, log ich. »Du hast es mir doch erst vor ein paar Stunden gesagt ...«

»Auf dem Video hat es wirklich mordseinfach ausgesehen.«

»Die Betonung liegt auf *mord*«, knurrte ich und dachte an die Fotos, die ich gerade betrachtet hatte.

»Nein, ich meine wirklich leicht, fast eben«, sagte er und redete, ehe ich ihm ins Wort fallen konnte, schnell weiter. »Du müßtest die Bänder jedenfalls am Mittwoch haben.« Ich konnte die unterdrückte Begeisterung in seiner Stimme hören. »Es war eine Direktübertragung, mit Kamerateams überall, Helmkameras, Palmcordern und dem ganzen Kram. Man kriegt eine ganz genaue Vorstellung von der Wand, und ich habe den Eindruck, daß wir das schaffen können. Du hast immer gesagt, daß du die Tour machen willst, und hier ist unsere Chance.«

»Ray«, sagte ich nachsichtig, »du scheinst ein paar wichtige Punkte vergessen zu haben. Ich gebe dir recht, daß es unter idealen, trockenen und kalten Verhältnissen einfach sein kann, und vermutlich war das der Fall, als dieser Film gedreht wurde.«

»O ja, es sah makellos aus. Keine Eisglasur, und ich kann mich nicht entsinnen, Steinschlag gehört zu haben. Der Film ist im September gedreht worden, was vermutlich den Vorteil hatte, daß die Nächte schon kälter waren ...«

»Und was ist, wenn wir keine idealen Verhältnisse antreffen?«

»Kein Problem«, verkündete er munter. »Dann machen wir einfach die Fliege. Wie wir's sonst auch immer tun.«

»Das dürfte gar nicht so einfach sein, wenn wir mitten in den Ausstiegsrissen in einem dieser Föhnstürme feststecken. Die kommen mit Böen hereingeheult, die so stark sind, daß sie unten in Alpiglen die Zelte zerfetzen. Sie verwandeln die Wand in eine bewegliche Masse aus Lawinen und Sturzbächen. Wenn der Sturm sich legt, gefriert es ...«

»Äh«, sagte er, nicht mehr ganz so überschäumend, »das wäre nicht so gut.«

»Und dann ist das auf einmal, als würdest du eine schottische Route Grad 5 oder 6, kombiniertes Gelände ohne Standplatz- oder Zwischensicherungen klettern.«

»Na ja, das wäre weniger angenehm.«

»Allerdings. Weißt du noch, wie es Brendan und Rob damals ergangen ist?« Am anderen Ende der Leitung trat eine bedeutungsvolle Stille ein. Rob Durran und Brendan Murphy hatten in einem Wintersturm in den Ausstiegsrissen festgesessen und um ihr Leben gekämpft. Rob, der vorgestiegen war, ohne Sicherungsstellen zu finden, war abgestürzt. Er wußte, daß Brendan nur unzuverlässig gesichert war, und im gleichen Augenblick ging ihm auf, daß er gleich die 1800 Meter hohe Wand unter ihm hinunterstürzen würde. Während seine Eispickel die vereisten Felsen hinunterglitten, blieben sie plötzlich im Eis stecken, und er versuchte, über dem Abgrund schwebend, mit den Steigeisenzacken Halt zu finden. Vor lauter Schreck machte er sich in die Hose.

»Aber das war im Winter«, protestierte Ray.

»Ja, und vergiß nicht, daß Brendan die erste Winterbegehung der Route *Divine Providence* am Eckpfeiler gemacht hat«, sagte ich. »Das war damals eine der schwierigsten Routen in den Alpen. Obwohl die beiden so gut waren, haben die Ausstiegsrisse sie beinahe umgebracht«, sagte ich bissig.

»Na ja, das ist ein Argument …«, brummte Ray.

»Und wie würde es dir gefallen, unter solchen Bedingungen in den Ausstiegsrissen den Vorstieg zu machen?«

»Äh, na ja, weißt du, genau da setzt mein genialer Plan ein«, sagte er, nun wieder fröhlicher. »Ich bin davon ausgegangen, daß du das gerne übernehmen würdest.« Und mit einem leicht irre klingenden Lachen legte er auf.

Ich stieß einen Seufzer aus und versuchte, nicht mehr daran zu denken. Aber die Idee ließ mich nicht mehr los. Der Eiger. Allein das Wort ließ mein Herz höher schlagen. All die Jahre hatte ich mir den Gedanken aus dem Kopf geschlagen, und nun war er wieder da, und die schwarze Nebelkrähe kam auf einem zischenden Windstoß auf meine Schulter zugeflattert. *Willst du denn sterben, Junge? Tatsächlich?*

»Verpiß dich!« brummte ich und stieg langsam ins Erdgeschoß, um mir ein Bad einlaufen zu lassen. In dem warmen Wasser, das meinem lädierten Knie und dem Fußgelenk wohltat, las ich eine Zeitschrift übers Fliegenfischen und das Basteln künstlicher Fliegen, überlegte, ob ich anfangen sollte, Golf zu spielen, und versuchte so zu tun, als hätte ich noch nie vom Eiger gehört. Es funktionierte nicht. Das Geniale an Rays Plan war schlicht und einfach die Tatsache, daß er diesen Vorschlag gemacht hatte. Mit dem Aussprechen der Worte war der Entschluß fast schon gefaßt.

Das Telefon klingelte. Es war schon wieder Ray.

»Noch ein Letztes, Joe«, sagte er ohne Einleitung. »Du solltest unbedingt bedenken, daß du dich ohrfeigen wirst, wenn du als alter Mann zurückblickst und dir sagen müßtest, daß du dir die Sache nicht wenigstens mal angesehen hast. Ich meine, wenn wir zumindest den unteren Wandteil probieren und dann beschließen würden, aus welchen Gründen auch immer …«

»Aus Feigheit«, warf ich ein.

»Ja gut, nenn es meinetwegen Feigheit. Also, wenn wir dann beschließen würden, aufzugeben, nun ja, dann haben wir zumindest die Genugtuung, es versucht zu haben. Wir sind höchstpersönlich dort gewesen und haben unsere Entscheidungen getroffen. Wie wär's also, wenn wir mal hinfahren und uns ein klein bißchen umsehen? Das ist doch sehr viel besser, als es niemals zumindest versucht zu haben, oder?«

Stimmt, dachte ich jetzt, während ich in der Badewanne lag, *und sehr schlau, Ray.*

Trotz meiner Bedenken suchte ich unentwegt nach Gründen, warum sein Plan gar nicht so dumm war, wie ich zuerst geglaubt hatte. Nachdem Simon und ich aus Peru zurückgekehrt waren, war Simon in die Alpen gefahren und hatte den Eiger bestiegen, während ich im Krankenhaus gelegen hatte. Nach sechs Operationen an meinem kaputten Knie sagten mir die Ärzte, daß ich fortan immer hinken würde und höchstwahrscheinlich nie mehr würde klettern können. Ich hörte nicht auf sie, und nach jahrelanger Physiotherapie, unterstützt durch Treppenstürze im Suff, konnte ich das Knie allmählich wieder viel stärker beugen. Ich war auf diese Weise gezwungen, ein besserer Kletterer zu werden. Ich mußte viel mehr auf meine Beinarbeit achten als früher und wurde folglich technisch besser. Durch den jahrelangen Gebrauch von Krücken hatten sich die Muskeln in meinem Oberkörper gekräftigt, und als die Hallenkletterwände aufkamen, stellte ich fest, daß ich viel höhere Schwierigkeitsgrade bewältigte als je zuvor.

Um körperlich wieder fit zu werden, waren lediglich harte Arbeit und Ausdauer nötig. In psychischer Hinsicht war ich durch den Unfall in Peru zutiefst traumatisiert. Der Erfolg beim Klettern beruht zu einem Großteil auf Selbstvertrauen, Enthusiasmus und Motivation. Lange Zeit gab ich mich damit zufrieden, auf recht einfachen, meine Fähigkeiten nicht übersteigenden Routen herumzukraxeln und war nicht bereit, mich an technisch schwierige und potentiell gefährliche Touren heran+zuwagen. Es gelang mir einfach nicht, die dunklen Zweifel und Ängste abzuschütteln, die sich in meinem Hinterkopf eingenistet hatten.

Nachdem ich in den darauffolgenden fünfzehn Jahren schmerzhafte und oft deprimierende Versuche gemacht hatte, meine körperliche Fitneß wiederzuerlangen, wagte ich mich an Klettertouren in Nepal, Peru, Pakistan, Afrika, Indien, Bolivien und Ecuador heran. In Peru und Nepal gelangen mir sogar ein paar Erstbesteigungen im Alpinstil, doch nie in dem extremen Schwierigkeitsgrad der Westwand des Siula Grande. Ich hatte allerdings im Verlauf der Jahre gar nicht gemerkt, daß ich inzwischen ein viel besserer Kletterer geworden war. Es war ein allmählicher Fortschritt gewesen, den ich meist an dem Niveau von Freunden gemessen hatte, die auf viel höherem Niveau kletterten, und folglich war mir nie wirklich bewußt gewesen, in welchem Maße ich mich verbessert hatte.

Als Ray den Vorschlag machte, den Eiger zu versuchen, war

mein erster Gedanke, ob ich technisch zu solch einer Route überhaupt imstande wäre, vor allem, wenn sich die Verhältnisse verschlechterten. Ich hatte nicht die Absicht, blindlings loszuklettern, auf stabiles Wetter zu hoffen und mich auf die Rettungswacht zu verlassen, falls es zu schwierig würde. Ein Versuch kam für mich nur dann in Frage, wenn ich überzeugt wäre, daß ich der Herausforderung gewachsen war.

Ich überlegte, welche Schwierigkeitsgrade ich in den achtziger Jahren unmittelbar vor der Fahrt nach Peru geklettert war. Schwierigkeitsgrad E 1 klettern zu können, den untersten der extremen Felsgrade, mit dicken Bergschuhen an den Füßen und einem Rucksack auf dem Rücken, war Anfang der Achtziger ganz beachtlich gewesen. In Schottland hatte ich Eistouren im 5. Grad geschafft, und in den Alpen hatte ich schwierige und objektiv gefährliche Routen begangen. Ich hatte »Extrème Difficile« sicher bewältigt (in der alpinen Schwierigkeitsskala ED genannt), und das war damals der schwierigste Grad alpiner Kletterrouten.

Zu dem Zeitpunkt, als wir zum Siula Grande aufbrachen, war ich ein erfahrener Bergsteiger sowohl auf technisch schwierigen Felsrouten in den Dolomiten als auch auf kombinierten Routen an großen Nordwänden in den französischen und den Schweizer Alpen. Nach Bewältigung schwieriger kombinierter Kletterei im Eiscouloir des Petit Dru oder rauher Bedingungen an der Nordwand der Droites im Winter war ich zuversichtlich, mich an eine schwierige Erstbesteigung in den höheren Kategorien heranwagen zu können.

Mittlerweile kletterte ich weit höhere Schwierigkeitsgrade als 1985, dem Jahr, in dem wir die Erstbesteigung der Westwand des Siula Grande gemacht hatten. Ich hatte auf Felskletterrouten geführt, die vier oder fünf Grade schwieriger gewesen waren als alles, was ich Anfang der achtziger Jahre versucht hatte, und beim Eisklettern hatte ich schnell Fortschritte gemacht. Hätte ich 1980 so etwas wie die Bridalveil Falls versucht, hätte das sicherlich zu meinem frühen Tod geführt. Die Tour hätte mich damals schlichtweg überfordert.

In vielerlei Hinsicht hatte die schreckliche Erfahrung am Siula Grande sowohl Simon als auch mich zu besseren Kletterern gemacht. Es war eine steile Lernkurve gewesen, aber die Fehler, die uns damals unterlaufen waren, würden uns zukünftig nicht mehr passieren.

Ich war vorsichtiger geworden, konnte meine Fähigkeiten besser einschätzen und hatte ein viel erfahreneres Auge für die objektiven Gefahren und technischen Herausforderungen des Bergsteigens. Ich hatte keine Probleme damit, den Rückzug anzutreten, wenn ich mit dem Verlauf einer Tour nicht richtig zufrieden war. Je länger ich darüber nachdachte, um so verlockender wurde die Idee, den Eiger in Angriff zu nehmen.

Ich mußte wieder an Mallory denken, der so fest davon überzeugt gewesen war, daß es keinen Traum gab, den es nicht zu wagen galt, und der seinem Traum bis zum Ende gefolgt war. Es wäre nicht schlecht, wenn auch wir unseren Träumen ein bißchen folgten. Ich hatte mich immer danach gesehnt, die Eiger-Nordwand zu durchsteigen. Vielleicht war nun der Zeitpunkt gekommen, es endlich zu wagen.

Kapitel 9

Die Eigerwand

Wie ein riesiges schwarzes Amphitheater steht die rund 1600 Meter breite Eiger-Nordwand über den sonnenbeschienenen Wiesen von Alpiglen. Es ist die größte durchgängige Steilwand Europas. Den größten Teil des zwanzigsten Jahrhunderts hindurch galt die Durchsteigung dieser Felsenmauer als Inbegriff des Extrembergsteigens. Bis zum heutigen Tag ist der Eiger ein einsamer, einzigartiger Gipfel geblieben, der alle ambitionierten Höhenbergsteiger weit und breit mit größtem Respekt erfüllt. Es ist eine Wand schroffer Felsen und glatter Eisfelder. Bis heute sind sechzig Bergsteiger bei dem Versuch, sie zu durchsteigen, ums Leben gekommen. Ihre Geschichte ist voll von düsteren Tragödien, die sich direkt vor den Augen einer verständnislosen Öffentlichkeit abgespielt haben. Es ist ein entsetzlich öffentlicher Ort zum Sterben.

Die düstere Nordwand des Eigers hat etwas Unheimliches und Bedrohliches. Kaum einer, der sich dem Wandfuß nähert, empfindet dabei nicht ein beklemmendes Gefühl der Angst. Im

Verlauf von über sechzig Jahren haben dort einige der besten Bergsteiger ihrer Generation ihr Leben gelassen. Für diejenigen, die den Mut haben, sich an diese Wand heranzuwagen, kommt erschwerend die Bürde ihrer tragischen Geschichte hinzu. Der psychische Druck auf die Kletterer ist so groß, daß viele schon aufgeben, bevor sie überhaupt Hand an die unteren Felsen gelegt haben. Der Verlauf der klassischen, vielfach gewundenen Erstbegehungsroute umfaßt ungefähr drei Kilometer, die auf Händen und Knien bergauf zu klettern sind – auf dem unwirtlichsten Gelände, das man sich vorstellen kann.

Der Eiger ist Teil des Nordwalls der Alpen, wo es nicht selten von einer Minute auf die andere zu heftigen Stürmen kommt, häufig infolge warmer, kräftiger Föhnwinde und oft langanhaltend und lebensgefährlich. Urplötzlich verwandelt sich die Wand in einen gefährlichen Strudel aus Lawinen, Sturzbächen und Steinschlägen und schneidet jedem, der hoch oben in der Wand festsitzt, jegliche Rückzugsmöglichkeit ab. In der Kaltfront, die stets auf die relative Wärme des Sturmes folgt, gefriert das Wasser, das sich zuvor über die schwarzen Kalksteinwände nach unten ergossen hat. Trockener Fels überzieht sich mit einer spiegelglatten Patina aus hartem Wassereis, die in Spalten und Risse eindringt und sämtliche Sicherungspunkte überzieht. Die Gesteinsschichten, aus denen der Fels zusammengesetzt ist, sind abwärts geschichtet, und die abschüssigen, vereisten Griffe sind äußerst tückisch.

Die riesige konkave Wand erzeugt ihr eigenes Wetter, und während die Wiesen unter ihr in der Sonne liegen, kann in der Wand ein wilder Sturm peitschen. Weit unten, aber weniger als einen knappen Stundenmarsch vom Wandfuß entfernt, bevölkern Touristen die Hotelterrassen und starren mit makaberer Faszination durch Ferngläser und Teleskope auf die in der Wand über ihnen stattfindenden Kämpfe um Leben und Tod.

Der Eiger hat einen wohlverdienten Ruf als mörderischer Berg. Zu einem bestimmten Zeitpunkt war die Nordwand so berüchtigt, daß die Schweizer Regierung jegliches Klettern in ihr verbot – etwas in der Geschichte des alpinen Bergsteigens noch nie Dagewesenes –, aber es kamen weiterhin Kletterer und stürzten in den Tod. Seitdem hat sich der Ruf dieses Berges noch verschlechtert. Obwohl sich die Maßstäbe beim Klettern inzwischen außerordentlich erhöht haben, ist die Eiger-Nordwand unter ambitionierten Alpinisten nach wie vor die begehrteste Alpinroute.

Die Erstbegehung im Jahr 1938 war einer der Marksteine des modernen Bergsteigens und hat wie die Besteigungen des Nanga Parbat, der Annapurna und später des Everest zu einer Heraufsetzung der Maßstäbe geführt. Die großen Bergsteiger der dreißiger, vierziger und fünfziger Jahre – Fritz Kasparek und Heinrich Harrer, Hermann Buhl und Kurt Diemberger, Piccardo Cassin und Walter Bonatti, Louis Lachenal und Lionel Terray – waren meine Vorbilder und Helden. Ihre Maßstäbe, ihre ethischen Grundsätze und Traditionen prägten die entscheidenden Jahre meines Bergsteigerlebens. Jetzt, im Alter von vierzig Jahren, fehlte in meiner Kletterkarriere immer noch eins: die Eiger-Nordwand. Viele Jahre lang war ich vor ihrem imposanten Schatten zurückgescheut, hatte ich mir eingeredet, daß ich die Wand eigentlich gar nicht angehen wollte. Es war mir dabei aber immer bewußt gewesen, daß das eine schlecht kaschierte Lüge war.

Elf Jahre nachdem ich *Die Weiße Spinne* von Heinrich Harrer gelesen hatte, fand ich mich in den Anden in einer stürmischen, eisigen Nacht hilflos an einem Seilstrang baumelnd wieder, den baldigen Tod vor Augen. Dieses Erlebnis hatte verblüffende, unheimliche Parallelen zum Tod von Toni Kurz am Eiger im Jahr 1937. Ich kam dadurch zu der Überzeugung, daß ich die Nordwand des Eigers niemals besteigen würde.

Während ich mir die Videofilme ansah, die Ray mir geschickt hatte, ertappte ich mich jedoch dabei, wie ich das Gelände genau studierte und die technischen Schwierigkeiten der Tour einzuschätzen versuchte. Mit wachsender Begeisterung ging mir auf, daß Rays Idee gar nicht so verrückt war, wie ich anfangs geglaubt hatte.

Ich war jetzt ein wesentlich erfahrenerer Bergsteiger. Ich war nicht mehr der getriebene, ehrgeizige und besessene Kletterer meiner Jugend, und wenn ich aus Vorsicht und dank eines hochentwickelten Überlebensinstinkts gelegentlich einen Rückzieher gemacht hatte, hatte das dazu beigetragen, daß ich noch am Leben war. Der Wagemut und das Selbstbewußtsein der Jugend können beeindruckende Erfolge oder tragische Fehlschläge erbringen. Die Vorsicht, die man mit zunehmendem Alter und wachsender Erfahrung walten läßt, kann aber auch hemmend sein. Der Grat, auf dem man sich bewegt, ist oft sehr schmal, aber ich hatte das Gefühl, daß wir uns ungefähr im Gleichgewicht befanden.

Diese nette kleine Rechtfertigung gefiel mir immer mehr, während ich zusah, wie die Bergsteiger auf den Videos sich die Nordwand hinaufarbeiteten. Als sie schließlich den Gipfelgrat erreichten, wurde mir mit zunehmender Begeisterung klar, daß Ray recht hatte. Wir mußten die Route wenigstens einmal versuchen. Wir würden es unser Leben lang bereuen, wenn wir uns nicht wenigstens am Wandfuß »ein klein bißchen umgesehen« hätten, wie Ray es ausgedrückt hatte. Wenn das, was wir dort sahen, einem von uns nicht gefiel, würden wir einfach wieder gehen.

Ich ging in mein Arbeitszimmer und schaltete den Computer ein, um die eingegangenen E-Mails zu lesen. Es waren einige Routinenachrichten, außerdem ein überraschender Gruß von Mick Fowler.

Er schrieb, er habe zusammen mit Simon Yates versucht, den Siula Chico, den Nebengipfel des Siula Grande, zu bezwingen. Sie hatten eine steile Eisroute ausprobieren wollen, über die Simon und ich damals gern aufgestiegen wären. Zu ihrem Erstaunen mußten sie feststellen, daß der Gletscher in den dazwischenliegenden Jahren aufgrund hoher Durchschnittstemperaturen um fast zwei Drittel seiner einstigen Größe geschrumpft war und daß die Eisroute am Chico nicht mehr existierte. Außerdem war Fowler aufgefallen, daß die Moränen und Geröllfelder unterhalb des Gletschers, über den ich vor fünfzehn Jahren hinuntergekrochen war, in schrecklichem Zustand waren. Mit seinem typischen Humor schrieb er: »Falls ich es nicht schon getan habe, muß ich dir zu dieser glänzenden Kriechtour gratulieren. Die Strecke, die du damals zurückgelegt hast, ist über alle Maßen grauenhaft … überall purzeln scharfkantige Felsbrocken herum.«

Es war seltsam, an dieses Erlebnis erinnert zu werden. Es wurde plötzlich wieder real und traf mich mit ziemlicher Wucht. Im Laufe der Jahre hatte ich diese Geschichte so unzählige Male erzählt, daß sie für mich leicht unwirklich geworden war. Viele Psychologen lassen traumatisierte und unter großen Spannungen stehende Patienten ihre Leidensgeschichte wieder und wieder erzählen, so lange, bis sie einen Schritt nach vorn machen können, der sie von dem destruktiven und traumatischen Erlebnis entfernt. Ich hatte im Laufe der Jahre so viele Diashows gegeben und Vorträge gehalten, daß ich allmählich an meiner Erinnerung zu zweifeln begann. Vielleicht war es gar nicht so schlimm gewesen, vielleicht hätte jeder, der gut kriechen konnte, die Strecke in der halben Zeit hinter sich gebracht, ohne auch nur mit der Wimper zu zucken.

Man hatte mich häufig gefragt, wie weit ich gekrochen sei, und ich hatte diese Frage nie beantworten können. Ich dachte nicht in diesen Dimensionen. Die Kriecherei war einfach weiter und immer weiter gegangen, und sie war sehr beschwerlich gewesen. Deshalb war ich nun von dem, was Mick in seiner E-Mail schrieb, einigermaßen überrascht.

»Ich glaube, du wärst ziemlich beeindruckt von dir, wenn du dir die Gegend noch einmal ansehen würdest. Meiner Schätzung nach dürften es um die zehn Kilometer gewesen sein: ungefähr zweieinhalb Kilometer auf dem Gletscher, rund anderthalb Kilometer über wüste Moränen, rund anderthalb Kilometer in der V-förmigen Bowlingbahn und etwa vier Kilometer über leichteres Gelände zurück zum Lager. Wahnsinn!«

Ja, das könnte ungefähr hinhauen, dachte ich. *Und es war mühsam und verdammt qualvoll.*

Die Nachricht ermunterte mich allerdings zu einer Entscheidung. Ich griff zum Telefon und rief in Holland an.

»Ray?« fragte ich, als er abnahm. »Wann willst du's denn machen?«

»Was? Den Eiger?«

»Was denn sonst?«

»Großer Gott! Ich hatte fast gehofft, du würdest nein sagen.«

»Na ja, wenn die Sache schiefgeht, kann ich dich ja dafür verantwortlich machen. Es ist schließlich deine Idee gewesen.«

»Danke.« Es trat eine Pause ein.

»Winter oder Sommer?« fragte er.

»Sommer«, sagte ich bestimmt.

Freunde hatten uns gesagt, daß die beste Zeit zur Begehung der Wand der Winter wäre, obwohl es dann bedeutend schwieriger sei. Die Steinschlaggefahr sei wegen der frostigen Temperaturen praktisch gleich null, aber vor allem im unteren Wandbereich könne der Anstieg wegen dicken Pulverschnees zu einem beschwerlichen, sechs bis sieben Tage dauernden Unternehmen werden. Sämtlichen Bekannten zufolge, die eine Winterbesteigung gemacht hatten, war der Fels zu dieser Jahreszeit trocken und nirgends vereist. Das war auf die durchweg frostigen Temperaturen zurückzuführen. Bis Mitte Januar war der glasige Eisüberzug, der sich gegen Herbstende bildete, dank der trockenen, rauhen Witterungsverhältnisse im Winter wieder verschwunden. Das bedeutete, daß man beim Felsklettern in der Rampe und in den Ausstiegsrissen nicht mit einer tückischen Vereisung zu rechnen brauchte.

Andererseits könnten sie von einer Pulverschneedecke bedeckt sein, unter der sämtliche bestehenden Sicherungspunkte wie Fels- und Bohrhaken begraben wären. Obwohl das Wetter im Winter normalerweise stabiler war und wir auf bis zu zehn aufeinanderfolgende Tage mit klarem Himmel hoffen konnten, erschien mir die Möglichkeit, hoch oben in der Wand in einem anhaltenden Wintersturm festzustecken, alles andere als verlockend. Von allem, was ich je geklettert war, hatte ich die alpinen Winterbesteigungen stets als die schwierigsten Touren empfunden.

»Laß uns im September gehen«, schlug ich vor. »Gegen Monatsende dürften die Nächte schon kälter sein, und damit wäre die Steinschlaggefahr eingedämmt. Kannst du dir den ganzen Monat freinehmen?« fragte ich, wohl wissend, daß Ray im »Kathmandu«, seinem gutgehenden Klettershop in Utrecht, sehr eingespannt war.

»Ja, vielleicht, aber das wird nicht gerade auf große Begeisterung stoßen. Am 1. September wollen wir eine Filiale eröffnen.«

»Mach einen Gegenvorschlag«, sagte ich. »Mir wäre jedenfalls der September am liebsten.«

Es entstand eine lange Pause.

»Ach, zum Teufel, wieso eigentlich nicht?« meinte er schließlich aufgeräumt. »Glaubst du wirklich, das können wir schaffen?«

»Wenn das Wetter mitmacht, mit Sicherheit«, sagte ich. »Wenn wir erst in der Wand sind, wird unsere ganze Angst bestimmt verschwinden, und dann wird es nichts weiter als eine neue Klettertour sein, eine neue Reihe von Problemen, die es zu bewältigen gilt.«

»Sie sollten auch tunlichst zu bewältigen sein, ansonsten würden wir uns beide zu Volltrotteln machen«, sagte Ray lachend. »Ach übrigens, hast du die letzte Ausgabe von *Climbing* gesehen?«

»Nein. Wieso?«

»Ein paar Amerikaner haben eure Route am Siula Grande gemacht. Moment mal, ich hab's hier liegen.« Ich wartete, während er die Zeitschrift durchblätterte. »Carlos Buhler und Mark Price ...«

»Carlos Buhler?« rief ich. »*Der* Carlos Buhler?« Er war einer der führenden amerikanischen Bergsteiger mit einer beeindruckenden Liste schwieriger Besteigungen und riesiger Erfahrung auf einigen der höchsten Gipfel der Welt.

»Genau der«, sagte Ray. »Hier, das wird dir gefallen«, sagte er und las mir den Bericht über die Expedition vor: »»Der Siula Grande, der durch Joe Simpsons abenteuerliche Überlebensgeschichte *Sturz ins Leere* Berühmtheit erlangte, wurde im Juni diesen Jahres zum zweiten Mal bestiegen. Carlos Buhler und

Mark Price hatten sich vorgenommen, es mit den Geistern von Simpsons und Yates' im Jahr 1985 gewagtem Unternehmen aufzunehmen. Vor dem Aufbruch schrieb Buhler in sein Tagebuch: ›Ich hoffe inständig, daß wir den Sturz ins Leere vermeiden können.‹ Ihre Eintausend-Meter-Route unterschied sich von der Erstbegehungsroute, indem sie auf halber Höhe nach links über eine Eisrinne aufstiegen. Technisch sehr anspruchsvoll: 24 Seillängen von konstantem Steilheitsgrad, darunter Partien mit dem reinsten Hochgebirgseis, das Buhler – einer der versiertesten amerikanischen Bergsteiger – je gesehen hat, und außerdem dem furchterregendsten.‹«

»Das kann ich mir vorstellen«, kommentierte ich.

»Es geht noch weiter«, sagte Ray. »›Am zweiten Tag, als Buhler gerade vorausstieg, zerbrach in dem harten Eis einer seiner Eispickel … während er weiterstieg und einen Blick nach oben warf, sah er riesige Brocken einer Schneewächte direkt auf sich zukommen … ›Ich schloß die Augen und betete‹, schrieb Buhler. ›Ich wartete auf den dumpfen Schlag, der mir das Genick brechen oder mich zerschmettern würde. Aber er kam nicht.‹ Er war zu dem Zeitpunkt zwölf Meter über einem Fixpunkt. Es war kein leichter Rückzugsweg vorhanden, und nachdem sie eine Nacht auf dem Nordkamm biwakiert hatten, entschlossen sich die beiden zu 20 riskanten Abseillängen, die ersten von zwei Knifeblades an einem der wenigen Abschnitte mit nacktem Fels an dem ansonsten dramatisch verwächteten Kamm, und 18 Abseillängen von V-Haken.‹«

»Aha, sie haben also vor dem Grat gekniffen«, kicherte ich.

»Das kann ich ihnen nicht verdenken. Ich bin froh, daß sie ihn als so gefährlich eingeschätzt haben.«

»Ja, und dann steht da noch … ›Im unteren Wandbereich herrschte große Steinschlaggefahr, und Buhler schrieb: Ich fand, daß ich mich nie wieder einem solchen Risiko aussetzen dürfte.‹«

»Kluger Junge«, murmelte ich.

»Der letzte Absatz wird dir gefallen«, sagte Ray, ehe er weiterlas: »›1936 bestiegen zwei Deutsche, Schneider und Awerzger, den Nordgrat des Siula Grande; weil der Berg abgeschieden und mit seinen 6400 Metern ziemlich hoch ist, wird auch diese Route nur selten begangen. Vor der von Joe Simpson und Simon Yates begangenen Route über die Westflanke schreckten die meisten Leute wegen der Schilderung in *Sturz ins Leere* zurück. Buhlers Kommentar: ›Der Wagemut von Joe und Simon erfüllt mich mit großem Respekt. Der Siula ist eine Wilderness-Tour, die keineswegs auf dem Gipfel endet. Das macht die Besteigung so schwierig.‹ Sie haben ihre Abweichung von eurer Route ›Umgehung der Leere‹ genannt. Na, wie findest du das?« fragte Ray. Ich war platt.

»Teufel auch! Wirklich toll«, sagte ich schließlich.

Ich hatte immer das Gefühl gehabt, daß wir eine sehr schwierige Route gemacht hatten, was jedoch durch den Unfall überschattet worden war. Manchmal ärgerte es mich, als derjenige Bergsteiger bekannt zu sein, der von einer Bergflanke abgestürzt und dann zum Basislager zurückgekrochen war. »Wir haben uns damals aber vermutlich ein wenig übernommen«, setzte ich hinzu.

»Ja, aber ihr seid mit Stil geklettert, Junge. Das war deine erste Hochgebirgstour, und du hast die Route in kürzerer Zeit gemacht als Buhler und Price, und das bei der Erfahrung, die die beiden haben.«

»Deshalb haben wir vermutlich auch Murks gemacht. Uns hat die Erfahrung gefehlt. Wir sind damals total überfordert …«

»Sei nicht so streng mit dir. Auch die beiden sind ja verdammt nah am Tod vorbeigeschrammt.«

Der Bericht wühlte mich ziemlich auf. In gewisser Hinsicht war es für Simon und mich als Bergsteiger eine großartige Bestätigung, von Bergsteigerkollegen gelobt zu werden.

»Gut gemacht, Kumpel, das hast du verdient«, sagte Ray. »Das ist doch ein schönes Kompliment, oder?«

»Ja, wirklich toll«, erwiderte ich. »Und ist das nicht witzig? Ich hatte gerade an den Siula Grande gedacht und mir einzureden versucht, daß die Eiger-Tour eine gute Idee sei, und da erzählst du mir das von Buhler.«

»Damit wäre die Sache also entschieden«, befand Ray.

»Na ja, vielleicht sind wir ja ganz gute Kletterer«, fuhr ich fort, »aber mit Sicherheit ist keiner von uns beiden mehr so fit wie früher oder fit genug für den Eiger.«

»Dann sollten wir wohl besser anfangen zu trainieren«, sagte Ray unbeirrt. »Wieviel Zeit haben wir denn? Fünf Monate. Bis dahin sind wir in Form, Junge. Und sieh dir noch ein paarmal die Videos an, mach dich mit der Wand vertraut«, fügte er hinzu.

»Mann, ich hab über den verdammten Eiger so viele Bücher gelesen, daß es mir vorkommt, als kenne ich ihn in- und auswendig. Jedesmal, wenn der Eiger in einem Bergbuch erwähnt wird, ist eine Geschichte über eine abenteuerliche Besteigung mit dabei.«

»Kein Wunder«, erwiderte Ray. »Über erfolgreiche, aber ereignislose Bergtouren gibt's ja auch nicht viel zu berichten, oder? Da muß schon immer was Außergewöhnliches mit dazukommen.«

»Du hast recht«, entgegnete ich. »Aber wenn man's recht bedenkt, war der Siula Grande zu dem Zeitpunkt, als wir uns dorthin aufmachten, nichts weiter als ein Berg. Als wir zurückkamen, hatte er auf einmal eine ziemlich üble Geschichte, und jetzt hat Buhler gerade etwas Neues hinzugefügt. Der Berg selbst hingegen hat sich überhaupt nicht verändert, oder? Als wir uns die Westwand vornahmen, haben wir uns darüber keine großen Gedanken gemacht. Es war nichts weiter als eine Reihe von Problemen, die es zu bewältigen galt. Wir haben keinerlei psychologischen Ballast mitgeschleppt. Wir müssen am Eiger einfach versuchen, nicht an die Tragödien zu denken ...«

Ich legte auf und dachte über unsere Entscheidung nach. Mir war zwar mulmig zumute, doch das Gefühl der Vorfreude überwog. Ray hatte recht. Wir mußten es wenigstens versuchen, egal, was daraus wurde. Und wenn man's recht bedenkt, ist Scheitern besser als Reue.

Kapitel 10

Vor dem schwindenden Licht

Während ich langsam die gewundene, durch einen Kiefernwald führende Straße entlangfuhr, dachte ich an das, worauf wir uns eingelassen hatten. *Nun bist du hier, Junge. Jetzt gibt's kein Zurück mehr*, sagte ich mir und wunderte mich über meine Gelassenheit. Ich blickte auf das malerisch zwischen Wiesen und Wäldchen an den Ufern des Sees gelegene Städtchen Interlaken. Es überraschte mich, wie schön die Landschaft war, fast unwirklich, eine Landschaft, wie man sie normalerweise auf Pralinenschachteln sieht und von der man nie vermutet hätte, daß es sie wirklich gibt.

Ich wußte, daß sich das Tal bald verbreitern würde, denn wir näherten uns der kleinen Ortschaft Grindelwald, über der sich die riesige Nordwand des Eigers erhebt. Freunde hatten mir gesagt, daß es ein imposanter und bedrohlicher Anblick sei und daß sich ein bis dahin leidenschaftlicher Nordwandkletterer angesichts der düsteren, überschatteten Riesenmauer auf einmal ganz klein und demütig fühle. Ich dachte an all die Bücher über den Eiger, die ich während des Sommers gelesen hatte, mit den unzähligen Fotos und den vielen darin geschilderten Tragödien, die sich unmittelbar vor den Augen schaulustiger Touristen abgespielt hatten. Ständig hatte ich mich dabei gefragt, ob ich das wirklich machen wolle, und jedesmal war die gleiche Antwort gekommen, jedesmal energischer und bestimmter. *Ja, unbedingt. Ich möchte den Spuren dieser Bergsteiger folgen.* So bin ich in den Alpen schon immer geklettert – ich habe meinen Idolen, über die ich so viel gelesen hatte, meine Ehrerbietung erwiesen, indem ich ihre Routen beging.

Durch die Lektüre dieser Bücher war es mir gelungen, den psychischen Ballast abzuwerfen, mit dem einen diese Wand befrachtet. Aus jeder dieser gnadenlosen Geschichten ließ sich eine Lehre ziehen – wann man besser umkehren sollte, wo die Gefahren lagen, welche Entscheidungen zu treffen waren –, und ich bekam allmählich das Gefühl, die Wand eingehend zu kennen. Ich malte mir aus, was alles schiefgehen könnte, und versuchte zu entscheiden, wie ich im jeweiligen Fall verfahren müßte – Umkehren oder Weitergehen, das Ende des Sturms abwarten oder mit einem Rückzug Steinschlag und Lawinen riskieren. Manchmal stieß ich irgendwo auf eine kleine Zusatzinformation, die in einem bestimmten Moment von entscheidender Bedeutung sein könnte, und ich prägte sie mir ein für den Fall, daß genau so etwas eintreten sollte.

Ich erinnerte mich an das, was ich in Chris Boningtons Autobiographie *I Chose to Climb* über dessen frühe Versuche in der Wand gelesen hatte. Chris und der legendäre Don Whillans hatten die Nordwandbegehung am Zweiten Eisfeld abgebrochen. Sie hatten gemerkt, daß ein Wetterumschwung bevorstand, und erkannt, daß die Zeit noch ausreichte, um sich sicher über den Eisschlauch und das Erste Eisfeld in den Schutz des Schwalbennests abzuseilen. Dieser knapp einen halben Meter breite, durch einen Überhang geschützte Biwakplatz liegt spektakulär am Rand eines gewaltigen Felsbandes. Von dort konnten sie an den alten Fixseilen, die jetzt üblicherweise nicht mehr abgezogen werden, den Hinterstoisser-Quergang zurückklettern und sich dann langsam die restlichen 800 Meter über zerklüftete Wandstufen und Felsvorsprünge zum Wandfuß hinunterarbeiten.

An dieser Stelle hatte im Jahr 1936 die schicksalhafte Seilschaft von Toni Kurz verzweifelt den Hinterstoisser-Quergang zurückzuklettern versucht. Die vier Männer waren bis zum Todesbiwak geklettert, der Stelle, bis zu der ein Jahr zuvor Max Sedlmayr und Karl Mehringer gekommen waren und die seither so genannt wird, weil Sedlmayr und Mehringer dort erfroren sind. Am ersten Tag ihres Anstiegs hatte Andreas Hinterstoisser etwas entdeckt, was zur Schlüsselstelle ihrer Tour werden sollte, und er hatte diese schwierige Felsbarriere, über die sie zum Herzen der Wand Zugang fanden, auf meisterhafte Weise überwunden. Als er und seine drei Gefährten Angerer, Rainer und Toni Kurz wohlbehalten über die eisschimmernde Felsplatte hinweggekommen waren, zogen sie das Quergangsseil ab, das Hinterstoisser so fachmännisch installiert hatte. Damit war das Tor zurück in die Sicherheit hinter ihnen verschlossen.

Als sie umkehren mußten, weil Angerer durch herabfallende Steine Kopfverletzungen erlitten hatte, gelang es Hinterstoisser trotz aller verzweifelten Versuche nicht, den Quergang zu überwinden. Etliche Stunden mühte er sich vergeblich damit ab, über den spiegelglatten Fels zu gelangen, der inzwischen mit einem glasigen Eisfilm überzogen war.

Die Witterungsverhältnisse verschlechterten sich immer mehr, Steine schossen die Wand herunter, dazu Lawinen und Sturzbäche. Beobachter an den Fernrohren in Alpiglen und auf der Kleinen Scheidegg ahnten, daß dort oben eine Tragödie ihren Lauf zu nehmen begann. Die Männer saßen fest. Vom unteren Rand des Ersten Eisfeldes, beim Schwalbennest, versuchten sie sich dann direkt über die große Steilstufe abzuseilen, die sie von dem leichteren Gelände im unteren Wandbereich trennte. Diese Felsstufe, die stellenweise Überhänge und vorspringende Dächer aufwies, fiel lotrecht unter ihnen ab. Die Abstiegslinie führte zudem mitten durch die Bahn von Steinschlag und Lawinen, die vom Rand des Ersten Eisfeldes über ihnen hinunterrauschten. Irgendwo weiter unten in der vereisten Felswand befinden sich die sogenannten Stollenfenster – große Löcher, die von den Erbauern der Jungfraubahn in den Fels gebohrt worden waren. Diese Bahn war durch das Innere des Berges geschnitten worden, um Touristen zum Jungfraujoch, dem Sattel zwischen den Gipfeln des Mönchs und der Jungfrau, hinaufzutransportieren. Die Stollenfenster liegen in der Wandmitte und waren ursprünglich dazu geschaffen worden, um den nach vier Kilometern Tunnelbau entstandenen Schutt die Wand hinunterzukippen. Nach Fertigstellung des Tunnels wurden die offenen Löcher zu spektakulären Aussichtsfenstern für die unzähligen Touristen ausgebaut, die darauf brennen, in den bedrohlichen, vereisten Abgrund der Wand hinunterzublicken.

1936 hatte die bedrängte Seilschaft versucht, sich über senkrechte bis überhängende Steilstufen direkt zu einem quer über die Wand verlaufenden Felsband abzuseilen, über das sie mit etwas Glück in die Sicherheit des Stollenlochs zu gelangen hofften, einem kleinen Zugang für die Arbeiter. Sie hätten es fast geschafft.

Das war in jenen Tagen, als das Abseilen voller Gefahren war, eine waghalsige Entscheidung. Damals gab es noch keine Seilbremsen, und um die Abseilgeschwindigkeit zu bremsen, verwendete man Abseilarten, die ganz die Körperreibung des Seiles ausnützten, indem man sich die schweren, nassen Seile durch die Beine, um den Oberkörper und die Schulter schlang. Das war ein äußerst schwierig zu kontrollierendes Unterfangen. Während sich Hinterstoisser und seine drei Gefährten in dem Chaos von Lawinen und herabpfeifenden Steinen hinunterließen, öffnete Albert von Allmen, der Streckenwärter der Jungfraubahn, die riesige Holztür und blickte, auf der Suche nach einem Lebenszeichen der absteigenden Seilschaft, in den Sturm hinaus. Zu seiner Freude wurde sein Ruf mit fröhlichem Jodeln erwidert. Offenbar war trotz der widrigen Bedingungen alles in Ordnung. Er zog sich wieder in den Stollen zurück, um für die jungen Bergsteiger, die nach vier Klettertagen in der Wand erschöpft sein mußten, eine wärmende Kanne Tee zu kochen.

Als zwei Stunden später immer noch niemand aufgetaucht war, blickte er noch einmal hinaus. Das Wetter war noch grausiger geworden; Nebel stieg von unten aus dem Abgrund auf, während Steine und Schneelawinen aus der schwarzen Leere über ihm herunterschossen. Diesmal wurde sein Ruf nicht fröhlich erwidert, sondern nur von den verzweifelten Schreien eines einzigen Mannes – Toni Kurz –, der um sein Leben schrie. Seine Gefährten waren tot, und er baumelte hilflos über dem Abgrund am Seil. Andreas Hinterstoisser war durch irgendein schreckliches Mißgeschick aus seinem Abseilstand gefallen – entweder von einem Steinbrocken getroffen oder von einer mit besonderer Wucht herunterdonnernden Schneelawine. Hinterstoisser war bis zum Fuß der Wand hinuntergestürzt. Rainer war durch das Gewicht von Kurz und Angerer, die aus dem Stand geworfen worden waren, zu dem in den Abseilhaken eingehängten Karabiner hinaufgezogen worden, hatte sich nicht befreien können und war erfroren. Unterhalb von Toni Kurz pendelte Angerers lebloser Körper, von seinem eigenen Seil stranguliert, im Wind.

Einer eilig zusammengestellten Rettungsmannschaft gelang es, vom Stollenloch etwa hundert Meter über vereiste Felsbänder aufwärtszusteigen und bis knapp hundert Meter unter die Stelle zu kommen, wo Toni Kurz am Seil hing. Die Dunkelheit brach schon herein, und die Retter erkannten, daß es unmöglich war, direkt bis zu dem unglücklichen Bergsteiger hinaufzukommen. Sie riefen ihm zu, er möge noch eine Nacht ausharren, so verzweifelt er auch flehte. Es war eine schreckliche Entscheidung, denn die Helfer wußten, daß Toni Kurz, ungeschützt vor dem wütenden Sturm, die Nacht unmöglich überstehen konnte. Im Dunkeln und an dieser Wand war keiner von ihnen imstande, die Kletterleistung aufzubringen, die nötig gewesen wäre, um Kurz zu erreichen. Nicht einmal der brillante Hinterstoisser, einer der besten Bergsteiger seiner Zeit, hätte das geschafft.

Toni Kurz durchlitt eine lange verzweifelte Nacht. Für mich war es genau das, was das Bergsteigen so hart, erbarmungslos, bitter und alptraumhaft macht. Es war eine eisige, einsame Nacht, und er hing da an einem dünnen Seil, während die Steine an ihm vorbeipfiffen und der eisige Sturm an ihm zerrte und seinem Körper alle Wärme entzog. Über ihm hing der erfrorene Leichnam seines Freundes, an dem gespannten Seil unter ihm schwang Angerers Leichnam im Sturm hin und her. Toni Kurz konnte nichts weiter tun, als auszuharren. Als schließlich der Morgen anbrach, lebte der junge Bergführer aus Berchtesgaden zum Erstaunen der Helfer noch und rief mit kräftiger, klarer Stimme zu ihnen herunter.

Sein Körper war von dem langen Hängen in der Kälte schwer gezeichnet. Seine Jacke und seine Hose waren eisverkrustet. Seine linke Hand war erfroren, nachdem er bei dem schrecklichen Sturz einen Fäustling verloren hatte. Am Morgen war sein gesamter linker Arm zu einer bewegungsunfähigen Klaue erstarrt. Seine Körpertemperatur war bedenklich niedrig, aber trotz allem hatte er stoisch ausgeharrt, hatte sehnsüchtig auf den schwachen Schein der Morgendämmerung und den Klang freundlicher Stimmen gewartet.

Obwohl jetzt heller Tag war, konnten die Bergführer, die ihm zu Hilfe kamen, nicht näher als bis auf vierzig Meter unter die Stelle klettern, wo Kurz über dem Abgrund hing – eine einzige rettende Seillänge von ihnen entfernt. Wegen des weiten Überhangs konnten sie den frei im Wind pendelnden Toni Kurz nicht sehen. Versuche, mit Raketen ein Seil zu ihm hinaufzuschießen, schlugen fehl; sie sausten an ihm vorbei ins Leere. Seine Kräfte ließen rasch nach. Die Bergführer beharrten darauf, daß er versuchen solle, so weit wie möglich an dem Seil unter sich hinabzusteigen, um den toten Angerer abzuschlagen. Dann solle er wieder hinaufklettern und das lose Seil über sich abschlagen, das ihn mit Rainers leblosem, verzerrtem Körper verband.

Obwohl er den erfrorenen Arm nicht gebrauchen konnte, gelang ihm dieses kräftezehrende Manöver, indem er die erfrorene Hand ins Seil einhakte und mit dem Pickel in der anderen Hand das Seil durchtrennte. Er nahm an, daß der Leichnam seines Freundes nun in den Abgrund stürzen würde. Aber Angerer blieb hängen. In der stürmischen Nacht war sein Körper gegen die Wand gedrückt worden und am Fels festgefroren. Nachdem

Kurz das gewonnene Seil zu sich hergezogen hatte, begann er mit der mühseligen Arbeit, die drei Seilstränge des Seils aufzudrehen und die einzelnen Stränge zusammenzuknüpfen. Fünf Stunden brachte er mit dieser nervenaufreibenden Arbeit zu, mühte sich damit ab, das steifgefrorene Seil aufzudrehen – und das alles mit einem unbrauchbaren Arm und tauben, geschwollenen, schwarz angelaufenen Fingern, unter Zuhilfenahme seiner Zähne. Am Ende hatte er eine dünne Schnur, die gerade lang genug war, daß seine entmutigten Retter sie ergreifen konnten.

Stunden vergingen, und seine Kräfte schwanden immer mehr. Als die schwache Schnur schließlich zu den Bergführern herabgependelt kam, wußten diese, daß sie nicht mehr viel Zeit hatten.

Toni Kurz hatte bei seinem Kampf ums Überleben phänomenale Ausdauer, Kraft und mentales Durchhaltevermögen bewiesen. Auf das hatte sich alles reduziert: auf eine einsame Gestalt, die um ihr Leben kämpfte und sich dabei auf nichts anderes stützen konnte als auf ihre Willenskraft.

Eine Lawine donnerte hinunter, streifte den abgezehrten Körper von Toni Kurz und riß die wartenden Bergführer beinahe in den Tod, als sie gerade ein Kletterseil und eine Schlinge mit Karabinern, Haken und einem Hammer an der Schnur zu befestigen versuchten. Plötzlich schoß ein Felsblock durch die Luft und hätte einen der Retter fast enthauptet. Dann folgte das beängstigende dumpfe Sausen eines herabstürzenden menschlichen Körpers. Angerers Leichnam hatte sich vom Eis gelöst und stürzte bis zum Wandfuß hinunter.

Kurz hatte kaum noch die Kraft, das schwere Seil mit dem klappernden, gegen die Felswand schwingenden Material hochzuziehen. Das Seil war immer noch zu kurz. Die Bergführer knüpften ein zweites Seil daran, und nun war es so lang, daß Toni Kurz sich bis zu ihnen herablassen könnte. Er müßte bloß irgendwie über den Knoten hinwegkommen. Sie sagten nichts.

Schließlich tauchte sein Körper über dem Rand des Überhangs auf, die Beine rotierten in der Luft, während er mühsam am Seil hinunterglitt. Ganz langsam näherte er sich dem Knoten, der die beiden Seile verband. Er hatte sein dünnes Abseilseil durch einen am Hüftgurt befestigten Karabiner gefädelt, um die Reibung zu erhöhen. Sich mit einer eiskalten, empfindungslosen Hand daran festzuhalten, muß unglaublich schwierig gewesen sein, aber es gelang ihm, sich langsam immer weiter auf seine Retter zuzubewegen. Zentimeter um Zentimeter schaukelte die gepeinigte Gestalt herab, bis der Seilknoten gegen den eisernen Griff seiner erfrorenen Hand und dann gegen den Karabiner stieß. Die Verknüpfungsstelle war zu dick, um den Schnappring zu passieren. Toni Kurz hing über dem Abgrund, unfähig, das Seil zu entlasten und ohne genügend Kraft, den Karabiner auszuhängen. Er saß fest.

Hilflos fummelte er an dem noch fester gewordenen Knoten herum und stieß dabei herzergreifende, gequälte Seufzer aus. Sein grotesker linker Arm ragte starr nach oben, während er sich nach vorn beugte und den kläglichen Versuch unternahm, den Knoten mit den Zähnen auf die passende Größe zurechtzubeißen. Unverständliches Zeug kam ihm über die blutenden Lippen, das Gesicht war von Erfrierungen und der Erregung bläulich angeschwollen. Die Bergführer versuchten angestrengt, seine Worte zu verstehen.

Dann sagte er auf einmal mit klarer, fester Stimme »Ich kann nicht mehr« und kippte vornüber, so daß der Oberkörper nach unten hing, die Arme neben den leicht im Wind schwingenden Beinen. Er starb unmittelbar vor seiner Rettung, fast in Reichweite der Bergführer. Das herzzerreißende Foto seines über dem Abgrund baumelnden Körpers, Finger und Steigeisenzacken mit langen Eiszapfen behangen, werde ich nie vergessen. Tage später schnitten ihn die Bergführer mit einem an eine Stange gebundenen Messer los.

Rainer war vor dem Aufstieg in der Presse zitiert worden mit den prophetischen Worten: »Sterben wollen wir nicht, wir sind noch jung und möchten noch leben. Den Rückweg halten wir uns ständig offen. Daß es aber Glück dazu braucht, das wissen wir, mit dem müssen wir rechnen.« Dann hatte er noch bedeutungsvoll gesagt: »Wenn die Wand zu machen ist, machen wir sie – oder bleiben drin!«

Das Glück ließ ihn im Stich. Rainers Leiche wurde zerschmettert im Geröll am Fuß der Wand gefunden, halb zwischen den Steinen vergraben, als sei er geradezu mit der Substanz des Berges verschmolzen. Er wurde in seine Heimatstadt Salzburg überführt und dort begraben. Bei der Suche nach den Verunglückten stießen die Bergführer auf die Leiche von Max Sedlmayr, der im Vorjahr in den Tod gestürzt war. Sein Gefährte Karl Mehringer wurde erst siebenundzwanzig Jahre später gefunden, eingefroren im Eis am Rand des Zweiten Eisfeldes.

Einen Monat nach der Tragödie wurde die verkrümmte Leiche des Toni Kurz schließlich in einer tiefen Randkluft am Fuß der Wand gefunden, von dort geborgen, in eine Plane gewickelt und nach Grindelwald hinuntergetragen. Hinterstoissers Leiche wurde ein Jahr später von Matthias Rebitsch und Ludwig Vörg bei ihrem ersten und gescheiterten Begehungsversuch der Nordwand entdeckt. So endete eine der dramatischsten und ergreifendsten Episoden am Eiger.

Anhand der bruchstückhaften, unzusammenhängenden Sätze, die Kurz gemurmelt hatte, konnten die Bergführer rekonstruieren, was der Seilschaft bei ihrem Rückzug zugestoßen war. Hinterstoisser war, als er vom Steinschlag getroffen wurde, nicht angeseilt gewesen – vielleicht weil er als der beste Bergsteiger der vier einen guten Platz für Abseilhaken suchen wollte –, und er war bis ganz nach unten gestürzt. Ein zweiter Steinhagel hatte die drei übrigen Männer von ihrem Standplatz gerissen, wodurch Rainer nach oben gezogen und eingeklemmt und Angerer stranguliert worden war. Reste von Verbandszeug, die man an Angerers Schädel fand, bewiesen, daß er eine schwere Kopfverletzung davongetragen hatte.

Für die hilflosen Bergführer war es eine schreckliche Erfahrung. Als Sedlmayr und Mehringer im vorangegangenen Jahr starben, waren sie allein gewesen, verborgen inmitten des wütenden Sturms, der sie in der Wandmitte festhielt. Toni Kurz hingegen starb direkt vor den Augen seiner Bergführerkameraden. Arnold Glatthard, einer der Bergführer, sagte: »Es war der traurigste Moment meines Lebens.« Die Geschichte von dem vergeblichen, aber heldenhaften Lebenskampf dieses tapferen jungen Mannes hat mich nie losgelassen. Heinrich Harrer schrieb in seinem Buch *Die Weiße Spinne*:

> Es war wohl eine Grausamkeit des Schicksals, daß Toni Kurz zunächst verschont blieb. Er mußte sein Leid bis zum Äußersten ertragen. Er war wie ein Bote aus dem Jenseits, dem seine große Liebe zum Leben noch einmal den Weg zur Erde wies.

Als Chris Bonington und Don Whillans dreißig Jahre später ihre Eiger-Begehung abbrachen, um den orientierungslos umherirrenden Brian Nally zu retten und mühsam mit ihm abzusteigen, sollte sich Don Whillans an die schicksalsschweren Lehren erinnern, die aus der Tragödie von Toni Kurz und dessen Gefährten zu ziehen gewesen waren.

Brian Nally und dessen Partner Barry Brewster hatten das obere Ende des Zweiten Eisfeldes erreicht. Als Brewster gerade den schwierigen steilen Felsabschnitt erklomm, der vom Eis zu dem charakteristischen dreieckigen Felspfeiler namens Bügeleisen führt, wurde er von einem Steinhagel getroffen. Er rutschte sechzig Meter in die Tiefe, und Nallys Standhaken wurde durch die Wucht des Sturzes bis kurz vor dem Zerbrechen verbogen. Nally versuchte seinem völlig bewegungsunfähig auf dem Eisfeld liegenden Freund zu helfen. Obwohl unablässig Steine von oben herunterprasselten, hackte er für Brewster einen Biwakplatz ins Eis, um ihn, an einem Seil gesichert, darauflegen zu können.

Als Brewster früh am nächsten Morgen an seinen Verletzungen starb, kletterten Whillans und Bonington gerade über das Eisfeld auf die fernen Gestalten zu. Plötzlich wurde Brewster durch einen neuen Steinhagel von seinem Liegeplatz auf dem Eis gerissen. Whillans und Bonington sahen hypnotisiert zu, wie der Körper aus dem Zweiten Eisfeld herausflog und 1500 Meter tief bis zum Wandfuß stürzte. »Es war, als hätte mir jemand mit voller Wucht in den Magen geschlagen«, schrieb Bonington später. »Ich klammerte mich nur noch am Eis fest und fluchte ohne Ende.«

Als Nally, Whillans und Bonington die Stelle erreichten, wo der Eisschlauch ins Erste Eisfeld mündet, stellte Don Whillans sein herausragendes bergsteigerisches Können unter Beweis. Er bemerkte, daß rechts vom Eisschlauch ein Schmelzwasserstrom hinabfloß und sich über die überhängenden Wände der Roten Fluh ergoß. Aufgrund seiner Erfahrung von früheren Versuchen in der Wand wußte Whillans, daß dieser Wasserstreifen oft von der Felswand zu der Stelle floß, wo der Hinterstoisser-Quergang begann. Statt zum Ersten Eisfeld abzusteigen, wie es zuvor etliche Seilschaften bei ihrem Rückzug getan hatten, stieg er, während ein Hagel- und Steinschauer die Wand hinunterprasselte, schräg nach rechts hinunter. Er folgte dem Wasserstrom bis zu einer Stelle, wo er einen zuverlässigen Abseilhaken anbringen konnte. Nach einer einzigen Abseillänge standen die drei Männer am Beginn des Hinterstoisser-Quergangs. Dank Whillans' bergsteigerischer Brillanz blieb ihnen die Mühe erspart, den Hinterstoisser-Quergang zurückzuklettern. Hätten Toni Kurz und seine Gefährten dies gewußt, hätten sie gefahrlos absteigen können, statt die lebensbedrohliche Entscheidung zu fällen, sich über die Felsstufe unterhalb des Ersten Eisfeldes abzuseilen.

Dies waren Lehren, die sich aus früheren Begehungsversuchen ziehen ließen, und die sich einem aufgrund ihrer entsetzlichen Folgen leicht einprägten. Angst wird in erster Linie von Unwissenheit erzeugt. Mittels Umsicht und gesundem Urteilsvermögen müßten wir die Wand auf eine Reihe charakteristischer Kletterprobleme reduzieren können, die es routiniert zu lösen galt.

»Wahnsinn!« stieß Ray hervor, und ich blickte zu ihm hin. Er starrte aus dem Fenster, die Augen vor Staunen weit aufgerissen. Ich sah nach vorn, und da war er: der Eiger. Mein Herz machte einen Satz; ich war wie gebannt.

»Guck auf die Straße, Mann!« schrie Ray, und ich riß das

Lenkrad herum, um einem entgegenkommenden Lastwagen auszuweichen. »Meine Güte, mir ist eh schon ganz mulmig zumute, da brauchst du uns nicht auch noch umzubringen.«

»Mir ist nicht mulmig«, sagte ich und blickte wieder zum Eiger hin, als sich nach einer weiten Biegung das Wiesenland rings um Grindelwald vor uns auftat. »Ich bin richtig aufgeregt, Kumpel. Danke.«

»Danke?« fragte Ray verdutzt. »Wofür denn?«

»Dafür, daß du den Vorschlag gemacht hast, den Eiger zu versuchen«, sagte ich. »Du hattest recht. Ich fühle mich richtig zuversichtlich.«

»Du hast also gar keine Angst?«

»Nein, eigentlich nicht. Nervöse Vorfreude, vielleicht…« Ich verstummte, fand keine Worte. »Ich bin seit fünfzehn Jahren nicht mehr in den Alpen gewesen.« Ich grinste Ray an. »Hier hat für mich alles angefangen. Nicht nur die Alpen, sondern der Eiger. Die erste Route, von der ich je gehört hatte, die Route, von der ich immer geträumt habe. Vielleicht wird der Traum nun wahr werden.«

»Na ja, wenn die Sache schiefgeht, würde das nur beweisen, was ich schon immer geglaubt habe.«

»Was denn?«

»Daß unser einziger Lebenszweck darin besteht, anderen als Warnung zu dienen. Grrr!«

Ich lachte und riß den Wagen nach rechts, um einem entgegenkommenden Bus auszuweichen.

»Hör endlich auf, diesen verdammten Berg anzustarren«, brüllte Ray und klammerte sich am Armaturenbrett fest, während der Bus bedrohlich nah an uns vorbeischoß.

»Ich glaube, wir müssen irgendwo anhalten, um was zu trinken und ihn genau in Augenschein zu nehmen, sonst fahre ich diesen dämlichen Wagen noch zu Schrott. Ich kann den Blick einfach nicht abwenden.« Wieder riß ich das Lenkrad herum, und der Fahrer eines Land Cruisers mit einem Wohnwagen im Schlepptau drückte wütend auf die Hupe, während er an uns vorbeirauschte. Ich lächelte bei dem Gedanken, wie paradox es wäre, kurz vor Grindelwald bei einem Verkehrsunfall ums Leben zu kommen. *Das wäre echt typisch.*

»Da drüben! Auf der rechten Seite«, sagte Ray und deutete auf ein Restaurant im klassischen Schweizer Châlet-Stil. An einer Seite war eine Holzterrasse mit Tischen, und im Hintergrund ragte düster der Eiger auf.

»Hast du dein Fernglas zur Hand?« fragte ich, als wir die Wagentüren schlossen. Ray hielt es in die Höhe.

Wir ließen uns auf der Terrasse nieder, tranken Bier und aßen Gulaschsuppe. Die Sonne stand an einem klaren blauen Himmel, und das weite, grüne Tal unterhalb Grindelwalds war mit malerischen, von gepflegten Wiesen umgebenen Châlets gesprenkelt. Kuhglocken bimmelten melancholisch in der Ferne.

»Er ist von einer Schneeschicht überzogen«, sagte Ray, während er durchs Fernglas zum Eiger hinspähte.

»Ja, er sieht ziemlich weiß aus«, pflichtete ich ihm bei. »Vielleicht ist's ja nur Pulverschnee.«

»Möglich«, brummte Ray. »Aber der obere Bereich sieht übel aus. Die Rampe scheint vereist zu sein. Ich kann nicht mal die Ausstiegsrisse erkennen.«

»Ob es lange dauert, bis das abgetaut ist?« fragte ich.

»Hier, guck du mal«, sagte Ray und reichte mir das Fernglas. Als die Wand plötzlich in mein Blickfeld kam, zuckte ich regelrecht zusammen. Durch das Fernglas wirkte alles vollkommen senkrecht; sämtliche Größenverhältnisse waren aufgehoben. »Mannomann!« stieß ich hervor und hörte Ray lachen. Anfangs sah ich nichts weiter als ein chaotisches Durcheinander aus gewaltigen Felsbändern, riesigen Eisfeldern, Säulen aus hängenden Eiszapfen und riesenhaften überhängenden Kalksteinwänden.

Ich starrte zum Eiger hin. *Was würde mir dort begegnen?* Frühere Erlebnisse hatten mich bis ins Mark erschüttert, Stürme – reale wie bildhafte – waren durch mich hindurchgerast und hatten ein Gefühl der Verwundbarkeit und Unsicherheit zurückgelassen. Danach war ich von einer Kraft erfüllt gewesen, die ich noch nie zuvor verspürt hatte, einem unbändigen Selbstvertrauen, das daher rührte, daß ich den Sturm unverletzt überstanden hatte. Während die Angst abebbte, war das Erstaunen über die herrlichen Bilder, die ich kurz zuvor gesehen hatte, immer größer geworden. So war das auch mit den Bergen. Ich konnte mich an ihre Schönheit zurückerinnern, aber nie ganz an die durchgestandene Angst. Vielleicht lag das daran, daß man die Schönheit sehen konnte, während sich die Angst unsichtbar einschlich. Es war einfacher, sich an die ästhetische Schönheit zu erinnern, deren Bilder sich so scharf in meinen Hinterkopf eingebrannt hatten.

Ich dachte daran, wie wir einmal in der Südwand der Drus festgesteckt hatten. Nachdem wir den Gipfel passiert hatten, spürten wir, wie sich in der Luft auf einmal eine Spannung aufbaute, bei der sich uns die Nackenhaare sträubten; wir bekamen schreckliche Angst, daß es jeden Moment losgehen könnte und wir mittendrin steckten. Einer Panik nahe, hasteten wir blindlings in die Wand hinaus, weg von den Kammlinien und dem Doppelgipfel. Der Sturm preßte sich wie ein lebendes Wesen gegen die Wälle der Bergspitzen und fraß sich unaufhaltsam in die Bergsubstanz hinein. Es lag eine beklemmende Spannung in der Luft, während wir hektisch an den Seilen zogen und unsere Jacken in der aufgeladenen Atmosphäre knisterten. Es wurde unerträglich. Vor Angst und Frustration über unsere Hilflosigkeit war mir zum Heulen zumute. Dann ließ der Druck um uns herum auf einmal nach. Stumm vor Verwunderung blickten wir uns um.

Prächtige goldglänzende Blitze tauchten die eingekerbten Kämme in weißliches Licht. Mehrere Donnerschläge gleichzeitig zerrissen die Luft und ließen den dunklen Bauch des Sturms erzittern, während die bedrohlich über den Himmel rasende Wolkenmasse in Flammen stand. In seinem wütenden Kampf mit den Bergen heulte der Wind durchdringend und schrill, brach durch die Pässe wie Flutwasser durch Brückenbögen, brüllte als Vergeltung für die Einengung, bedrängte die nervösen Wolken, trieb sie vorwärts, bis sie sich himmelwärts in das finstere Blau, Schwarz und Violett der Sturmwand verzogen. Die tiefer sinkende Sonne schimmerte hell hinter den brodelnden

Gewitterwolken. Der Sturm schlug gegen die Bergflanken, zerrte an ihrer unnachgiebigen Masse.

Dann entzündete sich der Himmel in einem schmerzhaften, tödlichen Funken, so daß ich schnell die Augen schloß, zuerst nur noch Schwärze sah, dann die purpurne Intensität vom Blut, das durch meine geschlossenen Lider pulsierte. Stoßweise sog ich die Luft durch die zusammengebissenen Zähne ein, und meine Finger zitterten in dem zuckenden Licht. Ich ballte die Hände zur Faust, um meine Angst zu verbergen. Das Unwetter hämmerte eine Ewigkeit auf uns ein, und die Luft stank nach zerborstenem Gestein und beißendem Angstschweiß.

Wir standen geduckt im Herzen dieser Sintflut mit Feuer, Flammen und Licht. Trotzdem fühlte ich mich glücklich. Wir waren stumme Zuschauer, ohnmächtig und eingeschüchtert. Während die Welt um uns herum explodierte, standen wir reglos und schweigend da, bis es mir vorkam, als rotierten auch wir, als wirbelten wir hilflos in der Luft herum, keine Menschen mehr, sondern nur mehr fühllose Wesen, verschlungen vom Sturm und den Elementen. Wie gebannt schaute ich zu, als die gewaltigen Kräfte ums uns herum losbrachen: Ich befand mich mitten in einer explodierenden Granate und beobachtete, wie weißglühende Granatsplitter die Luft zerrissen. Irgendwie wußte ich, daß mir das alles nichts anhaben könnte; als hätte ich es verdient, diesen Augenblick zu sehen, ihn bis zum Schluß mitzuerleben. Steinbrocken, von aufflammenden Blitzen gen Himmel geschossen, fielen langsam und als dunkle Schatten vor dem gleißenden Licht wieder nach unten. Die krachenden Donnerschläge, ähnlich dem Tosen eines riesigen, sturmgepeitschten Meeres, das sich an einer Felsküste bricht, dämpften das scharfe Knallen zerberstender Steine.

Hagel prasselte wie Nadelstiche auf uns ein. Auf dem schmalen Felssims, auf dem wir standen, bildete sich Eis, knirschte unter unseren Füßen, wenn wir zusammenzuckten und wie auf hauchdünnen Glasscherben umherschlitterten. Rinnsale von Eiswasser strömten mir den Nacken hinunter, frostige Adern, die meinen warmen Rücken überliefen.

Der kühnste Traum:
George und Ruth Mallory

Don Whillans mit Eisbeil auf dem Ersten Eisfeld

Brian Nally nach dem Tod seines Gefährten Barry Brewster
beim Rückzug über das Zweite Eisfeld

Carruthers und Moderegger
vor ihrem tödlichen Absturz
vom Zweiten Eisfeld

Karl Mehringer und Max Sedlmayr
warten beim Hôtel des Alpes,
Alpiglen, auf gutes Wetter,
August 1935.

»An Frau Jossi hingen wir ... zwei
arme Bergsteiger danken warm.«
Eintrag von Mehringer und
Sedlmayr ins Logierbuch.

»Biwackplatz am 21/8/1935. Max Sedelmajr, Karl Mehringer. München
H.T.G. Sekt. Oberland«. 1976 fand eine tschechische Seilschaft auf dem
Zweiten Eisfeld ein Zigarettenetui mit dieser vergilbten Notiz – vermutlich
von Mehringer, da der Name seines Seilgefährten falsch notiert ist.

Der junge Toni Kurz lächelt
uns aus der Vergangenheit an,
Alpiglen, 1936.

»Wenn nur das Wetter hält«, sagte
Andreas Hinterstoisser zum Foto-
grafen Hans Jegerlehner. Aber der
Wetterumschwung war nur eine
Ursache für das Unglück.

Die Namen von Sedlmayr und Mehringer im Logierbuch
des Hôtel des Alpes, Alpiglen

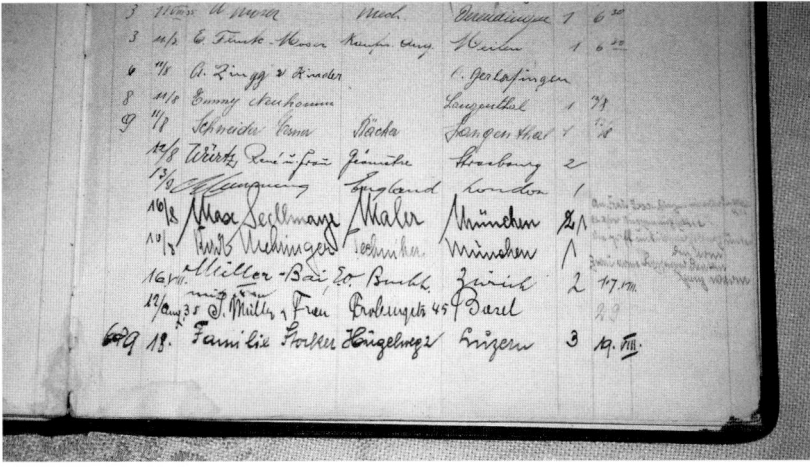

Die Österreicher Heinrich Harrer und Fritz Kasparek und die Deutschen Anderl Heckmair und Ludwig Vörg *(von links nach rechts)* am 24. Juli 1938 nach der ersten Durchsteigung der Eiger-Nordwand

Longhi sitzt oberhalb des Götter-quergangs fest und winkt einem Flugzeug zu. Seine letzten ver-zweifelten Worte: »Hunger! Kalt!«

Mit einem 370 Meter langen Stahl-seil wird Corti geborgen – die erste Rettung eines Bergsteigers aus der Eigerwand.

**Chris Bonington während der
ersten britischen Durchsteigung
der Eiger-Nordwand beim Stufenschlagen in der Spinne, 1962**

Mondaufgang über dem Walkerpfeiler,
Grandes Jorasses, Chamonix

Dann war es still, und das Gewitter entschwand am Horizont, zuckend und ärgerlich aufbrausend, mit butterfarbenen, wütend niederstoßenden Blitzen, und ich lächelte, froh darüber, noch am Leben zu sein. Ein sanfter Regen schwemmte den Sturm fort, reinigte den Himmel, und gedämpfte Donnerschläge grollten in der Ferne wie schwere Geschütze auf einem halb vergessenen Schlachtfeld. Das Licht verblaßte, und die schwindende Gewalt hinterließ eine glasklare Luft; ein grenzenloses Staunen blieb in meinem Gedächtnis zurück. Die untergehende Sonne tauchte die entleerten Wolken in leuchtende Pastellfarben. Das Gewitter war vorüber. Es wurde Nacht, dunkelte rasch, und ich saugte die letzten Lichtstrahlen auf und ergötzte mich dann an der Pracht der aufgehenden Sterne, die wie zufällig ausgestreute Edelsteine am samtschwarzen Himmel funkelten.

Ich richtete mich auf und streckte mich, dehnte meinen gekrümmten Rücken. Als ich tief ausatmete, bildete sich eine Dampfwolke in der Luft. Ich fühlte mich wunderbar lebendig. Bei dem Gedanken, daß ich eigentlich tot sein müßte, erschauderte ich. In meiner Erinnerung mag sich die Realität dieses Gewitters verändert haben, aber sie ist das einzige, was ich habe, und ich muß es so glauben. Ich erinnere mich an die Schönheit und mein ehrfurchtsvolles Staunen. An die schreckliche Angst erinnere ich mich nicht.

»Woran denkst du gerade?« fragte Ray und riß mich aus meinen Tagträumen.

»Ach, an nichts Besonderes«, sagte ich. »An das schlechte Wetter.«

»Ja, darauf können wir verzichten«, entgegnete er.

Ich stellte das Fernglas auf den Tisch und blickte Ray an, der nachdenklich an seinem Bier nippte und dabei unverwandt zum Eiger hinübersah. Ich fragte mich, was wir dort oben wohl finden würden.

Kapitel 11

Von Helden und Narren

Ich rollte mich auf die Seite und streckte den Kopf aus der Öffnung des Biwakzelts. Ich hörte etwas rutschen, und da fiel auch schon eine Handvoll Naßschnee vom schrägen Zeltdach und klatschte mir in den Nacken. Fluchend versuchte ich ihn wegzuwischen, ehe er schmolz und mir den Rücken hinunterlief. Die Felspfeiler und geröllbedeckten Bänder draußen vor dem Zelt waren mit einer Schneeschicht bedeckt. Zwischen den wogenden grauen Wolken tauchten hin und wieder dunklere Schatten auf: Ein paar hoch aufragende Felswände ließen sich verschämt blicken, bis der Nebel sie wieder verhüllte. Dies war die imposante Rote Fluh, eine 300 Meter hohe überhängende Kalkwand, die sich aus der Eiger-Nordwand zum Rand des Westkamms hin erhebt.

Um uns zu akklimatisieren und die Nordwand in Augenschein nehmen zu können, hatten wir uns am vorigen Nachmittag zur Westflanke hochgeschleppt. Meinen Vorschlag, die ganze Strecke von Grindelwald aus zu laufen, statt bequem mit der Bahn zur Kleinen Scheidegg zu fahren, hatte ich schnell bereut. Dadurch bekämen wir Kondition, hatte ich großspurig gesagt, und als ich drei Stunden später ins Bahnhofscafé gestolpert war, hatte ich mich halbtot gefühlt.

Während wir die ersten Felsvorsprünge und Geröllhänge an der Westflanke erklommen hatten, war das Wetter immer schlechter geworden. Bei Einbruch der Nacht setzte heftiger Schneefall ein. Unseren Plan, am nächsten Morgen das Zelt zu verlassen und eine rasche Durchsteigung der Westflanke zu machen, hatten wir schnell aufgegeben. Wir hatten auf diese Weise die Abstiegsroute über die Westflanke erkunden wollen, weil wir wußten, daß der Weg bei schlechten Witterungsverhältnissen schwer zu finden war, vor allem, wenn man über die Nordwand aufstieg. So hätten wir uns auch gleich einlaufen können, und vielleicht hätten wir vom oberen Ende der Roten Fluh auf das Zweite Eisfeld und die Rampe hinunterblicken und uns ein genaueres Bild über den Zustand des oberen Wandbereichs verschaffen können.

»Na, wie sieht's aus?« brummte Ray aus den Tiefen seines Schlafsacks.

»Nicht gerade berauschend«, sagte ich und wischte mir das kalte, nasse Zeug aus dem Nacken. »Es hat keinen Sinn weiterzusteigen«, fügte ich hinzu.

»Oh, ich dachte, wir wollten die Abstiegsroute erkunden.«

»Da müßten wir schon großes Glück haben, um bei diesem Mistwetter den blöden Weg überhaupt zu finden«, sagte ich, stellte einen Topf mit halb gefrorenem Wasser auf den Kocher und zündete das Gas an. Es surrte beruhigend. »Das reinste Schneegestöber, alles weiß draußen. Da trinken wir lieber 'nen Pott Tee und machen die Fliege«, schlug ich vor. »Hast du gut geschlafen?« fragte ich und reichte Ray einen Becher Tee.

»Nur, wenn du gerade mal nicht geschnarcht hast.« Er nippte an seinem Tee. »Bist du eigentlich zum ersten Mal in Grindelwald?«

»Ja. Um ein Haar wäre ich vor zwanzig Jahren schon mal hierhergekommen, aber es hat dann doch nicht geklappt.«

»Wieso nicht?«

»Oh, das war in meiner zweiten Saison, einer ganz erfolgreichen noch dazu, und ich hab mir damals dämlicherweise eingebildet, schon gut genug für die Eigerwand zu sein. Mein Partner hat das allerdings anders gesehen.« Ich trank meinen Tee und erzählte Ray, wie Dave Page, mein damaliger Kletterpartner, in allerletzter Minute befunden hatte, daß ich nicht genügend Erfahrung für den Eiger hätte, und wie enttäuscht und gedemütigt ich mich gefühlt hatte.

An meinem einundzwanzigsten Geburtstag hatten wir zusammen den Walkerpfeiler durchstiegen, und danach hatte ich natürlich gleich an eine Besteigung des Eigers gedacht. Wir hatten gehört, daß die Wand in jenem Sommer in gutem Zustand war, und als Dave den Vorschlag machte, sie gemeinsam anzugehen, war eine Mischung aus Angst und Erregung in mir aufgestiegen. Ich konnte kaum glauben, daß ich den Walkerpfeiler, eine meiner begehrtesten Routen, schon in der Tasche hatte. In meiner zweiten Alpensaison auch gleich noch den Eiger zu machen, wäre zu schön gewesen, um wahr zu sein.

In unserem Zelt auf dem Campingplatz Snell's Field in Chamonix hatte ich mir dann zu meinem Leidwesen anhören müssen, wie Dave Page mir geduldig erklärte, weshalb ich seiner Ansicht nach noch zu unerfahren sei, um den Eiger zu machen. Wir stritten uns ausgiebig und lautstark, und es demütigte mich, daß alle anderen auf dem Zeltplatz mithören konnten, wie ich ihn anflehte, mich doch mitzunehmen. Ich erinnere mich an meine bittere Enttäuschung, als er sich einen völlig Fremden zum Kletterpartner auswählte und mit ihm ins Schweizer Oberland fuhr.

Grollend hatte ich mich dann mit Doug Pratt Johnson, einem kanadischen Bergsteiger, zusammengetan und war mit ihm nach Zermatt gefahren, inständig hoffend, daß Dave am Eiger schmachvoll scheitern würde. Doug und ich kletterten die tiefverschneite Schmidt-Route an der Nordwand des Matterhorns und verbrachten eine eisige Biwaknacht sechzig Meter unterhalb des Gipfels ohne Schlafsäcke. Einer der beiden Haken, mit denen wir uns an unserem steil abfallenden Biwakplatz gesichert hatten, brach mitten in der Nacht aus. Glücklicherweise hielt der zweite Haken, den ich für den unzuverlässigeren gehalten hatte, das Gewicht unserer zitternden Körper den Rest der Nacht aus.

Während der Zugfahrt zurück nach Chamonix erging ich mich in gehässigen Wunschträumen über Dave und seine Eiger-Tour. Ich wollte nicht, daß er ums Leben kam, aber ein Steinschlag, der ihn zeitweise außer Gefecht gesetzt hätte, wäre nicht schlecht gewesen. In Wirklichkeit wünschte ich ihm nichts Böses, hoffte aber inständig, daß er scheitern, sich mit seinem Gefährten in die Haare kommen oder durch einen Sturm zur Umkehr gezwungen würde. Dann machte er vielleicht – so folgerte ich – einen zweiten Versuch mit mir, der ich inzwischen auf dem Matterhorn mein Können unter Beweis gestellt hatte. Zu meinem großen Leidwesen empfing mich Dave in seinem Zelt auf Snell's Field jedoch mit strahlender Miene. Er gratulierte mir zu meinem Erfolg und erzählte mir dann, wie gut es auf dem Eiger gelaufen sei.

Er und sein Gefährte hatten sich auf halber Strecke mit zwei Bergsteigern aus Newcastle zusammengeschlossen und den Aufstieg ohne Zwischenfälle und bei durchweg gutem Wetter geschafft. Als Dave auch noch erwähnte, daß die Tour gar nicht so schwierig sei, wie er gedacht habe, mußte ich mich beherrschen, ihm nicht an die Gurgel zu gehen. Außerdem bedauerte er es fast, keinen dieser dramatischen Kämpfe in einem klassischen Eiger-Gewitter miterlebt zu haben. Ich hätte ihn am liebsten angeschrien, er solle die Klappe halten. Statt dessen beglückwünschte ich ihn zähneknirschend und dachte wehmütig an das, was hätte sein können: drei der sechs klassischen Nordwände in meiner zweiten Alpensaison.

In aller Ruhe erzählte mir Dave, wie das Viermannteam vorsichtig über die Westflanke des Eigers abgestiegen sei. Nirgends sei es besonders schwierig gewesen, doch manche Stellen hätten sich als sehr trügerisch erwiesen. Die Abstiegsroute schlängelte sich über einen verworrenen Pfad den Westkamm hinunter und führte hin und wieder auf die ausladende Westflanke hinaus. Die vier Bergsteiger stiegen guten Mutes bergab, unangeseilt, mit ein paar Abseillängen im steilen oberen Kammbereich. Mit Entsetzen mußte Dave mit ansehen, wie einer seiner neuen Freunde plötzlich das Gleichgewicht verlor und von der Oberkante einer kurzen, geröllbedeckten Wandstufe in den Tod stürzte. Das war für mich ein ernüchternder Augenblick und zudem der erste von vielen Todesfällen, von denen mir in den folgenden Jahrzehnten berichtet werden sollte. Ich überlegte mir das mit dem Eiger noch mal und beschloß, nichts weiter zu riskieren und unverzüglich nach Hause zu fahren.

Gaston Rébuffat hat in seinem Buch *Sterne und Stürme* die sechs klassischen großen Nordwände der Alpen benannt: Der Eiger, die Grandes Jorasses und das Matterhorn waren am schwierigsten zu durchsteigen, gefolgt von den Drus, dem Piz Badile und der Großen Zinne. Viele andere Routen in den Alpen waren nicht weniger imposant, oft wesentlich komplizierter und sehr anspruchsvoll. Rébuffats Auswahl basierte allerdings auf einer Zeit, die man zu Recht als das goldene Zeitalter des Alpinbergsteigens bezeichnen kann, eine Zeit, in der dieser Sport zu voller Blüte gelangte und in der sich der Beginn des Extrembergsteigens ankündigte.

Diese Besteigungen waren das Äußerste, was damals als machbar galt. Sie wurden mit einfachster Ausrüstung gemeistert – mit schwachen Hanfseilen, unzulänglicher Bekleidung und Biwakausrüstung und sehr schwerem Klettermaterial. Die Eisschrauben waren plump und unzuverlässig. Die Bergsteiger hatten damals weder Klettergurte, Abseilgeräte, Metallkeile noch Klemmgeräte. Sie hatten nicht einmal Helme. Taschenlampen und Kocher waren unhandlich und störanfällig. Die Bergsteiger konnten sich auf nicht viel mehr verlassen als auf ihre körperliche Leistungsfähigkeit und ihre Willenskraft, gestärkt durch Wurst, Brot, Kaffee und Zigaretten. Die berühmten »Herztropfen«, vermutlich eine Art Amphetamine, die Heckmair in den Ausstiegsrissen zu sich nahm, waren eine Seltenheit. Eine Frau Dr. Belart aus Grindelwald hatte sie Heckmair auf die Klettertour mitgegeben mit den Worten: »Hätte Toni Kurz solche Tropfen gehabt, dann hätte er vielleicht die Krisis überstanden!«

Frau Dr. Belart hatte angeordnet, daß dieses Fläschchen »Herztropfen« nur im »allerernstesten Fall« verwendet werde. Als Heckmair darauf zurückgriff, war er gerade mitten in einem heftigen Sturm in den Ausstiegsrissen abgerutscht, wobei seine Standhaken herausgerissen waren. Sein Sturz wurde von »Wiggerl« Vörg mit den Händen abgefangen. Dabei bohrte sich einer von Heckmairs Steigeisenzacken in dessen Handballen ein, und durch die Wucht des Sturzes brachen ihre Sicherungshaken aus. Die beiden Männer wurden aus dem Stand geworfen, konnten sich aber wundersamerweise an dem steilen Eis über dem 1500 Meter tiefen Abgrund abfangen und kamen einen Meter weiter unten zum Stehen. Nachdem sie auf diese Weise ihrem Schöpfer viel näher gekommen waren als geplant, befanden sie, daß der »allerernsteste Fall« eingetreten sei. Heckmair studierte das Etikett auf der Flasche, auf dem angegeben war, daß nicht mehr als ein paar Tropfen einzunehmen seien:

Ich schüttete aber gleich die Hälfte davon dem Wiggerl in den Mund, die andere Hälfte trank ich selber aus, weil ich Durst hatte. Ein paar Stück Traubenzucker nachgeschoben, und wir waren wiederhergestellt.

Diese kühnen Pioniere waren meine Helden, wobei ich mir sicher bin, daß ihnen eine so emotionsgeladene Bezeichnung gar nicht behagt hätte. Die großen Pioniere der dreißiger Jahre und der frühen Nachkriegsjahre haben mich mit ihrem Stil und ihrem Wagemut begeistert. Ich war von den Großtaten solcher Männer wie Comici, Cassin und später Hermann Buhl und Walter Bonatti fasziniert.

Zu meinem großen Erstaunen bewältigte ich gleich in meiner ersten Alpensaison die klassische Comici-Route an der Nordwand der Großen Zinne in den Dolomiten. Noch nie zuvor hatte ich auf etwas so Monumentalem und Einschüchterndem gestanden – 500 Meter überhängender und vertikaler Kalkstein. Das Ausmaß der Wand war überwältigend. In Großbritannien waren wir lediglich ein paar kurze Routen mit einigen Seillängen geklettert. Die Vorstellung, auf dieser riesigen Wand festzusitzen, ohne jede Hoffnung auf Rückzug oder Rettung, hatte uns ziemlich nervös gemacht. Wir erklommen die Route langsam und laienhaft und waren über unseren Wagemut selbst überrascht gewesen.

Die Comici-Route an der Großen Zinne hat nach ihrer Erstbegehung durch Emilio Comici im Jahr 1933 klassischen Status errungen. Comici, der als der vollendete Stilist galt, hatte die Dolomiten in den frühen dreißiger Jahren im Sturm erobert. Der große Riccardo Cassin, Erstbegeher der Nordostwand des Piz Badile und des Walkerpfeilers an der Nordflanke der Grandes Jorasses, ließ sich von diesem Maestro des italienischen Bergsteigens führen und beeinflussen.

Comici hielt das Bergsteigen für eine Kunstform und verglich dessen Harmonien mit denen eines Musikstücks. Der Rhythmus und die Bewegungen des Bergsteigers müßten sich geschmeidig der Naturbeschaffenheit und der jeweiligen Felsstruktur anpassen. Er hielt die ästhetischen Eigenschaften der gewählten Route für ebenso wichtig wie die Tour selbst. Seine Einstellung ist in seinem berühmten Ausspruch zusammengefaßt:

Ich wünsche mir, einmal eine Route gehen zu können, bei der ich vom Gipfel einen Wassertropfen fallen ließe, dessen Fallbahn mit dem Verlauf meiner Route übereinstimmte.

Bei der Vorstellung, eine seiner Routen auszuprobieren, lief es mir kalt den Rücken hinunter. Als wir damals im Schneckentempo die gelbe Wand hinaufkrochen, hoffte ich inständig, mich nicht in einen von Comicis fallenden Tropfen zu verwandeln.

Die Route, über die Riccardo Cassin im Jahr 1937 die Nordostwand des Piz Badile durchstieg, entwickelte sich schnell zu einer der klassischen Nordwandtouren. Während des sturmgepeitschten Abstiegs vom Gipfel waren zwei von Cassins Gefährten, Giuseppe Valsecchi und Mario Molteni, zusammengebrochen und an Unterkühlung und Überanstrengung gestorben. Mit leichtgewichtiger Kletterausrüstung ist diese Route heute an

einem halben Tag zu schaffen, was die Leistung und den Wagemut der Erstbesteiger jedoch keineswegs schmälert.

Die Route, die Allain und Leininger 1935 in der Nordwand
des Petit Dru begingen, errang wegen ihrer Steilheit und der
schwierigen Bedingungen in den vereisten Rissen in der Schluß-
wand ebenfalls klassischen Status. Die Schmidt-Route an der
Nordwand des Matterhorns, der ersten der großen Nordwände,
die 1931 zum ersten Mal durchstiegen wurde, galt damals als die
härteste und gefährlichste Route, die bis dahin in den europäischen Alpen begangen worden war. Sie wurde 1938 mit der
Durchsteigung des Eigers und der Grandes Jorasses in den
Schatten gestellt. All diese Nordwandrouten galten als die
schwierigsten ihrer Zeit, und sie wurden alle in den dreißiger
Jahren gemeistert – das wahre goldene Zeitalter und der Beginn
des alpinen Extrembergsteigens.

Riccardo Cassin, Walter Bonatti und Hermann Buhl waren
meine unübertroffenen Helden der alpinen Welt. Cassin, der sich
nicht damit zufriedengab, als erster Mensch zwei Nordwände
bezwungen zu haben, war übrigens im Juli 1938 mit Gino Esposito
und Ugo Tizzoni auf der Kleinen Scheidegg aufgetaucht, um die
Eigerwand in Angriff zu nehmen, doch Heckmair, Vörg, Kasparek und Harrer waren ihnen zuvorgekommen und kämpften zu
diesem Zeitpunkt schon bei ihrer dramatischen Durchsteigung
der Wand um ihr Leben. Die deprimierten Italiener fuhren mit
dem nächsten Zug nach Italien zurück und machten sich unverzüglich zu den Grandes Jorasses auf. Obwohl sie noch nie im
Montblanc-Massiv geklettert waren, gelang ihnen sogleich die
atemberaubend elegante *Direttissima* am Walkerpfeiler.

Die Route wurde prompt zu einem Klassiker, und die Erstei-
gung dieses grandiosen Pfeilers aus eisbedecktem Fels gehört zu
den schönsten Routen, die ich in den Bergen gemacht habe.
Bradford Washburns grandioses Foto mit dem über der mächtigen Nordwand der Jorasses aufsteigenden Mond hängt über
meinem Kamin. Die Details sind so scharf, daß ich die Risse
erkennen kann, durch die wir geklettert sind, und den Biwak-
sims, auf dem wir vor zwanzig Jahren genächtigt haben.

Nach Dave Pages Erfolg am Eiger im Jahr 1981 dachte ich mir, daß es das beste sei, auf Nummer Sicher zu gehen. Ich nahm mir vor, im nächsten Sommer wiederzukommen und dann direkt nach Grindelwald zu fahren. Ich habe es nie getan, und während die Jahre vergingen, wurde es immer unwahrscheinlicher, daß ich den Eiger jemals angehen würde. Nach dem Unfall 1985 in Peru mußte ich ins Krankenhaus, während Simon Yates in die Alpen reiste und die Eigerwand durchstieg. Als ich davon erfuhr, lag ich im Bett, nachdem man mir gerade zum dritten Mal mein Knie gebrochen hatte. Bei dem Gedanken, was mir entgangen war, empfand ich bitteres Bedauern, redete mir dann aber schnell ins Gewissen, daß ich so eine Tour ohnehin nie mehr würde machen können.

Sämtliche Ärzte, mit denen ich sprach, sagten mir das gleiche: Ich solle mich an eine sitzende Lebensweise gewöhnen. Die hatten gut reden – ich war ohnehin längst überzeugt, daß der Eiger für mich gestorben sei.

»Wenn wir den Eiger packen«, sagte Ray, »brauchst du nur noch einen Abstecher in die Bergeller Berge zu machen und den Piz Badile zu erklimmen, dann hast du alle sechs Klassiker in der Tasche.«

»Daran hatte ich noch gar nicht gedacht«, sagte ich. »Aber wollten wir nach dem Eiger mit dem Bergsteigen nicht Schluß machen?«

»Na ja, das stimmt, aber es wäre doch eine Schande, die Cassin-Route am Badile nicht gemacht zu haben, oder?«

»Ist sie schwierig?«

»Nein, nicht sonderlich«, sagte Ray. »Wir haben sie damals in Kletterschuhen in vier oder fünf Stunden gepackt. Phantastische Kletterei auf wunderbarem Granit, und schön ist das Bergell auch. Es würde dir gefallen.«

»Laß uns lieber aufbrechen, ehe dir noch mehr geniale Pläne einfallen.« Ich schüttete den Teesatz meines Bechers ins Freie und dachte, während ich mir die Stiefel schnürte, an warme, sonnige Tage auf dem Granit der Bergeller Berge.

»Wenn wir uns sputen, müßten wir in einer Stunde unten

sein«, sagte ich, als wir das Biwakzelt verstauten und unsere Rucksäcke schulterten. »Die Nordwand wird jetzt wohl einige Tage lang schneebedeckt bleiben.«

»Allerdings, und der Mittelegigrat ebenfalls«, meinte Ray verdrossen. Es war Teil unseres geplanten Trainingsprogramms gewesen, über den Mittelegigrat zum Eigergipfel zu queren und über den Westkamm abzusteigen. Das schlechte Wetter brachte unsere sorgsam ausgearbeiteten Pläne durcheinander, und uns ging wertvolle Zeit verloren.

»Dann gehen wir in der Zwischenzeit eben ein bißchen Fels-klettern«, schlug ich vor. »Am Hintisberg zum Beispiel. Das Klettergebiet dort ist nach Süden ausgerichtet, überhängend und an manchen Stellen über 200 Meter hoch.«

»Toll«, sagte Ray wenig begeistert. »Überhängender Fels war mir doch schon immer das liebste.«

»Na komm, wir müssen ein paar schwierige Felsrouten hinter uns bringen. Das wird unserem Selbstvertrauen Auftrieb geben. Wir könnten auch mit Rucksäcken und dicken Bergschuhen trainieren, wenn du willst.«

»Jetzt aber raus mit dir.« Ray gab mir einen scherzhaften Schubs, und ich hätte auf dem vereisten Fels fast das Gleichgewicht verloren. »Überhängenden Fels zu klettern ist ohne diese dämlichen Dinger an den Füßen schon schlimm genug«, murrte er, während er sich die klobigen Plastikdoppelschuhe zuband.

Ray wirkte ungewöhnlich nervös, als er an seinem Klettergürtel Karabiner und Haken heraussuchte. Ich lehnte mich ins Seil, das ich in einen glänzenden neuen Bohrhaken am Einstieg der Route eingehängt hatte, und blickte zu den gestuften Dächern der Wand hinauf. Es war warm in der Nachmittagssonne, und die weiße Kalksteinwand reflektierte ein grelles, hartes Licht. Während mein Blick die Wand hinaufwanderte, entdeckte ich auf einem großen Felswulst zwei winzige Gestalten. Ihre Seile hingen frei herunter und tanzten im Wind. Ein Stück weiter rechts zog sich ein Kletterer gerade über den Rand eines riesigen horizontalen Dachs. Seine Bewegungen waren kontrolliert und präzise und strahlten eine mühelose Eleganz aus, während er mit der Grazie eines Tänzers und der Kraft eines Turners aufwärtsstieg. Man merkte ihm nicht an, was für eine enorme Kraft er aufbringen mußte, um sich in einer so exponierten Lage zu halten. Unter ihm wirbelten schwarze Schatten – im Aufwind kreisende Vögel.

Ich sah zu den Wiesen unten im Tal hinab. Ein alter Bauernhof mit einem Schindeldach und dicken Balken stand malerisch neben einer Kieferngruppe. Am oberen Talende ragte dominierend der Eiger empor.

»Alles in Ordnung?« fragte ich Ray, während er sich anseilte.

»Ja, ja, ich denke schon«, sagte er mißmutig und blickte zu dem Kletterer an dem Dach weit über uns hinauf. »Meine Fresse! Da wollen wir rauf?«

»Geht ein bißchen bergauf, was?« sagte ich und amüsierte mich über seinen entsetzten Gesichtsausdruck.

»Mein Gott, wie ich diese Kalksteinkraxelei hasse«, stieß Ray inbrünstig hervor. »Diese Wände nerven, außerdem sind sie so verdammt steil.«

»Du wirst's schon packen«, beruhigte ich ihn. »Es sind jede Menge Bohrhaken in der Wand, alle brandneu. An die könntest du einen ganzen Lastwagen hängen.«

»Schon möglich.« Ray rieb sich die Finger mit Kreide ein und musterte besorgt die erste Etappe.

»Ich werde direkt hinter dir sein.« Ich klopfte ihm auf die Schulter, und zögernd machte er die ersten leichten Züge bis zu der Stelle, wo der Fels überzuhängen begann und ihn aus dem Gleichgewicht brachte. Die Seile hingen gerade zu mir herunter, und ich beobachtete ihn, wie er behutsam das blaue Seil in den ersten Haken einklinkte.

»Okay, ich hab dich, Junge«, rief ich ihm zu. »Nichts wie ran!«

»Ran an was?« knurrte Ray und starrte auf die überhängende Wand und das an ihrem oberen Ende vorspringende kleine Dach. Er tastete an der Felswand herum, um einen bequemen Griff zu finden.

Was dann folgte, war eine Demonstration so unglaublich

stümperhafter Kletterkünste, daß mir die Spucke wegblieb. Ich war mit Ray in der ganzen Welt geklettert, im Himalaja und auf den Meeresklippen von Pembroke, auf Felstürmen in Sardinien und an den gefrorenen Wasserfällen in Colorado. Ich hatte ihn noch nie so schlecht klettern sehen, und mir war schleierhaft, was mit ihm los war.

Er kletterte höher, bis er schwankend an der geneigten Wand hing. Dann hielt er abrupt inne. Ab und zu fuhrwerkte er nervös mit der Hand über seinem Kopf herum, suchte blind nach einem Griff. Ein Fuß begann zu vibrieren, als betätigte er das Tretgestell einer Nähmaschine. Dann begann auch sein anderer Fuß zu zittern. Ich gab mir Mühe, nicht loszukichern.

»Du bist jetzt genau unterhalb der größeren Schwierigkeiten«, rief ich ihm aufmunternd zu. Er brummte eine verärgerte Antwort.

Es dauerte eine Ewigkeit, bis er endlich zum Dach hochkroch, an dem er dann hektisch herumtastete. Neben seinen stark vibrierenden Füßen begannen jetzt auch seine Oberschenkel zu zittern, dann seine Schultern. Er schien ein bißchen den Überblick zu verlieren. Während er das eine Bein abwinkelte, begann er mit dem rechten Arm über dem Dach herumzuwedeln wie ein Ertrinkender, der auf sich aufmerksam zu machen versucht. Er keuchte vor Anstrengung, nicht den Halt zu verlieren. Die Schwerkraft begann zu wirken und ihn nach unten zu ziehen. Aus ein paar hektischen Armbewegungen wurde unvermittelt ein gewagter, dynamischer Vorstoß nach oben. Endlich hatte er einen Haltepunkt über dem Dach gefunden. Ich lächelte anerkennend über seine beherzte Lösung des Problems.

Dann vernahm ich einen erschreckten Aufschrei, als seine Finger sich um ein glattes Felsköpfchen schlossen und abzurutschen begannen. Unfähig, umzukehren und mittlerweile unmäßig zitternd, patschte er verzweifelt rechts von sich auf der Wand herum und klammerte sich an eine dünne, scharfe Kante. Dank der Milchsäure, die seine Unterarme durchströmte, waren seine Finger so fest wie weichgekochte Makkaroni geworden. Der Griff war zu weit entfernt.

Mit einem Seufzer fiel er herunter. Von Lachen geschüttelt, ließ ich ihn zum Boden herab. Schwer atmend, mit gesenktem Kopf stand er schließlich am Einstieg.

»Du hast soeben das handwerkliche Geschick einer eingelegten Krake demonstriert«, sagte ich liebenswürdig.

»Leck mich doch am Arsch«, fauchte er.

Es war ein unglücklicher Start, aber schließlich bekamen wir unsere fünf Sinne wieder zusammen und kletterten ein paar schöne Routen. Ich war in guter Form und genoß die weiten Züge an der steilen Kalksteinwand. Ray wirkte seltsam bedrückt. Während er sich die Seillängen hinaufkämpfte, sah man ihm deutlich an, daß er mit seiner Leistung unzufrieden war.

Als wir später zum Auto zurücktrotteten, fragte ich ihn, ob alles in Ordnung sei, aber er winkte nur ab und sagte, ich solle mir keine Gedanken machen, er sei nur ein bißchen eingerostet. Ich wußte, daß er in seinem Klettershop in Utrecht sehr eingespannt gewesen war und wegen der bevorstehenden Eröffnung der Filiale vor seinem Urlaub unter großem Druck gestanden hatte. Vielleicht hatte er keine Zeit gehabt, um genügend zu trainieren. Es war jedenfalls nicht normal, daß er so schlecht kletterte.

Ich nahm Rays Fernglas und suchte damit niedergeschlagen den Eiger ab.

»Der wird auf keinen Fall rechtzeitig wieder trocken sein. Meine Güte, sieh dir nur mal die Rampe an. Die ist vollkommen weiß«, sagte ich. »Und es bleiben uns nicht mal mehr zwei Wochen.«

»Wer weiß«, sagte Ray. »Als ich das letzte Mal hier war, war ich erstaunt, wieviel Sonne die Wand nachmittags abbekommt, obwohl sie nach Norden weist. Das Zeug könnte schneller abtauen, als du denkst.«

»Meinst du?« fragte ich hoffnungsvoll.

»Wir werden ja sehen.« Ray hievte den Rucksack in den Kofferraum. »Laß uns erst mal ein Bier trinken gehen.«

Ich warf noch einen Blick auf den stolz am Talende aufragenden Eiger. Ein einsamer, einzigartiger Berg, dessen bloßer

Anblick einem den Atem nahm. Ich fühlte mich in seiner Gegenwart ganz klein. Ich starrte zu den grauglänzenden Felsstufen hinüber, die sich in der Ferne zu spektakulären Höhen aufschwangen, mit lautlos über Überhänge und Vorsprünge fallenden Wasserfällen und Schnee.

Die Eisfelder warfen ein weißes Licht von der riesigen, nach innen gewölbten Nordwand zurück, schön und geheimnisvoll. Sie strahlte eine bedrohliche Gelassenheit aus; sie war von der verlockenden Stille großer Höhen umfangen.

Wir fuhren die Serpentinenstraße hinunter, bis wir auf der Höhe des alten Bauernhofs waren, den ich vom Felsmassiv aus gesehen hatte. An einem groben Holztisch vor der Haustür saß ein älteres Ehepaar. Das Gesicht des Mannes war von dem harten Leben als Bauer auf den hochgelegenen Alpweiden verwittert und von tiefen Furchen durchzogen. Er hielt eine Flasche Bier in die Höhe und winkte damit, während er uns mit der anderen Hand ein Zeichen gab, daß wir zu ihnen herüberkommen sollten.

»Ist das hier eine Bar?« fragte ich Ray.

»Ich glaube nicht«, antwortete er. »In meinen Augen sieht's jedenfalls wie ein alter Bauernhof aus.«

»Aber anscheinend will er, daß wir uns zu ihm setzen.«

»Dann machen wir das doch«, sagte Ray kurz entschlossen und stellte das Auto am Straßenrand ab.

Der alte Bauer begrüßte uns mit weit ausgebreiteten Armen, in der einen Hand eine Bierflasche, in der anderen eine gefährlich anmutende Flasche mit klarem Alkohol. Er winkte uns zu der Sitzbank hinüber und öffnete flugs zwei Flaschen Bier. Seine Frau lächelte und hob zur Begrüßung ein kleines Schnapsglas in die Höhe. Der Bauer füllte zwei Gläser mit dem Pfirsichschnaps randvoll. »Zum Wohlsein«, sagte er und leerte mit einer schwungvollen Bewegung sein Glas. »Prost«, erwiderte Ray, probierte einen Schluck und fing sofort an zu husten. »Auf Ihr Wohl«, sagte ich, leerte das Glas und saß wie betäubt da, während mir die Tränen in die Augen schossen und die Kehle wie Feuer brannte.

Was folgte, war eine immer lebhafter werdende Diskussion,

wobei der Bauer Schweizerdeutsch sprach, Ray auf holländisch antwortete und ich kein einziges Wort verstand. Mir fiel auf, daß die Sohlen der schweren Stiefel des Bauern genagelt waren. Es waren genau die gleichen Nägel, wie sie vor der Erfindung der Steigeisen von den Bergsteigern verwendet worden waren.

»Er sagt, er hat früher bei der Eigerbahn gearbeitet. Er war Streckenwärter bei den Stollenfenstern.« Ray verstummte und lauschte wieder dem alten Mann. »Großer Gott!« rief er, als der Mann geendet hatte.

»Was ist denn?«

»Er hat mir gerade erzählt, daß er den Dienst quittiert hat, nachdem er einmal mit ansehen mußte, wie zwei Seilschaften am Fenster vorbeigestürzt seien.«

»Ich werd verrückt!« Ich blickte den Mann an, und er nickte mir ernst zu. Ich konnte ihn zwar nicht verstehen, aber seine Miene sprach Bände. »Welche Seilschaften das wohl waren? Er ist doch wohl nicht der Mann, der 1936 die Partie Kurz und Hinterstoisser vom Fenster aus gesehen hat?«

»Nein«, sagte Ray. »Das muß später gewesen sein, in den Fünfzigern, schätze ich. Es sind dort viele Leute verunglückt, hat er gesagt. Er mochte das nicht mit ansehen, wenn sie abstürzten. Es ist ein schlimmer Ort. Jetzt ist er Bauer. Das ist sicherer«, übersetzte Ray.

»Sofern man dieses Teufelszeug nicht trinkt«, brummte ich. Ich betrachtete den alten Mann, während Ray zunächst auf die Eigerwand deutete, dann auf mich und dabei etwas sagte. Die Miene des Mannes wurde auf einmal sehr ernst. Seine Frau fuhr sich erschrocken mit der Hand an den Mund und schüttelte den Kopf.

»Er sagt, wir sollen es bleibenlassen«, sagte Ray. »Es ist eine üble Wand, sagt er, sehr gefährlich.«

»Ermutigend, was?« entgegnete ich. Ray lachte und versicherte dem Ehepaar, daß uns nichts passieren werde. Ihrem Gesichtsausdruck nach zu urteilen, hatten sie diese Worte schon viele Male gehört. Der alte Mann schenkte mir nach, ehe ich ihn davon abhalten konnte, aber diesmal hob er sein Glas bedächtig und mit ernstem Blick. »Gott behüte euch«, sagte er und kippte den Schnaps in einem Zug hinunter.

An den folgenden Tagen herrschte schönes, sonniges Wetter, und während wir am Hintisberg kletterten, behielten wir unablässig die Wand im Auge und staunten, wie schnell der frische Schnee taute. Leider besserte sich Rays schlechte Verfassung nicht wesentlich. Ich machte mir insgeheim Sorgen. Weil ich selbst in guter Form war, nahm ich mir vor, den gesamten Vorstieg zu übernehmen, vorausgesetzt, die Verhältnisse waren gut und das Wetter blieb schön. In meinem Hinterkopf nagte jedoch die quälende Sorge, daß wir beide unsere ganze Kraft einsetzen müßten. Falls wir in ein schweres Eiger-Gewitter gerieten, waren wir auf unser beider Können angewiesen.

Als wir an einem sonnigen Spätnachmittag am Fuß des Felsmassivs saßen, unsere Kletterausrüstung sortierten und in unsere Rucksäcke stopften, brachte ich meine Bedenken zur Sprache. Es war für uns beide ein peinlicher Augenblick, aber ich fand, daß wir offen miteinander reden mußten. Wir waren schon seit so vielen Jahren Freunde und Klettergefährten, daß wir es uns leisten konnten, ehrlich zueinander zu sein.

»Ich mache mir ein bißchen Sorgen um dich, Junge«, sagte ich. »Du kletterst wie ein Hemmklotz. Was ist los mit dir, Kumpel?«

»Ich hab so 'ne Kraxelei noch nie leiden können«, verteidigte sich Ray. »Steil und überhängend ist noch nie mein Fall gewesen.«

»Ja, ich weiß, aber früher bist du viel besser geklettert. Irgendwas stimmt nicht...«

»Dieser Klettergarten ist gruselig«, fiel mir Ray ins Wort. »Er ist sehr ausgesetzt, vor allem mit diesem steilen Hang darunter und dem steilen Abfall ins Tal...«

»Im Götterquergang wird's noch viel schlimmer sein«, sagte ich trocken.

»Also, das ist nicht gerade hilfreich, muß ich sagen...«

Ich konnte mir vorstellen, was in ihm vorging. Der psychische Ballast des Eigers hatte an seinem Selbstvertrauen zu nagen begonnen. Ich fragte mich, ob er sich die Sache überhaupt gründlich überlegt hatte. Ich selbst hatte vor meiner Abreise lang und breit über diese Bergtour nachgedacht, hatte soviel darüber gelesen wie möglich und meine Entscheidung getroffen, ehe ich abgereist war. Ray hatte in den hektischen Monaten vor unserer Fahrt vermutlich keine Zeit gehabt, sich richtig klarzumachen, was wir uns da vorgenommen hatten. Nun, da ihm der Eiger an jeder Ecke bedrohlich entgegensah, wurde er unsicher; Zweifel und nagende Ängste verunsicherten ihn immer mehr. Er hatte eine Frau, zwei kleine Töchter und die Verantwortung über ein Geschäft mit vielen Mitarbeitern. Er hatte viel zu verlieren, viel mehr als ich.

»Glaub mir, wir schaffen das«, sagte ich, und er sah mich durchdringend an. »Wir wissen, daß wir klettern können. Auf deinem Video haben wir gesehen, was die Wand zu bieten hat. Deshalb sind wir hierhergekommen. Es hat sich nichts geändert. Wenn es uns nicht gefällt, verschwinden wir wie besprochen. Mach dir keine Gedanken.«

»Ja, ich weiß. Du hast recht«, seufzte Ray. »Ich wette, wenn wir erst einmal in dieser Wand sind, ist alles in Ordnung. Ich will die Tour wirklich machen, es ist nur … na ja, ich hab einfach Muffensausen …«

»Na und? Damit werden wir schon fertig. *Wir* haben das Risiko gewählt – nicht der Berg.«

»Ja, da hast du recht.«

»Ich glaube, wir sollten morgen mal hingehen und uns die Sache ansehen. Wir können das Zelt am Wandfuß aufstellen und dann bis zum Hinterstoisser-Quergang oder sogar zum Schwalbennest klettern und dann wieder absteigen. Dadurch werden wir ein Gefühl für den Berg bekommen, eine Vorstellung von seinen Ausmaßen und den Verhältnissen. Was hältst du davon?«

»Morgen?« Die Idee schien ihn zu erschrecken.

»Irgendwann müssen wir es tun«, sagte ich.

»Morgen, nun ja, wieso eigentlich nicht? Ja, gute Idee. Vielleicht hilft mir das, die Dinge in einem anderen Licht zu sehen.«

»Genau«, pflichtete ich ihm bei. »Wenn es einem von uns nicht behagt, dann ist die Sache gelaufen. Dann machen wir eben was anderes. Das ist für mich kein Problem.«

»Du wärst stinksauer, wenn wir die Sache nicht durchziehen würden.«

»Nein, ich hab von Anfang an gesagt, daß es unsere freie Entscheidung ist, für jeden von uns. Möglich, daß ich geknickt wäre, aber zumindest wüßte ich, daß wir es versucht haben. Damit kann ich leben. Also, dann packen wir's morgen an.«

»Gut, abgemacht«, sagte Ray, und seine Miene hellte sich auf, als er zum Eiger hinübersah.

»Irgendwie witzig, wie wir damit umgehen, oder?« sagte ich. »Ich meine das Risiko – wie wir damit fertig zu werden versuchen.«

»Und jedesmal ist es anders, stimmt's?«

»Früher hab ich mir nie so viele Gedanken gemacht. Das ist wirklich zu blöd. Wir wissen inzwischen viel mehr, sind besser geworden, haben eine viel bessere Ausrüstung, und damals waren wir so unerfahren. Trotzdem werde ich von Jahr zu Jahr ängstlicher.«

»Ja, mein Lieber«, sagte Ray und streckte den Zeigefinger in die Höhe. »Das liegt daran, daß man eine Erfahrung erst gewonnen hat, nachdem man sie gebraucht hätte – darin liegt das Problem.«

»Das Problem liegt darin, daß einem auf einmal bewußt wird, daß man nicht unsterblich ist«, sagte ich. »Das ist mir auf dem Siula Grande ausgetrieben worden. Danach konnte ich nie mehr so denken wie vorher. Du kriegst das nicht mehr aus dem Kopf. Es ist schwierig, damit umzugehen …«

»Und dabei ist mir noch nie ein Unfall passiert«, warf Ray ein. »Manchmal kommt mir das alles richtig bescheuert vor.«

»Es ist nur eine Frage der Wahrscheinlichkeit. Mal bist du Windschutzscheibe, mal das an der Windschutzscheibe klebende Insekt.«

»Wie beim Lotto«, sagte Ray lachend.

»Genau. Und du weißt ja, wenn du am Montag Lotto spielst, ist die Wahrscheinlichkeit, bis zur Samstagsziehung nicht mehr am Leben zu sein, größer, als es deine Gewinnchancen je sein werden.«

»Soll das 'n Witz sein?«

»Ganz und gar nicht. Damit sieht die Sache doch gleich viel nüchterner aus, oder? Ein Lottogewinn ist genauso wahrscheinlich, wie auf der Straße auf einen Fremden zuzugehen und ihm seine richtige Telefonnummer zu nennen.«

»Zum Glück spiele ich nie Lotto«, sagte Ray.

»Die Angst vor dem Eiger ist im Grunde nichts weiter als eine Phobie, so wie man Flugangst oder Höhenangst haben kann.«

»Ich *habe* Höhenangst, verdammt noch mal«, fuhr Ray mich an.

»Haben wir das nicht alle? Das gehört dazu. Klettern ist irrational, genauso wie Phobien. Wenn es einen einfachen Weg gibt, warum wählt man dann den schwierigsten? Wenn du Angst davor hast, warum zwingst du dich dann dazu?«

»Ich hab trotzdem Angst«, wiederholte Ray bockig.

»Das ist bloß eine Phobie …«

»Ach, halt doch die Klappe!«

»… deshalb müssen wir uns unseren Alpträumen, unseren Phobien, deiner Eiger-Blockade stellen, damit sie uns nicht fertigmachen.«

»Oh, klingt ja großartig«, brummte Ray, erhob sich und setzte sich seinen Rucksack auf.

»Mit einer Aversionstherapie versucht man Leute von ihren Phobien zu heilen. Wenn du Flugangst hast, zwingen sie dich zu fliegen und treiben dir die Phobie sozusagen gewaltsam aus. Wenn du Höhenangst hast, stellen sie dich an einen tiefen Abgrund.«

»Und das funktioniert?«

»Keine Ahnung, aber ich würde mich nach dieser Methode gern von meiner Angst heilen lassen, mit Supermodels zu schlafen.«

»Idiot!« rief Ray und setzte sich in Gang.

»Also, bleibt's bei der Erkundungstour des unteren Wandteils, allerhöchstens bis zum Hinterstoisser-Quergang?« fragte ich und hastete ihm hinterher.

212

»Was? Nachdem du mir meine Ängste nun ausgetrieben hast, meinst du?«

»Ja, so ungefähr«, sagte ich, als ich ihn eingeholt hatte. »Ganz im Ernst, danach wird alles ganz anders aussehen.«

»Glaubst du?«

»Ganz sicher«, sagte ich. »Es bleibt also bei morgen?«

»Wenn du meinst«, sagte Ray schicksalsergeben.

Kapitel 12

Auf Tuchfühlung mit der Geschichte

Die Wand lag noch im Bann der eisigen Morgenfrühe, und alles war still. Ich bewegte mich langsam über ein schmales Geröllband. In der linken Hand hielt ich die Seile und ließ sie hinter mir herschleifen, Ray folgte mir. Ich war mir der unterhöhlten Felswand links von mir bewußt. Ab und zu sah ich hoch, um nach dem umgedrehten Felsdreieck Ausschau zu halten, von dem im Routenführer die Rede war. Links davon sollte der Einstiegskamin sein, eine kurze Verschneidung mit einem brutalen Handriß an der Rückseite. Die riesenhafte Rote Fluh dominierte das Blickfeld. Ich wußte, daß dort oben zwei französische Bergsteiger waren, hatte sie in den ungeheuren Ausmaßen des unteren Wandteils aber schnell aus den Augen verloren. Ich hatte ihre aufgeregten Stimmen gehört, als sie ein paar Stunden zuvor an unserem Zelt vorbeigegangen waren.

Während ich Teewasser gemacht und dabei den glühenden blauen Ring des Gaskochers im Auge behalten hatte, konnte ich an der dunklen Wand die beiden gelben Pünktchen ihrer Stirnlampen blinken sehen. Sie waren ein Stück links vom Einstiegskamin hinaufgestiegen, und bei Tagesanbruch hatte ich durchs Fernglas beobachtet, wie sie sich zügig und seilfrei an der rechten Seite des Ersten Pfeilers hocharbeiteten. Ich wußte, daß man auf den unteren 800 Metern der Wand in dem Gewirr von Felsbändern, Wandstufen und Schneefeldern zwischen etlichen verschiedenen Routen wählen konnte. Ich hatte überlegt, ob wir den Franzosen folgen sollten, den Gedanken jedoch wieder verworfen. Wir wären dann unweigerlich in der Sturzbahn der Steine gewesen, die die beiden ungewollt lostraten. Als es heller wurde, war mir aufgefallen, daß das Gelände im mittleren Wandbereich, wo wir aufzusteigen gedachten, im Gegensatz zu den milchigweißen Felsen des Ersten Pfeilers von seltsam bräunlicher Farbe war, hatte mir darüber aber keine weiteren Gedanken gemacht.

An der Stelle, wo ein Dreieck aus schmutzigem Firn auf das Geröllband stieß, entdeckte ich den Einstiegskamin. Sofort machte ich mich daran, Stufen in den Firn zu treten, und stützte mich dabei mit dem Pickel ab. Nach einem kurzen Stück ging das Schneefeld in einen herabgestürzten Geröllstrom über. Am Rand des verschneiten Bereichs lag ein zerknautschter roter Gegenstand. Es sah nach einer Jacke aus, irgend etwas aus rotem Stoff und von der Form eines Rumpfes. Schockiert blieb ich stehen und sah mich nach Ray um, der sich vorsichtig den Firnhang hocharbeitete.

Ich langte mit dem Pickel nach vorn und stocherte zaghaft an dem Gegenstand herum. Zuerst kam ein Riemen zum Vorschein, dann eine Schnalle, und ich atmete erleichtert auf, als ich erkannte, daß es ein Rucksack war. Er war total zerfetzt und teilweise im Geröll vergraben. Ich ergriff einen Riemen und versuchte den Rucksack hochzuziehen. Mit einem steifen Ruck kam er zwischen den Steinen hervor. Der Deckel hing nur noch an einer Ecke, der zweite Riemen war abgerissen. In der Rückwand war ein ausgefranstes Loch. Ich öffnete den plattgedrückten Rucksackkörper und lugte hinein. Er war leer. Ich hatte damit gerechnet, daß er persönliche Gegenstände enthielt, und war erleichtert, daß dem nicht so war.

»Ob der jemandem runtergefallen ist?« murmelte ich.

»Hoffentlich«, sagte Ray, während er zu mir aufschloß und die Seile aufnahm.

Wir klemmten uns hinter einen Felssockel, um Kletterhaken und Schlingenmaterial zu sortieren. Immer wieder blickte ich zu dem roten Ding auf den Steinen hin, ein klägliches Relikt vom Unglück eines anderen Menschen.

»Du wolltest doch ein paar Souvenirs für deinen Laden haben, aber das ist wohl nicht ganz das, was du dir vorgestellt hast, oder?«

»Nein, nicht so ganz«, sagte Ray, während er ein paar Haken in meinen Gurt einhängte. »Ich hatte eher an alte Ringhaken, Holzkeile, vielleicht ein verschlissenes altes Bergseil und solche Sachen gedacht. Das würde sich neben einem Foto vom Eiger gut an der Wand machen.«

Argwöhnisch musterte ich den Kamin. Hinten in der Spalte schimmerte Eis, und über die Felswände rann Wasser. Es war zwar nur ein kurzes Stück, würde aber ein beschwerlicher Einstieg werden. Mein Blick fiel auf eine weiße Tafel, die hoch oben auf der linken Seite der Verschneidung hing. Ich las die Worte zum Gedenken an zwei Bergsteiger, die vor Jahren ums Leben gekommen waren. Was den beiden zugestoßen war, war nicht angegeben. Ich blickte wieder zu dem Rucksack hin.

»He, sieh dir das an!« rief Ray und sah dabei seitlich über den Felssockel am Fuß des Kamins. Ich stieg hinunter und um den Felsblock herum und sah eine am Fels lehnende schwarz umrandete Messingtafel. Als ich sie aufhob, bemerkte ich die Löcher, in denen die Schrauben gesteckt hatten, ehe sie von dem ständigen Wechsel von Ausdehnung und Kontraktion bei Frost herausgeplatzt waren und die Tafel abgefallen war. Es standen zwei Namen darauf, die Geburts- und Sterbedaten und ein paar Worte auf deutsch.

»Arme Teufel«, sagte ich, stellte die Tafel an die Felswand zurück und ging wieder zu Ray hinüber. Man hatte uns vor den deprimierenden Resten zertrümmerter und zerfetzter Ausrüstungsgegenstände im unteren Wandbereich gewarnt; sie jedoch mit eigenen Augen zu sehen, war einigermaßen ernüchternd. Ray sah mich mit starrer Miene an.

»Na, das ist ja ein heiterer Anfang«, sagte ich. »Los, machen wir, daß wir hier rauskommen. Hast du die Seile?«

»Ja, von mir aus kann's losgehen.«

»Es sieht ziemlich übel aus, deshalb werd ich langsam tun. Ich hab nicht vor, auf den ersten drei Metern gleich runterzufallen.«

»Wirst du oben einen Standplatz einrichten?«

»Mal sehen, aber wahrscheinlich wird's das beste sein. Wir sollten nach diesem Stück möglichst angeseilt weitersteigen. Die beiden Franzosen sind solo gegangen.« Ich zog mich vorsichtig auf den Block hoch und langte zu der Spalte hinüber. Darin brachte ich einen *Friend* an, ein sich den Rissen anpassendes Klemmgerät, und hängte das blaue Seil darin ein. Dann griff ich über den Hohlraum des Kamins hinüber. Zehn Meter unter mir lehnte die Gedenktafel an der Wand. Ich fühlte mich angespannt, war mir nur zu bewußt, auf was wir uns eingelassen hatten.

»Sei vorsichtig, Junge«, mahnte Ray, als ich ein Bein über die Kluft spreizte und die linke Hand in die Spalte schob. Als ich sie zur Faust ballte, rutschte sie erst ein Stück, ehe sie sich in dem eisüberzogenen Fels verklemmte.

»Achtung! Es ist brutal rutschig«, sagte ich, holte tief Luft und schwang mich in die Verschneidung hinüber. Ich verlor sofort das Gleichgewicht, von meinem Rucksack nach hinten gezogen, der mich auch daran hinderte, mich in eine günstigere Position zu drehen. Nach der geschmeidigen, ballettartigen Fußarbeit in Kletterschuhen am Hintisberg kamen mir die dicken Bergstiefel richtig klobig vor. Es war ein kurzer, unangenehmer Kampf, mehr mit Muskelkraft als mit Stil bewältigt, bis ich keuchend das obere Ende der Verschneidung erreichte. Von dort bewegte ich mich auf einem schmalen Band auf einen rostigen Haken in einem nach unten zeigenden Riß zu. Ich brachte neben dem Haken einen kleinen Klemmkeil an und hängte die Seile in Haken und Klemmkeil ein. Wenig später stand Ray neben mir, und wir versuchten herauszufinden, wo es weiterging.

Einen kurzen Moment lang verspürte ich eine riesige Freude.

Wir sind auf dem Eiger, sind endlich in der Nordwand. Wir hatten zwar erst zwölf Meter hinter uns, aber für mich war es ein bedeutsamer Augenblick. Selbst wenn wir auf der Stelle kehrtgemacht hätten, hätte ich sagen können, daß ich in der Wand gewesen sei. Ich blickte zu Ray hinüber und sah, daß er lächelte. Wir hatten die naßkalte Verschneidung mit den deprimierenden Gedenktafeln und den traurigen Überresten hinter uns, und vor uns lag die Wand.

»Wie fühlst du dich?« fragte ich.

»Sehr gut«, sagte Ray, und ich wußte, daß er das gleiche empfand wie ich. Uns bedeutete es viel, einfach nur hier zu sein. Ich spürte, wie eine ganze Ladung Ängste von mir abfiel, als ich über das Gewirr von Felsstufen und Bändern zu der Stelle hinaufsah, wo der Schwierige Riß in den Hinterstoisser- Quergang mündete. All die Namen, die ich bislang nur aus Büchern gekannt hatte, waren mit einem Schlag Wirklichkeit. Ein Gefühl freudiger Erregung durchströmte mich. Es kam mir alles so bekannt vor – die Bewegungen, das Klappern des Materials, die Geräusche in der Wand, die Stille, die gelegentlich vom Rumpeln eines herabfallenden Steins durchbrochen wurde. Mir wurde auf einmal bewußt, wie sehr ich die Alpen vermißt hatte.

Vier Stunden später waren wir knapp unterhalb der Spitze des Zerschrundenen Pfeilers. Obwohl wir damit ein Drittel der Wand bewältigt hatten, war ich enttäuscht, daß wir so unsäglich langsam vorankamen. Die bräunlichen Streifen, die mir vom Zelt aus aufgefallen waren, erwiesen sich als eisige Verglasungen genau dort, wo unsere Route entlangführte. Ich blickte immer wieder neidisch nach links, wo die Franzosen hochgestiegen waren; sie waren schlau gewesen und hatten eine trockene Linie gewählt. Wir hingegen wurden durch die schimmernde Eisglasur behindert. Was normalerweise ein paar leichte Züge gewesen wären, wurde zu einem nervenaufreibenden, gefährlichen Balanceakt. Es waren nur wenige Sicherungspunkte vorhanden, und wenn, dann lagen sie weit auseinander. Wir gingen gemeinsam am Seil, hängten uns hier und da in einen alten Kletterhaken ein oder brachten in dem brüchigen, blockartigen

Gelände einen Klemmkeil an. Daß wir nur so langsam vorankamen, lag auch daran, daß der Weg schwer zu finden war, wir
uns deshalb ständig verstiegen und mühsam wieder zurückklettern mußten.

Während die Stunden vergingen, fühlte ich mich trotzdem
zunehmend wohler. Je höher wir kamen, um so leichter wurde
die Orientierung in der Wand, obwohl die Rote Fluh uns die Sicht
noch immer versperrte. Als ich einmal hochblickte, sah ich am
Rand einer vom Wasser geschwärzten Felsstufe eine Pulver-
schneefahne aufstieben. An einer verschneiten Kante auf dieser
Stufe tauchte eine winzige Gestalt auf und begann langsam nach
links zu queren. Die Franzosen waren also mittlerweile kurz vor
dem Hinterstoisser-Quergang. Mit einem tiefen Zischen schoß
ein Stein in die Tiefe und fiel mit einem dumpfen Aufschlag auf
die Spitze des Zerschrundenen Pfeilers. Ich ging instinktiv in
Deckung. Als ich hinunterblickte, sah ich, daß Ray im Schutz
einer überhängenden Wand auf einer kleinen Felsbank stand. Ich
winkte ihm zu und begann vorsichtig zu ihm hinunterzusteigen.

»Sollen wir für heute Schluß machen?« fragte ich, nahm meinen Rucksack ab und stellte ihn auf die Felsbank.

»Ich dachte, du wolltest bis zum Hinterstoisser.«

»Wollte ich auch, aber wir kommen viel zu langsam voran. Das
liegt an dieser verdammten Eisglasur.«

»Ich weiß«, entgegnete Ray. »Gruselig, was?«

»Da oben hat's mich beinahe runtergehauen«, sagte ich. »Ich
wollte mich an vereisten, abschüssigen Griffen hochstemmen
und meinen Fuß auf einem Geröllhügel aufsetzen. Das war
blödsinnig. Zwischen dir und mir war keine einzige Zwischensicherung.«

»Hast du die Franzosen gesehen?« fragte Ray.

»Ja, ganz kurz. Dabei hab ich auf einmal einen Überblick über
die ganze Wand gekriegt. Ich konnte ausmachen, wo sich die
einzelnen Wandstellen befinden. Ich hab den Schwierigen Riß
gesehen, und ich glaube auch die Tür vom Stollenloch, rechts
davon das Tunnelfenster.«

»Ich bin verdammt froh, daß wir das hier gemacht haben«,

sagte Ray und bot mir ein Stück Schokolade an. »Die ganze Angst, die ich vorher gehabt habe, ist verflogen. Es ist tatsächlich nur seelischer Ballast gewesen. Wenn man klettert, denkt man nicht mehr daran, stimmt's?«

»Nein, aber beim Abstieg könnte es einen schlagartig wieder überfallen. Du mußt dir einfach fest einprägen, wie du dich in diesem Augenblick fühlst.«

»Ich schätze, wir haben um die 600 Meter hinter uns gebracht.«

»Ja, aber das will nicht viel heißen. Wir sind immer noch unterhalb der schwierigeren Brocken.«

»Na ja, ich bin schon froh, daß wir's bis hierher geschafft haben. War 'ne gute Idee von dir. Das hier ist wirklich was ganz Einmaliges, findest du nicht?« entgegnete Ray. Ich betrachtete das unschöne Durcheinander von lockerem Gestein und Schotter unter uns.

»Ich finde, das sieht eher wie 'ne Schlackenhalde aus«, meinte ich. »Komm, laß uns absteigen.«

Wir begannen mit der Abseilarbeit und achteten beim Abziehen der Seile jedesmal darauf, daß keine Steine auf uns niederprasselten. Am Fuß einer kurzen Wandstufe neben dem Ersten Pfeiler entdeckte ich ein halb zwischen Geröll und Eis vergrabenes Kleidungsstück und ging zu der Stelle hinüber. Es sah aus wie zwei verdrehte Beine. Die zerfetzte schwarze wasserdichte Überhose knarzte, als ich sie herauszerrte und untersuchte. Ich blickte mich um, ob irgendwo noch weitere Teile herumlagen. Ray kam zu mir her und begutachtete die Hose.

»Steckt keiner drin?« fragte er heiter, und ich war froh, ihn so gelöst zu sehen. Ich reichte ihm die Hose.

»Möglich, daß einer dringesteckt hat«, sagte ich, »so zerfetzt wie die ist. Wenn sie in einem Rucksack gewesen oder einfach so runtergefallen wäre, würde die niemals so aussehen.« Ich hatte genügend Geschichten über Bergsteiger gehört, denen bei tiefen Stürzen von der Wucht des Aufpralls buchstäblich sämtliche Kleider vom Leib gerissen worden waren.

»Darüber will ich lieber gar nicht nachdenken«, sagte Ray, und das Lächeln auf seinem Gesicht verschwand.

»Ist Blut dran?« fragte ich, worauf Ray die Hose sofort ange-
ekelt fallen ließ. Ich lachte.

»Du solltest dich darüber nicht lustig machen«, sagte er
kopfschüttelnd.

»Was anderes bleibt uns gar nicht übrig«, erwiderte ich ernst.
Ich warf die aufgenommenen Schlingen aus und sah, wie sie sich
auf dem ersten Absatz unter uns verfingen. Ich fluchte in mich
hinein.

Während ich die Seile zu entwirren versuchte, sah ich im
Geröll etwas liegen, dessen Form und Farbe mir beängstigend
bekannt vorkamen. Ich beugte mich hastig vor und tastete mit
mulmigem Gefühl nach dem elfenbeinfarbenen Knochen. Dann
fing ich an zu lachen – zu laut.

»Was hast du denn?« rief Ray, und ich hielt den Knochen in die
Höhe. Seine Miene veränderte sich schlagartig.

»Ein Hähnchenschlegel«, sagte ich. »Ich dachte ...«

»Ich kann's mir denken«, sagte Ray.

Während wir auf der Wiese am Fuß des Eigers unser Zelt
abbauten, beobachteten wir die französischen Bergsteiger. Sie
kletterten unglaublich schnell. Sie schafften die gesamte Route
in zwölf Stunden und erreichten abends um sieben den Gipfel.
Wir konnten es kaum fassen und waren ein bißchen frustriert,
weil wir selbst auf dem eisig verglasten Schotter – dem einfach-
sten Teil der Route – nur im Schneckentempo vorangekommen
waren. Wie wir später erfuhren, hatten die beiden Bergsteiger
berichtet, daß einer der tückischsten Bereiche ein eisgepanzertes
Stück nahe des Hinterstoisser-Quergangs gewesen sei. Es war
ermutigend zu hören, daß der restliche Teil der Route offenbar
viel besser abgetaut war, als wir zu hoffen gewagt hätten. Von
dicker Vereisung in den Ausstiegsrissen war nicht die Rede, und
wir sahen das als ein gutes Zeichen an. Das Wetter schien jetzt
beständig zu sein und warm zu bleiben. Offenbar war das Glück
auf unserer Seite.

»Die müssen wirklich gut sein, so schnell, wie die geklettert
sind«, sagte ich zu Ray, als wir die Grashänge auf dem Weg zum
Bahnhof auf der Kleinen Scheidegg hinaufstiegen.

»Von dieser Sorte gibt's hier jede Menge.«

»Da komm ich mir fast ein bißchen dämlich vor, die Tour für so 'ne großartige Sache zu halten.«

»Sie ist auch 'ne großartige Sache – für uns. Und allein darauf kommt's an. Ich bin mir nicht mal sicher, ob ich sie an einem Tag machen wollte, selbst wenn ich's könnte.«

»Ich auch nicht«, pflichtete ich ihm bei. »Das würde das ganze Erlebnis schmälern, stimmt's?«

»Genau«, sagte Ray. »Ich möchte alles genießen. Ich freue mich auf die Nacht im Todesbiwak oder im Götterquergang. Ich möchte nicht einfach nur daran vorbeistürmen.«

»Ja, genau. Das erinnert mich daran, wie ich mal im Louvre gewesen bin und mir die Mona Lisa angesehen habe«, sagte ich. »Es waren nur wenige Leute da. Ich betrachtete das Gemälde ziemlich lange und versuchte, etwas daran zu finden«, fuhr ich fort.

»Und, hat's geklappt?«

»Nö, nicht so recht. Ich konnte ihr Lächeln einfach nicht geheimnisvoll finden. In meinen Augen wirkte sie lediglich etwas mißbilligend oder sogar gelangweilt. Ich hab mich damals gefragt, wie lange sie wohl dasitzen mußte, während Leonardo sie gemalt hat. Ich wußte, daß sie einen Namen hatte. Sie war eine reale Person. Mona Lisa Gherardini, Gemahlin eines florentinischen Edelmannes …«

»Gherardini?« sagte Ray. »Wie der Bergsteiger?«

»Ja, ich glaube schon, aber ich bezweifle, daß sie miteinander verwandt waren«, sagte ich. »Ihrem Mann hat das Bild offenbar nicht gefallen, denn er weigerte sich, es zu bezahlen.«

»Dann hatte er also Geschmack, was?«

»Ja, mag sein. Wie auch immer, während ich dort stand und das Bild betrachtete, stellte ich mir vor, wie Leonardo einen Wutanfall bekam und noch mal von vorne anfing, seine Farben runterschmiß und die Lehrlinge in seinem Atelier mit eingezogenen Köpfen herumhuschten und wie sich die Mona Lisa besorgt fragte, ob ihr Hintern zu dick sei …«

»Du Banause«, kicherte Ray.

»Ganz und gar nicht. Ich hab mir das Bild einfach nur genau angesehen und daran gedacht, wie berühmt es heute ist und daß die Mona Lisa nicht ahnen konnte, daß sie durch das Bild unsterblich würde. Vielleicht hat sie sich tödlich gelangweilt oder mußte dringend aufs Klo, deshalb das schiefe Lächeln.« Ray runzelte nur die Stirn, während wir uns allmählich dem Bahnhof näherten.

»Wie auch immer«, fuhr ich fort, »während ich diesen tiefsinnigen Gedanken nachhing, kam eine Gruppe von etwa hundert Japanern auf die Mona Lisa zugeschossen und zückte wie die Paparazzi ihre Fotokameras und Camcorder. Dann gab's ein kurzes Blitzlichtgewitter, und drei Minuten später preschten sie alle zum nächsten Bild. Ich war von den Socken. Wenn ich selbst auch nicht viel an dem Bild gefunden habe, so hab ich's doch zumindest versucht.«

»Und deshalb willst du den Eiger nicht an einem Tag machen, stimmt's?«

»So ungefähr«, sagte ich. »Ich möchte genügend Zeit haben, um alles in mich aufsaugen zu können. Ich möchte mich an die Geschichten erinnern, an die Menschen und daran, was sie durchgemacht haben. Ich möchte mit der Geschichte auf Tuchfühlung sein – selbst wenn's nur für einen Augenblick ist.«

»Na ja, aber zwischen dieser Möglichkeit und der, daß wir so verdammt lange in der Wand bleiben, bis *sie uns* aufsaugt, liegt ein ziemlich schmaler Grat«, sagte Ray, als wir uns auf einmal von einer Horde japanischer Touristen umringt sahen, die gerade dem Zug aus Grindelwald entstiegen waren und eifrig schnatternd Schnappschüsse machten, während ihre Reiseführerin sie zum Mittagessen in ein Restaurant dirigierte. Ich bezweifle, daß sie den Eiger überhaupt wahrgenommen haben.

Als wir in der Nachmittagssonne aus dem Zug stiegen, sah ich auf dem Bahnsteig eine Gestalt stehen, die mir bekannt vorkam.

»Simon?« fragte ich unsicher, und der Mann drehte sich um.

»Mensch, Joe! Wie geht's? Schön, dich zu sehen! Ich hab schon gehört, daß du hier bist«, sagte Simon Wells in seiner enthusiastischen Art.

»Was machst du denn hier?«

»Wir wollen einen Film über eine Eiger-Begehung drehen.«

»Wer ist wir?«

»Der Film ist für Channel 4, und produziert wird er von Chameleon Films. Ich führe Regie. Ihr beide seht aus, als kämt ihr gerade vom Klettern.«

»Ja, wir haben uns gerade mal den unteren Wandteil angesehen. Die Verhältnisse bessern sich allmählich. Wir wollen gleich beim Bergsteigerzentrum nachsehen, ob wir auf eine Schönwetterperiode hoffen können.«

»Na dann, viel Glück. Wartet, hier ist meine Handynummer. Meldet euch doch mal. Wir müssen unbedingt irgendwann zusammen ein Bier trinken. Kommt uns doch auf der Kleinen Scheidegg besuchen.«

»Wann wollt ihr denn hochsteigen?«

»Oh, da müssen wir erst mit Hanspeter sprechen. Er ist einer der drei Bergführer, die wir angeheuert haben. Er war letztes Jahr mit dabei, als sie die Direktübertragung von einer Eigerwand-Durchsteigung gemacht haben. Er hat die Wand schon mehrmals gemacht, also wird er wissen, wie die Verhältnisse einzuschätzen sind, und wir richten uns ganz nach ihm.«

»Gut, wir lassen von uns hören. Ein bißchen Insiderwissen können wir gut gebrauchen.«

»Na, so ein Glück«, sagte ich auf dem Weg zum Bergsteigerzentrum zu Ray.

Er war skeptisch. »Die könnten uns in die Quere kommen – fünf Leute, Helikoptereinsatz und der ganze Kram, den man zum Filmen einer Bergbesteigung braucht.«

»Na gut, dann sprechen wir uns eben mit ihnen ab und machen unsere Tour vor oder nach ihnen. Und die Informationen, die wir von den Bergführern kriegen, werden äußerst wertvoll sein. Sie werden uns sagen können, wo Sicherungsstellen sind, welches die beste Route ist, und sie dürften die Wand wie ihre Westentasche kennen. Ist doch toll.«

Der Aushang im Fenster des Bergsteigerzentrums enthielt ebenfalls gute Nachrichten: stabiles Wetter. Laut Übersichtstabelle sollte sich das Wetter weiter verbessern, und es bestand Aussicht auf fünf klare, sonnige Tage. Ich konnte es kaum erwarten, in die Wand einzusteigen. Wir fühlten uns nun nicht mehr allein.

Am nächsten Morgen machten wir uns wieder zum Hintisberg auf, und zu meiner Freude stellte ich fest, daß Ray jetzt viel besser kletterte. Offensichtlich hatte er auf unserer Erkundungstour eine Menge Ballast abgeschüttelt. Wir saßen am Fuß des Felsmassivs in der warmen Sonne und musterten den Eiger durch unsere Ferngläser.

»Weißt du was, Junge? Morgen steigen wir ein.«

»Wie bitte?« rief Ray mit entsetzter Miene. »Ich dachte, wir wollten erst den Mittelegigrat machen.«

»Den Angaben der Bergführer zufolge ist der Grat zur Zeit in schlechtem Zustand. Zuviel Pulverschnee dort oben. Wir können doch dieses schöne Wetter nicht bloß mit Felsklettern verplempern.«

»Ich weiß nicht so recht«, sagte Ray zögernd.

»Wenn wir morgen früh mit der ersten Bahn hochfahren, haben wir den ganzen Tag, um bis zum Schwalbennest zu kommen. Wir können dort biwakieren und das Wetter im Auge behalten. Wenn es gut ist und uns die Sache gefällt, steigen wir am nächsten Tag weiter. Irgendwann müssen wir's schließlich probieren. Ich bin es leid, die ganze Zeit auf das dämliche Ding zu stieren, anstatt die Sache endlich in Angriff zu nehmen.«

»Vielleicht hast du recht«, meinte Ray. »Wie weit ist es von der Stelle, bis zu der du gestern gekommen bist, noch bis zum Schwalbennest?«

»Ein paar Stunden, höchstens drei, je nachdem, ob der Fels da oben vereist ist.«

»Denk dran, daß am Schwierigen Riß kein Fixseil vorhanden ist«, sagte Ray. »Unter naßkalten Bedingungen kann das manchmal der schwierigste Teil der ganzen Wand sein, besonders frühmorgens.«

»Wir machen es nur, wenn wir's an einem Tag schaffen, okay? Wir können jederzeit absteigen.«

»Ja, da hast du wohl recht.« Ray lächelte mich an. »Das kommt nur ein bißchen plötzlich, das war alles. Du hast mich regelrecht überrumpelt.«

»Willst du's auch wirklich machen?« fragte ich und sah Ray eindringlich an.

»Ja, wirklich. Komm, laß uns zurückgehen, ein bißchen Proviant kaufen und unser Material sortieren.«

Als wir, vollbepackt mit Bergproviant, in unser Châlet zurückkehrten, wartete Alice Steuri schon in der Diele auf uns. Sie war eine liebenswürdige Dame und hatte uns vor zehn Tagen mit besorgter Miene zugesehen, wie wir Berge von Klettermaterial aus dem Auto luden. Ray hatte unser Appartement übers Internet gebucht, ohne zu wissen, wer Frau Steuri war, obwohl ich ihm gegenüber erwähnt hatte, daß dieser Name in Grindelwald sehr bekannt sei und in dem Buch *Die Weiße Spinne* häufig auftauche.

Da war zum Beispiel ein Fritz Steuri senior, ein hervorragender Grindelwalder Bergführer und Skiläufer, der 1921 zusammen mit den beiden Bergführern Samuel Brawand und Fritz Amatter den jungen japanischen Bergsteiger Yuko Maki bei der Erstersteigung des Mittelegigrats begleitet hatte. Jahre später, 1936, als Max Sedlmayr und Karl Mehringer beim ersten Begehungsversuch der Eigerwand von dem anhaltenden Sturm verschluckt wurden, der sie in der Wand festhielt und schließlich tötete, hatte Fritz Steuri einen der erfolgreichsten deutschen Piloten des Ersten Weltkriegs, Ernst Udet, bei der Vermißtensuche an der Wand im Flugzeug begleitet.

Im Jahr 1928 war Udet durch eine eigenartige Fügung des Schicksals während der Dreharbeiten für den Film *Die weiße Hölle vom Piz Palü* durch den Regisseur Arnold Fanck zum Bergfliegen gebracht worden. Im Film mußte Udet ganz nahe an eine vereiste Bergflanke heranfliegen, um eine Seilschaft, die sich verstiegen hatte, aufzuspüren und die Rettungsarbeiten zu leiten.

Sieben Jahre später machten Udet und Steuri das gleiche noch einmal in der Wirklichkeit. Diesmal ging es nicht mehr um eine Rettung, sondern um die Suche nach Toten. Max Sedlmayr und

Karl Mehringer waren am Sonntag, dem 25. August 1935, ihrem fünften Tag in der Wand, zum letzten Mal gesehen worden, als die Wolkendecke für kurze Zeit aufriß. Man hatte beobachtet, wie sie sich langsam über das riesige Zweite Eisfeld zum steilen Grat des Bügeleisens aufwärts bewegten.

Dann hatte der Sturm mit voller Wucht wieder eingesetzt, und die Männer waren wieder hinter dem Nebelvorhang verschwunden. Die Bergführer, die ihren Aufstieg mit Fernrohren verfolgten, wußten, warum die beiden Männer nach vier bitterkalten Biwaks mit Lawinen und Steinschlag im tosenden Sturm weiter aufwärts stiegen. Das Gelände unterhalb der völlig geschwächten Männer war durch ständig niedergehende Lawinen und Steinschlag zu einer furchtbaren Falle geworden. Die Felsbänder waren vereist oder verschneit oder hatten sich in Sturzbäche verwandelt. Ihre einzige Hoffnung bestand darin, bis zum Gipfel durchzukommen oder so lange zu klettern, bis sie starben.

Eine von Sedlmayrs Bruder in die Wege geleitete Rettungsaktion wurde nach zwei Tagen am Wandfuß abgebrochen. Von den Bergsteigern war nichts zu hören – keine Hilferufe hallten von der Wand herunter. Weder vom Gipfel noch von den Türmen des Westgrats war etwas zu sehen. Heinrich Harrer schrieb:

> Sturm, der die Schneeflocken waagerecht gegen die Felsen peitscht, grollende Lawinen, Sturzbäche, in die sich das Stakkato des Steinschlages mengt – das ist die Melodie der Eigerwand, die Totenorgel für Max Sedlmayr und Karl Mehringer. […] Kein menschlicher Laut unterbricht die Sprache des Berges.

Drei Wochen später, am 19. September 1935, flog Udet tollkühn bis auf zwanzig Meter an die Wand heran. Sein Begleiter Fritz Steuri, der nach den Vermißten Ausschau hielt, entdeckte einen der beiden Männer – erfroren und bis zu den Hüften im Schnee steckend – an der Spitze des Bügeleisens, die seitdem »Todesbiwak« heißt.

Man hatte stets angenommen, daß die beiden Männer nicht

höher als bis zum Todesbiwak gekommen seien. 1952 versuchten der Wiener Bergsteiger Karl Reiss und sein Begleiter Siegfried Jungmaier, vom Todesbiwak in direkter Linie zur Spinne aufzusteigen. Sie gingen davon aus, daß dieser gerade Anstieg noch nie zuvor versucht worden war, stießen jedoch zu ihrer Überraschung am extrem steilen Fels des mittleren Pfeilers auf ein paar verrostete Haken, die nur von Max Sedlmayr und Karl Mehringer stammen konnten. Die Querung über das Dritte Eisfeld zur Rampe wäre glatter Selbstmord gewesen. Der direkte Aufstieg zum unteren Rand der Spinne war nicht viel besser. Sie mußten buchstäblich geblendet worden sein, hatten in ständiger Gefahr geschwebt, heruntergerissen zu werden, und mit einigen der größten klettertechnischen Schwierigkeiten zu kämpfen gehabt, die in den darauffolgenden dreißig Jahren am Eiger in Angriff genommen werden sollten.

Diese ersten Eiger-Aspiranten müssen von unglaublicher Meisterschaft gewesen sein, wenn man bedenkt, unter welch unerträglichen Verhältnissen sie ihren Rückzugsversuch unternahmen, wie sie unmittelbar unterhalb der Spinne festsaßen, von der zu diesem Zeitpunkt unaufhörlich Lawinen und Steine herunterrauschten. Die Haken zeugen von der unglaublichen Kraft und Zähigkeit von Max Sedlmayr und Karl Mehringer. Der gerade Aufstieg gelang schließlich erstmals im Winter 1966, als sich ein britisches und ein deutsches Team zusammenschlossen, um gemeinsam die Harlin-Direktroute zu vollenden.

Ein Jahr nach seinem Tod wurde Max Sedlmayrs Leiche, die von Lawinen die Wand hinuntergerissen worden war, bei der Suche nach den sterblichen Überresten von Toni Kurz und seinen Gefährten entdeckt. Die mumifizierte Leiche von Karl Mehringer wurde erst 1962, siebenundzwanzig Jahre nach seinem Tod, am Rand des Zweiten Eisfeldes gefunden. Vierzehn Jahre später, am 21. Juni 1976, stieß eine tschechische Seilschaft auf eine Zigarettendose. Darin befand sich die letzte Nachricht von diesen beiden unglaublich kühnen Bergsteigern. Vermutlich stammte sie von Mehringer, weil der Name seines Gefährten falsch geschrieben war.

Biwackplatz am 21/8/1935. Max Sedelmajr, Karl Mehringer. München H.T.G. Sekt. Oberland.

Diese verwitterte Bleistiftnotiz auf vergilbtem Papier muß für die beiden jungen tschechischen Bergsteiger eine unheimliche Mahnung aus der Vergangenheit gewesen sein.

Der 21. August war das Datum von Max Sedlmayrs und Karl Mehringers erstem Biwak in der Wand. Am darauffolgenden Tag hatte man beobachtet, wie die beiden langsam die hundert Meter hohe Wandstufe überwanden, die sie vom unteren Rand des Ersten Eisfeldes trennte. Am Spätnachmittag erreichten sie am oberen Rand des Ersten Eisfeldes einen beengten Biwakplatz, nachdem sie sich den ganzen Tag lang mit ihren über die Köpfe gehobenen Rucksäcken vor schwerem Steinschlagbeschuß hatten schützen müssen.

Am 23. August nahmen sie die zweite Wandstufe in Angriff, einen langen, mühseligen Aufstieg, technisch so schwierig, daß sie ihre Rucksäcke des öfteren nachziehen mußten, was sehr zeitraubend war. Die Beobachter unten im Tal haben es damals vielleicht nicht erkannt, aber Sedlmayr und Mehringer bewiesen trotz ihres langsamen Vorwärtskommens virtuoses bergsteigerisches Können. Nachdem sie die zweite Wandstufe überwunden hatten, stiegen sie auf den linken Rand des Zweiten Eisfeldes zu. Abermals wurden sie von Stein- und Eisschlag bombardiert und mußten immer wieder stehenbleiben, um hinter Felsen in Deckung zu gehen und sich die Rucksäcke schützend über den Kopf zu halten.

Nach drei Tagen hatten sie noch nicht einmal die Hälfte hinter sich. Ein Wolkenvorhang senkte sich über die Wand. In der Nacht brach das Unwetter los mit Donnerkrachen, Hagel, Regen, Schnee und heftigen Windstößen. Am nächsten Tag, Samstag, dem 24. August, wütete der Sturm unvermindert weiter, und von den Bergsteigern war nichts zu sehen. Unten im Tal war die Nacht mörderisch kalt gewesen; wie kalt muß da erst das vierte Biwak mit so primitiver Ausrüstung gewesen sein?

Am Sonntag, dem 25. August, riß die Wolkendecke kurz auf,

und man konnte die beiden langsam zur Kante des Bügeleisens aufwärts steigen sehen, in einen – wie sie vielleicht selbst schon ahnten – unvermeidlichen Tod hinein.

Drei Jahre später, im Sommer 1938, nur einen Monat vor der Erstdurchsteigung der Wand, stürzten zwei italienische Bergsteiger, Bartolo Sandri und Mario Menti, bei einem Gewitter in den Tod – vermutlich unweit der Stelle, an der Mehringer seine bleistiftgeschriebene Biwaknotiz zurückgelassen hatte. Wieder einmal leitete Fritz Steuri eine Suchmannschaft und fand Sandri tot am Fuß der Wand. Mentis Leiche wurde ein paar Tage später aus einer tiefen Spalte geborgen.

Jahre später, als Claudio Corti hoch oben in der Wand mittels einer Stahlseilwinde gerettet wurde, war, wie Harrer erwähnt, der Grindelwalder Bergführer Hermann Steuri maßgeblich an der Entwicklung der Stahlseilrettungstechnik beteiligt. Es war die erste erfolgreiche Rettung per Stahlseil aus der Wand, wenn auch unter tragischen Umständen. Claudio Corti und sein Begleiter Stefano Longhi waren Anfang August 1957 in die Eigerwand eingestiegen. Irgendwo, vermutlich in der Nähe des Hinterstoisser-Quergangs, hatten sie sich mit den deutschen Bergsteigern Günter Nothdurft und Franz Mayer zusammengeschlossen. Den Deutschen war ein Rucksack mit Proviant über die Wand hinuntergefallen, und Nothdurft hatte Magenschmerzen, und so stiegen sie gemeinsam als Viererseilschaft weiter, bis sie hoch oben in der Wand einen fatalen Fehler begingen und sich verstiegen.

Weil sie dadurch versehentlich hundert Meter über den Götterquergang geraten waren, mußten sie eine viel schwierigere Querung zur Spinne vollziehen. Dabei stürzte Stefano Longhi mehr als dreißig Meter tief ab und blieb hilflos über dem Abgrund hängen. Drei Stunden lang versuchten Corti und die beiden Deutschen vergeblich, Longhi zu bergen.

Schließlich ließ Corti seinen Freund bis zu einem kleinen Felsband ab, ließ seinen Biwaksack mit ein paar Vorräten zu ihm hinunter und versprach ihm, daß er und die Deutschen so schnell wie möglich zum Gipfel aufsteigen und die Rettungswacht alarmieren würden. Hoch oberhalb der Spinne, nahe der Stelle, wo die Ausstiegsrisse schräg zum Gipfelkamm verlaufen, wurde Corti von einem Stein auf den Kopf getroffen und stürzte dreißig Meter in die Tiefe. Die Deutschen überließen Corti, der eine Gehirnerschütterung hatte und nicht weitersteigen konnte, ihren Biwaksack. Sie sicherten ihn auf einem kleinen Felspfeiler. Trotz des Gewitters schlugen sie sich bis zum Gipfel durch, starben aber beim Abstieg über die Westflanke in der Nacht an Erschöpfung. 1961, vier Jahre später, wurden sie gefunden, nebeneinanderliegend, immer noch durch ein Seil verbunden, eine knappe halbe Stunde von der Station Eigergletscher entfernt. Desorientiert und müde von dem Abstieg im Sturm hatten sie sich hingesetzt, um auf den Morgen zu warten, und waren nie mehr aufgewacht.

Drei Tage später wurde Corti mit dem von Hermann Steuri perfektionierten Stahlseilgerät aus der Wand gezogen. Der Felssims, auf dem er ausgeharrt hatte, wird seither »Corti-Biwak« genannt. Am Stahlseil hängend, hörte Riccardo Cassin aus der Tiefe Longhis klagende Schreie, aber sein Freund war zu weit unten, um ihn erreichen zu können.

Longhi hielt von Donnerstag, dem 8. Juli, bis zur Nacht auf Montag, den 12. Juli, aus, dann wurde er von einem neuen eiskalten Sturm überwältigt. Als die Retter Corti am Sonntagabend über die Westflanke hinunterbrachten, riefen sie Longhi noch einmal zu, daß sie ihn am nächsten Tag herausholen würden. Longhi erwiderte ihren Ruf mit zwei verzweifelten, aber klar verständlichen Worten: »*Fame! Freddo!*« – »Hunger! Kalt!« Ich erinnere mich an das Foto, das aus einem vorbeifliegenden Flugzeug von Longhi gemacht wurde, auf dem zu sehen ist, wie er in den Seilen hängt und dem Piloten hilflos zuwinkt.

Als die Retter wiederkamen, hing Longhi tot in den Seilen. Seine Leiche blieb zwei Jahre dort hängen, eine groteske und makabre Attraktion für die Schaulustigen an den Fernrohren in Alpiglen und auf der Kleinen Scheidegg.

Der Name Steuri war mit der Eigerwand zweifellos eng verbunden. Als ich Ray erzählte, wie berühmt der Name sei, war er verblüfft, per Internet ausgerechnet ein Appartement bei dieser Familie gebucht zu haben. Wir fragten uns, ob uns dieser Glücksfall auch zu ein paar nützlichen Informationen über die Verhältnisse am Berg verhelfen würde.

Als Alice Steuri sich bei uns nach unseren Kletterzielen erkundigte und wir auf die hinter dem Châlet drohend aufragende Eiger-Nordwand deuteten, hatte sie zu unserem Erstaunen heftig protestiert.

»O nein, nicht die Wand. Machen Sie das auf keinen Fall. Das ist gefährlich, sehr gefährlich«, beschwor sie uns.

Wir waren über ihre Reaktion ziemlich erstaunt und bemühten uns, sie zu beruhigen und ihr zu versichern, daß wir sehr wohl wußten, was wir taten. In den darauffolgenden Tagen kümmerte sie sich rührend um uns, erkundigte sich nach unseren Plänen, ließ uns ihre warmen, trockenen Lagerräume benutzen und berichtete anderen Gästen stolz, was wir vorhatten. Während wir gegen Zweifel ankämpften, ob wir die Tour wirklich versuchen sollten, erzählte sie schon allen Leuten, daß wir bald aufbrechen würden. Die Sache wurde für uns allmählich ein bißchen peinlich.

Als Alice Steuri bei unserer Rückkehr vom Hintisberg auf uns wartete, nahmen wir an, daß sie uns eine Nachricht von Simon Wells ausrichten wolle.

»Meine Mutter, Anna Jossi, würde Ihnen gerne etwas zeigen, wenn Sie nichts dagegen hätten«, sagte Alice.

»Nein, ganz und gar nicht«, sagte ich und fragte mich, was das wohl sei. »Jetzt gleich?«

»Ich werde nachher mit ihr auf die Terrasse kommen«, entgegnete Frau Steuri.

Eine Stunde später erschien Anna Jossi auf der Terrasse, wo wir mit kühlen Getränken saßen, lesend und hin und wieder nachdenklich zum Eiger hinblickend.

»Möchten Sie sich das einmal ansehen?« fragte sie, ein großes Buch in der Hand. »Ich glaube, das könnte Sie interessieren.«

Wir setzten uns um den Tisch, und als sie das Buch behutsam öffnete, stellte sich heraus, daß es sich um ein Gästebuch handelte. Das Datum oben auf der ersten Seite war 1930. Ich warf Ray einen überraschten Blick zu.

»Das Hôtel des Alpes in Alpiglen hat damals meinem Vater gehört«, erklärte Anna Jossi. »Und hier, sagen Ihnen diese Namen etwas?«

Auf einer Seite des Gästebuchs mit dem Datum »August 1935« standen in schwungvoller Schreibschrift die Namen »Max Sedlmayr« und »Karl Mehringer«. Ich war völlig baff und strich mit den Fingern über die Zeilen. Mehringer hatte noch ein paar persönliche Worte hinzugefügt, die Ray für mich übersetzte.

»An Frau Jossi hingen wir voller Dankbarkeit ob ihrer Uneigennützigkeit; sie griff uns immer hilfreich unter den Arm; zwei arme Bergsteiger danken warm.« Nachdem er die Worte laut vorgelesen hatte, blickte er erstaunt auf.

»Frau Jossi?« fragte ich, und Anna Jossi strahlte mich an. »Haben Sie Max Sedlmayr und Karl Mehringer gekannt? Sind Sie Ihnen persönlich begegnet?«

»O ja. Sie waren wundervolle Menschen. So freundlich und charmant. Gute, kräftige Männer.«

»Haben sie bei Ihnen gewohnt?« fragte Ray.

»Ja, ja, sie haben erst im Hotel gewohnt und in den letzen paar Tagen in einer alten Almhütte bei der Eigerwand. Sie waren immer höflich und freundlich zu mir. Sie haben immer geholfen, haben Holz gehackt und andere Arbeiten gemacht. Ich war natürlich noch sehr jung, erst sechzehn. Hier, schauen Sie.«

Sie schlug ein zweites Buch auf, ein Album mit Fotos und Zeitungsausschnitten, und deutete auf ein Schwarzweißfoto. Jung, gutaussehend und lächelnd standen Max Sedlmayr und Karl Mehringer rechts und links von einer jungen Frau, die Arme um ihre Schultern gelegt. Ihr dunkles Haar war zu langen Zöpfen geflochten, und sie trug eine kurze, dunkle Jacke über einer weißen Schürze und einem dreiviertellangen schwarzen Rock.

»Das bin ich«, sagte Anna stolz. »Ich habe sie sehr gemocht. Sie waren sehr nett zu mir.« Ray und ich warfen ihr einen ungläubigen Blick zu und blickten wieder auf das Foto.

»Sie haben Sedlmayr und Mehringer gekannt«, flüsterte ich

fassungslos. Die Vergangenheit war auf einmal lebendig geworden. Ich blätterte das Album mit den Fotos und Zeitungsausschnitten durch und betrachtete dann wieder die Aufnahme der beiden Bergsteiger mit Anna. Sie sahen so heiter und zuversichtlich aus. Das war nur wenige Tage vor ihrem einsamen, langsamen Tod gewesen.

Auf einem anderen Foto waren Sedlmayr und Mehringer auf einer Wiese zu sehen, im Hintergrund ein kleines Gebäude. Sie hatten Bergschuhe, dicke Kniestrümpfe und weite Pumphosen an. Mehringer hatte seinen Regenmantel lässig über dem Rucksack hängen, und beide trugen einen Filzhut. Als ich mich nah an das Foto heranbeugte, konnte ich auf dem Schild an dem Haus hinter ihnen die Aufschrift »… des Alpes« entziffern.

»Ich fasse es nicht«, sagte ich zu Ray. »Was für ein Zufall, daß wir uns ausgerechnet in diesem Châlet eingemietet haben.«

»Ja, das ist wirklich sonderbar.«

»Mein Vater hat versucht, sie von ihrem Vorhaben abzubringen«, sagte Anna ernst. »Er hat ihnen unzählige Male gesagt, daß die Wand sehr gefährlich sei. Er hat den Steinschlag schon gehört. Er wußte, wie es bei schlechtem Wetter in der Wand zuging, aber sie wollten nicht auf ihn hören.«

»Haben Sie die beiden beobachtet, als sie in der Wand waren?«

»O ja«, sagte Anna, zwischen Stolz und Trauer hin- und hergerissen. »Anfangs kletterten sie sehr schnell, voller Elan, und dann wurden sie immer langsamer. Mein Vater hatte mit ihnen verabredet, daß sie jede Nacht mit ihren Taschenlampen Blinkzeichen geben sollten. Mein Vater hat jede Nacht ein Feuer für sie errichtet, damit sie wußten, daß wir nach ihnen Ausschau hielten, und dann ist der Sturm gekommen, und sie haben nicht auf unser Feuer reagiert. Es war furchtbar, ganz furchtbar.« Sie schüttelte traurig den Kopf.

»Nach zwei Tagen Sturm wußten wir, daß sie nicht mehr am Leben waren.« Sie stockte. »Wir haben geweint und geweint und geweint«, sagte sie dann und versuchte zu lächeln. Ich spürte, wie mich ein Schauer durchlief.

Anna hatte die beiden Bergsteiger unvermittelt zum Leben

erweckt und uns eine traurige Ahnung davon vermittelt, wieviel sie verloren hatten. Als sie von ihrem langsamen Tod erzählte und dabei betrübt den Kopf schüttelte, war ich von ihrem Mitleid bewegt.

Ich stellte mir vor, mit welchen Hoffnungen und Plänen die beiden nach Alpiglen gekommen waren, wo die junge Anna sie kennenlernte. Und dann waren sie tot, und Anna besaß nur noch die Erinnerung an ihr freundliches Wesen.

Unser Leben ist so kurz, und dennoch erscheint es uns so lang, bis es durch den Tod mit einem Schlag bedeutungslos wird. Das gibt uns das Gefühl, klein und unwichtig zu sein. Ich blickte zu dem in warmes Nachmittagslicht getauchten Eiger hin und dachte an die furchtbaren Tage mit dem tobenden Sturm vor fünfundsechzig Jahren und an das junge Mädchen, das immer wieder zur Eigerwand hingesehen und verzweifelt gehofft hatte, daß die jungen Männer zurückkehren würden.

»Haben Sie auch Hinterstoisser und Toni Kurz kennengelernt?« fragte Ray, worauf Anna ihre traurigen Erinnerungen abschüttelte und wieder lächelte.

»Oh, natürlich«, sagte sie. »In den Anfangsjahren haben wir viele der Bergsteiger kennengelernt, die hierherkamen, um die Wand zu besteigen.«

»Sie haben Toni Kurz wirklich gekannt?« rief ich fassungslos.

»Ja, ja, er war ein netter Junge.«

»Und wer war der Seilschaftsführer? Hinterstoisser? Es heißt, er sei von den vieren der beste Bergsteiger gewesen.«

»Ja, mag sein, aber Rainer war der Führer. Er war stark, so sah er aus.« Anna dehnte die Schultern, um den Körperbau eines Bodybuilders zu imitieren. »Ein sehr kräftiger Mann. Er war der Seilschaftsführer.«

»Und Hinterstoisser?«

»Ja, er war gut, aber nicht der Führer. Wir haben ihnen beim Klettern zugesehen«, sagte Anna. »Ich habe gesehen, wie Angerer vom Steinschlag getroffen wurde. Rainer hat ihm den Kopf verbunden.«

»Wie haben Sie das gesehen?« fragte Ray ungläubig.

»Wir hatten vor dem Hotel ein großes Fernrohr stehen. Damit habe ich den Bergsteigern immer zugeschaut. Wenn Sie es sehen möchten, es steht oben. Wir haben es von Alpiglen mitgenommen, als wir das Hotel verkauft haben.«

»Ja, das würde ich mir gern ansehen«, sagte Ray.

»Und wie war Angerer?« fragte ich etwas beschämt, weil ich Anna so neugierig ausfragte, aber ich konnte mir die Gelegenheit nicht entgehen lassen, über diese Männer Informationen aus erster Hand zu erhalten. Ich hatte so viel über ihr Leben und Sterben gelesen, daß ich diese Chance nutzen wollte, mehr über sie zu erfahren und sie durch die gütigen und melancholischen Erinnerungen einer alten Dame, die deren Ende miterlebt hatte, zum Leben zu erwecken.

»Oh, Angerer« sagte Anna mit einem leisen Lächeln. »Er war so hübsch. Er war wie ein Mädchen, so schlank, und sein Gesicht, sehr weich, wie von einem Mädchen. Und er hat immer seine Liebste betrachtet. Er trug einen Anhänger mit einem Foto von ihr am Hals und hat es immer angeschaut…«

Das war ein rührendes Detail, das keiner von uns je in Betracht gezogen hätte. Für uns waren sie bisher nur Gestalten aus Büchern gewesen, und wir hatten uns nie vorgestellt, daß es Menschen gegeben hatte, die sie liebten. Ich dachte an die drei langen, bitterkalten Biwaks, die Angerer hatte ertragen müssen, nachdem ihm der Stein auf den Kopf gefallen war. Als sie das Bügeleisen erreicht hatten, war offenkundig geworden, daß sich sein Zustand immer mehr verschlechterte. Als sie dann zum Schwalbennest abstiegen und Hinterstoisser verzweifelt den Quergang zurückzuklettern versuchte, hatte man vom Tal aus beobachtet, daß Angerer außer Gefecht gesetzt war und sich an den Versuchen, den Quergang zu überwinden, nicht mehr beteiligte.

»Und Kurz? Wie ist er gewesen?« fragte Ray.

»Er war jung. Sie waren alle so jung«, sagte Anna. »Sein Tod war schrecklich, furchtbar traurig.«

Ich dachte an den jungenhaften Kurz, wie er auf der Wiese mit den Alpenblumen saß und mich aus der alten Fotografie heraus anblickte. Er hatte mich hierhergeführt. Sein Leben und sein Tod, der angesichts der zahllosen Tragödien, die sich seither in der Wand abgespielt haben, unbedeutend sein mag, waren für mich unvergeßlich geblieben, seit ich zum ersten Mal von seinem Schicksal gelesen hatte. Durch Annas Erzählung war er plötzlich so real geworden, als hätte er noch vor wenigen Tagen neben mir gesessen.

Die Welt hat ein Eigenleben. Nichts von dem, was wir tun, ist für sie von Belang. Sie dreht sich weiter und weiter, ohne zurückzuschauen, ohne sich der Vergangenheit bewußt zu sein, ohne sich um die Zukunft zu scheren, ohne in ihrem unaufhaltsamen Fortschreiten durch die Zeit jemals innezuhalten. Stünde am Ende des Lebens nicht der Tod, und wäre dem Tod nicht das Leben vorangegangen, wäre beides bedeutungslos. Wir müssen sterben, damit unser Leben nicht bedeutungslos ist. Der Dichter Yasar Kemal hat das mit folgenden Worten zusammengefaßt:

> Jeder, sei er Romanautor oder nicht, braucht ein Lebensziel. Und dieses Ziel besteht darin, im Angesicht des Todes die menschliche Realität zu begreifen. Gäbe es den Tod nicht, gäbe es auch kein Leben. Das ist die große Poesie der Welt. Das ist ihre Wirklichkeit.

Wäre Toni Kurz nicht am Eiger gestorben, wären Max Sedlmayr und Karl Mehringer nicht hier gewesen, dann wäre auch ich jetzt nicht hier. Sie haben meinem Tun Sinn gegeben.

»Haben sie im Hotel gewohnt?« fragte Ray.

»O nein, sie hatten kein Geld. Wir haben sie im Holzschuppen übernachten lassen. Für einen Franken pro Nacht«, fügte sie lachend hinzu. »Sie haben für uns Holz gehackt, haben immer geholfen.«

Eine ganze Stunde lang lauschten wir Annas Erinnerungen und sahen uns fasziniert ihr außergewöhnliches Geschichtsalbum an. Als sie sich zurückgezogen hatte, lehnten wir uns sprachlos zurück.

»Also, das ist bereits die Krönung unseres Urlaubs gewesen«, sagte ich. »Egal, was noch kommt, es wird das hier nicht übertreffen können.«

»Stimmt«, pflichtete Ray mir bei und erhob sich. »Dann geh ich jetzt mal meine Sachen für morgen packen. Wann fährt die erste Bahn?«

»Um sieben, glaube ich«, sagte ich. »Ich werde frühzeitig aufstehen und uns ein ordentliches Frühstück machen. Dann dürften wir gegen halb neun in der Wand sein. Wir brauchen aber nicht zu hetzen. Wir haben den ganzen Tag, um bis zum Schwalbennest zu kommen.«

»Genau«, sagte Ray und ging in unser Zimmer, während ich Pat Lewis, meine leidgeprüfte Lebensgefährtin, anrief, um ihr die großartige Nachricht von unserer bevorstehenden Tour mitzuteilen. Ihre Begeisterung schien etwas geringer zu sein als meine. Nachdem sie mich ermahnt hatte, vorsichtig zu sein, verstummte sie. Wir hatten diese Szene schon viel zu oft erlebt. »Paß gut auf Ray auf«, sagte sie dann. Ray hatte bei ihr einen Stein im Brett; ich versprach ihr, ihn nicht aus den Augen zu lassen.

»Ich ruf dich an, sobald wir wieder unten sind. Ich werde das Handy ausschalten, um die Batterien zu schonen. Mach dir keine Sorgen um uns. Wir werden viel Spaß haben.«

Ich schlug mein Buch wieder auf und versuchte zu lesen, aber die Berge wurden von der Sonne gerade in purpurrotes Licht getaucht und lenkten mich von meiner Lektüre ab.

Ich ließ das Buch sinken und betrachtete den Eiger, während die schrägstehende Sonne über die Eisfelder strich und die Rampe in goldenes Licht tauchte. Am nächsten Morgen würden wir in die Wand einsteigen, aber dank der Kombination von Sonne, einem starken Gin und der erneuten Lektüre von *Corellis Mandoline* dachte ich gar nicht mehr daran. Es war ein faszinierender Roman von unglaublichem Weitblick, zwischen Freude und Freudlosigkeit schwingend, lyrisch, zornig und aufrichtig. Ruhig und entspannt beobachtete ich, wie eine Kumuluswolke in das große Amphitheater hineinschwebte. Eine Brise zerteilte sie in Nebelfetzen, die über dem eisigen Rand der Spinne hängenblieben, bis die Sonne sie wegbrannte.

Ich las eine Stunde bei schwindendem Licht, völlig gefesselt von den Worten und zum ersten Mal seit Wochen ohne den hartnäckigen, hypnotischen Sog zu verspüren, den der Eiger auf mich ausübte; ich war seinem Schatten entronnen. Bei meiner Lektüre wurde mir bewußt, daß allein das Lesen der Grund dafür war, weshalb ich hier war; durchs Lesen war ich zum Bergsteigen gekommen.

Beim Lesen kann man den Zwängen von Zeit und Raum entrinnen und den gesellschaftlichen Fesseln entfliehen. Die Menschen, denen man auf den Buchseiten begegnet und deren Leben man indirekt miterlebt, können einen tief berühren – können einen für kurze Zeit unterhalten, die eigene Weltsicht verändern, die Augen für einen völlig anderen Lebensentwurf und den Wert des Lebens öffnen. Bücher können die Unsterblichkeit darstellen, die manch einer sucht; Gedanken und Worte für zukünftige Generationen, die von jenseits des Grabes zu hören sind und die Erinnerung an das Leben eines anderen Menschen wach werden lassen.

Durchs Bergsteigen habe ich gelernt, mir die Berge genau anzusehen, habe ich gelernt, wie man ihre Geheimnisse liest und auf ihren Höhen überlebt. In jüngerer Zeit, vor allem seit ich mit dem Schreiben begonnen habe, hat es mich gelehrt, die Menschen genau zu beobachten – mich selbst inbegriffen –, um zu erkennen, wie wir uns verhalten, wie uns das Klettern verändert. Meiner Ansicht nach sind die Grenzen des Kletterns nicht mehr technischer oder geographischer Natur, sondern ethischer. Das ist es, was beim Klettern das Entscheidende sein sollte: durch Traditionen, Ethos und die Leidenschaft unseres Sports in uns selbst stärkeren Widerhall zu wecken, Echos dessen, was wir gerne sein würden.

Jedesmal wenn ich eine große klassische Route hinter mir hatte, dachte ich, daß ich sie auf keinen Fall noch einmal machen wollte. Es war ein einzigartiges, intensives Erlebnis gewesen, und ich wollte nicht, daß dieses Gefühl des Vollkommenen oder die Leidenschaft, die mich zu dieser Tour angetrieben hatte, beeinträchtigt wurde.

Ich war immer der Ansicht gewesen, daß die Leidenschaft, genau wie die Liebe, niemals abnehmen sollte. Ich hatte einmal irgendwo gelesen, daß man bei der Liebe nicht halbherzig sein dürfe, daß man eine Frau, die man liebte, uneingeschränkt lieben und ihr alles geben sollte. Man sollte sie nicht als selbstverständlich betrachten, sollte keine anderen Frauen lieben. Ich bin mir darüber im klaren, diesbezüglich leider immer versagt zu haben. Die Berge hatten mich egoistisch gemacht, und ihretwegen konnte ich niemanden uneingeschränkt lieben, zumindest redete ich mir das ein. Andererseits hatte ich einmal geglaubt, daß ich die Berge genau auf diese Art liebte: uneingeschränkt und selbstlos; das hat einst zugetroffen, und alles andere hatte dabei das Nachsehen gehabt. Inzwischen denke ich manchmal, daß ich auch in dieser Hinsicht versagt habe.

Während ich mit meinem Buch in der Sonne saß, an meinem kühlen Getränk nippte und hin und wieder einen Blick zur Eigerwand warf, die majestätisch aus den Wiesen vor unserem Châlet aufragte, wurde mir bewußt, wie schwer es mir fiel, die Berge aufzugeben. In gewisser Weise war ich zu meinen Wurzeln zurückgekehrt, hatte jedoch das Gefühl, daß meine Leidenschaft mit dem Dahinschwinden der Jahre und dem Verlust so vieler Freunde immer schwächer geworden war.

Kapitel 13

Beginn mit Hindernissen

Ich erwachte, bevor der Wecker losging, und stellte den Alarm schnell aus, damit Ray nicht aus dem Schlaf gerissen wurde. Ich blieb noch einen Moment liegen, starrte in die Dunkelheit und dachte mit wachsender Begeisterung an den bevorstehenden Tag. Im Kopf ging ich schnell die Liste der Dinge durch, die ich in meinen Rucksack gepackt hatte. Kocher, Gaszylinder, Proviant, Daunenjacke, Klettergeräte, Seil, Gurt, Biwaksack, Camcorder, Reservebatterien und -film, Kontaktlinsenetui. Ich überlegte, was ich vergessen haben könnte, und fragte mich, ob unsere Strategie richtig sei. Um das Gewicht zu reduzieren, hatten wir beschlossen, weder Biwakzelt noch Schlafsäcke mitzunehmen. Ich hoffte, daß eine Daunenjacke den Unbilden von zwei, vielleicht drei langen, kalten Septembernächten gewachsen sei. Wir würden in der Wand mindestens zweimal biwakieren müssen.

Man hatte mir geraten, bei dieser Tour keine Biwakausrüstung zu verwenden, weil es in der Wand so feucht sei, daß die Isoliereigenschaften schnell zum Teufel wären. Vor einiger Zeit

hatte ich mir eine Daunenjacke mit einer speziellen wasser-
dichten, atmungsaktiven Außenschicht besorgt und schon an
den Bridalveil Falls ausprobiert, wo ich zehn Minuten in der
reinsten Eiswasserdusche gestanden hatte, überzeugt, daß die
Daunen sich in nasse Klumpen verwandeln würden. Zu meiner
Überraschung waren sie jedoch trocken geblieben, und aufgrund
dieser Erfahrung hatte ich Ray davon überzeugt, daß wir mit
diesen Jacken auf Zelt und Schlafsäcke verzichten könnten. Ich
mußte grinsen bei der Vorstellung, was Ray sagen würde, wenn
wir schlotternd unsere zweite Nacht in der Wand verbrachten.

Weil mich nichts mehr im Bett hielt, warf ich die Bettdecke
zurück und zog mir, in der eisigen Morgenluft fröstelnd, ein
Thermohemd über den Kopf. Ich zündete die Gaskochplatte an,
um Kaffeewasser zu machen, und bereitete das Frühstück vor.
Bald schon brutzelte in der Pfanne der Speck, und der Duft frischen Kaffees durchzog das Zimmer. Als ich mich nach meiner
Thermohose und meinen restlichen Kleidern umsah, merkte ich,
daß Ray, an die Wand gelehnt, im Bett saß.

»Oh, entschuldige, aber ich dachte, ich wecke dich am besten
mit Geklapper und Geklirr. Das Frühstück ist gleich fertig.«

»Ich hab nicht geschlafen«, sagte Ray mit gepreßter Stimme.
»Ich bin schon seit zwei Uhr wach.«

»Du wirst doch wohl nicht krank sein?« fragte ich besorgt und
setzte mich, um mir die knielangen Strümpfe anzuziehen. Er
schwieg. Ich zwängte mich in meinen Fleeceoverall und angelte
nach den Trägern.

»Ich gehe nicht mit, Joe«, erklärte Ray brüsk, worauf ich abrupt
in meiner Suche nach der Trägerschnalle innehielt und zu Ray
hinüberblickte, der mit verschränkten Armen dasaß.

»Ich hab die ganze Nacht darüber nachgedacht«, sagte er. »Ich
bin fix und fertig. Mir geht ständig im Kopf herum, was alles
schiefgehen könnte. Ich kann dieses Risiko nicht eingehen. Ich
gehe nicht mit.«

»Aha.« Ich war sprachlos. »Gut, okay, du gehst nicht mit.«

»Tut mir leid, Joe.«

Ich goß mir schweigend einen Kaffee ein, öffnete die Terrassentür und setzte mich draußen an den Tisch. Dann zündete ich mir eine Zigarette an und versuchte nachzudenken. Mir war ganz elend vor Enttäuschung. *Wir würden nicht mal einen Versuch wagen!* Ich überlegte, wie ich Ray umstimmen könnte, und wußte sofort, daß das nicht ging. Ich hatte kein Recht, ihn unter Druck zu setzen. Es war seine Entscheidung. Mir war klar, daß er sich in den letzten paar Stunden den Schädel zermartert hatte. Ihm war klar, was mir diese Tour bedeutete, und er wußte außerdem nur zu gut, daß er derjenige gewesen war, der meinen Traum wachgerufen hatte. Ich wußte, daß er sich schrecklich fühlte.

Während wir am Abend zuvor unsere Ausrüstung zusammengepackt hatten, war mir aufgefallen, daß Ray immer wieder die Fotos seiner beiden kleinen Töchter ansah, und ich hatte Gewissensbisse bekommen. Ich war mir durchaus bewußt, was sie zu verlieren hatten, hatte den Gedanken aber schnell wieder verscheucht. Schließlich hatte er bei allen anderen Touren, die wir in der Vergangenheit unternommen hatten, die gleiche Wahl getroffen.

Ich schlürfte meinen Kaffee und sah zum Schatten der Nordwand hinüber. Der Himmel wurde langsam heller, und ich konnte die Konturen der Westflanke und des Mittelegigrats erkennen. Im Zentrum der Wand blinkte ein hellgelbes Licht. Das waren die Stollenfenster, von denen aus der alte Bauer die beiden Seilschaften hatte herunterstürzen sehen. Schließlich hatte ich zuviel Kaffee getrunken und zu viele Zigaretten geraucht und sah niedergeschlagen der ersten Bahn hinterher, die zwischen idyllischen Wiesen in Richtung Kleine Scheidegg fuhr. Dann ging ich wieder hinein.

»Ich werd mal versuchen, einen Partner zu finden«, sagte ich, ohne Ray anzusehen. Er schwieg. »Ich verstehe dich, Ray. Es ist wirklich kein Problem.«

»Du konntest noch nie gut lügen«, entgegnete er schroff.

»Mag sein«, räumte ich ein. »Ich denke nur, daß ich keine weitere Gelegenheit kriegen werde, das ist alles. Es könnte sein, daß Nick Bullock zur Zeit auch hier ist.«

Nick war ein Freund von Bruce French, der, wie ich gehört

hatte, in jenem Sommer zum Klettern nach Chamonix gefahren war und Mitte September den Eiger versuchen wollte. Ich machte mir Hoffnungen, sein Partner könnte abgesprungen sein. Es war fast schon zum Lachen, daß ich nun wieder in genau der gleichen Lage war wie vor zwanzig Jahren, als Dave Page mir erklärt hatte, er werde nicht mit mir auf den Eiger gehen.

»Wenn das nicht klappt, rufe ich Simon Wells an. Er arbeitet mit mehreren Bergführern zusammen und weiß bestimmt, was eine Führung auf den Eiger kostet.« Noch während ich diese Worte aussprach, verspürte ich leichte Gewissensbisse. Die Vorstellung, mich führen zu lassen, war mir ein Greuel. Wir hatten uns das Klettern alle selbst beigebracht. Jeder von uns war auf völlige Unabhängigkeit bedacht gewesen, und der bloße Gedanke, sich gegen Bezahlung von anderen führen zu lassen, lief unseren Vorstellungen vom Bergsteigen vollkommen zuwider. Von den Kosten ganz abgesehen, und ich bezweifelte nicht, daß das Honorar, das ein Schweizer Bergführer für eine Eiger-Tour verlangte, sehr hoch wäre; außerdem würde ich dann auf der gesamten Route kein einziges Stück vorsteigen dürfen. Darüber hinaus würde vermutlich auch kein Bergführer einen Kunden auf eine so gewagte Route mitnehmen, ohne mit diesem schon einmal geklettert zu sein. Doch dazu reichte mir die Zeit nicht. Ich konnte nur darauf hoffen, daß der Bergführer schon von mir gehört hatte, mußte dann aber kichern bei der Vorstellung, was für eine zweifelhafte Empfehlung mein Buch *Sturz ins Leere* für jeden ambitionierten Kletterpartner wäre. Er würde sich wahrscheinlich schleunigst aus dem Staub machen. Mir blieb jedoch keine Wahl.

Der wahre Grund, weshalb ich nicht geführt werden wollte, war der, daß ich die Tour mit einem guten, zuverlässigen Freund erleben wollte, mit einem Menschen, dem sie genauso viel bedeutete wie mir. Mir einen Bergführer zu buchen, hätte meinem Selbstbewußtsein keinen Abbruch getan, weil ich wußte, daß ich die Route klettern konnte und nicht etwa auf einen Berg hinaufgezerrt werden müßte, dem ich eigentlich nicht gewachsen war. Trotzdem wollte ich die Tour mit Ray machen, damit wir mit

244

der Erinnerung daran alt werden könnten, damit sie immer etwas ganz Besonderes bleiben würde, etwas, das wir gemeinsam unternommen hatten. Wie gut der Bergführer auch sein mochte, es würde trotzdem ein einsames Erlebnis sein, und ich wußte, daß Ray mir fehlen würde.

Tief in meinem Inneren war mir klar, daß Ray diese Route mehr bedeutete als alle, die wir bislang gemacht hatten. Ich wußte, daß er seine Entscheidung bereuen würde. Wenn ich die Wand mit einem Fremden erfolgreich durchstieg, würde für ihn dadurch alles noch schlimmer. Ich fand, daß ich ihm das erklären müßte, würde ihn dann aber dazu verleiten, seinen Entschluß wider besseres Wissen rückgängig zu machen. Ich mußte seine Wahl respektieren. Am liebsten hätte ich ihn angeschrien, daß seine Entscheidung falsch sei.

Nachdem ich eine Stunde lang ergebnislos herumtelefoniert hatte, war ich genauso weit wie zuvor. Weil Simon Wells nichts von anderen britischen Bergsteigern gehört hatte, sah es so aus, als hätte Nick Bullock sich den Eiger aus dem Kopf geschlagen. Simon sagte außerdem, er werde Hanspeter Feuz, seinen leitenden Bergführer, fragen, wie hoch die Kosten seien und ob ein Bergführer frei sei. Er zeigte zwar Mitgefühl mit mir, konnte mir aber nicht helfen. Er hatte mit seinem Filmprojekt schon alle Hände voll zu tun.

Ich hinterließ eine Nachricht für Samuel Zeller, einen Schweizer Bergführer aus Interlaken, mit dem Jerry Arcari mich einmal bekannt gemacht hatte, erfuhr jedoch, daß er gerade in einer anderen Alpenregion eine Führung machte. Simon Wells rief mich dann zurück, um mir mitzuteilen, daß eine Führung um die £1500 kosten würde und daß es sehr unwahrscheinlich sei, ungetestet von einem Bergführer auf den Eiger mitgenommen zu werden. Genau das hatte ich erwartet.

Als ich mich fragte, ob ich es überhaupt verantworten könnte, so viel Geld für einen Führer auszugeben, wußte ich im gleichen Augenblick, daß ich auch das Doppelte zahlen würde, wenn sich eine Gelegenheit bot. Simon sagte noch, daß sein Team am folgenden Tag, Montag, den 11. September, in die Wand einsteigen werde. Heinz Zak und Scott Muir würden die Wand durchsteigen, während Will Edwards sie dabei filme und von den beiden Bergführern Hansruedi Gertsch und Godi Egger gesichert werde. Laut Vorhersage solle das Wetter stabil bleiben. Am Dienstag werde es vielleicht etwas bedeckt sein, danach sollte es bis Donnerstag schön bleiben, vielleicht sogar bis Samstag. Den Aussagen der französischen Bergsteiger zufolge, die die Route in zwölf Stunden gemeistert hatten, sei die Wand trocken, und die Verhältnisse besserten sich mit jedem sonnigen Tag. Als ich auflegte, fühlte ich mich ganz krank vor Enttäuschung und Neid.

Einige Stunden später schlenderte ich zu unserem Lieblingsrestaurant und bestellte mir auf der Terrasse ein Bier. Die Kellnerin fragte mich, warum wir nicht in der Wand seien. Dummerweise hatten wir ihr am Vorabend von unseren Plänen erzählt.

»Na ja, mein Freund hat es sich anders überlegt«, sagte ich diplomatisch.

»Das ist doch gut, oder?«

»Nicht so ganz«, versetzte ich und erzählte ihr vage, wie es nun weitergehen sollte. Dann rief ich Pat an, um ihr mitzuteilen, was vorgefallen war. Sie zeigte Verständnis für Ray und war um ihn besorgt. Natürlich war ihr klar, wie enttäuscht ich war, aber aus ihrer Stimme hörte ich ihre Erleichterung heraus.

»Wir werden wahrscheinlich früher als geplant nach Hause fahren«, sagte ich. »Bis bald also.«

Während ich Zeitung las, versuchte ich, nicht zum Eiger hinüberzusehen. Als ich eine der Beilagen durchblätterte, fiel mein Blick auf eine Seite mit dem Horoskop. Aus reiner Neugier las ich, was unter »Löwe«, meinem Sternzeichen, stand.

Andere haben für Sie eine Entscheidung getroffen. Ärgern Sie sich lieber nicht darüber, sondern ergreifen Sie die Initiative, bevor es zu spät ist: Revidieren Sie Ihren Entschluß, auch wenn Sie sich damit keine Freunde machen.

»Das trifft ja wohl eher auf Ray zu«, brummte ich unwillig und suchte nach dem Horoskop für den »Stier«, Rays Sternzeichen.

Da Sie zur Zeit nicht ganz Herr der Lage sind, sollten Sie dafür sorgen, daß andere für Sie da sind, wenn Sie sie brauchen. Um das Beste daraus zu machen, brauchen Sie nur unvorhergesehenen – und verwirrenden – Veränderungen zuzustimmen.

Das war dermaßen absurd, daß ich laut lachen mußte. In Wirklichkeit war ich derjenige, der mit unvorhergesehenen – und verwirrenden – Veränderungen fertig werden mußte. Ich bestellte mir noch ein Bier und dachte verdrossen an das, was ich versäumte.

»Na, wie steht's, Junge?« hörte ich jemanden sagen, und als ich hochsah, stand Ray am Tisch.

»Ganz gut«, sagte ich. »Bei Simon hab ich nicht viel erreicht. Vielleicht kann mir Samuel weiterhelfen. Ich hab eine Nachricht für ihn hinterlassen. Ich bin bereit, fünfzehnhundert Pfund zu zahlen, notfalls auch mehr. Es wird die Sache wert sein, wenn's auch nicht genau das ist, was ich wollte.«

»Hör mal, ich hab noch mal darüber nachgedacht«, sagte Ray und zog sich einen Stuhl heran. »Und versteh mich bitte nicht falsch. Ich fühle mich von dir nicht unter Druck gesetzt. Im Gegenteil, ich war völlig überrascht. Ich hatte eigentlich damit gerechnet, daß du explodieren würdest.«

»Bin ich auch, innerlich«, sagte ich. »Aber wir haben von Anfang an gesagt, wir würden unsere Entscheidungen gegenseitig akzeptieren. Es ist deine Wahl. Ich kann nichts dagegen sagen.«

»Ich will die Tour machen.«

»Wie bitte?« Ich starrte Ray an.

»Ich hab's mir überlegt«, fuhr er fort. »Ich hab mich von dem ganzen blöden psychischen Ballast erdrücken lassen. Ich mußte einfach ständig daran denken. Du weißt schon, was im schlimmsten Fall eintreten könnte und der ganze Mist.«

»Ja, ich weiß. Damit hab ich mich schon vor Monaten rum-
geschlagen«, sagte ich etwas bitter.

Ray zuckte die Achseln. »Aber jetzt hab ich's geschafft und
einen neuen Blick darauf gewonnen. Ich mußte daran denken,
wie wir vor ein paar Tagen zum Stollenloch gestiegen sind und
wie sehr ich das genossen habe. Später würde ich mich in den
Hintern beißen, wenn ich's nicht wenigstens einmal ernsthaft
versucht habe. Ich will die Tour machen.«

»Bist du dir sicher?« Ich blickte ihn an. »Mir erscheint das alles
ein bißchen chaotisch.«

»Ja, ich weiß, tut mir leid. Ich komme mir ziemlich dämlich
vor. Ich hatte einfach ein schlechtes Gefühl und hab nicht geschafft, es abzuschütteln. Ich hatte Schiß. Du weißt, wie das ist.«

»Ja, das kennen wir alle«, sagte ich. »Aber morgen können wir
nicht gehen, obwohl die Wettervorhersage bestens ist.«

»Wieso nicht?«

»Simon hat mir gesagt, daß Heinz und Scott morgen einsteigen. Wenn wir bis zum Todesbiwak kommen wollen, müßten
wir dort zu siebt übernachten. Außerdem würde es ihren Dreh-
plan durcheinanderbringen, wenn wir ständig ins Bild kommen.«

»Dann also am Dienstag mit der ersten Bahn?« schlug Ray vor,
und ich nickte zustimmend.

»Wir können uns ja morgen mal ansehen, wie's bei den
anderen läuft. Wir müßten sie durch die große Kamera beobachten und dabei feststellen können, wie die Verhältnisse sind.
Wir können dann auch gleich noch die Abstiegsroute über die
Westflanke erkunden.«

»Gute Idee.«

»Hallo«, sagte die Kellnerin zu Ray und stellte ein Bier auf den
Tisch. »Ich habe gehört, Sie wollen die Wand doch nicht machen«, sagte sie mit lauter Stimme. Ich ließ den Kopf in die Hände
sinken.

»Wir haben's uns anders überlegt«, sagte ich.

»Ja, ich weiß, Ihr Freund geht nicht mit«, erwiderte sie, und
Ray sah mich mißmutig an.

»Er geht jetzt doch mit«, bemerkte ich.

»Ich hab's mir wieder anders überlegt«, sagte Ray grinsend. »Das ist mein Privileg. Ich bin schließlich ein Mann.«

»Sie sind ja verrückt. Das sollten Sie nicht tun. Die Wand ist gefährlich«, schalt sie ihn.

»O nein, bitte nicht noch mal von vorn«, flehte ich, und zum Glück gab sie es auf.

Als wir am nächsten Morgen auf der Kleinen Scheidegg aus der Bahn stiegen, sah ich Mark Stokes vor dem Hotel eifrig an einer Kamera herumhantieren, deren Stativ mit dicken Sandsäcken beschwert war, damit sie nicht wackelte. Simon war mit Hanspeter Feuz ins Gespräch vertieft. Ich warf einen kurzen Blick auf die im Hintergrund aufragende Wand und fragte mich, wie das Team wohl vorankam. Da entdeckte Simon mich und winkte uns zu sich herüber.

»Hallo, Jungs! Na, wie steht's?« fragte er.

»Oh, ganz gut«, sagte ich. »Wie das bei zwei so entschlußfreudigen Typen wie uns eben so ist. Sind sie in der Wand?«

»Ja, Scott und Heinz steigen gerade zum Stollenloch hoch. In etwa einer Stunde dürften sie dort sein. Will und die beiden Bergführer werden sie dort abholen. Sie sind gerade mit der Bahn hochgefahren. Hanspeter hat mit dem Stationsvorsteher vereinbart, daß sie im Tunnel aussteigen können.«

»Nicht übel«, sagte ich, als Simon sich wieder abwandte. Ich blickte Ray an. »Ich hab einen genialen Plan«, sagte ich.

»O Gott. Was denn für einen?«

»Also, nachdem wir ja nun schon bis zum Stollenloch geklettert sind und es bis dahin nichts als Schotter gewesen ist, könnten wir doch fragen, ob sie uns morgen in der ersten Bahn beim Stollenfenster rauslassen würden? Dann würden wir es leicht an einem Tag bis zum Todesbiwak schaffen.«

»Wäre das nicht geschummelt?« fragte Ray zweifelnd.

»Wenn wir diesen Wandteil nicht schon durchstiegen hätten, ja«, entgegnete ich. »Willst du das Stück denn noch ein zweites Mal machen?«

»Nicht unbedingt«, meinte Ray. »Besonders viel Spaß gemacht hat die Kletterei ja nicht gerade.«

»Nein, es ist ein gefährlicher Schlackehaufen«, sagte ich.

»Meinst du denn, die würden die Bahn wegen uns anhalten?«

»Tja, genau hier setzt mein schlauer Plan an. Simon weiß, daß wir eigentlich heute losklettern wollten, stimmt's?«

»Ja.«

»Und er weiß auch, daß wir abgewartet haben, um ihm nicht in die Quere zu kommen. Ich möchte wetten, daß er bei Hanspeter ein gutes Wort für uns einlegt. Schließlich haben wir ihm durch unser Abwarten einen Gefallen getan.«

»Schlau, wirklich sehr schlau.«

»Ich hab es mir ohnehin schon immer witzig vorgestellt, direkt von der Bahn in die Wand einzusteigen. Das wäre irgendwie surreal.«

»He, Joe, Ray«, rief Simon und lächelte verschmitzt. »Kommt mal hierher! Hier ist jemand, den ihr bestimmt gerne kennenlernen würdet.«

Wir gingen zu dem Tisch voller Kameras, belegter Brote und Bierflaschen hinüber, bei dem sich eine Gruppe von Menschen versammelt hatte. Ein vom Alter gebeugter Mann in einem graubraunen Janker stand mit dem Rücken zu uns. Als Simon den Arm nach uns ausstreckte, drehte der Mann sich um, und als Simon uns einander vorstellte, standen Ray und ich vor Überraschung wie angewurzelt da.

»Anderl, hier sind ein paar Freunde von mir, die Sie gerne kennenlernen würden. Ray, Joe, das ist Anderl Heckmair. Ich nehme an, Ihr habt von ihm gehört.«

»Hallo, nett, Sie kennenzulernen«, sagte Anderl Heckmair, nahm dabei eine gefährlich aussehende schwarze Zigarre aus dem Mund und streckte die Hand aus. Ich ergriff sie und murmelte irgend etwas Dümmliches – daß es mir eine große Freude sei oder so ähnlich. Ray schüttelte ihm nur wortlos die Hand. »Das ist meine Frau Traudl.« Heckmair wies auf eine zierliche Dame, die über das ganze Gesicht strahlte und uns die Hand schüttelte.

»Simon hat mir gesagt, Sie wollen morgen in die Eigerwand«, sagte Traudl.

»Äh, ja, das stimmt«, stammelte ich. »Wir wollten eigentlich heute los, wollten Simon aber nicht in die Quere kommen.«

»Geben Sie bloß auf sich acht«, sagte Traudl und winkte uns an den Tisch heran. Eine Kellnerin brachte Biernachschub, und ich beobachtete voller Bewunderung, wie Anderl in der einen Stunde, die wir uns mit ihm unterhielten, dem Bier kräftig zusprach und eine Zigarre nach der anderen rauchte. Mit seinen einundneunzig Jahren war er noch ganz schön rüstig. Einmal kam ein Tourist mit gezückter Kamera auf ihn zu.

»Herr Maestro Eiger«, begrüßte er Heckmair, den Erstbegeher der Eigerwand. Seine Freunde blieben respektvoll im Hintergrund stehen. Heckmair war in der Schweiz natürlich weithin bekannt. Als ich von dem Touristen und seinem Idol ein Foto machte, lächelte Heckmair in die Kamera, doch als der Mann sich wieder entfernte, verzog er das Gesicht.

»Ich verstehe nicht, was diese Leute an mir finden. Die sind doch gar keine Bergsteiger. Die haben doch keine Ahnung von der Sache«, klagte er.

»Ist Ihnen das sehr unangenehm?« fragte ich.

»Nein«, meinte er achselzuckend. »Ich verstehe es bloß nicht. Ich bin lieber mit Bergsteigern zusammen. Da weiß ich wenigstens, daß sie die Sache nachvollziehen können.«

»Ich finde, was Sie damals gemacht haben, war die größte bergsteigerische Leistung der damaligen Zeit«, sagte Ray. »Und das ist sie bis heute geblieben. Deshalb wollen wir diese Tour ebenfalls machen.«

»Es war eine Tour unter vielen«, entgegnete Heckmair bescheiden. »Ich hätte nicht gedacht, daß ich so viele Jahre später immer noch darauf angesprochen würde.«

»Nachdem ich mit vierzehn *Die Weiße Spinne* gelesen hatte, schwor ich mir, niemals Bergsteiger zu werden«, sagte ich. »Der Eiger war mir furchtbar unheimlich, und jetzt, fünfundzwanzig Jahre später, bin ich hier und begegne Ihnen. Unglaublich.«

»Haben Sie viele Berge bestiegen?« fragte Traudl.

»Na ja, ich denke schon. Natürlich nicht so viele wie Anderl, aber wir sind in Nepal, Afrika, Indien und Südamerika geklettert.«

»Südamerika? In Peru? Kennen Sie das Buch von diesem englischen Bergsteiger, der sich das Bein gebrochen hat und viele Tage lang allein die ganze Strecke zurückgekrochen ist? Was für eine Geschichte!«

»Äh, ja«, sagte ich zaghaft und sah, daß Ray grinste.

»Das ist er«, sagte Ray zu Traudl, worauf sie mich überrascht anstarrte, die Hände zusammenschlug und mich umarmte. Dann sagte sie rasch ein paar Worte zu ihrem Mann, und ich spürte, wie meine Ohren rot anliefen. Er sah mich einfach nur mit einem bedächtigen Nicken an, den Mund zu einem wissenden Lächeln verzogen.

»Das muß sehr hart gewesen sein, nicht wahr?« fragte Traudl.

»Ja, es war hart, aber es war unsere eigene Schuld. Mit so was muß man in den Bergen rechnen. Wir haben noch mal Glück gehabt.«

»Und viel Kraft. So viele Tage und ganz allein.«

»Unfälle passieren an solchen Orten nun mal«, sagte ich verlegen. Heckmair nickte. »Bei Ihnen war es damals doch auch sehr knapp, oder?« sagte ich zum ihm.

»Ja, es hätte ganz anders ausgehen können«, meinte er nachdenklich, und ich dachte daran, wie er in den Ausstiegsrissen abgerutscht war, Vörg ihn mit den Händen abfing und sich dabei einer von Heckmairs Steigeisenzacken in seinen Handballen bohrte. Es hatte nicht mehr viel gefehlt, und sie wären zu einem der Mehringers oder Hinterstoissers in der Geschichte des Eigers geworden. Ich sah ihm an, daß er sich dessen deutlich bewußt war. Vielleicht war das auch der Grund dafür, daß ihm diese Heldenverehrung der Nichtbergsteiger so unangenehm war. Wie er ganz recht gesagt hatte, sie konnten das gar nicht richtig nachvollziehen.

Ray und ich verwandelten uns selbstverständlich auf der Stelle in heldenbegeisterte Schulbuben und posierten stolz neben dem berühmten Mann und dessen Ehefrau, als Simon ein Foto von uns machte. Als wir dann aufbrechen wollten, um die Westflanke hinaufzusteigen, winkte Simon uns zur Filmkamera herüber.

»Sie sind gerade im Bild«, sagte er. »Ich glaube, sie kommen jetzt zum Schwierigen Riß.«

Als ich durch den Sucher blickte, erkannte ich im ersten Moment nur verschwommene Schatten und hatte keinerlei Orientierung.

»Ein Stück rechts vom Mittelpunkt«, kam mir Mark zu Hilfe, und plötzlich sah ich die beiden Gestalten, die unterhalb der riesenhaften Roten Fluh ganz klein wirkten. Ich holte tief Luft, richtete mich auf und blickte zur Wand hinüber. Mit bloßem Auge war nichts zu erkennen. Ray sah ebenfalls durch den Sucher und warf mir, als er sich langsam wieder aufrichtete, einen vielsagenden Blick zu.

»Damit kriegt man einen ziemlich guten Überblick über die Wand, was?«

»Sie ist verdammt riesig.«

Als Simon uns Hanspeter Feuz vorstellte, schilderte ich diesem meinen Plan, am nächsten Morgen vom Stollenloch aus in die Wand einzusteigen. Hanspeter war gerne bereit, uns zu helfen, und wir verabredeten uns für den nächsten Morgen in der ersten Bahn. Kein Problem, er werde das mit dem Bahnhofsvorstand schon schaukeln, meinte er.

Ray und ich hockten auf einem spektakulären Felsturm am Westpfeiler, aßen belegte Brote und besprachen unsere Pläne für den nächsten Morgen. Hinter uns ging es 300 Meter eine schwindelerregende Rinne bis zu den Wiesen am Fuß der Nordwand hinunter. An der gegenüberliegenden Flanke der Rinne nahm uns die riesige Rote Fluh die Sicht auf die Wand.

»Also, wenn wir morgen vom Stollenloch aus gut vorankommen, könnten wir, wenn wir wollen, auch weiter als bis zum Todesbiwak steigen«, sagte ich.

»Na ja, mal sehen«, sagte Ray widerstrebend. »Du meinst, wir sollten versuchen, bis zum Götterquergang zu kommen und dort biwakieren?«

»Zugegeben, das würde ein langer Tag sein«, erwiderte ich. »Es käme darauf an, wann wir das Todesbiwak erreichen. Am Nachmittag will ich auf keinen Fall über das Dritte Eisfeld in Richtung Rampe steigen. Da ist die Steinschlaggefahr viel zu groß.«

»In der Rampe gibt's einen Biwakplatz«, warf Ray ein. »Das sogenannte Spanische Biwak.«

»Ich dachte, das sei oben in der Spinne, an der Stelle, wo Rabada und Navarro gestorben sind«, sagte ich und meinte damit zwei spanische Bergsteiger, die im August 1963 am oberen Rand der Spinne gestrandet waren.

»Wer waren die beiden?« fragte Ray und ich schilderte ihm, was den zwei Spaniern widerfahren war.

Nachdem sie sich sechs Tage lang bei fast ausnahmslos schlechtem Wetter unbeirrt die Wand hinaufgekämpft hatten, waren Alberto Rabada und Ernesto Navarro an Erschöpfung und Unterkühlung gestorben. Es war sonderbar gewesen, daß die beiden trotz der widrigen Witterungsverhältnisse kein einziges Mal an einen Rückzug dachten. Das hatte zur Folge, daß sie in den darauffolgenden Tagen, an denen heftige Stürme wüteten, langsam in ihr Verderben stiegen. Heinrich Harrer war, wie er in *Die Weiße Spinne* schrieb, von dem Mut und der stoischen Beharrlichkeit der beiden Spanier beeindruckt gewesen, hatte sich darüber aber auch gewundert.

Die Tragödie war, daß die beiden zuviel noble Tapferkeit und ritterliche Gesinnung [...] in sich trugen – und zu geringe, zu schlechte Ausrüstung, mangelhaften Kälteschutz und zuwenig Erfahrung im Hochgebirge hatten. Man darf als Bergsteiger nie den Wirklichkeitssinn verlieren.

Die Männer wurden am 16. August zum letzten Mal gesehen. Einer der beiden, Navarro, hatte im oberen Teil der Spinne einen Standplatz erreicht, während sein Gefährte dreißig Meter tiefer zusammengesunken auf den vereisten Hängen der Spinne lag. Im Dezember des darauffolgenden Winters seilten sich drei

Schweizer Bergsteiger, Paul Etter, Ueli Gantenbein und Sepp Henkel, vom Eigergipfel zum oberen Rand der Spinne ab und entdeckten dort Navarro in stehender Haltung im Eis eingeschlossen auf einem kleinen Felssims. Er war an einem Felshaken gesichert, durch den das steifgefrorene Seil zu seinem Freund hinablief. Er hatte Steigeisen ohne Frontalzacken an, und der Eispickel hing noch an seinem Handgelenk. Dreißig Meter tiefer lag Rabada, als würde er schlafen, nahezu ganz vom Eis der Spinne eingeschlossen. Er trug eine blaue Daunenjacke, und seinen Bergpickel hatte er mit einem Arm an die Brust gedrückt. Seine Steigeisen, ebenfalls ohne Frontalzacken, lagen über ihm im Eis. Das gestraffte Seil lief durch zwei solide Eishaken zu der Stelle hinauf, an der der tote Navarro stand.

Die Schweizer brauchten drei Stunden, um Navarro aus dem Eispanzer zu befreien, ehe sie seine Leiche zu seinem im Bauch der Spinne eingeschlossenen Gefährten hinunterlassen konnten. Die Männer biwakierten an diesem makabren Ort und brachten am darauffolgenden Morgen sechs Stunden damit zu, Rabada, der offenbar ein sehr großer Mann war, aus dem Eis zu lösen. Die drei Männer banden die Toten zusammen und seilten sich mit ihrer grausamen Fracht direkt bis zu einem Biwakplatz beim Todesbiwak ab; auf diese Weise umgingen sie die komplizierte Querung zur Rampe und den Abstieg über das Dritte Eisfeld. Als sie erwachten, waren die Toten weg. Die Haken waren herausgerissen, bei den eisigen Wintertemperaturen vielleicht auch zerbrochen oder, was wahrscheinlicher ist, durch Steinschlag oder eine in der Nacht herabgestürzte Schneewächte mitgerissen worden. In den folgenden zwei Tagen stiegen die drei Männer bis zum Wandfuß ab, womit ihnen der erste Abstieg durch die Nordwand des Eigers gelungen war. Ihr Hauptanliegen war jedoch gewesen, den Rettungsdiensten eine Arbeit abzunehmen, die nur wenige übernehmen mochten.

»Du dachtest also, das Biwak mit den Toten in der Spinne sei das Spanische Biwak?« fragte Ray.

»Ich hab noch nie von einem Biwakplatz in der Rampe gehört. Was wäre, wenn es in der Nacht ein Unwetter gäbe? Wie ich gehört habe, kann die Rampe sich in einen riesigen Wasserfall verwandeln.«

»Ja, das hab ich auch gehört«, sagte Ray. »Und es muß irgendwo unterhalb des Wasserfallkamins sein. Es soll auch ziemlich klein und eng sein.«

»Nein, das gefällt mir nicht«, sagte ich. »Aber wenn wir's nicht an einem Tag bis zum Götterquergang schaffen, gibt es, wie ich gelesen habe, links vom Eisfeld der Rampe einen guten Biwakplatz; dort haben anscheinend sechs Leute Platz. Die französische Seilschaft mit Rébuffat hat dort 1952 übernachtet während der dramatischen Durchsteigung, bei der sie sich mit Hermann Buhl zusammengeschlossen hatten.«

»Also, das ist mit Sicherheit die bessere Alternative«, stellte Ray fest. »Zumindest werden wir dort nicht in der Hauptablauflinie der Rampe sein. Außerdem wäre es schade, wenn wir das Todesbiwak nicht ausprobierten. Das ist einfach einer der Orte, an denen man übernachtet haben muß, findest du nicht?«

»So wie eine Nacht im Ritz?« sagte ich. »Ich versteh schon, was du meinst. Es ist eine so geschichtsträchtige Wandstelle, daß es eine Schande wäre, einfach daran vorbeizuhasten.«

»Na ja, wir haben jedenfalls all diese Möglichkeiten zur Auswahl. Das beste ist, wir lassen es auf uns zukommen und entscheiden je nach Verhältnissen.«

Als wir von unserem Abstecher auf die Westflanke zurückkehrten, beobachteten wir eine Stunde lang, wie Heinz Zak und Scott Muir das Zweite Eisfeld durchstiegen. Neben den zwei winzigen Gestalten waren noch drei andere zu sehen: Will Edwards, der die beiden beim Klettern filmte, und die beiden Bergführer, die ihn sicherten.

Ich hatte sofort einen genauen Überblick über die Wand. Mit unseren Ferngläsern hatten wir an der gigantischen Felsenmauer stets vergeblich nach Schlüsselstellen wie dem Hinterstoisser-Quergang oder dem Todesbiwak gesucht. Während wir jetzt die winzigen Gestalten bei ihrer langsamen Durchsteigung des Zweiten Eisfeldes beobachteten, ließ sich auf einmal einschätzen, wo die jeweiligen Passagen lagen. Es war gut, daß wir sie am

»... die lockende Stille großer
Höhen« – die Eiger Nordwand

Trudl und Anderl Heckmair mit Joe und Ray, Kleine Scheidegg,
September 2000

Joe, Anna Jossi und Alice Steuri mit dem Logierbuch, Grindelwald

Joe am Fuß der Eigerwand im
Licht des Sonnenuntergangs

Joe am Schwierigen Riß

Ray beim Packen für die
Klettertour am Eiger

Eine ernüchternde Mahnung
an frühere Versuche

Nach einem heftigen Gewitter
verwandelt sich die Wand in eine
tödliche Falle.

Ray sichert sich bei aufkommendem Sturm.

Joe während des Gewitters am Hinterstoisser-Quergang

Ray am Schwalbennest

Ray geht beim Rückzug über den Hinterstoisser-Quergang vor Steinschlag in Deckung.

Schwierigen Riß hatten beobachten können, denn dadurch wußten wir endlich, wo genau er war, während wir bis dahin nur eine ungefähre Vorstellung gehabt hatten. Andererseits war es natürlich ziemlich ernüchternd zu sehen, wie unbedeutend die Bergsteiger im Zentrum dieses riesigen Amphitheaters wirkten. Durch das riesige Kameraobjektiv von Channel 4 zu blicken war ein außerordentliches Erlebnis. Die Bergsteiger waren zwar immer noch sehr klein, aber keine bloßen Pünktchen mehr, die sich kaum von den Steinen auf dem Eisfeld unterscheiden ließen. Ich beobachtete fasziniert, wie Arme und Beine der Kletterer charakteristische Bewegungen machten, Eispickel schwangen, Karabiner einklinkten, Seile einholten. Als ich mich von dem Okular zurückzog und die Wand mit bloßen Augen betrachtete, verschwanden sie sofort, als hätten sie nie existiert.

Hanspeter Feuz kam zur Kamera herüber und erkundigte sich nach unseren Plänen für den nächsten Morgen. Wir legten ihm dar, welche Wahlmöglichkeiten wir durchgespielt hatten, und er schien eine Übernachtung im Todesbiwak für das Beste zu halten. Während wir uns unterhielten, wechselten wir uns an der Kamera ab, um das weitere Vorankommen der Bergsteiger zu verfolgen, und Hanspeter gab uns nebenbei eine Menge wertvoller Tips. Als er uns erzählte, daß er im Vorjahr einer der Bergsteiger gewesen war, die vor laufender Kamera die Wand durchstiegen hatten, machte ich ihn prompt dafür verantwortlich, meinen lang gehegten Traum wiedererweckt zu haben, indem Ray mir das Video von dieser Besteigung geschickt hatte.

Hanspeter war ein sehniger, athletischer Typ und offensichtlich unglaublich fit, wodurch uns nur zu bewußt wurde, daß es uns diesbezüglich an Vorbereitung mangelte. Er sprach tadellos Englisch, und dank seines offenen, freundlichen Wesens fühlten wir uns in seiner Gegenwart ganz ungezwungen, und zugleich wurden meine Befürchtungen zerstreut, Schweizer Bergführer seien arrogant und unnahbar. Seine Informationen über die Schlüsselstellen der Wand waren unbezahlbar und machten uns Mut. Während wir beobachteten, wie Heinz und Scott das Zweite Eisfeld angingen, erklärte er uns, wo der beste Ausstieg aus dem

Eisschlauch sei und wo wir am oberen Ende des Ersten Eisfeldes nach links über das Eis auf ein charakteristisches umgedrehtes Felsdreieck zuhalten sollten.

»Hast du auch an Bergungsaktionen teilgenommen?« fragte Ray etwas zu hoffnungsvoll.

»O ja«, antwortete Hanspeter. »An viel zu vielen.«

»In der Wand?«

»Ja, neben meiner Tätigkeit als Bergführer arbeite ich auch beim Bergrettungsdienst mit.«

»Ich nehme an, daß es in der Wand jedes Jahr die üblichen Unfälle gibt«, sagte ich. »Aber ich habe gehört, daß die Bergführer jetzt Stahlseiltechniken anwenden und Verunglückte an so gut wie jedem Wandteil erreichen können.«

»Ja, das stimmt, aber trotzdem ist das immer noch sehr vom Wetter abhängig«, entgegnete Hanspeter. »Wir verwenden 180 Meter lange Stahlseile, an die wir einen Bergführer hängen und in die Wand fliegen. So kann der Helikopter genügend Abstand zur Wand halten, und es besteht keine Gefahr, daß die Rotoren von Steinschlag getroffen werden.«

»180 Meter?« sagte ich erstaunt. »Mein Gott, das sind ja 600 Fuß!« Hanspeter lachte, als er meinen Gesichtsausdruck sah. Bei einer dramatischen Rettungsaktion an den Drus bei Chamonix hatte ich einmal zwanzig Meter unter einem Helikopter gehangen, und es war eine höchst beunruhigende Erfahrung gewesen, an dem dünnen und rotierenden Seil hoch über dem Glacier du Nant Blanc durch die Luft zu schweben. Die Vorstellung von einem 180-Meter-Seil war alptraumhaft.

»Ja, das ist nervenaufreibend, aber es funktioniert«, meinte Hanspeter. »Seit zehn Jahren hat es kein einziges Todesopfer mehr in der Wand gegeben.«

»Seit zehn Jahren?« riefen Ray und ich ungläubig.

»Ich hätte gedacht, es würde jedes Jahr mindestens einen tödlichen Unfall geben«, fügte ich hinzu.

»Vor der Entwicklung des Stahlseilsystems war das auch tatsächlich so«, sagte Hanspeter, »weil man früher viel Zeit brauchte, um sicher in die Wand zu kommen, und wir konnten nur eine begrenzte Anzahl von Wandstellen erreichen. Ich glaube, daß es entweder deshalb zu Todesfällen kam, weil verletzte Bergsteiger zu lange auf die Bergung warten mußten und ihren Verletzungen erlagen, oder aber, sie versuchten abzusteigen oder sogar trotz schlechter Verhältnisse bis zum Gipfel zu kommen, wobei sie dann umkamen.«

»Na, das ist gut zu wissen«, sagte Ray. »Könntest du uns nicht vielleicht deine Handynummer geben?« fügte er im Scherz hinzu, und wenig später speicherte ich die Nummern von Hanspeter, vom Grindelwalder Bergsteigerzentrum und dem Bergrettungszentrum in mein Handy ein.

»Wir haben aber nicht vor zu verunglücken, oder?« sagte ich zu Ray.

»Nein, das gäbe eine zu hohe Telefonrechnung.«

»Vielleicht filmen wir euch morgen auf dem Eisfeld, wenn ihr nichts dagegen habt«, sagte Simon. Es wird aus großer Entfernung sein, aber anders können wir zwei Bergsteiger nicht filmen, ohne daß der Kameramann und die Bergführer im Bild sind.«

»Kein Problem«, entgegnete Ray.

»Ich muß jetzt los, Jungs«, sagte Hanspeter und griff nach seinem Rucksack und seinem Funkgerät. »Also dann, bis morgen früh in der ersten Bahn.« Wir winkten ihm nach, als er davoneilte und dabei geschäftig in sein Funkgerät sprach.

»Wird das Team heute nacht im Todesbiwak bleiben?« fragte ich Simon.

»Ja«, antwortete er. »Hanspeter ist gerade losgegangen, um die Versorgung per Helikopter zu organisieren. Er spricht gerade mit dem Piloten.«

»Versorgung per Helikopter?«

»Ja, wir lassen Thermosflaschen mit heißem Wasser, warme Mahlzeiten und Bier zu ihnen herab. Heinz hat darauf bestanden, daß es Bier gibt.«

»Bier? Und wie steht's mit Go-Go-Girls?«

»Dazu ist nicht genügend Platz. Bier ist ihm offenbar wichtiger.«

»Mann, so muß man klettern«, sagte Ray beifällig, während wir zum Bahnhof gingen.

»Und wie fühlst du dich jetzt wegen morgen?« fragte ich.

»Gut«, antwortete er, während die Bahn einfuhr. »So was aber auch – da laufen wir zufällig all diesen legendären Gestalten in die Arme.«

»Er ist einer deiner wahren Helden, was?«

»Heckmair? Unbedingt. Diese Münchner Bergsteiger waren alle unglaublich, auch Hermann Buhl.«

»Wohl wahr«, entgegnete ich. »Für mich waren Cassin, Bonatti und dergleichen die wahren Vorbilder. Heckmair habe ich wegen der Eiger-Begehung bewundert, ansonsten aber nie viel mehr von ihm gehört. Wie auch immer, ich bin froh, daß wir ihn kennengelernt haben. Damit kenne ich nun schon Cassin, Bonatti und Heckmair.«

»Wo hast du denn Bonatti kennengelernt?«

»Auf dem Banff Film Festival. Ich hab damals kaum ein Wort rausgekriegt. Ich kam mir wie ein rotznäsiger Schuljunge vor. Wir haben uns die Hand geschüttelt, und dann hat er auf italienisch auf mich eingeredet, sehr temperamentvoll und mit wildem Gefuchtel, und ich hab kein einziges Wort verstanden. Seine Frau hat gedolmetscht und mir gesagt, daß ihm mein Buch sehr gefallen habe. Mir hat es fast die Sprache verschlagen. Ich hab mir eine Speisekarte geschnappt und ihn um ein Autogramm gebeten und kam mir dabei wie ein Trottel vor.«

»So ist's mir mit Heckmair gegangen«, nickte Ray. »Jetzt gibt's kein Zurück mehr, wir müssen die Wand machen«, fügte er inbrünstig hinzu, während die Bahn aus dem Bahnhof fuhr und wir uns beide fast den Hals verrenkten, um im Vorbeifahren auf die Eigerwand zu blicken.

»Übrigens«, sagte Ray nachdenklich. »Man begegnet nicht jeden Tag einem Menschen, der eine Audienz bei Hitler gehabt hat.«

Ich blickte ihn mit offenem Mund an. Schlagartig erhielt die Vergangenheit dieses Mannes noch eine andere Dimension.

Kapitel 14

Vor dem Ziel

Die Bahn zuckelte zwischen saftiggrünen Wiesen an Alpiglen vorbei und fuhr dann im Bogen um die schattige Eiger-Nordwand herum in Richtung der Hotels auf der Kleinen Scheidegg. Ray und ich reckten die Hälse, um zur Wand hinaufzublicken. Sie sah grau, bedrohlich und abweisend aus. Wir schwiegen, jeder war in Gedanken bei der bevorstehenden Tour. Ich sah zu Hanspeter Feuz hinüber – sonnengebräunt, gutaussehend und mit einem Lächeln im Gesicht. Ich fragte mich, wie ich selbst wohl aussah. *Wahrscheinlich sind meine Pupillen riesengroß.* Ich lächelte und sah wieder zu Ray hin, der den Blick nicht vom Eiger gewandt hatte.

Über seine Schulter hinweg konnte ich die Eisrinnen im unteren Bereich der Spinne erkennen, die in der schwerelosen Kühle der eisigen Luft über dem riesigen Dach des Zweiten Eisfeldes hing. Links oberhalb vom scharfen Grat des Bügeleisens verlief die dunkle Kerbe der Rampe. Aus irgendeinem Grund war das Dritte Eisfeld von unserem Blickwinkel aus nicht zu sehen. Ich stellte mir vor, ganz allein dort oben zu sein. Ich dachte an Adi Mayr und wünschte, ich hätte es nicht getan.

Von sämtlichen Tragödien und Erfolgsgeschichten, die sich in der riesigen Nordwand des Eigers abgespielt haben, hat mich das Schicksal von Toni Kurz am meisten ergriffen. So tapfer, findig und hartnäckig er auch gewesen sein mochte, trotz übermenschlicher Anstrengungen, sich selbst zu retten, war er allein gestorben. Sein einsamer, qualvoller Tod erschütterte mich, und die Erinnerung daran hat mich mein ganzes Bergsteigerleben hindurch nicht losgelassen, und seit dem Erlebnis am Siula Grande ist sie noch viel eindringlicher geworden.

Das Schicksal von Adolf Mayr oder Adi, wie der junge österreichische Bergsteiger von seinen Freunden genannt wurde, hat mich ebenfalls sehr bewegt. Als ich zum ersten Mal hörte, daß es Bergsteiger gibt, die allein klettern – Soloklettern, wie es heißt – war ich vollkommen baff. Mir erschien diese Art zu klettern so unheimlich gefährlich, daß ich mir beim besten Willen nicht vorstellen konnte, warum jemand etwas so Leichtsinniges und Riskantes auch nur in Erwägung zog.

Ein paarmal habe ich mich selbst im Soloklettern versucht, und ich muß gestehen, daß ich kein großer Fan davon bin. Manchmal ist es durchaus sinnvoll, sich aus dem Seil, das einen mit dem Kletterpartner verbindet, auszubinden und ein Eisfeld seilfrei zu überqueren, damit nicht beide Kletterer in den Tod gezogen werden, falls einer von ihnen ausgleitet oder hinuntergerissen wird. Ich habe ein paar alpine Gipfel allein bezwungen und hinterher ein gewisses Maß an Befriedigung empfunden, was aber hauptsächlich auf die Erleichterung zurückzuführen war, noch am Leben zu sein.

Wenn ich körperlich und technisch auch durchaus zum Soloklettern imstande bin, fühle ich mich dieser Aufgabe mental schlecht gewachsen. Wenn ich einen Berg im Alleingang besteige, fühle ich mich einsam und vermisse die Gesellschaft eines Partners, mit dem ich das Abenteuer gemeinsam genießen könnte. Allein felszuklettern ist mir schlichtweg ein Graus. Was

mir einfach nicht aus dem Kopf gehen will, ist die Tatsache, daß
es immer zwei Elemente gibt, die mein Tun zu einem inakzep-
tablen Wagnis machen, egal, wie gut ich klettern mag.

Zum einen bin ich mir darüber im klaren, daß wir alle fehlbar
sind, auch die Allerbesten. Wir planen es nicht, es geschieht
einfach. Bergsteiger kommen ums Leben, weil sie Fehler begehen. Der Tod ist der Preis, den man zahlen muß, wenn man im
falschen Augenblick zu menschlich ist.

Der zweite Gedanke, den ich erst recht nicht abzuschütteln
vermag, ist der, daß selbst bei fehlerfreiem Klettern keine
Garantie besteht, daß das Medium, in dem ich klettere – Schnee,
Eis oder Fels – genauso verläßlich ist. Die winzige Felskante, an
der ich mich festhalte, kann so unvermittelt abbrechen, daß ich
abstürzen würde, bevor ich die Hand nach einem anderen Haltepunkt ausstrecken könnte. Wie groß der Glaube an mich selbst
auch sein mag, muß ich angesichts der Möglichkeit, daß ein Griff
ausbricht, trotzdem russisches Roulette spielen.

Leider sind eine Reihe von Freunden genau diesem Problem
erlegen, und jedesmal ist dabei ein blühendes Leben zu einem
abrupten Ende gekommen. Weil sie sich aus freien Stücken in
diese Lage begeben hatten, im vollen Bewußtsein der möglichen
Konsequenzen, hatte ich nie das Gefühl, daß sie ihr Leben ver-
geudet hatten, sondern eher, daß wir diejenigen waren, die etwas
Wunderbares und Wertvolles verloren hatten. Schließlich hatte
es sie zu dem gemacht, der sie waren, und ihr Leben bereichert
und unverwechselbar gemacht.

Abgesehen davon habe ich jene, die solche Leistungen zu
erbringen vermögen, immer bewundert. Es scheint mir die
ultimative Herausforderung des Kletterns zu sein, der höchste
ästhetische Ausdruck des Kletterns überhaupt – ein einzelner
Mensch mit seinen Fähigkeiten, Mut und Selbstkontrolle allein
gegen den Fels, das Eis oder den Berg. Der Kletterer verliert
dabei jegliche Verbindung zur Welt und bewegt sich in eine
Dimension hinein, in die sich nur wenige von uns hineinwagen
würden. Man muß ihrem Tun Respekt zollen, selbst wenn man
es insgeheim für verrückt hält. Ich gehe aus Prinzip immer ein

Stück zur Seite, wenn ich einen Solokletterer beim Klettern bewundere.

Am 28. August 1961 unternahm Adi Mayr den ersten Versuch, die Eiger-Nordwand im Alleingang zu durchsteigen. Anfangs kletterte er mit ruhigen, gleichmäßigen Bewegungen, souverän und ohne Zögern. Die Zuschauer an den Fernrohren auf den Hotelterrassen sahen zu ihrer Beruhigung, daß hier ein Könner ganz in seinem Element war. Den Eisschlauch umging er, indem er die Felsen links davon emporstieg, obwohl sie brüchig und unangenehm geschichtet waren. Wie viele Bergsteiger aus den Ostalpen fühlte er sich im Fels mehr zu Hause als im Eis, und als er das Zweite Eisfeld erreichte, wurde er langsamer und mußte an Stellen, wo das Eis steil und hart war, Stufen schlagen. Nichtsdestotrotz kam er gegen 14.30 Uhr am Todesbiwak an, wo er bis zum nächsten Morgen zu bleiben beschloß.

Diese Entscheidung, so vernünftig und logisch sie auch gewesen sein mag, war vielleicht sein Verderben. Er dachte vermutlich, daß die Querung des Dritten Eisfeldes zur Rampe wegen der auf den oberen Wandteil scheinenden Sonne zu gefährlich, ja geradezu selbstmörderisch sei. Die Steine, die sich unter Sonnenbestrahlung aus der Gipfelwand lösen, werden in den Trichter der Spinne kanalisiert und über das Dritte Eisfeld geschleudert.

Adi verschaffte den Besitzern der Fernrohre, hinter denen sich lange Schlangen gebildet hatten, ein einträgliches Geschäft. Ich frage mich, wie viele dieser Schaulustigen wohl halb gehofft haben, ihn abstürzen zu sehen.

Es war gutes Wetter, und die geschützten Felsen der Rampe, nur ein paar Seillängen entfernt, müssen für Adi eine große Verlockung gewesen sein. In den sechs Stunden, in denen es noch hell blieb und die Sonne auf die Rampe schien, hätte er durchaus bis zum Götterquergang oder gar bis zu den Ausstiegsrissen kommen können. Mit etwas Glück hätte die Sonne die Felsen in der Rampe getrocknet, bis auf jene Stellen, wo Tauwasser von dem im Wasserfallkamin schmelzenden Eis herunterkam und die angrenzenden Felswände feucht waren.

Nassen Fels zu erklimmen wäre für einen so hervorragenden Kletterer wie Adi kein Problem gewesen. Der Wasserfallkamin, der mal von Wasser durchströmt, mal von Eis überzogen ist, stellt häufig den schwierigsten Teil der Rampe dar. Im Winter ist sein oberes Ende, wo sich die Wand nach außen neigt und armdicke Eiszapfen den Weg so effektiv versperren können wie ein Fallgitter, manchmal von einem Eiswulst total blockiert. Adi entschied sich statt dessen für das fünfzehnstündige Biwak in der geschützten Höhle des Todesbiwaks – eine lange Zeit, wenn man ganz allein und seinen Gedanken überlassen ist. Es war ihm vielleicht nicht mehr möglich, seine nagenden Ängste mittels intensiver Konzentration und präziser Klettertechnik unter Kontrolle zu halten.

Am nächsten Morgen sah man, wie Adi langsam und sehr vorsichtig das Dritte Eisfeld überquerte und dabei Stufen schlug. Es war eiskalt, und seine Entscheidung, zu biwakieren und dem Steinfall auszuweichen, schien bis zu den ersten Seillängen in der Rampe weise gewesen zu sein. Obwohl der Fels dort schön und klettertechnisch nicht schwierig ist, waren Adis Bewegungen zögernd und verkrampft. Hatte die lange, unruhige Nacht ihn demoralisiert und sein Selbstvertrauen und seinen Elan untergraben?

Als man beobachtete, wie er in den schattigen, eisigen Schlund der Rampe kletterte, fiel auf, daß er nirgends eine Selbstsicherung einhängte. Wäre ihm dieser Bereich zu schwierig erschienen, wäre dies das erste gewesen, was er getan hätte. Vielleicht bewegte er sich deshalb so langsam, weil er nach dem langen Biwak nicht richtig warm geworden war und der zuvor nasse Fels nun mit einer tückischen Eisglasur überzogen war.

Als er sich dem Wasserfallkamin näherte, verlangsamte sich sein Tempo dramatisch. Unterhalb davon galt es eine heikle Querung zu vollziehen. An dieser Stelle ist der sogenannte Silbergraben zu sehen, wenn die Sonne am späten Nachmittag in die Rampe scheint.

Wie viele Namen bestimmter Passagen am Eiger ist »Silbergraben« eine hübsche Bezeichnung für eine ansonsten beängstigende Stelle. Ich habe mich oft gefragt, wie diese bildhaften und manchmal poetischen Namen zustande gekommen sind. Vielleicht war der Götterquergang nicht wegen seiner großartigen und exponierten Lage über einem 1500 Meter tiefen Abgrund so benannt worden, sondern weil Kletterer, die ihn vorsichtig überwanden, sich des unguten Gefühls nicht erwehren konnten, den Göttern schneller näher zu kommen, als ihnen lieb war.

Die Bezeichnung »Silbergraben« ist jedoch nicht von den Kletterern geprägt worden, sondern von den Zuschauern auf der Kleinen Scheidegg und in Alpiglen, denn nur diese können sehen, wie die Sonnenstrahlen vom glänzenden Eis im Quergang am Fuß des Wasserfallkamins reflektiert werden und ein silbernes Leuchten erzeugen. Früh an jenem Morgen, als Adi einen vorsichtigen Spreizschritt über diese Stelle machte, lag die Wand im Schatten, und die Beobachter konnten den trügerischen Glanz des Silbergrabens nicht sehen.

Sie beobachteten, wie Adi den Fuß weit nach links ausstreckte. Der Schuh rutschte ab, und er zog das Bein schnell zurück, um wieder ins Gleichgewicht zu kommen. Es ist schwer zu verstehen, warum er angesichts des gewaltigen Abgrunds, der unter ihm gähnte, nicht bis zu einer Stelle zurückging, an der er sein Seil hervorholen und eine Selbstsicherung einhängen konnte. Vielleicht wollte er keine Zeit verlieren. Vielleicht dachte er, es sei ja nur ein kleiner Schritt und er brauche nur seinen Mut zusammenzunehmen, und es wäre geschafft.

Eine Möglichkeit, sein Selbstvertrauen wiederzuerlangen, besteht darin, sich trotzig der ausweglosen Situation zu stellen. Vielleicht war Adi, durch die tückischen Verhältnisse bereits nervös geworden, gerade an solch einem ausweglosen Punkt angelangt. Zurückzugehen und zum Kletterseil zu greifen wäre einem Eingeständnis seines Versagens gleichgekommen, was den Ängsten Tür und Tor geöffnet und auch den letzten Rest Selbstvertrauen schnell hinweggespült hätte. Adi wußte, daß er von einem aufmerksamen, erwartungsvollen Publikum beobachtet wurde. Vielleicht glaubte er, keinen Rückzieher machen zu dürfen; nur ein einziger langer Schritt, und er hätte sein inneres Gleichgewicht wieder. Er mußte Mut beweisen – denn dafür lebte er schließlich.

Er streckte den Fuß wieder aus – ruckartig und verkrampft – und zog ihn erneut zurück. Dann bearbeitete er die Stelle mit dem Pickel. Er bewegte sich wie jemand, der müde und nervös ist. Man beobachtete, wie er die Stelle ein weiteres Mal anging. Nichts war anders als bei seinen vorherigen Versuchen, aber vielleicht brachte er diesmal genügend Mut auf, um sein Gewicht auf den vereisten Stand zu verlagern. Um zwölf Minuten nach acht wagte Adi den Schritt. Mit klopfendem Herzen und von Adrenalin durchströmt, belastete er den Stand, glitt aus und stürzte lautlos vom Silbergraben 1200 Meter in die Tiefe.

Auch ich habe viele Male vor einem besonders heiklen Schritt innegehalten und mir Mut zuzusprechen versucht, bevor ich weitergestiegen bin oder den Arm nach einem winzigen Griff ausgestreckt und dann erleichtert ausgeatmet habe. Genau darauf kommt es beim Klettern an. Für einen endlos langen Augenblick ist alles auf das Ergebnis einer einzigen Körperverlagerung konzentriert; von einer einzigen wohlüberlegten Entscheidung hängt die gesamte Klettertour – wenn nicht gar das ganze Leben – ab. Einen Augenblick lang lebt man ganz intensiv. Solche herrlich intensiven Erlebnisse, Sekundenbruchteile der Bewegung, Konfrontationen mit der Unendlichkeit, angehaltener Atem, bis man es geschafft hat – daraus bestehen die guten Erinnerungen an Klettertouren zum großen Teil. Ich blickte zur Wand hinauf und dachte an Adis verhängnisvollen Schritt. Manchmal verlieren wir.

Der Zug kam auf der Kleinen Scheidegg zum Stehen, und die Luftkompressoren zischten, als sich die Türen öffneten. Fast ganz Tokio schien sich über den Bahnsteig zu ergießen und eilte der Reiseführerin hinterher, die als Erkennungszeichen einen pinkfarbenen Regenschirm hochhielt und pausenlos redete.

»Wo kommen die bloß alle her?« sagte Ray, als die japanische Touristengruppe sich teilte, um rechts und links an einem

Bernhardiner vorbeizugehen und dabei Salven von gut gezielten Kameraschüssen auf ihn abzufeuern. Die Reiseführerin streckte den pinkfarbenen Regenschirm in die Höhe, und ihr Gefolge eilte ihr gehorsam hinterher in Richtung Hotel.

»Weiß der Geier«, antwortete ich seufzend und wandte mich Hanspeter zu.

»Fahren wir jetzt direkt zur Station Eigergletscher?« fragte Ray, als hätte man ihm soeben das Todesurteil verkündet.

»Zuerst muß ich das mit dem Bahnhofsvorsteher klären und dann muß ich Simon fragen, wie es mit dem Helikopter steht. Aber keine Sorge, wir werden die erste Bahn schon kriegen.«

»Großartig, wunderbar.« Ray hievte sich den Rucksack auf die Schulter.

Wir gingen zu den Männern an der Kamera hinüber. Alle schienen in aufgekratzter Stimmung zu sein. Simon Wells grinste breit und teilte uns mit, daß die Seilschaft bereits auf die Rampe zuhalte. Hanspeter wechselte schnell ein paar Worte mit Simon, und dann mußten wir auch schon los. Wir schüttelten allen die Hand und winkten ihnen zu, während sie uns ermutigende Worte zuriefen und wir Hanspeter zum Bahnsteig folgten. Ich wäre lieber direkt in die Wand eingestiegen, ohne jemandem zu begegnen. Ich hasse Abschiede.

Als die mit neuen japanischen Touristen voll besetzte Bahn hinter der Station Eigergletscher in die Eingeweide des Berges fuhr, gingen in beiden Waggons flackernd die Lichter an. Vom Morgenlicht war nur noch ein winziger Lichtpunkt zu sehen, und als die Tunnelöffnung außer Sicht war, verschwand das Licht ganz.

Ich blickte zu Ray hinüber, der mit ernster Miene dasaß. Um mich abzulenken, richtete ich meinen Camcorder auf die Gesichter der Touristen im Waggon, die mich alle anzulächeln begannen. Als ich die Kamera gerade herumschwenkte, um Ray zu filmen, hielt die Bahn an, und die Seitentür ging auf.

»Hier müssen wir raus«, rief Hanspeter und sprang auf die Schienen. »Wir gehen vorne um den Zug herum. Auf der linken Seite seht ihr gleich die Stollenlochtür.«

Ich schaltete den Camcorder aus, hievte den Rucksack aus der Tür und tappte unsicher hinter Hanspeter durch den düsteren Tunnel. Als ich vorne um den Zug herumging, winkte ich dem Fahrer dankend zu, der mir zulächelte und ermutigend den Daumen nach oben streckte. An der einen Seite des Tunnels befand sich ein kurzer Gang, und wir stiegen über eine felsige Rampe auf eine verwitterte Holztür zu. Links des Ganges bemerkte ich ein grünes Neonschild, hatte aber keine Zeit, die Aufschrift zu lesen.

Kurz darauf waren wir allein, und dann brauste auf einmal ein Windstoß durch den Tunnel. Hanspeter hatte die kleine Innentür geöffnet, die in die hölzerne Außentür eingelassen war. Der Wind war so stark, daß er mich fast umgeworfen hätte. Ich sah, daß Ray etwas sagte, konnte aber wegen des lauten Rauschens nichts verstehen. Ein graues Licht fiel in den Tunnel, und Rays Schatten zeichnete sich gegen den Morgenhimmel ab.

»O verflucht, das sieht ja heiter aus!« hörte ich Ray ausrufen, als ich den Kopf aus der Tür streckte. Er blickte beunruhigt drein. Hanspeter lächelte.

»Der Tag fängt wirklich toll an!« rief ich und wandte mich wieder Hanspeter und Ray zu. »Das ist ja der helle Wahnsinn.« Ich setzte meinen Rucksack auf dem breiten Sims vor der Tür ab und sah zu den 800 Meter senkrecht unter uns liegenden Wiesen hinunter. »Wahnsinn, so was kriegen wir nicht alle Tage geboten, was?«

»Gott sei Dank nicht«, entgegnete Ray und begann seinen Klettergurt anzulegen. Ich sortierte schnell das Material und zog meinen Hüftgurt fest.

»Ich bin froh, daß wir das so gemacht haben«, sagte ich, während ich das grüne 60-Meter-Seil auslegte. »Ich hatte befürchtet, ich würde ein schlechtes Gewissen kriegen, weil wir den unteren Teil übersprungen haben, aber schließlich haben wir das Stück ja schon gemacht, und an dieser Wandstelle hat sich schon so viel Geschichtsträchtiges abgespielt. Wer hier nicht schon alles vorbeigekommen ist!«

»Ja, allerdings meist dann, wenn's darum ging, ihr Leben zu

retten«, sagte Ray bissig und reichte mir das Ende des blauen Seils.

»Ihr habt Gesellschaft«, sagte Hanspeter und deutete auf einen dreieckigen, geröllbedeckten Pfeiler in rund hundert Metern Entfernung. Zwei Männer saßen dort nebeneinander auf dem Geröll. Einer rauchte eine Zigarette, sein Begleiter aß ein belegtes Brot. Der einunddreißigjährige Matthew Hayes aus Hampshire und Phillip O'Sullivan, sechsundzwanzig, ein gebürtiger Neuseeländer, der in Großbritannien lebte, waren am frühen Morgen in die Wand eingestiegen. Wir sprachen während unserer Tour nicht mit ihnen, erkannten aber an ihren Seilkommandos, daß sie Briten waren.

»Mist«, fluchte ich. Andere vor uns zu haben, war das letzte, was wir wollten.

»Sie müssen bei Tagesanbruch losgegangen sein«, sagte Ray, während er eine Schlinge in einen glänzenden neuen Bohrhaken bei der felsigen Tunnelöffnung einhängte.

»Mal sehen, welche Route sie nehmen«, sagte ich. »Falls sie zum Todesbiwak gehen, ist dort jedenfalls auch für uns noch Platz.«

Ich warf einen Blick zum Himmel. Am westlichen Horizont war ein grauweißer Streifen zu sehen. Laut Vorhersage sollte es sich gegen Nachmittag eintrüben, in der Nacht wieder aufklaren und dann drei, vier Tage lang schön bleiben. Ich studierte meinen Höhenmesser, der nicht nur die jeweilige Höhe anzeigte, sondern, viel wichtiger, auch die stündlichen Luftdruckveränderungen.

Als ich um Hanspeter herumging, um in die Wand einzusteigen, klopfte er mir auf die Schulter und wünschte uns alles Gute. Im letzten Augenblick bat ich ihn, mich schnell noch durch sein Fernglas zum Schwierigen Riß hinübersehen zu lassen.

Der schwarze Fels kam in Sicht, und ich drehte an dem Rädchen, um das Bild schärfer zu stellen. Das erste, was ich bemerkte, war der Wasserglanz auf dem Felspfeiler, den der Schwierige Riß durchschnitt.

»Da strömt das Wasser nur so drüber.«

Plötzlich tauchte am Fels eine Gestalt auf.

»Verdammt, da ist ja noch einer«, sagte ich und sah genauer hin. »Der scheint keinen Partner zu haben«, fügte ich hinzu und suchte die ersten und letzten Standplätze am Schwierigen Riß ab.

»O Gott, der geht solo!« Ich wollte am Eiger auf keinen Fall in der Nähe eines Alleingängers sein. »Außerdem bewegt er sich ohne jegliche Sicherung und klettert in Kletterschuhen.«

»Schwachkopf!« Ray brachte es auf den Punkt.

»Ich hoffe nur, der ist gut«, sagte ich flehentlich und mußte an Adi Mayr denken. »Und daß er Glück hat.«

»Also, Jungs, ich mach mich jetzt besser auf den Weg«, sagte Hanspeter. »Ich muß zur Station Eigerwand laufen, bevor die nächste Bahn kommt. Viel Glück.«

Als ich mich umwandte, um eine Seillänge horizontal vom Stollenloch zu dem geröllbedeckten Pfeiler auszulegen, bemerkte ich, daß die beiden Kletterer, die darauf Rast gemacht hatten, hastig aufgebrochen waren. Zweifelsohne wollten sie vor uns bleiben. Sie waren vermutlich nicht sonderlich erfreut gewesen, zwei Kletterer aus einem Wandfenster heraussteigen zu sehen, die sie um ein Haar überholt hätten. Ich hatte allerdings nicht vor, ihnen hinterherzujagen. Wir wollten die Tour kontrolliert und in unserem Tempo machen und nicht mit einer anderen Seilschaft ins Gehege kommen. Ich ließ ihnen gerne den Vortritt.

Das Gelände war einfach, aber tückisch, und ich war mir des links von mir gähnenden Abgrunds nur zu bewußt. Oberhalb des Pfeilers stieß ich auf eine lange, in einen alten Kletterhaken eingehängte Bandschlinge und einen glänzenden neuen Bohrhaken. Nicht weit davon entfernt lagen ein angegessenes, hastig weggeworfenes Sandwich und eine Zigarettenkippe. Ich beobachtete Ray, wie er nervös über das Felsband kroch und den Pfeiler zu erklimmen begann. Seine übervorsichtigen Bewegungen verrieten, wie angespannt er war.

»Na, wie fühlst du dich?« fragte ich, als er sich zu mir hochzog.

»Ein bißchen mulmig, ehrlich gesagt«, sagte er. »Ich brauche eine Weile, um mit diesem Gelände warmzuwerden.«

»Ich kann ja solange vorsteigen, bis du dich wohler fühlst. Was hältst du davon?«

»Keine Einwände«, sagte Ray grinsend. »Menschenskind, ist das Ding riesig«, fügte er hinzu, während er zur Roten Fluh blickte, die uns die Sicht auf die restliche Wand versperrte. Hoch über und links von uns stäubte eine Ladung Pulverschnee in die Tiefe.

»Das muß der Solokletterer sein«, meinte ich und deutete auf den davonstiebenden Schnee. »Verdammt, das gefällt mir gar nicht, daß der über uns ist.«

»Vergiß ihn. Das ist sein Bier«, sagte Ray entschieden.

Ich blickte nach oben und suchte die beiden anderen Kletterer. Links unterhalb eines gelben Felsbands bewegten sich ein roter Rucksack und ein weißer Helm.

»Das muß die Biwakhöhle sein«, sagte ich, und Ray nickte. Von meinem Standplatz aus konnte ich auf den Kopf des Zerschrundenen Pfeilers hinunterblicken, und Hunderte Meter tiefer waren die Höcker des Ersten Pfeilers zu sehen, an dem wir vor vier Tagen in die Wand eingestiegen waren. Angeseilt erklommen wir eine sanfte Felsrippe und achteten sorgsam darauf, daß zwischen uns immer mehrere Sicherungspunkte waren. Der Großteil des Materials war von zweifelhafter Qualität – alte, verrostete Felshaken in schräg abfallenden Rissen und zum Fels hin gebogen. Wir ließen uns Zeit, versuchten ein Gefühl für das Gelände zu bekommen. Griffe und Tritte waren beängstigend schräg und glatt, und was normalerweise leichte Kraxelei gewesen wäre, war wegen der Eisglasur und des Naßschnees eine nervenaufreibende Sache. Immer wieder mußte ich um vereiste Flecken herumbalancieren und verzweifelt nach einem Sicherungspunkt suchen, während es neben mir dreißig Meter in die Tiefe ging.

Dann übernahm Ray den Vorstieg, und nachdem er eine Reihe weißer Kalksteinplatten überwunden hatte, kam er auf einmal nicht mehr weiter. Ich wurde allmählich ungeduldig, weil wir so langsam vorankamen. Ich hörte ein paar verärgerte Rufe, dann trat eine spannungsgeladene Stille ein. Ein Stein polterte herunter, und als ich in Deckung ging, begannen sich die Seile wieder durch meine Hände zu bewegen.

Als ich die Stelle erreichte, an der Ray ins Stocken geraten war, schalt ich mich, weil ich so ungeduldig gewesen war. Ray hatte sich eine lange Strecke über einer Zwischensicherung mit einem labilen Felshaken hinaufhangeln müssen, was durch große Eisglasurflecken noch erschwert worden war. Ich überlegte, ob ich mir besser die Steigeisen anziehen sollte, ließ es aber bleiben, um keine Zeit zu verlieren. Als kurz darauf die Vibramsohle meines linken Bergschuhs über die vereiste Platte schlitterte, bereute ich meine Unbesonnenheit. Ich stieß den Eispickel in einen vereisten Felswulst, um zu verhindern, daß ich in einem langen weiten Bogen die Felsstufe hinunterfiel. Keuchend und leicht mitgenommen kam ich neben Ray an und stieg weiter zu einer niedrigen, rechteckigen Höhle in einem Felspfeiler.

»He, Ray, das ist die Biwakhöhle!« rief ich ihm aufgeregt zu. »Und direkt über uns ist der Schwierige Riß. Die anderen beiden sind am Standplatz. Mal sehen, ob ich sie einholen kann.«

Ich war ganz aus dem Häuschen, auf die Wandstellen zu stoßen, von denen ich bisher nur Abbildungen gesehen hatte. Es war eine Bestätigung, daß wir uns tatsächlich auf der Route befanden, von der wir so lange geträumt hatten. Ich empfand eine unbändige, kindliche Freude darüber, einfach nur dort zu sein. Ich wollte Ray zurufen, daß wir uns tatsächlich auf der '38er Route befanden, ließ es aber bleiben, weil er das vermutlich schon gemerkt hatte.

Als ich nach links zu einem kurzen senkrechten Kamin querte, sah ich über einem vorspringenden Dach Kletterseile pendeln. Das waren Matthew Hayes und Phillip O'Sullivan am Schwierigen Riß. An Sicherungshaken eingehängte Schlingen schlugen gegen den Fels, als sich das Seil spannte. Ich vernahm ein vertrautes englisches Seilkommando. Dann tauchte der zweite Kletterer am Überhang auf und streckte die Hand nach einem triefendnassen Riß aus, der das Dach durchschnitt.

»Ich komme, Matt«, brüllte er seinem Partner zu und sah dann zu seinen Füßen hinunter. Ich winkte ihm zu und streckte den Daumen nach oben.

»Alles klar, Kumpel?« rief ich. Er erwiderte etwas, das ich nicht verstand. Eigentlich hatte ich seinen Standplatz zu erreichen gehofft, ehe er weiterkletterte. Ich hatte mit dem Gedanken gespielt, ihn eins von unseren Seilen mit hinaufnehmen und für uns fixieren zu lassen, aber dazu war es nun zu spät. Das war ohnehin besser so. Ich wollte probieren, am Schwierigen Riß den Vorstieg zu übernehmen, und es war mir unangenehm, mich auf die Hilfe eines anderen Kletterers zu verlassen, wenn uns das auch viel Zeit erspart hätte.

Vorsichtig schob ich mich über die Traverse, bis mein Rucksack gegen das Dach stieß und ich gezwungen war, über dem rechts von mir gähnenden Abgrund entlangzubalancieren. Ich begann über die Felsleiste zu kriechen, behindert durch die Reibung der Seile, die schwer hinter mir herschleiften. Am hintersten Ende fand ich einen alten Ringhaken und hängte mich darin ein. Ich ließ den Rucksack vom Rücken gleiten und schob ihn an die Rückwand der Höhle.

Die Höhle kam mir irgendwie bekannt vor, und dann fiel mir das Foto in Chris Boningtons Buch *I Chose to Climb* ein, auf dem Ian Clough zu sehen ist, wie er während eines Biwaks einen Eintopf umrührt. Die beiden hatten bei der ersten britischen Durchsteigung der Eigerwand im Jahr 1962 in dieser Höhle übernachtet.

Obwohl die Mehrzahl meiner Bergsteigeridole aus der Generation der dreißiger Jahre stammt, haben auch Chris Boningtons Karriere und seine vielen Bücher großen Einfluß auf meine bergsteigerische Entwicklung gehabt. Genau genommen ist es seine erste Autobiographie *I Chose to Climb* gewesen, die mich zur Begehung der Eigerwand und des Walkerpfeilers angespornt hat.

Ich hatte Bonington immer dafür bewundert, daß er mit einer solchen Beharrlichkeit an seinem Vorhaben festhielt, die Eiger-Nordwand zu durchsteigen. 1961 war er nach einem erfolgreichen Besteigungsversuch der Nuptse-Südwand auf dem Landweg 7000 Meilen von Katmandu direkt in die Alpen gefahren. Mit dem Vorsatz, als erste britische Bergsteiger die Nordwand zu bezwingen, hatten er und Don Whillans im Spätsommer den Eiger erkunden wollen.

Bei ihrem ersten Versuch kamen sie bis zum Schwierigen Riß, wo sie wegen drohenden Unwetters den Rückzug antraten. Höher als bis zu dieser Stelle waren bislang keine britischen Bergsteiger gekommen. Nach einer Schlechtwetterperiode fuhren Bonington und Whillans nach Chamonix, wo sie sich mit Ian Clough und dem polnischen Bergsteiger Jan Djuglosz zusammenschlossen, mit denen ihnen die Erstbegehung des mittleren Frêney-Pfeilers gelang – eine beachtliche Leistung, die angesichts der schrecklichen Tragödie, die Walter Bonatti erst zwei Monate zuvor an diesem Pfeiler durchgemacht hatte, um so eindrucksvoller war.

Die italienische Seilschaft Walter Bonatti, Roberto Gallieni und Andrea Oggioni hatte sich mit einer starken französischen Viererseilschaft zusammengeschlossen, der neben dem Seilschaftsführer Pierre Mazeaud die drei Bergsteiger Robert Guillaume, Antoine Vieille und Pierre Kohlman angehörten. Anfang Juli erreichten sie die Basis der Chandelle, einer über hundert Meter hohen Granitkerze auf einem 600 Meter hohen Sockel aus zerklüftetem Granit. Nach einem Wetterumschlag steckte die Seilschaft drei Tage und drei Nächte auf einem schmalen Felsvorsprung fest. Pierre Kohlman wurde am ersten Tag des Unwetters vom Blitz getroffen und stark geschwächt. Mit dünnen Plastikplanen und ohne Biwakzelt kauerten sich die Männer wärmesuchend aneinander.

Am fünften Tag ihrer Tour versuchten sie über den Col de Peuterey und den Frêney-Gletscher abzusteigen. In der Hoffnung, die Gambahütte zu erreichen, mußten sie sich durch brusthohen Schnee kämpfen. Nachdem sie eine Nacht im Schutz einer Gletscherspalte ausgeharrt hatten, stiegen sie weiter ab. Antoine Vieille brach dabei vor Erschöpfung zusammen und starb. Einige Stunden später erwischte es auch Guillaume.

600 Meter oberhalb der Gambahütte, am Fuß eines zum Col de l'Innominata führenden Couloir, brach Bonattis langjähriger Freund Oggioni zusammen.

Pierre Mazeaud beschloß, bei seinem Gefährten auszuharren, während Bonatti mit den anderen den Abstieg fortsetzte.

Kurz darauf wollte Kohlman, der infolge der schleichenden Folgen der Unterkühlung ins Delirium geraten war, auf Bonatti und Gallieni losgehen. Die beiden waren gezwungen, sich aus den Seilen auszubinden und zur Hütte hinunterzufliehen. Von den sieben Mann, die gemeinsam aufgebrochen waren, überlebten nur Mazeaud, Gallieni und Bonatti, und dieser Versuch ging als eine der schrecklichsten Tragödien in die Geschichte des Alpinbergsteigens ein.

Unbeeindruckt vom gefährlichen Ruf des mittleren Frêney-Pfeilers gelangten Bonington, Whillans, Djuglosz und Clough im Wettlauf mit der konkurrierenden französischen Seilschaft René Desmaison und Pierre Julien bis zum Gipfel.

Whillans und Bonington kehrten anschließend nach Grindelwald zurück, um den Eiger nochmals in Angriff zu nehmen, diesmal von einem Fotografen der *Daily Mail* zum Wandfuß begleitet, weil das Blatt sich bereit erklärt hatte, ihren Begehungsversuch zu finanzieren. Am Schwalbennest gaben sie auf, und Bonington beschloß, das Unternehmen endgültig abzublasen und nach England zurückzukehren. Als sie gerade in Alpiglen ihr Klettermaterial zusammenpackten, um mit dem nächsten Flugzeug nach England zurückzufliegen, hörten sie, daß man einen Bergsteiger von der Nordwand hatte abstürzen sehen. Sie machten sich zum Wandfuß auf, wo sich ihre schlimmsten Befürchtungen bestätigten. Ein aufgeblasener deutscher Tourist hatte sich bei dem Toten postiert und wies stolz auf die schrecklichen Kopfverletzungen des Verunglückten hin. Chris und Don bedeckten den Bergsteiger mit einer Decke und mußten sich beherrschen, um nicht auf den Touristen loszugehen.

Im darauffolgenden Sommer kämpften Chris und Don in der Eigerwand erneut um ihr Leben bei dem Versuch, Brian Nally zu bergen, dessen Partner Barry Brewster auf dem Zweiten Eisfeld umgekommen war. Nachdem Bonington anschließend mit Whillans die Nordwand des Badile durchstiegen hatte, begab er sich nach Chamonix, wo ihm gemeinsam mit Ian Clough die erste britische Durchsteigung des Walkerpfeilers gelang. Keine achtundvierzig Stunden später waren die beiden erneut in Alpiglen. Auf den geröllbedeckten unteren Felsen entdeckte Bonington zu seiner Beunruhigung Blutspuren und einen Knochen mit einem Stück Fleisch. Er hielt es für besser, seinem Partner nichts davon zu sagen. Später erzählte ihm Ian, daß er den Knochen ebenfalls gesehen und ihm aus dem gleichen Grund nichts davon gesagt habe.

Als sie in der Höhle am Fuß des Schwierigen Risses kampierten – an der gleichen Stelle, an der ich Ray gerade sicherte –, waren überraschend zwei weitere Bergsteiger aufgetaucht – Tom Carruthers, ein bekannter Bergsteiger aus Glasgow, und Anton Moderegger, ein Bergsteiger aus Österreich. Zu ihrer Verblüffung erfuhren Bonington und Clough, daß die beiden sich weder kannten noch miteinander verständigen konnten. Während Bonington und Clough das restliche Wandstück mit einem weiteren Biwak am Götterquergang durchstiegen, wurden Anton Moderegger und Tom Carruthers zum letzten Mal auf halber Höhe des Zweiten Eisfeldes gesehen, das sie im Schneckentempo überquerten.

Ich habe das grobkörnige Foto gesehen, das Ian Clough von der Spitze des Bügeleisens von den beiden gemacht hat. Die winzigen Gestalten waren mit einem Kringel markiert gewesen, um sie in der weiten Fläche des grauen, von Steinen durchsetzten Eises erkennen zu können. Sie bewegten sich so langsam und unsicher, daß keine Aussicht bestand, das Bügeleisen, eine der gefährlichsten Wandstellen, zu erreichen, ehe die Nachmittagswärme den täglichen Steinhagel auslöste. Der ständige Steinschlag, der diese Passage nachmittags zu einer Todesfalle macht, hat auf den Felsplatten des Bügeleisens tiefe Einkerbungen hinterlassen.

Weil die beiden sich nicht verständigen konnten, konnten sie auch keine sicheren, rationalen Entscheidungen treffen. Im

Zentrum des Eisfeldes waren sie dem Beschuß durch herabstürzende Steine hilflos ausgeliefert. Clough und Bonington waren zu weit entfernt, um den beiden eine Warnung zurufen zu können.

Das Foto hatte trotz seiner schlechten Qualität eine starke Wirkung auf mich. Es zeigte die Nordwand des Eigers in ihrer ganzen Trostlosigkeit und Einsamkeit. Dieser letzte, zufällig auf einen Film gebannte Blick auf das kurze Leben zweier Menschen ging mir sehr nahe. Ich fragte mich, was bei den beiden so schrecklich falsch gelaufen war. Waren sie durch Steinschlag von der Wand gefegt worden? Oder war einer von beiden abgestürzt und hatte den anderen mit in den Tod gerissen? Wir würden es nie erfahren. Sie verschwanden einfach ungesehen aus einer unheimlichen Welt aus schmutzigem, felsdurchsetztem Eis und steil abfallenden Felsen.

Während ich mich in der Höhle umsah, kam Ray am Ende des Quergangs in Sicht. Für einen kurzen Augenblick hatte mich ein unbehagliches Gefühl beschlichen angesichts dessen, was wir da taten. Vielleicht hatte ich zu viele Bücher gelesen und kannte zu viele Horrorgeschichten.

»Mensch, das ist echt gut«, sagte Ray mit einem ansteckenden Grinsen.

»Na, dir scheint's ja besser zu gehen«, sagte ich, erfreut über Rays gestiegenes Selbstvertrauen.

»Allerdings, ich hab's überwunden«, erwiderte er. »War nichts weiter als morgendliche Übelkeit. He, das kommt mir doch irgendwie bekannt vor«, meinte er dann und musterte die Höhle.

»Ist'n guter Biwakplatz. Scheint besser zu sein als das Schwalbennest.«

»Bist du den beiden anderen begegnet?« fragte Ray, während ich das Klettermaterial für den Vorstieg am Schwierigen Riß zusammenstellte. »Sie hätten doch für uns ein Seil fixieren können.«

»Nein, ich hab ihnen nur Glück gewünscht. Ich möchte dieses Stück sowieso lieber selbst vorsteigen«, sagte ich und schob mich nach rechts auf einen Riß zu, der einen Felswulst durchschnitt, von dem Eiswasser heruntertropfte. Ich hängte die Seile in einen alten, verbogenen Felshaken ein.

»Besser du als ich«, sagte Ray, während er die Seile abwickelte.

»Meinen Rucksack lasse ich hier«, sagte ich und hängte ihn in den Haken ein. »Wenn ich oben bin, binde ich mich vom blauen Seil los, und du kannst es als Fixseil benutzen, während ich dich mit dem grünen Seil sichere.«

»Und was ist mit deinem Rucksack?«

»Ich werd das grüne Seil durch die Schlingen fädeln, es zu dir runterwerfen und den Rucksack nachziehen.«

»Okay, klingt gut.«

Als ich meine Hand an den triefnassen Riß legte, staunte ich über den Mut des Solokletterers, der dieses Teilstück nur wenige Stunden zuvor ohne Sicherungsseil überwunden hatte. Das eisige Wasser lief mir in die Ärmel und an den Armen entlang bis in die Achselhöhlen. Zitternd suchte ich an dem Felsen nach einem besseren Griff. Ich zog mich zu dem Überhang hoch und reckte mich vor, um mich in eine zerfranste Seilschlinge ein-zuhängen, die aus dem Riß heraushing. Ich hatte keine Ahnung, wie zuverlässig sie war oder woran sie überhaupt befestigt war. Über der Schlinge sah ich einen weiteren verbogenen, rostigen Felshaken. Meine Finger waren schon ganz klamm. Ich wußte, daß ich keine Zeit verlieren durfte. Ich langte so weit nach oben wie möglich und schaffte es, die Finger in dem glitschigen Riß zu verkeilen. Dann drückte ich mich mit den Füßen unter dem Dach so weit wie möglich ab und zog mich vorsichtig nach oben, inständig hoffend, daß meine Hand nicht aus der Spalte rutschte. Ich fummelte an dem verbogenen Kletterhaken herum, um einen Karabiner einzuklinken, und atmete erleichtert auf, als das grüne Seil sicher eingehängt war. Als ich mich über das Dach zog, be-merkte ich beklommen, daß die zerfranste Seilschlinge, in die ich mich eingehängt hatte, nur lose im Riß klemmte.

Oberhalb des Daches wurde es einfacher, und ich begann die Kletterei zu genießen, während ich dem Riß nach rechts zu einem Standplatz am oberen Ende einer kurzen Verschneidung folgte.

Zu meiner Überraschung konnte ich dort weder Felshaken noch Risse entdecken, in denen sich ein Klemmkeil hätte anbringen lassen. Als ich hochblickte, sah ich, daß der Weg zurück nach links zu einer Verschneidung genau oberhalb der Stelle führte, an der Ray stand. Während ich mich darauf zubewegte, nahm ich bestürzt wahr, daß aus der Verschneidung unter mir mehrere blockartige Dächer ragten. Das Nachziehen meines Rucksacks würde folglich zu einer zeitraubenden Angelegenheit werden. Nach dreißig Metern erreichte ich einen sicheren Stand am oberen Ende der Verschneidung mit zwei guten Felshaken und einem Bohrhaken.

»Okay, Joe«, brüllte Ray, worauf ich an dem grünen Seil zu ziehen begann, das ich zu ihm hinuntergelassen hatte. Als der Rucksack unterhalb des ersten Daches in Sicht kam, zog ich mit aller Kraft, um ihn über das Hindernis zu bekommen. Als er einen Satz über den Rand des Daches machte, drehte er sich herum, und meine Steigeisen, die ich an den Riemen der Deckelklappe befestigt hatte, baumelten herab. Nach zehn Metern blieb der Rucksack unter dem nächsten Dach stecken. Ich rief Ray zu, er solle am blauen Seil hochkommen und dabei eine Seilklemme verwenden. Ich konnte das grüne Seil erst hinunterwerfen und ihn sichern, wenn er den Rucksack befreit hatte.

Ray hatte in seinem Laden ein Musterexemplar einer Seilklemme gefunden und noch schnell zu seinen anderen Sachen in den Rucksack gesteckt. Jetzt benutzte er sie zum allerersten Mal und stellte fest, daß sie nicht viel taugte. Die Klemmwirkung der scharfen Metallzähne war so stark, daß der Mantel des Seils zerfetzt und erschreckend viel vom weißen Kern sichtbar wurde. Ächzend und fluchend zog sich Ray über das Dach und kämpfte mit dem widerspenstigen Gerät, das sich mit beängstigender Effizienz durch seine Rettungsleine fraß.

Als er zu meinem Rucksack langen und ihn vorziehen konnte, zog ich mit aller Kraft am Seil, mit dem Ergebnis, daß der Rucksack fünf Meter weiter oben unter dem nächsten Dach steckenblieb. Ich begann wütend zu fluchen. Als Ray meinen Rucksack zum dritten Mal freizubekommen versuchte, bemerkte ich, daß sich die Riemen, die meine Steigeisen festhielten, beinahe gelöst hatten. Nur ein einziger Riemen hing noch locker darüber, und das einzige, was die Steigeisen an einem Sturz in die Tiefe hinderte, war ein Zacken, der in das Nylonband eingedrungen war. Ich rief Ray eine Warnung zu, und er konnte die Steigeisen in letzter Sekunde davor bewahren, sich in Eiger-Müll zu verwandeln.

Als Ray den Standplatz erreichte, atmete er schwer und fluchte über die untaugliche Seilklemme.

»Zum Teufel damit«, rief er und warf das Aluminiumgerät in die Tiefe. »Das Ding hätte mich um ein Haar umgebracht.«

»Tut mir wirklich leid, daß ich wütend auf dich geworden bin«, sagte ich. »Ich dachte, du würdest die Sache vermasseln.«

»Hab ich ja auch.«

»Ja, aber es war mein Fehler, nicht an das Hilfsseil gedacht zu haben.«

»Keine Vorwürfe, hatten wir doch ausgemacht«, sagte Ray und klopfte mir auf die Schulter. »War übrigens ein guter Vorstieg. Hat schwierig ausgesehen.«

»War eher naß und kalt«, sagte ich. »Wie auch immer, laß uns erst mal was trinken und dann die Seile entwirren. Die sind total verheddert.«

Während wir eine harte Schweizer Wurst und Trockenfrüchte kauten, fiel mir auf, daß im Westen Wolken aufgezogen waren. Am Horizont war kein schmaler grauer Streifen mehr zu sehen, und am Himmel sammelte sich eine ganze Reihe von Gewitterwolken. Ich warf einen Blick auf meine Uhr. Halb zwei am Nachmittag.

»Mist, wir haben mindestens anderthalb Stunden verplempert«, sagte ich wütend. »Hast du die Wolken da drüben gesehen?« Ich deutete mit dem Kopf nach Westen.

»Dem Wetterbericht zufolge soll es am Nachmittag doch bewölkt sein.«

Ich gab keine Antwort. Irgend etwas gefiel mir an den Wolken nicht. Ich blickte noch einmal auf meine Uhr und stellte fest, daß der Luftdruck gesunken war.

Kapitel 15

Der verhängnisvolle Sturm

Wir kletterten zügig eine Felsrinne unterhalb der Roten Fluh
hinauf. Angeseilt machten wir eine hundertfünfzig Meter lange
Traverse nach links oben über leichtes, ansteigendes Gelände,
das uns über mehrere schneebedeckte Wandstufen zu einer
Felsplatte führte. Als ich im Näherkommen an der unverwech-
selbaren Form erkannte, daß dies der Hinterstoisser-Quergang
war, wurde ich ganz aufgeregt, weil wir nun gleich einen weiteren historischen Geländepunkt passieren würden. An ein paar
alten, aber solide erscheinenden Felshaken entdeckte ich ein
zerfranstes Fixseil und sicherte Ray schnell zu meinem Standplatz hinauf. Direkt über der Sicherungsstelle war eine etwa
fünfzig Meter hohe, überhängende Felswand. Von ihrem Rand
rieselte ein dünnes Rinnsal in die Tiefe, und ich spürte den
kühlen Sprühnebel im Gesicht.

»Von dort hat Don Whillans sich damals abgeseilt, als sie Nally
geborgen haben«, sagte ich zu Ray.

»Wahrscheinlich«, sagte er.

Ich erwiderte nichts, weil ich gerade wieder einen Blick zum Himmel geworfen hatte und höchst beunruhigt war.

»Verdammter Mist«, sagte ich und Ray wandte sich um, um festzustellen, in welche Richtung ich blickte. Am Himmel waren dunkle Gewitterwolken aufgezogen. Die brodelnden weißen Kronen quollen gewaltig auf; mit jeder Minute, die wir zusahen, brauten sich große Bäusche zusammen und stiegen Hunderte von Metern in die Höhe.

»Wir sitzen ganz schön in der Tinte. Das kann jeden Moment losgehen. Das ist was Gröberes. Von wegen bewölkter Nachmittag«, sagte ich schroff.

»Das ist aber schnell gegangen.«

»Die können sich sehr schnell zusammenbrauen. Ich hab vorhin schon bemerkt, daß der Wind aufgefrischt hat. Das ist die Sturmfront, die vor diesen Kumulonimbuswolken hergetrieben wird. Da braut sich ordentlich was zusammen. Wir müssen so schnell wie möglich hier raus. Vielleicht ist's ja nur ein kurzes Gewitter, aber es wird genau über uns runtergehen.«

Ich griff nach dem Fixseil, das den Quergang überspannte. An drei oder vier Stellen war der Mantel des Seils zerfetzt und nur noch die dünnen Litzen des weißen Kerns übrig. Ich war von einer nervösen Unruhe erfüllt, die durch die beklemmende, spannungsgeladene Atmosphäre der herannahenden Gewitterfront noch verstärkt wurde. Weil für Zögerlichkeiten keine Zeit war, zog ich mich einfach an dem morschen Seil hinüber, hoffend, daß es nicht reißen würde, und hängte meine eigenen Seile in jeden ramponierten Haken ein, an den ich herankam.

Als ich mich einmal umblickte, stellte ich erschrocken fest, wie dunkel es inzwischen geworden war. Ray schien auf einer Wolke zu stehen, und die Rote Fluh hinter ihm war nicht mehr zu erkennen. Aus den Wolken ringsum drang ein bedrohliches Donnergrollen, und über die plattenartigen Felsen des Quergangs begann Wasser hinunterzuplatschen. Die überhängende Wand schützte mich vor den schlimmsten Fluten, und ich hangelte mich, so schnell es ging, den Quergang hinüber. Ich zuckte zusammen, als hinter mir erneut ein schwerer Donnerschlag ertönte. Links von mir sauste eine Ladung faustgroßer Steine vom oberen Ende der Wandstufe in die Tiefe. Hypnotisiert sah ich ihnen hinterher, als sie vorbeizischten und mit durchdringendem Knallen Hunderte von Metern das felsige Gelände unter mir hinuntersprangen.

Dann war auf einmal ein schrilles Rauschen zu hören, das lauter und lauter wurde, und als ich hochblickte, sah ich zu meinem Entsetzen direkt über mir eine Wand aus Wasser, Hagel und Steinen über die Felsstufe am oberen Ende des Hinterstoisser-Quergangs schießen. Zum Glück trudelten die schwereren Brocken weit ins Leere hinaus, während Wasser und Hagel in Strömen über die Platten des Quergangs zu plätschern begannen.

Ich blickte zu Ray hinüber, der sich an seinem Sicherungsstand zusammengekauert hatte, die Kapuze über den Helm gezogen, mitten in der Bahn eines nun kräftigen Wasserfalls. Weil ich ganz darauf konzentriert war, den Quergang sicher zu überwinden, registrierte ich diese Dinge lediglich, machte mir aber keine großen Gedanken darüber. Eher verspürte ich eine anwachsende Begeisterung über diese Entwicklung. Das Gewitter war dramatisch und spektakulär und machte auf eine eigentümliche Weise Spaß. Im Augenblick drohte uns keine Gefahr, und die Sicherheit des Schwalbennestes winkte.

Nach vierzig Metern gelangte ich an einen senkrecht nach oben verlaufenden Riß, der rechts von einem vorspringenden Dach begrenzt war. Eigentlich hätte ich stehenbleiben und warten sollen, bis Ray nachgekommen war, doch angesichts der fast sechzig Meter langen Seile spekulierte ich darauf, bis in den Schutz des Schwalbennests gelangen zu können. Während ich den Riß schnellstmöglich am Fixseil erklomm, explodierten ringsumher am Himmel schwere Donnerschläge. Zwischen den Wolken zuckten Blitze auf, und Wasser und Hagel prasselten auf mich nieder.

Am oberen Ende des Risses angekommen, sah ich über mir eine abschüssige Felsstufe, an deren Fuß sich ein kleiner, von einem Dach überragter Schneesims befand. Am Fels waren

Schrauben und ein altes Fixseil angebracht, und ich hängte mich schnell darin ein und rief Ray zu, daß er nachkommen solle. Er gab keine Antwort. Wahrscheinlich hatte er mich in dem Getöse nicht gehört. Ich straffte die Seile und ruckte dreimal kräftig daran – unser Signal zum Nachkommen, wenn wir außer Hörweite waren.

Ich hängte die Seilstränge in meine Sicherungsplatte ein, stellte meinen Rucksack auf den Sims, befestigte ihn an einer Bandschlinge und lehnte mich gegen die schräge Felswand, die völlig trocken war. Über den Rand des Daches rieselte ein dünner Wasserschleier. Ich zündete mir eine Zigarette an, hielt die Seile gespannt für den Fall, daß Ray sich in Gang setzte, und blickte über das Erste Eisfeld hinüber. Erst in diesem Moment wurde mir richtig bewußt, wie heftig das Gewitter war. Das Eisfeld war eine einzige fließende Masse aus Hagel und Wasser. Einzelne Steine polterten hinunter und schossen am unteren Rand des Eisfeldes in die Tiefe. Ich beugte mich vor und verdrehte den Hals, um zum oberen Wandteil hinaufzusehen, der von hier aus nicht mehr von der Roten Fluh verdeckt war, und mir blieb vor Schreck die Luft weg.

Weit draußen zu meiner Linken, in einer Linie mit der Spinne, ergoß sich ein breiter Wasserstrahl vom unteren Ende des Zweiten Eisfeldes und rauschte im freien Fall hundert Meter in die Tiefe. Weiter oben, in Höhe des Götterquergangs, konnte ich trotz einer grauen Wolkendecke das Rampeneisfeld und den dunklen, schräg nach oben verlaufenden Einschnitt der Rampe erkennen. Ein weiterer Wasserfall sprudelte vom oberen Ende des Rampeneisfeldes herunter und teilte sich in drei Sturzbäche auf. Die Hauptmenge des Wassers ergoß sich in einem hundert Meter langen Bogen über die gesamte Länge der Rampe und prasselte auf die Felsen am unteren Ende des Dritten Eisfeldes. Vom Zweiten Eisfeld kam ein pausenloser Geschoßhagel herunter, einige der Brocken schlugen mit scharfem Knall auf dem Ersten Eisfeld links von mir auf und schwirrten tausend Meter in die Tiefe bis zu den Wiesen am Wandfuß.

Meine Begeisterung verwandelte sich in Furcht. Noch nie im

Leben hatte ich an einer Bergwand eine solche Verwandlung erlebt. Die gesamte Wand war ein Chaos von herabstürzenden Steinen, Hagel, Schneerutschen und Sturzbächen. Ich fragte mich, wo Heinz, Scott und Will und seine Bergführer wohl gerade waren. Ich hoffte, sie waren nicht in der Rampe, denn ich bezweifelte, daß jemand, der dort feststeckte, einen solchen Wasserguß überleben könnte. Spülte es einen dabei nicht geradewegs aus der Rinne, würde man mit Sicherheit ertränkt.

Da fiel mir der Solokletterer ein, und etwas zog sich kalt in mir zusammen. *Könnte er die Rampe so schnell erreicht haben?* dachte ich und verwarf den Gedanken. *Nein, aber er könnte durchaus mitten auf dem Zweiten Eisfeld sein.* Ich starrte auf die vom unteren Rand des Eisfeldes herabprasselnden Trümmer, und mir war klar, daß jeder, der sich gerade auf dieser riesigen Eisfläche befand, wenig Überlebenschancen hatte. *Wenn er ohne Selbstsicherung klettert, hat er keine Chance. Wenn er sich aber selbst sichert, wäre er so langsam, daß er mit Sicherheit vom Steinschlag getroffen wird. Tolle Aussichten! Vielleicht ist er schon tot.* Ich dachte an Adi Mayrs langen, lautlosen Sturz. *Und was ist mit den Briten? Sie können nicht sehr weit über uns sein. Mit etwas Glück müßten sie in den Schutz des Schwalbennests zurückklettern können.*

Ich sah mich an dem Biwakplatz um. Normalerweise ist es ein schmales, fünfzig Zentimeter breites Felsband, das nicht mehr als zwei Personen Platz bietet. Nach dem schlechten Wetter der vergangenen Woche hatte sich auf dem Sims jedoch so viel Schnee angehäuft, daß man eine passable Plattform herausstampfen konnte, auf der wir zu zweit liegen konnten und immer noch von dem Dach geschützt wären. *Für vier Leute wäre es verdammt eng,* dachte ich und bemerkte im gleichen Augenblick, daß die Seile nachgaben. Folglich kletterte Ray nun den Hinterstoisser-Quergang. Ich spuckte die Zigarette aus und sah ihr hinterher, als sie auf das Eisfeld trudelte und ins Leere glitt. *Wir müssen unsere Strategie ändern.*

Als das Gewitter losbrach, wollten Scott Muir, Heinz Zak, Will Edwards und ihre beiden Bergführer Hansruedi Gertsch und

Godi Egger gerade über den Götterquergang auf das Eis der Spinne zusteigen. Als Hansruedi ein paar Stunden zuvor Will Edwards gesichert und dabei einen Blick nach unten geworfen hatte, entdeckte er am unteren Rand des Zweiten Eisfeldes einen einsamen, schnell vorankommenden Kletterer. Hinter ihm war kein Partner aufgetaucht. Als er wenig später noch einmal hinuntersah, war der Mann verschwunden. Er nahm an, daß der Solokletterer sich angesichts des Wetters vorsichtshalber ins Schwalbennest zurückgezogen habe. Da sie sich selbst in einer schwierigen Lage befanden, hatte er nicht weiter daran gedacht. Sie waren nun hoch oben am Berg und auf den Ausstieg aus der Wand konzentriert, während sich im Westen Gewitterwolken zusammenbrauten; er wußte, daß Hagel und Wasser blitzschnell durch den Trichter der Spinne schießen würden.

Am Morgen hatten sie bei schönem Wetter das Todesbiwak verlassen. Das Klettern am trockenen Fels in der Rampe hatte keine Schwierigkeiten gemacht. Obwohl sie wegen der Dreharbeiten und den mit fünf Bergsteigern beengten Verhältnissen in der Rampe nur langsam vorankamen, waren sie zügig zum Rampeneisfeld emporgestiegen, hatten das Brüchige Band überquert, die steile, schlecht sicherbare Seillänge zum Brüchigen Riß bewältigt und die relative Sicherheit des Götterquergangs erreicht. Am linken Ende des Quergangs war ein guter Biwakplatz, doch sie waren trotz der aufziehenden Gewitterwolken zuversichtlich gewesen, die Ausstiegsrisse am oberen Rand der Spinne erreichen und noch am selben Tag aus der Wand aussteigen zu können. Das Gewitter erwischte sie an einer äußerst prekären Stelle.

»Götterquergang« ist ein treffender Name für diese Passage angesichts ihrer hohen, exponierten Lage und der heiklen, unzureichend gesicherten Kletterei. An der Spitze des Brüchigen Risses, am linken Rand des Quergangs, befindet sich eine annehmbare Sicherungsstelle, aber von da an sind die Sicherungspunkte über 120 Meter hinweg bis zur Spinne ziemlich bescheiden: schwache, verbogene Felshaken in brüchigen, schräg abfallenden Spalten. Die meisten Bergsteiger würden solche

Haken nicht einmal statisch belasten wollen, geschweige denn in sie stürzen. Der größte Teil der Passage ist technisch nicht schwierig, aber der Fels ist tückisch, und neben dem Kletterer bricht die Wand direkt ab und geht über 1500 Meter in die Tiefe. Die Felsstufe unterhalb des Quergangs ist extrem steil und unterhöhlt, was das Gefühl der Ausgesetztheit noch verstärkt. Der schwierigste Teil ist direkt am Ende des Quergangs um einen Wulstüberhang herum zum Rand der Spinne. Bis auf einen guten Sicherungspunkt am hinteren Ende gibt es dazwischen keine zuverlässigen Fixpunkte.

Hier sollte man besser nicht abstürzen. Bei schönem Wetter und trockenen Verhältnissen muß dieser Quergang allen, bis auf ganz unehrliche Kletterer, Respekt einflößen, so mühelos sie ihn auch bewältigt haben mögen. Sind die Tritte und Griffe schneebedeckt, wird die Sache höchst unangenehm. Als die Bergführer das herannahende Unwetter bemerkten, änderten sie sofort ihre Kletterordnung. Sie banden sich zu einer Fünferseilschaft zusammen, und die Bergführer kletterten vom linken Sicherungspunkt mit der strengen Anweisung los, der Seilletzte dürfe sich nicht eher aus den Haken ausklinken, bis der Seilerste den Sicherungspunkt am anderen Ende erreicht habe.

Im ungünstigsten Augenblick brach das Gewitter los. Scott Muir versuchte gerade um den Wulst am Ende des Seilabschnitts herumzusteigen und sah, daß Heinz Zak ihn vom Rand der Spinne aus sicherte. Wegen der Ausgesetztheit ohnehin schon nervös, ergriff ihn vollends das Entsetzen, als eine Welle aus Hagel und Wasser von den Felsen schoß, dazu Donnerschläge krachten und am Gipfelkamm hoch über ihm Blitze zuckten. Die Gewitterfront war mit dem mächtigen Bollwerk des Eigers und des Scheideggwetterhorns zusammengeprallt und hatte binnen kürzester Zeit ihre gewaltigen Wassermassen freigesetzt. Der gesamte Berg schien eine unaufhaltsam abwärtsströmende Masse aus Hagel, Wasser und Steinen zu sein. Scott rutschte ab und schrie entsetzt auf.

Unten auf der Kleinen Scheidegg hatten Simon Wells und sein Team den Aufstieg von Matthew Hayes und Phillip O'Sullivan, den beiden Bergsteigern über uns, verfolgt. Hanspeter hatte die Wand mit dem Fernglas abgesucht, während Mark Stokes die Kamera überwachte. Eine neugierige Menge Schaulustiger hatte sich um das Stativ geschart. Als Simon in der Nähe des Eisschlauchs zwei Männer entdeckte, glaubte er, das seien Ray und ich, da er nicht wußte, daß sich über uns eine weitere Seilschaft befand. Am Vortag war es ihm nicht gelungen, eine Aufnahme von Heinz Zak und Scott Muir allein auf dem Zweiten Eisfeld zu machen, weil Will Edwards und die beiden Bergführer ständig im Bild gewesen waren. Dies war nun eine ideale Gelegenheit, an eine solche Aufnahme zu kommen, und sie wußten, daß wir nichts dagegen hätten, in ihrem Dokumentarfilm eine kleine Rolle zu spielen. Sie ließen die große Kamera unbeaufsichtigt weiter laufen und filmten das langsam zum Eisschlauch emporsteigende Team.

Als das Unwetter losbrach, verschwand der Gipfelbereich rasch in den Wolken, und das Amphitheater war von einem unheimlichen schwarzblauen Licht erfüllt. Zu diesem Zeitpunkt waren Hayes und O'Sullivan gerade am Fuß des Eisschlauchs und suchten Schutz vor den Geschossen, die von dem hundert Meter langen Felsband über ihnen hinunterprasselten. Es muß entsetzlich gewesen sein. Während des Gewitters wurde das Erste Eisfeld von Steinschlag und Lawinen bestrichen, und es wäre selbstmörderisch gewesen, die beiden Abseillängen hinunter in den Schutz des Schwalbennestes zu riskieren. Es blieb ihnen nichts anderes übrig, als sich schützend gegen die Felswand zu pressen und das Ende des Gewitters abzuwarten.

Über ihnen lag der wasserdurchströmte Eisschlauch. Diese hundert Meter lange Rinne verbindet das Erste mit dem Zweiten Eisfeld und stellt die einfachste Route durch das Felsband dar. Manchmal ist sie total vereist, so daß man steile, vertikale Eiskletterei bewältigen muß, aber meistens ist das Eis dünn und haftet nur lose am Fels. In warmen Jahren ist es manchmal lediglich ein feuchtes, das Felsband durchströmendes Rinnsal, das an unangenehm schrägen, glatten Griffen durchstiegen werden muß, die von einem dünnen Eisfilm überzogen sein können.

Hoch oben am Götterquergang, 600 Meter oberhalb der Stelle beim Eisschlauch, an der Hayes und O'Sullivan Schutz gesucht hatten, war Scott Muir überzeugt, daß er abstürzen würde. Der Hagelschauer, der unvermittelt auf ihn niederging, war so heftig, daß der Fels, den er gerade querte, sich in eine beängstigende bewegliche weiße Masse verwandelte, so daß er außerstande war, die um den Felswulst herumführenden Tritte und Griffe zu finden. Während seine Hände und Füße in der anschwellenden Hagelflut verschwanden, hatte Scott das schier unerträgliche Gefühl, daß alles nach unten rutschte, der Hagel, der Fels, an den er sich klammerte, und er selbst. Es kam ihm vor, als stünde er auf einem sich bewegenden weißen Teppich. Dann glitt er aus, ein furchterregender Rutsch auf den Abgrund zu, bei dem ihm ein Angstschrei entfuhr, fast im gleichen Moment, als der Sturz von den Steigeisenzacken aufgehalten wurde, die sich in einen unsichtbaren Haltepunkt gruben. Heinz Zak, der Scott von einem exponierten Stand am Rand der Spinne aus bedächtig sicherte, bemerkte, daß sein Gefährte am Rande der Panik war. Er redete eindringlich auf Scott ein, sich zu halten. Ein Sturz wäre für sie alle verheerend gewesen. Während über Heinz ein Donnerschlag krachte, redete er beruhigend auf Scott ein, daß er nicht abstürzen werde, und sicherte ihn zum Eis der Spinne hinüber.

Nachdem ihre Lage mit so beängstigender Geschwindigkeit kritisch geworden war, wußten sie, daß ihnen nicht viel Zeit blieb, um die schützenden Felsen am oberen Rand der Spinne hundert Meter über ihnen zu erreichen. Die aus den Gewitterwolken niedergegangenen Hagel-, Schnee- und Wassermassen würden über das Gipfeleisfeld hinunter in den Schlund der Spinne strömen. Mit jedem vergehenden Augenblick stieg die Lawinengefahr.

Als das Team die Spinne zu durchsteigen begann, war das Gewitter auf einmal schlagartig vorbei. Hagel und Schneematsch liefen rasch ab, und der Himmel hellte sich auf. Sie waren heil davongekommen.

Trotz der Heftigkeit und des gewaltigen Getöses hatte das Gewitter nicht länger als eine Dreiviertelstunde gedauert, wobei der Großteil des Niederschlags in den ersten zwanzig Minuten niederging. Als Ray das Schwalbennest erreichte, klarte der Himmel schon wieder auf. In der Ferne verhallten noch Donnerschläge, während die Gewitterwolken ostwärts über das Scheideggwetterhorn fegten und an der Lauterbrunnenwand aufrissen.

»Das war also unser erstes Eiger-Gewitter«, sagte ich, während ich den Kocher aufstellte und einen Topf voll Schnee auf die zischende blaue Flamme schob.

»Und unser letztes, hoffe ich«, sagte Ray, der nach seiner unfreiwilligen Dusche unter dem Wasserfall wie ein begossener Pudel aussah. Der Schwall war so kräftig gewesen, daß ihm trotz meiner lauten Flüche und ungeduldigen dreimaligen Rucke an seinem Gurt nichts anderes übriggeblieben war, als ihn zwanzig Minuten lang über sich ergehen zu lassen, bis der Druck endlich nachließ.

»Tee oder Cappuccino?« fragte ich und hielt einen Teebeutel und einen Alubeutel mit löslichem Kaffee in die Höhe.

»Cappuccino«, sagte Ray. »Ist doch gar nicht schlecht hier, oder?« fügte er hinzu und bewunderte unseren geschützten Horst.

»Ja, ich hab mir schon was überlegt«, sagte ich. »Wenn wir einen Sims ausstampfen und ihn am äußeren Rand erhöhen, müßten wir hier im Liegen biwakieren können.«

»Was, du willst gar nicht mehr weiter?«

»Lieber nicht«, antwortete ich. Im selben Moment donnerte ein Steinhagel über das Erste Eisfeld, und ich sah Ray mit hochgezogenen Augenbrauen an.

»Nein, vielleicht besser nicht«, stimmte er mir zu.

»Laß uns erst mal was Warmes trinken und abwarten, wie sich das Wetter entwickelt. Ich hab das Gefühl, daß das Schlimmste vorüber ist. Die Luft ist jetzt gereinigt, und wir kriegen vielleicht einen sonnigen Nachmittag.«

»Mit etwas Glück.«

»Also, es ist jetzt drei Uhr«, sagte ich und reichte Ray einen Becher mit schaumigem Kaffee. »Wir haben vielleicht noch sechs Stunden Tageslicht, um bis zum Todesbiwak zu kommen, vielleicht auch weniger. Aber wir wissen nicht, wie schwierig der Eisschlauch nach diesem Unwetter ist, und wir kämen dort vielleicht nur langsam voran.«

»Stimmt, und ich habe auch keine große Lust, den Kopf aufs Zweite Eisfeld rauszustrecken. Da, guck!« rief Ray und deutete nach oben. Eine Ladung Steine flog von der Wand oberhalb des Hinterstoisser-Quergangs und schwirrte dröhnend in die Tiefe. »Die sind zwar nicht sonderlich groß, aber ins Gesicht möchte ich so einen nicht kriegen. Das würde meine Modelkarriere ruinieren.«

»Ja, das hab ich auch gerade gedacht«, pflichtete ich ihm bei. »Und dann würden wir am Spätnachmittag das Bügeleisen durchsteigen müssen. Ich glaube, nach diesem Wolkenbruch werden noch lange Steine runterprasseln.« Während ich dies sagte, drang ein dumpfes Poltern vom Ersten Eisfeld herüber, und als wir uns umblickten, sahen wir einen Felsbrocken von der Größe eines Fußballs in großen Sätzen das Eis hinunterhüpfen.

»Damit ist die Sache entschieden«, sagte Ray mit Nachdruck. »Wir haben genügend Proviant, einen guten Biwakplatz und laut Vorhersage drei, vielleicht vier Tage beständiges Wetter. Dann laß uns hier mal ein richtig gemütliches Biwakplätzchen einrichten.«

Kapitel 16

Das ganze Lebensglück

Wir machten uns daran, zwischen den Bohrhaken an der Rückwand des Biwakplatzes kreuz und quer Seile zu spannen. Als dann wenig später Haken, Schrauben, Schlingen, Eispickel und Steigeisen, Kameras und Rucksäcke wie an einer Wäscheleine hingen und aus dem Weg waren, stampften wir den Schnee platt, um den Sims zu verbreitern, und erhöhten den äußeren Rand, damit wir im Schlaf nicht abrutschen konnten. Ab und zu hielten wir inne, um den herabstürzenden Steinen hinterherzusehen. Der Beschuß hatte nur wenig nachgelassen. Nach einer Stunde Arbeit befanden wir unser Schlaflager für gut genug und konstruierten auf dem Schnee eine dünne Matratze, indem wir unsere Kletterseile schleifenförmig auslegten und mit unseren leeren Rucksäcke bedeckten. Nachdem wir dann noch unsere Isomatten darauf ausgerollt hatten, fanden wir unseren Schlafplatz regelrecht feudal.

Wir waren in aufgekratzter Stimmung, freuten uns über unseren schönen Biwakplatz und hatten das Gefühl, alles im Griff zu haben. Wir waren froh darüber, unsere Strategie geändert zu haben, statt mit aller Gewalt zu versuchen, das Todesbiwak zu erreichen. Warum unnötige Risiken eingehen?

Ich hatte mich am äußeren Ende des Simses hingehockt und konnte von dort den Hinterstoisser-Quergang und das Erste Eisfeld überblicken, das fünfundzwanzig Meter weiter unten jäh an einem steilen Abgrund endete.

»Ich werd verrückt! Da drüben ist ja die Stelle, an der Hinterstoisser und Kurz sich damals abzuseilen versucht haben«, sagte ich und deutete auf das überhängende Felsband am unteren Rand des Eisfeldes. Es pfiff gerade wieder eine Ladung Steine über das Eis, und ich malte mir die verzweifelte Lage aus, in der die Männer gewesen waren. Sie hatten in einem ausgewachsenen Sturm gesteckt, nicht bloß in einem heftigen, rasch vorübergehenden Gewitter, und die Lawinen, die das Eisfeld hinuntergerauscht waren, müssen grauenhaft gewesen sein.

»Erinnerst du dich, wie Anna Jossi gesagt hat, sie habe Angerer mit seiner Kopfverletzung reglos und zusammengesackt dort gesehen?« sagte Ray.

»Mein Gott, das muß entsetzlich gewesen sein!«

Ich starrte zum Eisfeld hinüber und stellte mir die gebeugten, mitgenommenen Gestalten vor, während sie einen Stand ins Eis gepickelt und nach geeigneten Stellen zum Anbringen von Haken Ausschau gehalten hatten. Ich dachte daran, wie Hinterstoisser sich seitlich herausbewegt und nach einem Riß im Fels gesucht hatte, während Angerer apathisch auf dem Eis hockte, einen blutigen Verband um den Kopf. Und wie dann plötzlich die schicksalhafte Lawine oder der Steinhagel heruntergekommen war und Hinterstoisser in die Tiefe riß. Ich dachte daran, wie Rainer durch die Wucht von Kurz' und Angerers hinabstürzenden Körpern gegen den Sicherungshaken gezogen und stranguliert worden war. Beim Gedanken an die letzten Augenblicke von Toni Kurz lief mir ein Schauer über den Rücken.

»Wie spät ist es?« fragte Ray und brach damit den Bann.

»Fast fünf. Wieso?«

»Die Briten müßten doch längst irgendwo zu sehen sein.«

»Ja, genau«, sagte ich. »Außerdem frage ich mich, wie es dem Solokletterer ergangen ist. Glaubst du, er hat das Unwetter überlebt?«

Rays vielsagende Miene bestätigte meine Befürchtungen.

»Mist!« murmelte ich und erhob mich. Ich band mich in das Ende des grünen Seils ein und zog ein Stück Seil unter den Schlafmatten hervor. »Hier, paß mal auf«, sagte ich zu Ray und reichte ihm das Seil. »Ich gehe mal hoch und werfe einen Blick um die Ecke. Vielleicht steigen die beiden ja gerade ab.«

»Sei vorsichtig, Junge«, warnte mich Ray. »Da kommt jede Menge Schotter runter.« Ich nickte, schob mich an ihm vorbei und griff nach einem zerfransten Stück Fixseil, das von einem Felsvorsprung fünf Meter über mir herabhing. Ich schwang mich damit nach links auf den sulzigen Firn des Eisfeldes und zog mich dann Hand über Hand am Seil hoch. In den Haken, an dem das verwitterte Seil befestigt war, hängte ich eine Bandschlinge ein, beugte mich um die Ecke und spähte zum Ersten Eisfeld hinauf.

»Siehst du was?« fragte Ray.

Das Eisfeld verlief im Bogen hundert Meter weit nach oben und endete an einem Felsband. Ich konnte die markante weiße Linie des Eisschlauchs erkennen, der sich von links nach rechts durch dieses Felsband schnitt. Es wirkte dünn und instabil. Ein Schneeschauer stäubte herab. Von den Kletterern war nichts zu sehen. Vom Rand des Zweiten Eisfeldes kamen gerade große Eisbrocken herunter.

Dann war auf einmal ein eigenartig dumpfes Geräusch zu hören, und eine Ladung Eissplitter rieselte herab, als ob jeden Augenblick etwas Großes herunterkäme. Ich schwang mich schnell hinter den Felsen zurück und zog den behelmten Kopf ein. Es war ein seltsames Geräusch, das ich mir nicht erklären konnte. Es war weder ein schwerer Aufprall noch ein Rutschen. Ich hob vorsichtig den Kopf und suchte angestrengt den Eisschlauch ab. Ich hatte mir schon den ganzen Tag lang über diese Passage Gedanken gemacht, gespannt, als wie schwierig sich dieses Hindernis erweisen würde. Das Eis schien porös und morsch zu sein. Als erneut ein Steinhagel über das Eisfeld schoß, schwang ich mich hastig wieder zum Sims hinunter.

»Na, wie sieht's aus?« fragte Ray ungeduldig.

»Das ist gar keine Entfernung«, sagte ich grinsend. »Wenn der Steinschlag nachläßt, könnten wir heute abend die Seile bis zum Eisschlauch fixieren und morgen früh schnell daran hochklettern. Wir müßten in weniger als einer Stunde oben sein.«

»Wirklich? Das ist ja spitze. Und was ist mit dem Eisschlauch?«

»Nicht gut«, sagte ich achselzuckend. »Mensch, ich werd schon ganz aufgeregt. Ich hab irgendwie im Gefühl, daß es klappen wird.«

»Aber was ist mit den beiden Briten?«

»Keine Ahnung«, sagte ich ernst. »Sie klettern vermutlich weiter. Es kommen pausenlos Eisbrocken runter, solche, wie sie beim Stufenschlagen entstehen oder wenn man Eis weghackt, um Schrauben anzubringen und so.«

»Sie klettern nach oben?« fragte Ray ungläubig.

»Ich weiß, das wundert mich ja selbst«, entgegnete ich und machte es mir auf den Matten bequem. »Es ist eigentlich völlig idiotisch.«

Ray starrte kopfschüttelnd zu den Steinbrocken hin, die gerade über das Erste Eisfeld polterten.

»Was ich nicht verstehe, ist, daß sie in eine Falle hineinklettern«, sagte ich. »Stell dir das bloß mal vor. Wenn sie jetzt auf dem Zweiten Eisfeld sind, sind die Chancen, vom Steinschlag getroffen zu werden, riesengroß.«

»Vielleicht erweist es sich im nachhinein noch als Segen, daß wir mit dem Rucksackhochziehen so rumgemurkst haben«, stellte Ray fest.

»Wie meinst du das?«

»Wenn wir damit nicht so viel Zeit verplempert hätten, wären wir jetzt vielleicht ebenfalls dort oben.«

»Nie und nimmer. Dazu sind wir viel zu feige«, sagte ich. »Von dort oben sind's nur ein paar Abseillängen bis hierher. Sobald wir gemerkt hätten, daß die Sache kritisch wird, hätten wir uns schleunigst einen Unterschlupf gesucht.«

»Ja, du hast recht.«

»Selbst wenn sie unversehrt über das Eisfeld kommen, was wollen sie dann tun?« fragte ich, und Ray schüttelte den Kopf.

»Die Felswand am oberen Rand dürfte ihnen etwas Schutz bieten, und dann müssen sie bis zur linken Seite queren, um zum Bügeleisen zu gelangen und von dort zum Todesbiwak.«

»Der Schotter, der von der Spinne runterkommt, ist tödlich«, setzte Ray hinzu.

»Mein Gott, hoffentlich sind sie nicht verletzt«, sagte ich. »Wir sind am nächsten dran. Wir müßten hochsteigen und ihnen helfen ...« Ich brach ab, denn mir wurde ganz bang.

»Würdest du hochsteigen?« fragte Ray leise. Ich blickte zum Ersten Eisfeld, über das gerade wieder Steine zischten, und dann wieder zu Ray. Er sah beunruhigt aus. Ich mußte an Simon und Mal denken, die am Siula Grande und am Pachermo so viel riskiert hatten, um mir das Leben zu retten.

»Wir hätten keine Wahl«, sagte ich düster. »Wir müßten es zumindest versuchen. Ich müßte es tun.«

Ray wandte den Blick ab. »Ich würde mitkommen«, sagte er, und dann schwiegen wir. Die Begeisterung, die wir eben noch darüber empfunden hatten, die Route über uns sondiert zu haben und zu wissen, daß wir den Rest der Wand von hier aus gut bewältigen konnten, war dahin.

»Mist!« fluchte ich wieder. Ich dachte bereits über die praktischen Einzelheiten einer Bergung nach und hoffte zugleich inständig, daß sie nicht nötig sein würde.

»Ich habe Verbandszeug dabei«, sagte ich. »Viel ist es nicht.«

»Erst einmal müssen wir an sie herankommen.«

»Wenn sie Hilfe brauchen, kommt es darauf an, wo sie stecken«, sagte ich und überlegte, wie wir vorgehen müßten.

»Was sollten wir deiner Meinung nach tun?«

»Na ja, zuerst müßten wir den Eisschlauch hochklettern – wenn wir können. Und dann käm's darauf an, wie's dort oben aussieht. Uns selbst umzubringen, hat keinen Sinn.«

»Genau.«

»Wir müßten den Verletzten am Seil den Eisschlauch herunterlassen, dann könnten wir unsere Seile zusammenbinden und mit einer einzigen Abseillänge bis hierher kommen.«

»Und was wäre, wenn alle beide verletzt sind? Wenn …«

»Keine Ahnung«, murmelte ich und schüttelte gereizt den Kopf. »Das müßten wir an Ort und Stelle entscheiden, aber auf jeden Fall müßten wir sie vom Eisfeld runterholen, weil sie dort zu ausgesetzt wären. Vielleicht wäre es besser, wenn wir von der Stelle, an der sie feststecken, Seile fixierten, sie dann in den Schutz des oberen Randes brächten und dort auf einen Rettungshubschrauber warten würden. Und einen großen Standplatz ins Eis pickeln …« Ich verstummte, als ich Rays Gesichtsausdruck bemerkte.

»Wenn wir gehen müssen, gehen wir«, sagte er leise.

»Und woher sollen wir wissen, ob wir gehen müssen?«

»Wir könnten Simon anrufen«, schlug Ray vor.

Ich kapierte nicht. »Simon anrufen? Was zum Teufel redest du da?«

»Du hast doch dein Handy dabei«, versetzte Ray und lachte über meine entgeisterte Miene.

»Gütiger Gott, das hatte ich ganz vergessen«, sagte ich und tastete nach dem winzigen Gerät in meiner Brusttasche.

»Praktisch, diese modernen Geräte, was?«

Ich erhob mich, ging zum äußeren linken Rand der Felsleiste und spähte zum Hinterstoisser-Quergang hinunter. Vom Tal drang ein wohlbekanntes knatterndes Dröhnen herauf. Ein Hubschrauber! Ich warf Ray einen überraschten Blick zu, und er rappelte sich auf und kam zu mir her.

»Wo ist er?« fragte er, während wir den Himmel absuchten. Die Rotorschläge erzeugten verwirrende Echos. Der Lärm wurde bald immer lauter und hallte irritierend von den umliegenden Felswänden wider.

»Da!« rief ich und deutete direkt nach unten. »Er steigt beim Zerschrundenen Pfeiler in die Höhe. Er kommt direkt auf uns zu.«

Wir beobachteten, wie der rote Helikopter mit dem weißen Kreuz auf der Tür kreisend höher und höher stieg. Wir konnten direkt auf die sich drehenden Rotoren mit dem blinkenden Stroboskoplicht hinabblicken. Ein Mann lehnte sich weit aus der Tür und suchte die Wand ab.

»Sieht aus wie Hanspeter«, sagte ich.

Laut dröhnend stieg der Helikopter auf, bis er keine dreißig Meter entfernt auf der gleichen Höhe war wie wir. Ray und ich streckten den Daumen nach oben zum Zeichen, daß alles in Ordnung war, und Hanspeter winkte zurück. Dann schwenkte der Hubschrauber plötzlich ab, flog in einem großen spiralförmigen Bogen über die Wiesen und verlor rasch an Höhe.

»Das war aber nett von ihnen«, sagte ich. »Sie haben sich wohl Sorgen um uns gemacht und wollten nachsehen, wie's uns geht.«

»Da bin ich mir nicht so sicher«, meinte Ray, während er beobachtete, wohin der Hubschrauber flog. »Da! Er kommt zurück. Aber sie wissen doch jetzt, daß wir in Sicherheit sind.«

Ich beobachtete, wie der Helikopter über den Geröllhängen am Wandfuß schwebte, immer wieder seitliche Pendelbewegungen zur Wand hin machte und dabei langsam höherstieg.

»Was machen die da bloß?« fragte Ray.

»Suchen«, erwiderte ich. »Sie suchen etwas – oder jemanden.«

»Den Solokletterer?«

»Ja, genau das hab ich auch gedacht.« Der Helikopter war jetzt in Höhe der Spitze des Ersten Pfeilers, ungefähr 600 Meter unter uns.

»Achtung«, sagte ich. »Er landet. Sie haben was entdeckt.«

»Er landet? Worauf denn?«

»Auf dem Ersten Pfeiler«, sagte ich, durchs Fernglas blickend. »Sie haben mit einer Kufe auf dem Pfeilerkopf aufgesetzt. Zwei Männer sind gerade rausgesprungen.«

Der Hubschrauber stieg sofort wieder nach oben, schwenkte ab und schwebte über den Wiesen, in sicherem Abstand zur Wand. Ich beobachtete, wie zwei Gestalten mit roten Bergführerjacken vom Pfeilerkopf zur Wand liefen. Es sah aus, als duckten sie sich, während sie sich hastig zur linken Pfeilerseite bewegten und dann langsamer wurden. Einer der Männer kniete nieder und untersuchte vorsichtig etwas, das auf der geröllbedeckten Felsleiste lag. Ich sah, daß er in ein Funkgerät sprach. Dann erhoben sich die beiden Männer und liefen zur Pfeilerspitze zurück. Der Hubschrauber kam sogleich in schwungvollem Bogen auf die Wand zugeflogen, setzte vorsichtig eine Kufe auf dem Felsen auf, und die beiden Männer schwangen sich hinein. Der Hubschrauber hob schnell wieder ab und stieg in den Himmel über den Wiesen auf, bevor er wendete und direkt auf die Kleine Scheidegg zuflog. Mein Magen krampfte sich zusammen.

»Da muß jemand abgestürzt sein«, sagte ich. »Sie haben dort unten einen Toten gefunden.«

»Meinst du wirklich?« fragte Ray. »Warum haben sie ihn dann nicht mitgenommen?«

»Zu gefährlich«, entgegnete ich und sah den Steinen hinterher, die gerade über das Erste Eisfeld hinweg in die Tiefe stürzten, direkt auf den Ersten Pfeiler zu. »Ich glaube, die sind schon mit dem, was sie da gemacht haben, ein großes Risiko eingegangen.«

»Meinst du wirklich, es ist ein Toter?« fragte Ray noch einmal. »Vielleicht ist's nur ein Rucksack, irgendein Überrest. Davon liegt hier schließlich genügend rum.«

»Sie wußten genau, an welcher Stelle sie suchen mußten. Sie haben was runterstürzen sehen. Ich wette, es war der Solokletterer.« Ich blickte zum oberen Rand des Ersten Eisfelds und gewahrte Rays fragende Miene.

»Ich weiß«, sagte ich. »Genau das frage ich mich auch. Wie soll da einer abgestürzt sein, ohne daß wir's bemerkt hätten? Vielleicht hast du recht und ich spinne mir nur was zusammen.«

»Ruf Simon Wells an«, drängte Ray. »Wenn das vorhin Hanspeter war, muß er mit Simon gesprochen haben.«

Ich hantierte an meinem Handy herum. Meine Finger zitterten. Ich hörte, wie die Nummer gewählt wurde, und dann ein Klicken.

»Hallo?«

»Simon?« fragte ich und erkannte aufatmend seine Stimme. »Hier ist Joe.«

»Joe! Mensch, Joe, du lebst noch! Gott sei Dank. Du bist noch am Leben«, stieß er erleichtert aus.

»Ja, allerdings«, sagte ich, wobei mir bangend aufging, daß ein anderer es folglich nicht mehr war. »Uns geht's gut. Wir sind in Sicherheit.«

»Ich hab dich mehrmals anzurufen versucht und immer nur diese dämliche Ansage gehört. Ich war überzeugt, daß das nur bedeuten konnte, du seist tot.«

»Ich hatte das Handy nur ausgeschaltet, um die Batterien zu schonen«, sagte ich. »Was ist passiert, Simon? Was hat der Hubschrauber gefunden?«

»Moment mal, Joe.« Es trat eine kurze Stille ein, und dann hörte ich Simon in ein Funkgerät sprechen. »Bist du noch da, Joe?«

»Ja«, sagte ich. »Was ist denn da los?«

»Sie haben die anderen gefunden.«

»Die anderen? Mehr als einen?«

»Ja. Hör zu, du weißt, daß über euch noch zwei andere Kletterer waren?«

Mein Magen krampfte sich zusammen. Ich sah Ray an, der mein Gespräch aufmerksam beobachtete. »Ja, was ist mit ihnen?«

»Sie sind tot, Joe.« Simon hielt inne. »Hanspeter hat durchs Fernglas gesehen, wie der Vorsteigende vom oberen Rand des Eisfelds abgestürzt ist. Wir dachten, das seist du. Wir hatten euch den ganzen Tag lang beobachtet.«

»Was meinst du damit, er sei abgestürzt?« fragte ich ein wenig gereizt. »Vielleicht war's ja nur ein Rucksack«, fügte ich hoffnungsvoll hinzu.

»Nein«, sagte Simon bestimmt. »Es waren die beiden Kletterer. Die Kamera ist die ganze Zeit gelaufen. Wir haben den Film zurückgespult. Sie sind beide abgestürzt. Der Seilerste hatte auf dem Eisfeld überhaupt keine Sicherungen angebracht. Sie sind gemeinsam am Seil gegangen. Der zweite wurde mitgerissen. Sie sind beide tot.«

»Haben sie sie gefunden?«

»Ja. Unten beim Ersten Pfeiler. Dort ist zuviel Steinschlag, um sie bergen zu können …«

»Moment mal, Simon«, unterbrach ich ihn und bewegte mich

301

zum Rand der Felsleiste. Ich blickte zu der Stelle, an der man die Leichen gefunden hatte, und dann zum Eisfeld über mir. »Wir haben überhaupt nichts gesehen. Und nichts gehört.« Ich dachte an das seltsame, schwere, dumpfe Geräusch.

»Sie müssen direkt über euch rübergefallen sein«, sagte Simon schroff. »Wir haben den Sturz gesehen.«

»O Gott, das darf nicht wahr sein. Ich rufe später noch mal an«, sagte ich und klappte das Mobiltelefon zu. Ich wandte mich Ray zu, der mich fragend ansah. »Die beiden sind tot.« Fluchend wandte er sich ab und rieb sich das Gesicht. Ich berichtete ihm, was Simon gesehen hatte, und dann standen wir einen langen Augenblick schweigend auf dem Felssims und starrten in den tiefen Abgrund unter uns. Ray ging ein Stück zur Seite und kauerte sich nieder, den Kopf in die Hände gestützt. Ich blickte zum Wetterhorn hinüber, an dessen Felspfeilern die Gewitterwolken aufbrachen. Es war irgendwie schön. Ich fühlte mich ganz benommen und fragte mich, ob ich versuchte, nur das Gute zu sehen, und nicht wahrhaben wollte, was ich von Simon erfahren hatte. Unbeteiligt stellte ich mir vor, wie die beiden abgestürzt waren und wie das gewesen sein mußte. Dann schämte ich mich. Wir brauchten nun also keinen Rettungsversuch zu unternehmen. Ich beobachtete die Lichter und Farben in den aufbrechenden Gewitterwolken. Einen langen Moment verstand ich gar nichts mehr und versuchte nachzuvollziehen, was geschehen war. Verzweifelt ließ ich mich auf die Matte sinken und stützte den Kopf in die Hände. Ich wollte um die beiden weinen, wußte aber nicht, wie.

Vorbeirumpelnde Steine rissen mich aus meinen Gedanken, und ich blickte wortlos zu Ray hinüber. Ich sah ihm an, was er dachte. *Das hätten wir sein können.*

»Ich hab nichts gesehen«, sagte ich hilflos. »Hab nichts gehört.« Er sah fragend zur Begrenzungswand über dem Hinterstoisser-Quergang hinauf, und die Antwort war klar. Die beiden waren im freien Fall über das Erste Eisfeld in den 1000 Meter tiefen Abgrund gestürzt.

Mir wurde bei der Vorstellung ganz flau.

»Was machen wir jetzt?« fragte ich, worauf Ray frustriert fluchte. »Sollen wir weitermachen?«

»Ich weiß nicht«, sagte Ray. »Was meinst du?«

»Es hat sich nichts verändert«, sagte ich dumpf. »Weder der Wetterbericht noch unsere Pläne. Wenn es morgen schön ist, können wir weitergehen.«

»Vermutlich hast du recht«, sagte Ray zögernd, und auch ich hatte das Gefühl, das könnte eine falsche Entscheidung sein. Die Freude an der Tour war schlagartig dahin. Das Handy in meiner Tasche klingelte schrill.

»Hi, Joe. Hier Simon. Hör mal, ich weiß nicht, was ihr jetzt vorhabt, aber ihr solltet wissen, daß Hanspeter mich informiert hat, daß sich die Vorhersage geändert hat. Morgen soll das Wetter schlecht werden – wie schlecht, weiß ich nicht. In den beiden darauffolgenden Tagen soll es wieder besser werden. Das wollte ich euch nur sagen.«

»Ja, vielen Dank.« Ich warf einen Blick auf meine Uhr. Es war Viertel vor sechs. In drei Stunden, vielleicht auch früher, würde es dunkel sein. »Was ich noch fragen wollte, Simon – wann sind die beiden eigentlich abgestürzt?«

»Oh, vor ungefähr einer Dreiviertelstunde. So gegen fünf Uhr.«

»Ah«, sagte ich und dachte an das eigenartige Geräusch, das zu hören gewesen war, als ich gerade zum Eisschlauch hinaufgeblickt hatte. »Verstehe.«

»Und was wollt ihr jetzt tun?«

»Ray?« rief ich. »Für morgen ist schlechtes Wetter angesagt. Sollen wir solange hier warten und dann weitersteigen, oder sollen wir jetzt gleich zum Stollenloch absteigen?« Ray blickte mir einen Moment lang fest in die Augen und deutete dann mit dem Kopf nach unten. Ich lächelte zustimmend.

»Simon«, sprach ich ins Telefon. »Wir steigen ab. Wir gehen zum Stollenloch zurück, aber wir müssen vorher noch zusammenpacken. Es kommen jede Menge Steine runter, deshalb werden wir langsam sein.«

»Okay, ich sage Hanspeter, er soll die Bahnleute bitten, die

Türen am Tunneleingang offen zu lassen. Wir werden im Hotel sein und auf euch warten. Seid vorsichtig.«

»Wird gemacht, und danke.« Ich klappte das Mobiltelefon zu. »Jetzt aber nichts wie raus hier«, sagte ich, während Ray schon seine Schlafmatte aufrollte.

Um halb sieben griff ich nach dem Fixseil, das den vertikalen Riß zum Hinterstoisser-Quergang hinunterführte, und schwang mich vom Sims hinunter.

»Sei vorsichtig, Junge«, sagte Ray. »Und sichere dich, wo's nur möglich ist.«

Ich ließ mich zügig an dem verwitterten Seil ab und war froh, etwas tun zu können, anstatt über das Geschehene nachzugrübeln. Als ich den Rand des Quergangs erreichte, sah ich, daß das Wasser nur so darüber hinwegströmte. Ein paar Steine pfiffen vorbei, flogen, ohne Schaden anzurichten, vom Eisfeld über mir ins Leere und prasselten die Wand unter mir hinunter. Den Quergang zurückzuklettern war ein schwieriges Unterfangen. Ich hängte die Seile hinter mir in die alten Haken ein, um Ray zu sichern, und beeilte mich, über den glitschigen, nassen Fels zu kommen.

Als ich den Standplatz am anderen Ende erreichte, mußte ich die Kapuze hochziehen. Vom oberen Rand der Felsstufe rauschte Wasser herunter und lief mir, während ich die fixierten Seile festhielt, in die Ärmel. Ich brüllte Ray zu, daß er nachkommen solle, und spürte gleich darauf, wie sich die Seile bewegten.

Die Sonne stand tief am Horizont und tauchte die Wand in ein warmes Licht. Ich blickte zum Ersten Pfeiler hinunter, der jetzt in eisige Schatten gehüllt war, und versuchte, nicht darüber nachzudenken, was dort unten lag. Ray und ich mußten uns darauf konzentrieren, so sicher und zügig wie möglich abzusteigen. An etwas anderes durften wir keinen Gedanken verschwenden.

Ich sah zu, wie sich Ray über die Wand hangelte, während ihm das Wasser über Schultern und Rucksack platschte. Auf den silbrigen Fluten glitzerte das Sonnenlicht. Ich warf einen Blick zum Horizont und zweifelte, ob wir vor Einbruch der Dunkelheit bis zum Stollenloch kommen würden. Dann nahm ich meinen Rucksack ab und holte meine Stirnlampe heraus. Als ich sie am Helm befestigte, ließ sich Ray zum Standplatz ab. Ich musterte das Gelände, das wir überwinden mußten, um zum oberen Ende des Schwierigen Risses zu gelangen. Ich erinnerte mich, daß wir beim Aufstieg nur wenige Sicherungsstellen vorgefunden hatten und uns bei jeder Seillänge nur in wenige Haken eingehängt hatten. Die Traverse zurückzuklettern wäre die schnellste Abstiegsmöglichkeit, aber es würde schwierig sein; was passieren würde, wenn einer von uns ausglitt, war sonnenklar.

»Was meinst du? Abklettern oder abseilen?« sagte ich.

»Abseilen«, entschied Ray.

»Es geht aber schräg hinüber. Die Seile dorthin zu kriegen, dürfte ziemlich verzwickt sein.«

»Schon, aber wir haben keine Eile. Wir machen eben ganz langsam und vorsichtig.«

»Na gut.«

Wir fädelten die Seile am Sicherungspunkt ein, nahmen sie auf und warfen sie seitlich nach unten aus. Sie blieben verknäult auf dem ersten Schneeabsatz liegen. Während ich an den Seilen hinunterglitt, entwirrte ich sorgsam die Seilstränge und schleuderte sie einzeln nach unten. Als ich einen hohen Pfeifton vernahm, zog ich den Kopf ein, und eine Handvoll Steine prasselte rechts von mir den Hang hinunter. Ich blickte hoch und merkte, daß wir uns aus dem Schutz der Felswand herausbewegten.

Als wir schließlich beide am oberen Ende der Rinne standen, die zum Schwierigen Riß hinunterführte, schwand das letzte Tageslicht. Ray zog die Seile ab, und ich brachte den nächsten Abseilpunkt an. Seit wir den Hinterstoisser-Quergang hinter uns gelassen hatten, waren fast pausenlos Steine heruntergekommen. Ich fühlte mich seltsam unbeteiligt. Es kümmerte mich nicht, daß ich vom Steinschlag getroffen werden könnte. Ich konnte nichts tun, um es zu verhindern, also ignorierte ich das Gehämmer um mich her einfach. Während ich zusah, wie Ray sich langsam zu mir hinunterließ und dabei immer wieder den

Kopf einzog, wenn dicht neben ihm Steine hinuntersausten, wurde mir bewußt, daß wir genau das taten, was wir in so vielen Büchern gelesen hatten. Der Gedanke war irgendwie surreal.

Als ich mich die Rinne hinunter abzuseilen begann, schaltete ich meine Stirnlampe ein und sah zu Ray hoch. Er grinste breit, und mir ging überrascht auf, daß ihm die Sache Spaß machte. Ich merkte, daß ich ebenfalls grinste. Wir hatten alles im Griff. Alles lief gut. Wir konnten durchaus stolz auf uns sein. Mochte es auch nicht so gelaufen sein wie geplant, befriedigte es mich doch, daß wir den Rückzug ruhig und geregelt durchführen konnten. In einer Streßsituation die richtigen Entscheidungen zu treffen und kompetent zu handeln, war beinahe ebenso befriedigend wie ein erfolgreicher Aufstieg.

Ich erreichte das obere Ende des Schwierigen Risses und versuchte herauszufinden, ob das Seil bis zu dem Standplatz unter dem Dach reichen würde. Ich richtete den Strahl meiner Stirnlampe auf die Seile, als ich sie in die Tiefe warf und abzuschätzen versuchte, ob sie lang genug waren. Ich befand, daß sie voll gedehnt gerade reichen würden, und ließ mich in den luftigen Raum der Ecke ab. Als ich mit der Hand gegen den Knoten am Seilende stieß, konnte ich mit den Füßen den Felsvorsprung berühren. Ich klinkte mich in einen Bohrhaken ein, löste die Seile vorsichtig aus der Sicherungsplatte und hielt den Knoten fest in der Hand.

»Okay.« Rays Bestätigung, daß die Seile leicht liefen, drang leise an mein Ohr, und ich ließ die verknoteten Seilenden in die Dunkelheit über mir schnellen. Kurz darauf vernahm ich ein scharrendes Geräusch; Steine, die Ray losgetreten hatte, fielen über die Ecke nach unten, während er die Rinne herunterkam. Ich ging unter dem Dach in Deckung.

»Es bewegt sich nicht«, brummte Ray, während er sich am grünen Seil hinunterließ und den Knoten festhielt, der die beiden Seile verband.

»Warte, ich helf dir.« Ich ergriff das Seil und zog mit meinem ganzen Gewicht daran. Es gab nach, rutsche ein paar Zentimeter weiter und blieb dann stecken.

»Mist.« Ray entlastete das Seil. »Das hat uns gerade noch gefehlt.«

»Ich hab die Seilklemme eingehängt«, sagte ich und deutete auf die kleine Metallklemme, deren Zähne fest im Seil steckten. »Wenn ich mich in die Schlinge stelle, kann ich von dem Sims runterspringen und sie mit meinem ganzen Gewicht belasten.«

»Meinst du, das ist klug?«

»Ich werd mich natürlich mit dem anderen Seil sichern. Ich bin schließlich kein Volltrottel.« Ich befestigte eine Schlaufe des blauen Seils an den Haken und hängte es in meinen Hüftgurt ein. »Durch den plötzlichen Zug löst es sich vielleicht. Ich vermute, es ist in dem schmalen Riß oben an der Rinne eingeklemmt.«

»Du wirst in hohem Bogen runterfliegen«, prophezeite mir Ray hilfreich.

»Danke, das weiß ich selbst«, sagte ich und blickte in die Dunkelheit hinab. Dann überprüfte ich das blaue Seil. »Okay. Ziehen wir's erst mal so weit wie möglich nach unten.«

Als das Seil ganz gespannt war, holte ich tief Luft, sprang, den Fuß in die Schlinge eingehakt, vom Sims und machte mich auf den plötzlichen Ruck und den Sturz gefaßt. Dreißig Zentimeter unterhalb des Felsabsatzes blieb ich in der Luft hängen und kam mir ziemlich dämlich vor, während Ray sich kaputtlachte.

»Ach Mann, pfeif drauf. Ich steige am grünen Seil hoch, und du sicherst mich mit dem blauen.«

»Und was, wenn es sich löst?«

»Ich werd mich in die Haken einhängen.«

»Das lohnt sich doch nicht«, sagte Ray entschieden. »Es ist doch nur ein Seil.«

»Aber es ist brandneu«, protestierte ich.

»Trotzdem lohnt es sich nicht, daß du dafür dein Leben riskierst«, sagte Ray. »Laß es bleiben, Junge.« Er ließ das grüne Seil los, und es schnellte nach oben in die Dunkelheit, bis es außer Reichweite war. Ray löste den Knoten und zog das blaue Seil ab.

»Wenn wir gerade runtersteigen, müßten wir den Standplatz erreichen, von dem aus wir die lange Traverse nach links ge-

307

macht haben«, meinte Ray. »Danach werden wir kein Doppelseil mehr brauchen.«

»Wir haben jetzt schon keins mehr«, fauchte ich. »Meinst du, es sind mehr als dreißig Meter?« fragte ich dann und spähte in die Dunkelheit hinab.

»Das wirst du schon merken«, erwiderte Ray lässig, während er das blaue Seil durch die Sicherungsschlinge zog, die Enden verknotete und das doppelt genommene Seil hinunterschleuderte. Es verschwand im Dunkeln. Ich spähte ängstlich in die Tiefe und schwang das Seil nach vorn, um zu sehen, wo der Knoten war. Ich konnte nichts erkennen.

Als ich etwa zehn Meter oberhalb des Seilendes war, entdeckte ich einen schneebedeckten Felsvorsprung. Der Knoten pendelte beängstigend hoch über dem Schnee. Als meine Füße den Vorsprung berührten, war das Seil voll gedehnt, und ich hantierte an der Sicherungsplatte herum, um das Seil zu lösen. Ich musterte den nach links verlaufenden Sims. Er war etwa einen halben Meter breit und von losem Geröll bedeckt, über dem Naßschnee lag. Ich hielt das eine Seilende umfaßt und suchte nach einem Haken oder einem Riß, in dem sich ein Klemmkeil anbringen ließe. Ich war mir sicher, daß irgendwo in meiner Nähe ein Sicherungspunkt war, konnte ihn aber im Dunkeln und im flackernden Licht meiner Stirnlampe nicht finden. Der Fels war kompakt und griffarm. Zögernd ließ ich das Seil los, und es schnellte nach oben. Ich rief Ray zu, er solle nachkommen, und blieb dann reglos stehen, wohl wissend, daß hinter mir ein Abgrund gähnte. Ich wußte, daß das Gelände von meinem Standplatz bis zum Stollenloch etwa hundert Meter weiter rechts relativ einfach war. Wir hatten es fast geschafft. Ich begann mich zu entspannen.

Plötzlich schlug ein Felsbrocken von der Größe eines Fußballs mit dumpfem Aufprall zwei Meter neben mir auf dem Schneesims auf und hüpfte in die Nacht hinein. Ich lauschte, wie er die Wand hinunterpolterte und eine Ladung kleinerer Steine mit sich riß. Der Schreck rüttelte mich auf, und ich suchte noch einmal verzweifelt die Felswand ab, entdeckte einen Haarriß und hämmerte einen Knifeblade-Haken bis zur Öse in den Fels. Es ist erstaunlich, wie die Angst etwas zuvor Unsichtbares plötzlich sichtbar machen kann. Ich hängte mich sorgsam darin ein, und im gleichen Augenblick kam ein Steinhagel von der Wand über mir herunter und traf mich schmerzhaft am Arm.

Ray kletterte zügig an den Seilen hinunter und landete neben mir auf dem Absatz.

»Da haben wir ja Schwein gehabt«, meinte er, während er das Seil löste und ein Ende zu sich herunterzog. »Ich hätte nicht gedacht, daß es reichen würde.«

»Danke, daß du mir das jetzt sagst«, meinte ich, und er lachte.

»Hast du den Steinschlag gehört?« fragte Ray. »Er hat mich an der Schulter getroffen.«

»Bist du verletzt?« fragte ich.

»Nein, nur ein blauer Fleck.« Er zuckte gleichgültig die Achseln. »Also, weiter geht's.«

Um zehn Uhr überquerte ich das brüchige, verschneite Felsband, das auf die gelbe Felswand unterhalb der Roten Fluh zuführte. Der Strahl meiner Stirnlampe fiel auf den dunklen Schatten der Stollenlochtür. Ich sicherte mich an den Bohrhaken neben dem Eingang, stellte meinen Rucksack auf den Boden und rief Ray zu, er solle nachkommen. Als er den Fuß auf den Felsvorsprung vor der Tür setzte, legte ich den Arm um ihn und drückte ihn. Das war sonst nicht meine Art, und ich fühlte mich dabei etwas gehemmt. Ich mußte an Tat denken, der mich in einer solchen Situation fast totgedrückt hätte. Ray grinste breit und klopfte mir auf den Rücken.

»Gut gemacht, Junge. Gut gemacht«, sagte er.

»Danke, gleichfalls. Ich ruf gleich mal Simon an und sage ihm, daß wir in Sicherheit sind.«

Ich mußte zwei zweieinhalb Meter lange Schlingen in die Bohrhaken einhängen und mich weit über die Wand hinauslehnen, um Empfang zu bekommen. Und selbst da brach die Verbindung jedesmal ab, sobald Simon abnahm. Nach fünf Versuchen zog ich mich wieder zur Tür hoch.

»Vergiß es. Machen wir uns lieber auf den Weg«, meinte Ray.

»Das geht nicht«, widersprach ich. »Simon hat gehört, daß ich ihn anzurufen versucht habe. Wenn wir ihm nicht mitteilen, daß wir in Sicherheit sind, glaubt er womöglich, wir seien in Schwierigkeiten, und alarmiert die Rettungswacht.«

»Mist.«

»Hallo Simon, bist du's?« sagte ich, als das Handy klingelte.

»Joe? Alles in Ordnung mit euch?« Seine Stimme klang angespannt und besorgt. Er hatte einen langen, schlimmen Tag hinter sich.

»Uns geht's gut, Simon. Wir sind im Stollenloch. Wir sind in Sicherheit.«

»Da fällt mir aber ein Stein vom Herzen. Wir haben uns schon Sorgen gemacht. Es ist vier Stunden her, seit…«

»Es war ganz schön schwierig, Kumpel. Steinfall, abhanden gekommene Seile, Dunkelheit. Du weißt ja selbst, wie das ist. Also, wir gehen jetzt durch den Tunnel nach unten. Gegen elf Uhr müßten wir bei euch sein, schätze ich.«

»Gut. Hanspeter sagt, die Tür sei für euch offen gelassen worden. Wir halten hier was zu essen für euch bereit. Wir warten auf euch.«

»He, und holt uns an der Bar noch ein paar Flaschen Bier, bevor sie schließt.«

»Wir haben jede Menge hier, keine Bange.«

»Und was ist mit Heinz, Scott und den anderen? Sind sie aus der Wand ausgestiegen?«

»Ja, sie sind in Sicherheit und biwakieren jetzt auf dem Mittelegigrat.«

»Das freut mich zu hören. Also dann, bis bald.« Ich klappte das Handy zu und lächelte Ray an. »Also, gehen wir. Das wär geschafft.«

Wir verstauten schnell unsere Klettergurte und das Eisenzeug in den Rucksäcken, nahmen das Seil auf und hängten unsere Pickel und Steigeisen in die Befestigungsriemen. Als Ray die Holztür entriegelte und daran zog, sprang sie wegen des Luftzugs von unten mit einem Ruck auf und hätte ihn beinahe umgehauen. Ich kicherte, während er stolpernd an der Wand Halt zu

finden versuchte. Nachdem wir uns durch die Innentür gezwängt hatten, tauchten wir in ein seltsam grünliches Licht ein,
das den Tunnel schwach erleuchtete. Wir zogen die Tür hinter
uns zu, klappten den Riegel herunter, und sofort hörte es auf zu
ziehen. Es war ruhig, windstill und warm. Mein Blick fiel auf ein
grünes Neonschild mit Werbung für Bier, Schokolade oder son-
stigem, was hier völlig fehl am Platz war, und dann auf die
Holztür. Gerade waren wir in der Eiger-Nordwand noch vor
Steinschlag in Deckung gegangen, und jetzt lasen wir Reklame-
schilder.

»Grotesk«, murmelte ich. »Es kommt mir fast vor, als hätte ich
das alles nur geträumt.«

»Mir geht's ähnlich«, sagte Ray und ging den schmalen Holz-
steg neben den Bahnschienen entlang. »Wenn die beiden Verunglückten nicht wären, wäre es direkt lustig.«

Der Tunnel schien kein Ende nehmen zu wollen, während wir
den abschüssigen Steg hinunterstiefelten und das grüne Neon-
licht hinter uns ließen. Einmal rutschte Ray auf einem Ölfleck aus
und knallte auf die Schienen. Es war stockfinster. Ohne unsere
Stirnlampen wäre es ein Alptraum gewesen.

Eine halbe Stunde später stapften wir aus dem Tunneleingang
und passierten die menschenleere Station Eigergletscher. Eine
halbe Stunde Fußmarsch entfernt leuchteten die Lichter der
Hotels auf der Kleinen Scheidegg. Ich fühlte mich plötzlich ab-
geschlagen. Es war zwar kein harter Tag gewesen, aber beim
Abstieg zu wissen, daß zwei Männer zerschmettert und leblos
auf den Felsen unter uns lagen, hatte mir gehörig zugesetzt. Ich
ließ Ray vorangehen und folgte ihm langsam und in Gedanken
über den Berg versunken. Ich fragte mich, ob er all die Risiken
wert war. Im Grunde meines Herzens wußte ich, daß ich die
Wand nach wie vor durchsteigen wollte, aber ich sah sie nicht
mehr in dem rosigen Licht, in dem ich sie bislang gesehen hatte.

Sie haben die Risiken gekannt, sagte ich mir. *So wie wir alle. Es hat
sich nichts geändert – jedenfalls nicht für uns.* Als wir um die Biegung des Kammes kamen, der zur Kleinen Scheidegg führte,
warf ich einen Blick zu dem riesigen schwarzen Amphitheater

zurück, dessen Konturen sich gegen den sternenübersäten Himmel abhoben. In seinem Zentrum leuchtete das goldene Licht der Stollenlochfenster aus den schwarzen Tiefen der Wand. Ich wünschte, wir wären immer noch dort oben, und bereute, daß wir beschlossen hatten, den Rückzug anzutreten. Wir hatten unsere Chance gehabt und würden vielleicht keine zweite bekommen. Ich fragte mich, ob Ray es trotzdem noch einmal versuchen wollte. *Vielleicht nicht gleich dieses Jahr.*

Als wir die Glastüren des Hotels aufstießen, sah ich Simon Wells im Foyer stehen. Er kam uns lächelnd entgegen und legte mir den Arm um die Schulter.

»Schön, dich zu sehen, Joe, ich hatte schon befürchtet, dir beim Sterben zugesehen zu haben.« Er wirkte bedrückt. »Das war der schlimmste Tag meines Lebens.« Er sah ziemlich mitgenommen aus, und mir ging plötzlich auf, was er ausgestanden hatte. Es mußte eine schreckliche Erfahrung gewesen sein, den Tod eines Freundes mitanzusehen, den man seit fünfzehn Jahren kannte, und hilflos warten zu müssen, während die Bergführer die Leiche bargen. Ray und ich hingegen waren mittendrin gewesen. Wir hatten lediglich mit unserer Lage fertig werden müssen. Damit kannten wir uns aus. Für Simon mußte es qualvoll gewesen sein.

Zuerst hatte Simon es nicht glauben wollen, als Hanspeter das Fernglas sinken gelassen und ausgerufen hatte: »Scheiße! Die sind hinüber. Sie sind abgestürzt.«

Einen Moment lang hatten sie alle schockiert dagestanden und geschwiegen. Aus einem Spiel war mit einem Schlag harte Realität geworden. Jeder von ihnen wußte, daß die Route gefährlich war, aber nur Bergsteiger können das Risiko richtig nachvollziehen. Mark war dann eingefallen, daß die Kamera ja die ganze Zeit gelaufen und auf die beiden Kletterer gerichtet gewesen war. Sie spulten den Film zurück, um ihn sich anzusehen, und da war es – der erschütternde Anblick zweier Männer, die vom Zweiten Eisfeld in den Tod stürzten.

Im Gegensatz zu einigen meiner Freunde habe ich noch nie

einen Menschen in den Tod stürzen sehen. Vielleicht würden meine fadenscheinigen Begründungen, mit denen ich das Eingehen von Risiken zu rechtfertigen versuchte, dadurch nun widerlegt.

»Kommt rein«, sagte Simon. »Wir haben euch was zu essen besorgt...«

»Und Bier?«

»Ja, jede Menge.« Simon führte uns in einen Raum mit einem Tisch mit belegten Broten und kaltem Braten. Er öffnete zwei Flaschen Lager, und Ray und ich stießen damit an und nahmen einen kräftigen Zug. Auf das Essen hatte ich keinen Appetit, obwohl wir seit dem Morgen nur ein paar Snacks zu uns genommen hatten. Simon ließ eine Flasche Wodka herumgehen, und ich nahm einen großen Schluck und reichte sie an Mark Stokes, den Kameramann, weiter.

»Danke«, sagte er. »Und willkommen zu Hause.«

»Ach übrigens, hat jemand von euch gesehen, was mit dem Solokletterer passiert ist?« fragte ich, worauf die anderen mich fragend ansahen.

»Was für ein Solokletterer?« fragte Simon, und ich berichtete von dem Mann, den wir im Schwierigen Riß gesehen hatten.

»Nein, den haben wir überhaupt nicht bemerkt.«

»Aber er ist doch genau mittendrin gewesen. Als wir den Hubschrauber sahen, haben wir beide geglaubt, er sei derjenige, der abgestürzt war. Wir waren richtig schockiert, als wir hörten, daß eine Zweierseilschaft abgestürzt sei. Uns war schleierhaft, wie das passieren konnte.«

»Also, das ist wirklich eigenartig«, sagte Mark Stokes. »Als Hanspeter sagte, er habe dich abstürzen sehen, stand eine ganze Gruppe um die Kamera herum, und es entstand ein ziemlicher Wirbel. Ich erinnere mich an einen Touristen, der neben mir stand. Er war Brite. Er sagte etwas wie: ›Wow! Das ist heute schon der zweite, den ich abstürzen gesehen habe.‹«

»Machst du Witze?« Ich starrte Mark an.

»Nein. Ich weiß noch, daß ich mich gewundert habe, wie man so etwas sagen könne, aber wir hatten soviel anderes um die

Ohren – den Film ansehen, weil wir ja dachten, du seist abgestürzt, den Hubschrauber organisieren –, daß ich es ganz vergessen habe. Ich dachte nur, was redet denn dieser dämliche Tourist da – aber vielleicht hat er ja tatsächlich was gesehen.«

»Wir sollten morgen früh besser mit Hanspeter darüber sprechen«, sagte Ray. »Wenn er nicht abgestürzt ist, könnte er verletzt oder sonst in irgendwelchen Schwierigkeiten sein. Trotzdem ist es komisch, daß ihn niemand auf dem Zweiten Eisfeld gesehen hat.«

»Allerdings. Und wenn er abgestiegen wäre, hätte er an uns vorbeikommen müssen, aber wir haben niemanden gesehen«, fügte ich hinzu. »Reich mir mal den Wodka rüber. Ich brauch noch 'nen Schluck. Das ist ein schlimmer Tag gewesen.«

Wir unterhielten uns bis tief in die Nacht hinein, tranken zuviel und wankten dann ins Bett. Ray und ich hatten eigentlich auf der Terrasse vor dem Hotel biwakieren wollen, aber Simon bestand darauf, uns in dem hochherrschaftlichen Scheidegger Hotel unterzubringen. Unruhig und ungewaschen sank ich ins Bett.

Kapitel 17

Zur einen Hälfte Stille

Mitten in der Nacht wachte ich verwirrt auf. *Was machte ich in einem bequemen Bett unter einer Daunendecke?* Weil ich annahm, wir biwakierten im Schwalbennest, konnte das nur ein merkwürdiger Traum sein, aus dem ich jeden Moment erwachen würde. Als ich Mondlicht durchs Fenster schimmern sah und die buckligen Umrisse von Ray, der in dem Bett neben mir schnarchte, fielen mir das Unwetter und die beiden abgestürzten Kletterer ein. Ich stand auf, trank Wasser aus dem Hahn, wusch mir am Waschbecken das Gesicht und ging ans Fenster, wo ich zum Eiger hinüberblickte. Ich würde ihn immer in Erinnerung behalten.

Am nächsten Morgen teilte Simon uns nach dem Frühstück mit, daß ein Bergführer und ein Polizist ins Hotel kommen würden, um uns alle zu befragen und ein Protokoll aufzunehmen. Als ich ins Foyer ging, sah ich Mark an der Kamera hantieren.

»Was gibt's?« fragte ich.

»Oh, wir machen für die Behörden gerade eine Digitalkopie von dem Absturz. Die Polizei und die Bergführer haben uns um eine Kopie gebeten, die sie nach der Befragung mitnehmen können. Hier ist sie. Ich hab sie gerade zurückgespult.«

»Hör mal, Mark«, sagte ich. »Ich würde mir den Film gern ansehen. Das klingt vielleicht komisch, aber das ist keine Sensationsgier. Ich hab schon den ganzen Morgen darüber nachgedacht. Ich muß einfach wissen, was diese Jungs falsch gemacht haben. So stürzt man normalerweise nicht ab; jedenfalls nicht, wenn man angeseilt ist. Es macht mich regelrecht verrückt. Was zum Teufel ist da passiert?«

»Kein Problem, Joe«, entgegnete Mark. »Hier – du kannst ihn durchs Okular betrachten. Es ist ein Farbfilm, aber in diesem Modus siehst du ihn nur in Schwarzweiß. Ich hab ihn mir schon ein paarmal angesehen, kann mir jedoch keinen Reim darauf machen. Aber ich bin ja auch kein Bergsteiger. Vielleicht wirst du schlau daraus oder siehst etwas, was mir entgangen ist.«

Als ich an die Kamera trat, war ich mir nicht ganz sicher, ob ich den Sturz wirklich sehen wollte. Ich warf Ray einen Blick zu; er sah beunruhigt aus. Dann holte ich tief Luft und beugte mich ans Okular, während Mark den Film laufen ließ. Ich mußte einfach sehen, was sich in der Wand über uns abgespielt hatte – nicht aus makabrer Neugier, sondern zu meiner Beruhigung. Ich mußte den Grund herausfinden. Wenn ich den Sturz nicht sähe, würde ich mich immer fragen, was genau da über uns passiert war.

Das Eisfeld kam in Sicht, und ich erkannte eine winzige, über dem Eis kauernde Gestalt. Als ich den Blick an den Kletterseilen entlang höher gleiten ließ, sah ich den Seilersten, der gerade die obere Kante des Eisfeldes querte. Er bewegte sich auf dem Rand zwischen Fels und Eis seitlich nach links und setzte dabei einen Fuß über den anderen. Fünfundvierzig Meter unter ihm, an einem schwärzlichen, aus dem Eis ragenden Eiskamm, war die Stelle, an der sich sein Partner befand. Die dunklen Felsen an der oberen Grenze des Eisfeldes waren mit Naßschneeflecken gesprenkelt.

Als der Seilerste nach links querte und dabei vorsichtig durch den Streifen weichen Naßschnees am oberen Rand des Eisfeldes stapfte, sah ich, wie sich das Seil unter ihm nach links schlängelte, während er sich aus der Aufstiegslinie seines Partners herausbewegte. Plötzlich rutschte der weiche Schnee unter ihm weg.

Der Sturz ging langsam, fast gemächlich vonstatten. Der Mann trat mit dem rechten Fuß über den linken und plazierte die Füße parallel zum Eisfeld. Dann stürzte er ab. Er wurde nicht etwa von Steinen getroffen, und es wies auch nichts auf einen heftigen Ruck hin, auf einen jähen Verlust des Gleichgewichts. Seine Füße rutschten einfach unter ihm weg, und er glitt erst auf der rechten Hüfte, dann auf der Seite abwärts.

Es sah aus wie der Sturz eines Ermüdeten – ein typischer Ausrutscher, wie er jedem Kletterer in seiner Kletterkarriere schon einmal unterlaufen ist.

Die Gestalt drehte sich schnell auf den Bauch und versuchte, den Eispickel ins Eisfeld zu rammen, jedoch mit wenig Erfolg. Die Haue drang zwar in den weichen Schnee ein, fand aber keinen Halt. Er versuchte es sofort mit dem anderen Pickel, aber auch der blieb nicht stecken. Er versuchte es noch einmal. Vergebens. Es sah immer noch so aus, als glitt er ganz langsam, beinahe lässig abwärts. Man hatte den Eindruck, er könnte diesem ärgerlichen Vorfall jederzeit mit Leichtigkeit Einhalt gebieten. Als er den Eispickel ein letztes Mal in den Schnee stieß – diesmal hektischer und als ob er zum ersten Mal Verzweiflung empfände –, glitt sein Körper auf das schneefreie harte Eis und rutschte nun mit viel größerer Geschwindigkeit hinunter. Er versuchte gar nicht mehr, die Eispickel ins Eis zu hauen. Immer schneller werdend, schoß er ungebremst nach unten. Er überschlug sich nicht, nichts deutete darauf hin, daß seine Steigeisen sich verhakt und ihn herumgeschleudert hätten; er stürzte einfach hinunter.

Sein Partner schien ihm zuzusehen. Er tat nichts, denn er konnte nichts tun. Die Seile, die die beiden Kletterer verbanden, wurden nach unten gerissen. Ich wartete darauf, daß sich das Seil an einer Eisschraube spannen würde. Aber es war kein abrupter Ruck und kein Abknicken des Seils zu erkennen, was darauf hingedeutet hätte, daß der Sturz kurzzeitig von einer Schraube aufgehalten worden wäre. Der Seilerste fiel links an seinem Gefährten vorbei das 250 Meter lange Eisfeld hinunter – ein dunkler, an dem Nachsteigenden vorbeisausender Schatten. Dann wurde der Seilzweite in einer fließenden Bewegung ebenfalls hinuntergerissen. Ich zuckte zusammen. Nirgends war ein Widerstand. Es war nirgends ein Sicherungspunkt vorhanden gewesen. Die beiden waren angeseilt gewesen, ohne sich mittels Eisschrauben zu sichern.

Sie stürzten direkt über das Schwalbennest am Rand des Ersten Eisfeldes hinüber, das vom Zweiten Eisfeld durch eine etwa sechzig Meter hohe Wandstufe getrennt ist. Ich wußte, daß wir irgendwo im Bild waren, und erschauderte. Die beiden Kletterer flogen vom Eis hinunter in die Luft und stürzten bis zu den brüchigen Felsen am Wandfuß – ein Sturz von fast 1000 Metern.

Ich richtete mich jäh auf und fühlte mich ganz schwach. »Keinerlei Stand- oder Zwischensicherungen«, sagte ich fassungslos.

»Ich weiß«, sagte Mark nickend.

»Sie sind einfach abgestürzt«, sagte ich verwirrt. »Kein Stein oder sonst etwas hat sie getroffen.«

Ray trat ans Okular, während Mark den kurzen Filmabschnitt noch einmal ablaufen ließ; in dem Augenblick, als der Seilerste abzustürzen begann, wandte sich Ray jedoch abrupt ab und wollte nichts mehr sehen.

»Ich hatte angenommen, daß sie von Steinen getroffen worden seien, aber sie sind lediglich abgerutscht«, sagte er und starrte mich an. »Es hat so banal ausgesehen, etwas, was uns allen schon passiert ist.«

»Ich weiß, aber nicht in solchem Gelände, nicht bei so großer Steinschlaggefahr«, sagte ich und wandte mich ab. Wir gingen hinaus an die Sonne, ich zündete mir eine Zigarette an und machte einen tiefen Zug.

»Ich wünschte, ich hätte es mir nicht angesehen«, sagte ich bedrückt.

»Ich nicht«, sagte Ray mit Nachdruck. »Ich weiß jetzt wenigstens, was sie falsch gemacht haben. Ich weiß, daß uns diese Fehler nicht unterlaufen werden.«

»Aber sie haben so viele Fehler gemacht«, fuhr ich fort. »Ich verstehe das nicht. Warum sind sie bei diesem Steinschlag angeseilt gewesen? Warum haben sie nicht wenigstens Eisschrauben gesetzt? Warum sind sie nicht abgeklettert? Wenn sie nicht abgestürzt wären, wären sie am Bügeleisen in einen Alptraum geklettert.«

»Wir machen alle Fehler, Joe«, sagte Ray, »aus den verschiedensten Gründen. Vielleicht haben sie Angst gehabt, waren mit den Nerven am Ende und konnten nicht mehr klar denken. Das Eisfeld muß der reinste Horror gewesen sein. Erinnerst du dich, wie Simon sagte, er habe beobachtet, daß sie sich auf der ganzen Strecke immer wieder geduckt haben, als versuchten sie, in Deckung zu gehen?«

»Das wäre erst recht ein Grund gewesen, Zwischensicherungen anzubringen. Steine kümmern sich nicht darum, ob einer gut klettern kann.«

»Na ja, die beiden sind eben ein Risiko eingegangen, und es ist schiefgegangen«, sagte Ray. »Vielleicht haben sie geglaubt, das Eisfeld sei leicht zu überwinden und angeseilt kämen sie am schnellsten voran. Die Entscheidungen, die sie getroffen haben, waren schlecht, aber wir alle tun manchmal das Falsche. Mit etwas Glück hätten sie ungeschoren davonkommen können, und wir wären nicht klüger als zuvor.«

»Schon möglich«, sagte ich achselzuckend. »Aber das ist jetzt wohl auch egal. Es ärgert mich nur.«

»Sieh mal, sie haben doch einfach nur das getan, was sie tun wollten – den Eiger besteigen, einen Traum wahr machen. Es war ihre Entscheidung und ihr Risiko. Wir können ihnen deswegen keinen Vorwurf machen.«

»Nein, ich weiß. Du hast recht«, pflichtete ich ihm bei. »Ich hab schließlich oft genug selber Mist gebaut, da sollte ich besser still sein.«

Als Hanspeter und ein Polizist eintrafen, gingen wir hinein, um unsere Aussagen zu machen. Ich erkundigte mich nach dem Solokletterer, aber zu meiner Verwunderung schienen weder der Polizist noch Hanspeter sonderlich besorgt. Meiner Ansicht nach wäre eine Suchaktion mit einem Helikopter das mindeste gewesen, was man hätte machen müssen, doch offenbar wurde in solchen Fällen generell nichts unternommen, wenn Angehörige nicht um eine Suchaktion baten. Mir kam diese Verfahrensweise sonderbar vor. Ich wies darauf hin, daß wir drei den Solokletterer schließlich gesehen hätten, und daß er danach nicht mehr aufgetaucht sei, aber es nützte nichts. Falls der Mann nach Grindelwald gekommen war, ohne irgendwelchen Angehörigen von seinen Eiger-Plänen erzählt zu haben, wie sollten diese dann wissen, wo sie nach ihm suchen lassen sollten?

Die Sache wurde noch rätselhafter, als Heinz Zak und Scott Muir ein paar Stunden später beim Hotel eintrafen, nachdem sie am Vormittag vom Gipfel abgestiegen waren. Sie waren schokkiert, als sie von den Todesfällen erfuhren, und noch mehr entsetzte es sie, daß die beiden angeseilt gewesen waren, ohne Zwischensicherungen anzubringen. Heinz Zak zufolge war das Eis einwandfrei gewesen, und zuverlässige Schrauben hätten sich ohne großen Zeitaufwand setzen lassen.

»Ich verstehe das auch nicht«, meinte ich. »Vielleicht waren sie nicht ganz bei der Sache. Der Steinschlag muß äußerst nervenaufreibend gewesen sein.«

Ich fragte sie, ob einer von ihnen den Solokletterer gesehen habe. Beide nahmen an, er sei angesichts des Wetterumschwungs abgeklettert. Es war jedoch niemand an uns vorübergekommen. Vielleicht war ihm etwas zugestoßen, als er sich am Eisschlauch abzuseilen versucht hatte? Wir würden es nie erfahren.

Ich sagte Hanspeter, daß ein englischer Tourist behauptet habe, er hätte an jenem Tag zwei Kletterer abstürzen sehen, aber die anderen waren der Ansicht, daß der Solokletterer entweder auftauchen würde oder seine Überreste eines Tages am Wandfuß entdeckt werden müßten. Ich beließ es dabei, obwohl mich die Sache beunruhigte. Ich warf einen Blick zur Wand hinüber und hoffte, er stiege gerade unverletzt aus den Ausstiegsrissen aus, während wir hier in der Sonne standen und uns unterhielten. In Wirklichkeit war ich überzeugt, daß er tot sei. Ich dachte an die gewaltigen Sturzbäche, die Hagelschauer und den pausenlosen Lärm des Steinschlags.

Am frühen Nachmittag fuhren Ray und ich mit der Bahn nach Grindelwald zurück. Als wir an der Eigerwand vorbeiratterten, blickte ich nicht zu ihr hin. Während wir uns langsam und bedrückt dem Châlet näherten, wurde zu unserer Überraschung die Haustür aufgerissen, und Alice Steuri und Anna Jossi starrten uns an, als sähen sie Gespenster. Anna warf die Arme in die Höhe.

»Sie leben noch! Sie leben noch!« rief sie aus und schlug die Hände vors Gesicht, als müßte sie weinen. »Die armen Buben. Wie furchtbar, wie furchtbar.«

»Wir haben von dem Unfall gehört«, erklärte Alice. »Man hat uns gesagt, daß es zwei Engländer seien, deshalb dachten wir, Sie sind es! Es war einfach schrecklich.«

»Ich komme gerade aus der Kirche«, sagte Anna. »Ich habe für Sie beide ein Gebet gesprochen. So oft kommen sie nicht zurück, und nun ist es wieder geschehen. Es ist so traurig. Aber Sie leben noch! Das ist ein Wunder.« Sie breitete die Arme aus und drückte uns beide an sich.

Wir waren ganz verdattert. Die Geschehnisse hatten uns so in Anspruch genommen, daß uns gar nicht in den Sinn gekommen war, daß Alice und Anna sich Sorgen um uns machen könnten. Wir entschuldigten uns vielmals, aber sie hörten nicht auf zu lächeln und Gott zu danken.

Am Abend saßen wir Gin trinkend auf der Wiese und betrachteten den Sonnenuntergang über dem Eiger.

»Wir haben noch eine Woche«, sagte Ray. »Sollen wir's noch mal versuchen?«

Ich starrte zur Wand hinüber und dachte an den Film.

»Ich weiß nicht so recht«, sagte ich.

»Gut«, sagte Ray. »Mir geht's genauso. Wir könnten ja auch irgendwo anders hinfahren. Uns den Piz Badile ansehen, zum Beispiel.«

»Nein, ich hab vom Klettern vorerst die Nase voll«, sagte ich und blickte Ray an. »Laß uns nach Hause fahren.«

»Morgen?«

»Warum nicht. Ich hab dieses Ding lange genug betrachtet«, sagte ich und deutete mit dem Kopf zum Eiger.

»Ich würde ihn trotzdem immer noch gerne durchsteigen«, entgegnete Ray mit hoffnungsfroher Miene. »Ich fand's dort oben wirklich toll. Ich möchte unbedingt noch mal rauf. Was meinst du? Nächsten Winter? Nächsten Sommer?«

»Mal sehen«, sagte ich ausweichend. »Das kann ich im Moment nicht sagen. Ich möchte auf diesem Mistding nicht sterben«, sagte ich grimmig. »Das gleiche habe ich nach dem Lawinenabgang am Chaupi Orco gesagt. Und nachdem ich mit Tat die Route *Alea Jacta Est* versucht hatte. Ich hab es nach den Touren am Siula Grande und am Pachermo gesagt. Ich habe es schon so oft gesagt. Und eines Tages wird es passieren. Vielleicht sollte ich auf meine innere Stimme hören. Ich hab die Nase voll von alldem... von diesen Mordsdingern...« Ich machte eine hilflose Handbewegung zu den Bergen hin.

»Mir geht's nicht anders«, sagte Ray. »Aber ich will nicht, daß es so zu Ende geht. Es hat uns so viel bedeutet. Wir können so nicht aufhören. Es hätte so schön sein können, nachdem wir Anna Jossi und Heckmair kennengelernt haben und all das. Es ist immer noch möglich.«

»Glaubst du?« fragte ich, und Ray zuckte die Achseln. »Ich werd's erst mal überschlafen«, meinte ich dann.

Als wir am nächsten Morgen unsere Kletterausrüstung ins Auto packten, kam Anna Jossi heraus und bat uns, in ihre Wohnung zu kommen. Auf ihrem Eßtisch lag das Logierbuch vom Hôtel des Alpes, geöffnet auf der Seite, auf der Mehringers und Sedlmayrs Namen standen. Sie fragte, ob auch wir uns in das Buch eintragen würden. Wir fühlten uns geschmeichelt, erhoben aber Einspruch, weil wir die Wand ja nicht durchstiegen hätten und es nicht verdienten, unsere Namen in solch ein ehrwürdiges Buch einzutragen. Anna bestand jedoch darauf.

»Sie sind aber zurückgekommen«, sagte sie ernst. »Das ist wichtig. Daß Sie zurückgekommen sind.«

Wir trugen uns auf einer neuen Seite ein, machten Fotos von Anna und dem Logierbuch, und Alice Steuri schenkte uns eine Schachtel Schweizer Schokolade, die absurderweise wie die Eiger-Nordwand geformt war. Beim Hinausgehen sagte Ray lächelnd zu Anna: »Bis zum nächsten Jahr.«

»O nein«, rief Anna entsetzt. »Sie wollen doch nicht noch einmal in die Wand?« Forschend sah sie uns an.

»Vielleicht«, meinte Ray. »Wir werden's uns überlegen.« Ich sagte nichts.

Als wir Grindelwald hinter uns ließen, dachte ich an unseren Plan, nach der erfolgreichen Durchsteigung der Wand beim Wegfahren unsere Kletterausrüstung aus den Autofenstern zu werfen. Das wäre eine gute Sache gewesen.

»Moment mal«, sagte Ray und fuhr an den Straßenrand.

»Was ist denn?«

»Wir haben den Mädchen nicht Bescheid gesagt.«

»Welchen Mädchen?«

»Den Kellnerinnen vom Restaurant. Sie denken womöglich, wir seien tot.«

Wir drehten um, fuhren in den Ort zurück und parkten vor dem Restaurant. Dann schlenderten wir auf die Terrasse und ließen uns an unserem Lieblingsplatz in der Sonne nieder.

»Sie leben noch!« rief eine überraschte Stimme hinter mir.

»Haben wir das nicht schon mal gehört?« brummte ich, als die Kellnerin davoneilte, um ihre Kollegin zu holen. Auch sie hatten von dem Unfall erfahren und waren überzeugt gewesen, daß wir tödlich verunglückt seien.

»Ich hab Ihnen doch gesagt, daß es gefährlich ist«, riefen beide im Chor.

»Es ist so gefährlich, wie man's macht«, widersprach ich ihr, worauf wir erneut ausgeschimpft wurden. Als Ray sagte, daß wir nächstes Jahr vielleicht wiederkommen würden, dachte ich, sie würden uns gleich den Inhalt unserer Biergläser über den Kopf schütten. Wir winkten ihnen zum Abschied zu, als wir wieder ins

Auto stiegen und unsere zehnstündige Gewaltfahrt nach Holland anbrachen.

Ray übernahm die ersten drei Stunden am Steuer, und ich dachte währenddessen über das Erlebte nach. Erst jetzt wurde mir bewußt, wie sehr mich alles mitgenommen hatte. Ray schien mit Nüchternheit und heiterem Optimismus darüber hinweggekommen zu sein. Was ihn betraf, so war er nach unserem unversehrt überstandenen Rückzug und unseren vernünftigen Entscheidungen um so sicherer, daß wir die ganze Wand bewältigen könnten. Es war irgendwie paradox, daß sich seine anfänglichen Ängste durch das Unglück gelegt hatten, während mir die Sache mehr zu schaffen machte, als ich gedacht hätte.

Zwei Wochen lang wünschte ich, ich hätte mir den Film über den Absturz nicht angesehen. Die tristen Schwarzweißbilder gingen mir nicht aus dem Kopf. Oft schreckte ich mitten in der Nacht aus dem Schlaf, nachdem sie mir im Traum erschienen waren. Manchmal sah ich aus der Ferne zu, und mitunter erwachte ich in kalten Schweiß gebadet, nachdem ich im Traum selbst zu einer der abstürzenden Gestalten geworden war. Etwas an dem Filmausschnitt kam mir erschreckend bekannt vor und ging mir unter die Haut. Ich wußte, daß es nicht der Schock war, die beiden Männer sterben gesehen zu haben. Wir hatten versucht, die Sache rational zu betrachten und das Unglück kühl zu analysieren. Wir hatten ihr Schicksal bedauert, waren wütend gewesen, daß das passieren mußte, und waren zu der düsteren Erkenntnis gelangt, daß es genausogut uns beide erwischt haben könnte.

Am meisten war meine Betroffenheit wohl auf Simon Wells' deutlich sichtbare Bestürzung zurückzuführen. Ich hatte auf einmal einem Freund gegenübergestanden, der geglaubt hatte, mich sterben gesehen zu haben. Dadurch wurde die Sache in der Tat sehr persönlich.

Als ich wieder zu Hause war, spielte ich mit dem Gedanken, nochmals einen Versuch am Eiger zu wagen, aber weil sich die Bilder von dem Sturz einfach nicht vertreiben ließen, war ich unschlüssig. Kurz darauf erschienen in der britischen Presse mehrere Berichte über das Unglück, einige davon schrecklich verfälscht. Die Praxis, Nachrichtenmeldungen zu übernehmen, ohne die Fakten auf ihre Richtigkeit zu überprüfen, erschien mir in höchstem Grade unverantwortlich. Das war nicht bloß schlampiger Journalismus, sondern vor allem für die Angehörigen und Freunde der beiden Verunglückten verwirrend und schmerzlich.

Infolgedessen erhielt ich einen Anruf vom *British Mountaineering Council* und wurde gebeten, Matthew Hayes' Bruder anzurufen und ihm zu schildern, was wirklich geschehen sei. Ich war zwar dazu bereit, aber mit gemischten Gefühlen. Es ärgerte mich, daß Leute, die ohnehin schon schwer traumatisiert waren, wegen schludriger Berichterstattung in so eine Lage gebracht wurden.

Als der Hörer abgenommen wurde, stellte ich zu meiner Bestürzung fest, daß Matthew Hayes' Mutter am Apparat war. Im ersten Moment wußte ich nicht, was ich sagen sollte. »Es tut mir leid« erschien mir so unangemessen. Sie war ruhig und erstaunlich gefaßt. Ich versuchte, das Unwetter und dessen Folgen zu beschreiben, brachte es aber nicht über mich, Kritik oder persönliche Details zu äußern. Sie sagte mir, daß Matthew ein großer Fan meiner Bücher gewesen sei und sich riesig gefreut hätte, wenn er mich kennengelernt hätte. Ich wußte nicht, was ich darauf erwidern sollte.

Die Berge waren Matthews ein und alles gewesen. Er hatte seiner Mutter gesagt, daß er, wenn es einmal soweit wäre und er es sich aussuchen könnte, in den Bergen sterben wolle. Ich konnte diesen Gedanken durchaus nachvollziehen, verspürte aber wie immer Gewissensbisse, weil ich selbst schon so viele Unfälle überlebt hatte und den Tod eines anderen hilflos hatte miterleben müssen.

Später rief Matthews Bruder bei mir an. Matthew war durch ihn zum Bergsteigen gekommen. Ihm gegenüber ging ich etwas mehr ins Detail, doch obwohl ich ihm sagen mußte, daß die beiden Fehler gemacht hatten, wollte ich keine Kritik üben. Mir war klar, daß sein Bruder als Bergsteiger die Einzelheiten wissen wollte. Wir wußten beide, daß Kletterer – alle Kletterer – Fehler machten. Jedem einzelnen meiner verunglückten Freunde ist irgendwo ein Fehler unterlaufen, der dann zu seinem Tod geführt hat.

Weil Simon und ich am Siula Grande nicht genügend Gaskartuschen mitgenommen hatten, waren wir später zu einer Reihe von Handlungen gezwungen gewesen, die letztendlich zum Durchtrennen des Seils führten. Es war unsere eigene Schuld gewesen. Als Mal Duff und ich am Nordgrat des Pachermo gemeinsam am Seil gegangen waren, ohne Zwischensicherungen anzubringen, wurde ich mitgerissen, als er wegen eines defekten Steigeisens abstürzte. Ich könnte mich damit herauszureden versuchen, daß wir nichts für das defekte Steigeisen konnten, doch das hieße, dem Kernpunkt auszuweichen. Ein paar gut plazierte Schrauben hätten mich vor den Verletzungen bewahrt, die ich durch den Sturz erlitt.

Als ich 1981 an den Courtes von einer Lawine mitgerissen wurde, war das meiner Nachlässigkeit, Unerfahrenheit und meinem Leichtsinn zuzuschreiben. Ich glaube nicht, daß irgend jemand damit gerechnet hätte, daß sich der riesige Felsbalkon, auf dem Ian Whittaker und ich bei unserer Durchsteigung des Bonatti-Pfeilers am Petit Dru biwakierten, sich lösen und eine Dreiviertelstunde später hinabkrachen würde. Unser Fehler hatte darin bestanden, erst nach Einbruch der Dunkelheit nach einem Biwakplatz zu suchen. Bei Tageslicht hätten wir sehen können, daß der Sockel instabil war. Wir waren für den nachfolgenden Unfall und die nachfolgende Rettungsaktion einfach darum verantwortlich, weil wir so gehandelt hatten.

Vor meiner Fahrt zum Eiger hatte ich einen Vertrag unterschrieben für ein Buch, in dem ich darlegen wollte, was mir dieser Berg bedeutete. Der Eiger hatte mich immer gleichermaßen fasziniert und abgeschreckt. *Die Weiße Spinne* hatte in meiner Jugend großen Einfluß auf mich ausgeübt, und die Fotos und Geschichten hatten sich mir unauslöschlich ins Gedächtnis eingebrannt. Mit unserer Nordwandbegehung hatten Ray und ich vor allem unseren Idolen Ehrerbietung erweisen wollen, die diese Route so viele Jahre zuvor begangen hatten. Hätten wir es geschafft, wäre das die Krönung unseres Bergsteigerlebens gewesen. Als Kletterer einer Generation, die mit Alpinliteratur aufgewachsen war, hatte der Eiger für uns seit unserer allerersten Alpensaison an oberster Stelle gestanden. Wenn wir die Kletterei an den Nagel hängten, ohne die Wand zumindest versucht zu haben, hätten wir das unser Leben lang bereut.

Schon lange bevor ich daran dachte, dieses Buch zu schreiben, hatte ich den Entschluß gefaßt, die Eigerwand zu versuchen. In dem Buch hatte es nie um unsere Bergtour gehen sollen, und daß ich es schrieb, hing auch mit Sicherheit nicht von einer erfolgreichen Durchsteigung ab. Was mich interessierte, waren die psychischen Grenzen, denen wir entgegentreten müßten, die Ängste und persönlichen Schwächen, die dabei möglicherweise offenbart würden. Wie sich zeigte, offenbarten sie sich deutlicher, als mir lieb war, und weckten böse Erinnerungen, die ich eigentlich sicher begraben glaubte.

Ray und ich waren in unserem Bergsteigerleben beide an einem Scheideweg angelangt und hatten beschlossen, den Eiger zu unserer letzten Tour zu machen. Ob es das Alter oder Zynismus, Angst oder Schwäche war, irgendwie spürten wir beide, daß das Bergsteigen für uns nicht mehr dieselbe Leidenschaft war wie einst. Daß ich das so empfand, erzeugte in mir Schuldgefühle, geradezu, als wäre es Verrat. Ich war stets davon ausgegangen, daß ich einfach immer weitermachen würde, daß ich nach Lust und Laune in die Berge gehen würde, so lange, bis mich das Schicksal schließlich ereilte.

Wie sich herausstellte, wurde meine Liebe für die Alpen neu geweckt. Die in Grindelwald verbrachte Zeit, die Menschen, die wir dort kennenlernten, und die Kletterei machten diese Tour für uns beide zu etwas ganz Einmaligem. Daß sie so tragisch endete, war kein Grund, nicht wiederzukommen, um die Wand erneut zu versuchen. Eher verstärkte sie unseren Wunsch, diese Route zu meistern. Sie war genau das, was wir uns von ihr erhofft hatten, und das verhängnisvolle Gewitter sollte nicht unsere letzte Erinnerung ans Klettern sein. Wir hatten uns unseren tiefsitzenden Ängsten vor dieser Route gestellt und waren gestärkt daraus hervorgegangen. Wir hatten nun eine klarere Vorstellung von den Ausmaßen der Wand und davon, wo die Schlüsselstellen lagen; außerdem war uns eindringlich demonstriert worden, in welch kurzer Zeit der Berg überaus gefährlich werden konnte, so leicht oder schwierig er klettertechnisch auch sein mochte.

Vor allem aber, und zu unserer anhaltenden Freude, hatten wir uns auf dieser berühmten Route wohl gefühlt, und das hatte unser Selbstvertrauen gestärkt. Wir hätten keinen einzigen Augenblick missen wollen, nicht einmal das Gewitter und den Steinschlag. Unter solchen Bedingungen nicht die Nerven verloren zu haben, den Rückzug geregelt und effizient bewerkstelligt zu haben, war eine befriedigende Bestätigung, daß wir der Route gewachsen waren. Wir hatten in den Bergen eine lange Lehrzeit absolviert und verfügten über einen größeren Erfahrungsschatz, als uns bislang bewußt gewesen war.

Zunächst konnte ich nicht verstehen, warum mir der Anblick zweier abstürzender Bergsteiger so entsetzlich naheging, während Ray so schnell darüber hinweggekommen war. Ich deutete das als ein Zeichen der Schwäche und ärgerte mich über mich selbst. Natürlich wäre ein solcher Anblick für jeden Menschen erschütternd, aber bei mir war es mehr als bloße Bestürzung. Irgend etwas, so wurde mir bewußt, kam mir daran beängstigend bekannt vor. Genau das gleiche war mir nämlich am Pachermo passiert. Fast kam es mir vor, als wäre ich es selbst, der da hilflos in die Tiefe stürzte, und das rief eine Flut von Erinnerungen und Ängsten wach, von denen ich gehofft hatte, sie seien längst überwunden.

Während ich den Film betrachtet hatte, meinte ich zu wissen, worauf diese beiden Männer verzweifelt hofften. Ich selbst hatte meinen schweren Sturz damals blutend und mit einer Gehirnerschütterung überlebt. Ich hatte Glück gehabt. Diese flüchtigen Schwarzweißbilder demonstrierten mir, wie es mir eigentlich hätte ergehen müssen, und genau das machte mir so zu schaffen.

Ich sah dies als eine Warnung an. Das mag eine völlig egoistische Reaktion gewesen sein, doch ich konnte nichts dagegen tun.

Jedesmal wenn ich an den Sturz dachte, sah ich im Geiste zuerst die Szene, wie ich am Schwalbennest gestanden und Simon mir über das Mobiltelefon von den Verunglückten berichtet hatte. Wie ich dann zum Wetterhorn hinübergesehen hatte, an dessen Pfeilern die Gewitterwolken aufgebrochen waren. Im Sonnenlicht des Spätnachmittags hatten die Wolkenunterseiten golden geschimmert. Einige waren von den letzten Zuckungen des wütenden Gewitters noch immer verdüstert und brodelten in der kühlen, klaren Luft – doch sie kämpften vergeblich, ihre Explosionen waren jetzt stumm, die zuckenden Blitze gedämpft und komprimiert. Während der Wind die Wolken vertrieb und sich die Wärme der Sonne durch ihre zerfallenden Formen fraß, war das Licht von verschiedenen Farbschichten durchzogen. Die kühlen wirbelnden Farben des abziehenden Gewitters erzeugten eine traumähnliche Luft, und mir war, als triebe ich unter einem Sommerhimmel in einem seichten Gewässer und sähe in die dahinziehenden Wolken über mir. Ich wußte, daß ich krampfhaft das Schöne zu sehen versuchte und das Schreckliche, das gerade geschehen war, verdrängen wollte.

Während die Wolken in kleinere, einzelne weiße Streifen zerfielen, fiel mir ein, daß jemand mir einmal gesagt hatte, die Wolken seien Flöße für die ins Paradies aufsteigenden Seelen. Während die entschwindende Seele höhersteigt, werden die Farben immer lichter und zarter, von Blau zu Gold bis zum intensivsten Silber, bis schließlich nur noch ein strahlendes Weiß vorhanden ist, zu hell, um es wahrzunehmen. Die Ewigkeit in ihrem reinsten Zustand kann nichts anderes als das leuchtendste Weiß sein. Ich hatte mich umgewandt und in das grelle Sonnenlicht gestarrt, bis ein scharfer weißer Blitz meine Netzhäute durchzuckte und mir einen Moment lang schwarz vor Augen war. Dann hörte ich Ray neben mir leise fluchen.

Ich dachte an ihren endlosen, ungebremsten Sturz, dessen Wucht ihr Bewußtsein in den letzten Momenten gelähmt hatte. Ich wußte genau, wie es gewesen sein mußte – das lange, immer schneller werdende Hinabgleiten, mit so furchterregender Beschleunigung, daß man es nicht erfassen kann; der einzige Gedanke, dessen man noch fähig ist: *Wird es weh tun?* Genau solch einen Sturz habe auch ich einmal erlebt.

Es ist fast eine Gnade, daß man keine Zeit hat, in Panik zu geraten. Das Leben war so schnell an mir vorbeigeschossen, daß ich keine Zeit hatte, etwas zu begreifen, nur stumm registrierte, was da geschah, ohne in meiner Hilflosigkeit dagegen aufbegehren zu können. Eine leise Wut hatte in mir aufzusteigen versucht, ein leiser Groll darüber, wie unfair das alles war, und dann war es sofort in Schwärze übergegangen, hatte sich durch den Aufprall in schmerzlose Bewußtlosigkeit verwandelt. Erst als ich wieder zu mir kam, mich benommen aufzurappeln versuchte, begann ich die Schmerzen zu spüren.

Mit der Resignation hatte sich ein Gefühl der Ruhe eingestellt, als wäre ich in einer Glaskuppel vor der Wucht des ungestümen Sturzes geschützt. Ich hatte mich dieser entspannenden Ruhe mit Leichtigkeit überlassen, hatte widerspruchslos akzeptiert, daß ich nichts tun konnte. Es war vorbei. Der Friede wurde nur durch eine schwache, schmerzende Furcht getrübt. Und das war's, keine Panik, kein verzweifelter Schrei bis zum Aufprall, bloß dumpfes Hinnehmen.

Keine Schmerzen. Das ist zumindest ein Segen, hatte ich gedacht, während ich zum Ersten Pfeiler hinuntergeblickt und mir ausgemalt hatte, wie die beiden dort Seite an Seite in ihre Seile verheddert lagen, auf immer verstummt, alle Hoffnungen und Träume dahin. Wir hatten sie nicht stürzen hören. Sie hatten nicht geschrien.

Die Toten lassen uns ihre Gegenwart spüren, durchdringen alles mit ihren losgelösten Sinnen, werfen ihre Schatten auf den morgigen Tag, den sie erwartet und verdient hatten. Ich nahm die Gegenwart der beiden tief unter uns Liegenden deutlich wahr, während wir selbst unverletzt, ungeschoren und benommen auf einem kleinen Felsvorsprung standen.

Ich war über die plötzliche Stille verwundert gewesen und hatte mich gefragt, ob sie Wirklichkeit war oder bloß die Einbildung eines benebelten Verstandes. Ich suchte mit den Augen die Bergwände ab, nahm die unheimliche Stille wahr, die mich an die Stille in einer gotischen Kathedrale erinnerte. Es war die gleiche Stille wie dort, die Strukturen der Bergpfeiler erzeugten das gleiche Gefühl des Aufwärtsstrebens und die gleiche beklommene Ehrfurcht in meiner Seele. Ich hatte eine solche Ruhe noch nie zuvor empfunden, hatte nie zuvor gespürt, wie die Welt zwischen Ein- und Ausatmen innehielt.

Ich hatte zu der Stelle hinuntergesehen, wo die beiden Verunglückten lagen, und einen Moment lang eine solche Klarheit verspürt, ein so tiefes Verstehen, daß meine Seele erzitterte. Gegen meinen Willen blickte ich direkt auf den Grund meines Herzens. Ich fühlte mich von einer Mischung aus Mitleid, Scham und Selbstvorwürfen überwältigt.

Ich hatte ein schlechtes Gewissen gehabt, weil ich insgeheim Erleichterung empfunden hatte, als ich die Nachricht von ihrem Tod erhielt. *Wir müssen nun nicht mehr zu ihnen hinauf. Ein Rettungsversuch ist nicht mehr nötig.* Ich schämte mich meiner Selbstsucht, und es überraschte mich, daß mich der Gedanke, zu den Eisfeldern hinaufsteigen zu müssen, so nervös gemacht hatte. *Sie hätten es für mich getan.* Ich wußte, daß sie es getan hätten. Sie waren Bergsteiger. Sie waren unseresgleichen, und ich fühlte mich gemein und versuchte diese Gedanken zu verscheuchen.

Ihre Namen erfuhren wir erst aus den Zeitungen. Ihre Gesichter hatten wir nicht gesehen. Einem von ihnen hatte ich etwas zugerufen und keine Antwort erhalten. Sie waren Fremde, und doch waren wir Brüder, waren durch die gleichen Träume miteinander verbunden und folgten den gleichen Pfaden. Wir sind der Stoff, aus dem die Träume sind. Der Rest ist Schweigen. Unsere Begegnung mit ihrem Leben war genauso flüchtig und stumm gewesen wie ihr Dahinscheiden; es war, als hätten sie sich aufgelöst, so wie ein fester Stoff unmittelbar vom festen Zustand in den gasförmigen übergehen kann, ohne zu schmelzen, wie Schnee in der Sonne oder Nebel im Wind sich vor deinen Augen auflösen können.

Das Geräusch herabpolternder Steine hatte mich aus meinen

Gedanken gerissen, und ich hatte Ray stumm angeblickt. Ich konnte ihm ansehen, was er gerade dachte. *Das hätten genausogut wir sein können.* Beide sahen wir im Gesicht des anderen unsere eigenen Gedanken widergespiegelt, Traurigkeit mit einer Spur Angst vor dem Tod, der greifbar nahe war. Wir fürchteten uns. So würde es immer sein.

Stille und Klarheit waren von dem Gehämmer der Steine durchbrochen worden und unwiederbringlich dahin gewesen. Benommen und mit weichen Knien hatte ich mich auf die Matte sinken lassen und den Kopf in die Hände gestützt. Ich begriff einfach nicht; daher konnte ich sie nicht beweinen.

Vielleicht können andere Kletterer mit solchen Dingen, wie ich sie in den Bergen erlebt habe, besser umgehen. Ich habe festgestellt, daß es mir von Jahr zu Jahr schwerer fällt, die Erinnerungen zu verscheuchen. Vielleicht bin ich nicht pragmatisch genug, lasse die Dinge zu sehr an mich herankommen. Manchmal fühle ich mich völlig entmutigt, gruselt es mich vor dem Keller voller Leichen, aus dem manchmal meine gesamten Klettererinnerungen zu bestehen scheinen.

Während die Wochen vergingen, dachte ich immer seltener an den Film. Die Ängste legten sich. Ich blätterte *Die Weiße Spinne* durch und merkte, daß ich über die Erinnerungen lächeln mußte, die diese Fotos wachriefen. Ich dachte an die Tage, als wir unterhalb der hochragenden Felsen des Hintisbergs in der Sonne saßen und mit dem Fernglas die Eigerwand, dieses 1800 Meter hohe Bollwerk aus Stein und Eis, absuchten, während in der Sonne dünne Wolkenschleier verdampften. In Gegenwart eines so riesenhaften Berges fühlte ich mich ganz klein. Er strahlte Macht aus, dieser einsame, einzigartige Berg, stumm, abweisend und unnahbar. Ich kam mir vor wie ein liebeskranker Freier, der erwählt zu werden hofft, aber damit rechnet, daß er abgewiesen wird. Er machte mich ganz kribbelig. Ich dachte an das unheilvolle, pausenlose Getöse herabstürzender Steine und das schrille Rauschen herabstürzenden Eises und Wassers und wußte, dort wollte ich hin.

Ich beobachtete, wie unten im Tal ein warmer Wind durch

Kiefernwäldchen und über Wiesen hinwegstrich, die einen Fleckenteppich aus verschiedenen Grüntönen bildeten. Ich wollte dort oben auf diesen glitzernden, eisüberzogenen Wandstufen stehen und von den Überhängen und Felsvorsprüngen unter meinen Füßen den Schnee hinabrieseln sehen. Ich wollte mich im Herzen eines Berges verlieren, unser Schicksal entscheiden und ein Spiel mit der Ewigkeit treiben.

Das Wesen der Schönheit wird nur durch Gegensätze richtig deutlich. Das Ticken einer Uhr existiert nur darum, weil zuvor Stille war. Musik besteht zur einen Hälfte aus Stille, zur anderen Hälfte aus Klang. Die Berge sind für mich immer die eine Hälfte gewesen, die aus Stille besteht. Das schöne, friedvolle Tal bedeutete mir nichts ohne die düstere, bedrohliche Gegenwart der über ihm aufragenden Bergwand.

Mallory war fest davon überzeugt gewesen, daß es keinen Traum gab, den es nicht zu wagen galt; er war seinem Traum bis zum Ende gefolgt. Vielleicht bleibt auch uns keine andere Wahl, als wiederzukommen und unsere Träume zu wagen. Mit einer Mischung aus Beklommenheit und Freude über das, was wir am nächsten Morgen tun wollten, hatten wir zu der riesigen Felsenmauer hochgeblickt. Auf all das kommt es für mich beim Bergsteigen an: der Ausgang ungewiß, man selbst ganz klein, die Herausforderung offen – man kann sie annehmen oder nicht. Das Wichtigste von allem ist das Teilhaben – nicht der Erfolg oder der Fehlschlag, sondern einfach nur dort zu sein und seine Wahl zu treffen.

Dieser Berg ist von der lockenden Stille großer Höhen umfangen; ein Sirenengesang lockt mich gegen meinen Willen wieder dorthin. Mir war damals klar, daß Ray recht hatte und die Bilder des Films mit der Zeit verblassen würden, nicht aber die Erinnerung an die beiden Bergsteiger. Wir würden im Sommer wieder dorthin fahren, um es noch einmal zu versuchen, und dabei unentwegt an sie denken. Wenn wir es bis zum Gipfel schafften, würden wir den Bergen endgültig den Rücken kehren – oder einfach mal ins Bergell fahren und uns die Nordwand des Piz Badile ansehen. Nur ansehen, versteht sich, weiter nichts.

Dank

Ray Delaney ist an allem schuld. Danke, daß es dich gibt, Ray. Jemand hat einmal gesagt, Schriftsteller seien wie ein Sammelsurium aus Passagen und Zitaten aus anderen Werken, anderen Geschichten und Gedanken früherer Generationen. Ich muß gestehen, daß dies auf mich in besonderem Maße zutrifft. Es ist mir unmöglich, all die Autoren zu nennen, von denen ich Sätze zusammengetragen habe, von deren Gedanken ich mich habe anregen lassen und deren Weltanschauung ich für meine Zwecke zurechtgebogen habe, weil ich letztlich nicht mehr weiß, aus welchen Büchern sie stammen. Allen, die in meinen Worten die ihren wiedererkennen, spreche ich meinen Dank aus und hoffe, sie werden mir verzeihen, daß ich ohne böse Absicht ihre Gedanken übernommen habe.

Es heißt, wenn ein Philosoph sterbe, gebe es am Himmel einen Stern weniger. Philosophen wachen über die Gucklöcher am Firmament. Von ihnen wird erwartet, daß sie uns vom großen Jenseits erzählen. Nun bin ich sicherlich kein Philosoph, aber ich habe in diesem Buch versucht, das Leben, das ich führe, und das, was die Berge mir gegeben haben, ein wenig verständlich zu machen. Mein Hauptanliegen bestand darin, Angst und Liebe, Kummer und Tod – all das, womit die Berge mich konfrontiert haben, zu verarbeiten und innerlich gestärkt daraus hervorzugehen. Ich weiß nicht, ob mir das gelungen ist; das müssen die Leser entscheiden. Es ist eine ganz persönliche Analyse, ich hoffe aber, sie ruft bei allen, die sie lesen, ein Gefühl der Vertrautheit hervor.

In der Auswahlbibliographie habe ich die Bücher aufgelistet, in denen ich eingehend recherchiert habe; einige Autoren möchte ich jedoch besonders hervorheben. *Die Weiße Spinne* von Heinrich Harrer hat mich außerordentlich beeinflußt und meine gesamte Bergsteigerkarriere geprägt; mein Buch ist zugleich eine Hommage an all jene Bergsteiger, die er so lebendig geschildert hat.

I Chose to Climb von Chris Bonington war das zweite Bergbuch, das ich in meinem Leben gelesen habe, und als ich es aus der Hand legte, wußte ich, daß auch ich eines Tages den Eiger versuchen würde. Danke für die Inspiration.

Mark Helprin, Autor von *Ein Soldat aus dem großen Krieg*, ist zwar kein Bergsteiger, doch er denkt und schreibt, als hätte er sein ganzes Leben in den Bergen verbracht. Seine Ideen spiegeln wunderbar meine eigenen Gedanken wider. Vielen Dank an Kimerly Unger, die mir das Buch freundlicherweise überlassen hat.

Peter und Leni Gillmans Mallory-Biographie *The Wildest Dream* war für mich sehr anregend, und meine Gespräche mit Peter über seine Erfahrungen am Eiger waren ermutigend und von unschätzbarem Wert.

Dank auch an all jene, die mir Fotos zur Verfügung gestellt haben: Ray Delaney, Alison Claxton und Brian Mucci, Thomas Ulrich, Jane Tattersall, Daniel Anker, Chris Bonington und Bradford Washburn.

Val Randall bin ich für ihre großzügige, selbstlose Unterstützung, durch die das Buch zu dem geworden ist, was es nun ist, zu großem Dank verpflichtet. Ich bewundere ihre Belesenheit, ihr kritisches Auge und ihre Fähigkeit, auf Anhieb zu sehen, wie man eine kleine Textstelle pointiert formulieren kann. Danke, Val.

Meinem Bruder David danke ich für die aufschlußreichen Gespräche und für seine schulmeisterlichen, aber einfühlsamen Korrekturen Zeile für Zeile.

Tony Whittome, der nach dem Tod von Tony Colwell am 22. November 2000 unvermittelt zu meinem Lektor wurde, hatte die wenig beneidenswerte Aufgabe, im Schatten eines Mannes zu arbeiten, der mir alles beigebracht hatte, was ich kann. Dank seiner Geduld, Ermutigung und seiner nicht nachlassenden Begeisterung hat sich eine Arbeitsbeziehung und Freundschaft entwickelt, von der ich hoffe, daß sie lang und fruchtbar sein wird.

Megan Hitchin, Caroline Michel und Dan Franklin vom Verlag Random House sind mir eine große Stütze gewesen.

Ich bin Vivienne Schuster sehr dankbar, die mich davon überzeugte, daß ich noch immer schreiben konnte, als ich längst beschlossen hatte, es aufzugeben.

Margaret und Catherine Colwell haben mich unterstützt und ermutigt, als meine Sorgen ihre geringste Sorge hätte sein müssen. Ach ja, und Margaret hatte recht: Tony hat mir die ganze Zeit über die Schulter gesehen – und wird es immer tun.

Joe Simpson
Sheffield, Juli 2001

Auswahlbibliographie

Daniel Anker: *Eiger. Die Vertikale Arena*
Walter Bonatti: *Berge – meine Berge*
Walter Bonatti: *Große Tage am Berg*
Chris Bonington: *I Chose to Climb*
Chris Bonington: *Gipfel. Herausforderung in den Bergen der Welt*
Joe Brown: *The Hard Years*
Hermann Buhl: *Achttausend drüber und drunter*
Riccardo Cassin: *Fifty Years of Alpinism*
Jim Curran: *High Achiever: The Life and Climbs of
    Chris Bonington*
René Desmaison: *Total Alpinism*
Leo Dickinson: *Filming the Impossible*
Kurt Diemberger: *Gipfel und Geheimnisse*
Fergus Fleming: *Killing Dragons: The Conquest of the Alps*
Mick Fowler: *Vertical Pleasure*
Peter und Leni Gillman: *The Wildest Dream: Mallory*
Peter Gillman und Dougal Haston: *Eiger Direct*
Alison Hargreaves: *A Hard Day's Summer:
    Six Classic North Faces Solo*
Heinrich Harrer: *Die Weiße Spinne*
Dougal Haston: *In High Places*
Dougal Haston: *The Eiger*
Mark Helprin: *Ein Soldat aus dem großen Krieg*
Jon Krakauer: *Auf den Gipfeln der Welt. Die Eiger-Nordwand
    und andere Träume*
Jon Krakauer: *In eisige Höhen. Das Drama am Mount Everest*
Hamish MacInnes: *High Drama*
Hamish MacInnes: *Bergsteiger aus Spaß an der Freud*
Reinhold Messner: *Die großen Wände*

Reinhold Messner und Horst Höfler: *Hermann Buhl.*
  Kompromißlos nach oben
Tom Patey: *One Man's Mountains*
Gaston Rébuffat: *Sterne und Stürme*
David Robertson: *George Mallory*
Arthur Roth: *Eiger. Wall of Death*
Joe Tasker: *Savage Arena*
Lionel Terray: *Vor den Toren des Himmels*
Walt Unsworth: *Nordwände. Kampf um die Direttissima*
Don Whillans: *Portrait of a Mountaineer*

Die Zitate sind folgenden deutschen Ausgaben entnommen:
Heinrich Harrer, *Die Weiße Spinne*, Ullstein Verlag, 1965
Jon Krakauer, *Auf den Gipfeln der Welt*. Deutsch von Wolfgang
  Rhiel. Piper Verlag, 1999
Daniel Anker (Hrsg.): *Eiger. Die vertikale Arena*, AS Verlag, 2000

Sonstige Zitate wurden von der Übersetzerin übertragen.

Bildnachweis

Bildteil 1
Bild 1: Jim Curran. Bild 2, 4, 5, 6, 9: Joe Simpson. Bild 3: Ian Tattersall. Bild 7: Brian Mucci. Bild 8, 10: Ray Delaney.

Bildteil 2
Bild 11: mit freundlicher Genehmigung der Familie Millikan. Bild 12, 13: Sammlung Chris Bonington. Bild 14, 24: Ian Clough / Sammlung Chris Bonington. Bild 15, 16, 17, 21: Archiv Rudolf Rubi, entnommen aus: Daniel Anker (Hrsg.), *Eiger. Die vertikale Arena*. Bild 18, 19: aus: *Um die Eiger-Nordwand*, München 1938, entnommen aus: Daniel Anker (Hrsg.), *Eiger. Die vertikale Arena*. Bild 20: Joe Simpson. Bilder 22, 23: Ludwig Gramminger / Archiv Hans Steinbichler, entnommen aus: Daniel Anker (Hrsg.), *Eiger. Die vertikale Arena*. Bild 25: Bradford Washburn.

Bildteil 3
Bild 26, 27, 28, 31, 32, 34, 36, 37: Joe Simpson. Bild 29, 30, 35: Ray Delaney. Bild 33: Andrea Forlini, entnommen aus: Daniel Anker (Hrsg.), *Eiger. Die vertikale Arena*.

Vorsätze
Foto: Jost von Allmen, entnommen aus: Daniel Anker (Hrsg.), *Eiger. Die vertikale Arena*. Karte: cartomedia, Karlsruhe.

MALIK

Jon Krakauer
In eisige Höhen

Das Drama am Mount Everest. Erweiterte Neuausgabe.
Aus dem Amerikanischen von Stephan Steeger.
390 Seiten mit 20 Abbildungen auf Tafeln. Gebunden

Krakauers Bericht führt den Leser mitten in die modernen
Paradoxa des Alpinismus. Das »Dach der Welt« ist zum
Ziel jener geworden, die das ultimative Abenteuer, den absoluten Kick suchen. Sie werden geführt von »Bergunter-
nehmern«, die den Job haben, ihre betuchten Kunden auf
den Gipfel zu bringen – manchmal sogar mit rücksichtsloser
Gewalt, und oft mit tödlichen Folgen.
Minuziös beschreibt Jon Krakauer den Verlauf der Expedition von 1996, das Geflecht aus Ehrgeiz und Fehlverhalten,
das in eine Katastrophe mündete. Er schildert den Komfort
in den Basislagern mit täglich frischem Gemüse und Brot,
mit Satellitentelephonen und Faxanschlüssen. Er berichtet
vom Aufstieg, an dem sich drei Expeditionen und drei-
unddreißig Bergsteiger beteiligten, die alle gleichzeitig auf
den Gipfel wollten. Er beschreibt das Chaos in der Todes-
zone, in der der Mensch ohne Sauerstoff verloren ist ...

02/1022/01/R

PIPER

Jon Krakauer
Auf den Gipfeln der Welt

Die Eiger-Nordwand und andere Träume.
Aus dem Amerikanischen von Wolfgang Riehl.
290 Seiten mit 12 Vignetten. Serie Piper

Jon Krakauer kennt das Gefühl, das jeden Alpinisten nach
dem Gipfelsturm übermannt, er weiß um das Ringen mit
den eigenen Kräften, den Kampf gegen die Einsamkeit und
den Schmerz der Enttäuschung, wenn der Berg stärker ist
als der Mensch.
1985 hat er selbst versucht, die legendäre Eiger-Nordwand
zu besteigen und mußte abbrechen. Davon erzählt er in der
ersten seiner zwölf brillanten Geschichten um Menschen,
denen ihre Leidenschaft für die Gipfel dieser Welt zur
Obsession geworden ist.
Jon Krakauer nimmt seine Leser mit auf die verwegensten
und faszinierendsten Touren, zu den gefährlichsten
Gletschern und höchsten Gipfeln – und führt sie sicher, aber
ein wenig verändert wieder hinunter.

01/1066/01/R

MALIK

Reinhold Messner
Die weiße Einsamkeit

Mein langer Weg zum Nanga Parbat. 351 Seiten
mit 16 Farb- und 137 s/w-Abbildungen. Gebunden

Nanga Parbat ist Sanskrit und bedeutet »Nackter Berg«. In den
mächtigen Eisfeldern und Felsrippen dieses gefürchtetsten
aller Achttausender ließen die größten Alpinisten der Erde ihr
Leben. 1970 stand Reinhold Messner zum ersten Mal am
Fuße des Nackten Bergs. Und wenn ihm auch die für unmöglich
gehaltene Überschreitung gelingen sollte, reist er doch als
Gescheiterter ab – sein Bruder Günther wird beim Abstieg
durch die Diamirflanke unter einer Eislawine begraben.
Kein anderer Berg vereint seither für Reinhold Messner Schuld
und Schicksal so unauflöslich miteinander wie der Nanga
Parbat. Sechsmal kehrt er noch zu ihm zurück, um den Bruder
zu suchen und Antworten auf seine Fragen zu finden.
Die Erstbesteigung des Nanga Parbat durch Hermann Buhl
jährt sich im Juli 2003 zum fünfzigsten Mal. Wie kaum ein
anderer Berg symbolisiert er Erfolg und Niederlage zugleich,
die sich von Beginn an durch die Geschichte seiner Besteigungen
gungen ziehen. »Die weiße Einsamkeit« ist Reinhold Messners
ganz persönliche Chronik des Nanga Parbat, durch den er
der wurde, der er ist.

02/1043/01/R

MALIK

Hans Kammerlander
Bergsüchtig

Unter Mitarbeit von Walther Lücker. 347 Seiten
mit 141 Abbildungen, davon 85 in Farbe. Gebunden

Hans Kammerlander, der hier von seinem spektakulären
Alleingang auf den Mount Everest erzählt, ist einer der
erfolgreichsten Extrembergsteiger der Welt. Er war der
erste, der vom Nanga Parbat mit Skiern abfuhr. Und er
ist noch immer der einzige Mensch, der die Skiabfahrt
vom Everest gewagt hat. Wer ist dieser Mann, der kein
Risiko scheut, der am Berg fast Übermenschliches leistet?
Packend erzählt er von seinem Leben zwischen Fels und Eis,
von dem Abenteuer und davon, warum er immer wieder
seine eigenen Grenzen überwinden muß, um das Unmög-
liche möglich zu machen. Der Umgang mit dem Risiko, der
Angst und dem Tod, der Unsinn des Achttausender-Touris-
mus, die Sucht nach dem Berg – Hans Kammerlander läßt
die Leser miterleben, warum es ihn seit früher Jugend
immer wieder in die steilsten Wände und auf die höchsten
Gipfel treibt.

02/1018/01/R

Peter Meier-Hüsing
Wo die Schneelöwen tanzen

Maurice Wilsons vergessene Everest-Besteigung. 261 Seiten
mit 8 Seiten s/w-Bildteil. Gebunden

Er war allein gekommen, ohne zweihundert Yaks, ohne
dreihundert Sherpas, ohne viertausend Pfund in der Expe-
ditionskasse. Hatten nicht alle gelacht, als er 1933 in London
behauptete, er würde den Spuren des großartigen und
legendären George Mallory folgen? Er, Maurice Wilson, der
nach dem Krieg von allen Ärzten aufgegebene, innerlich
zerrissene, unglücklich verliebte Kaufmannssohn aus
Mittelengland?
Nach einem abenteuerlichen Flug im offenen Doppeldecker
landet Wilson in Indien und überquert illegal und nicht
weniger abenteuerlich die Grenze nach Tibet. Und nun stand er
hier, im Angesicht des Everest …
Mithilfe der Tagebücher und Briefe Wilsons erzählt Peter
Meier-Hüsing, der lange in England sowie am Everest
recherchierte, erstmals die unglaubliche, wahre Geschichte der
einsamsten Everest-Besteigung aus dem Jahr 1934 und
liefert damit den aufregenden Bericht aus einer Zeit, als der
Himalaya noch den Tibetern gehörte.

02/1036/01/R

MALIK

Walter Bonatti
Meine größten Abenteuer

Reisen an die Grenzen der Welt. Aus dem Italienischen von
Maurus Pacher. 422 Seiten mit 8 Seiten Farbbildteil und
s/w-Karten. Gebunden

1965 setzte der bekannte Bergsteiger Walter Bonatti mit
der Winter-Erstbesteigung der Matterhorn-Nordwand
seiner alpinistischen Karriere ein bewußtes Ende – und
machte sich auf die Suche nach »einer Welt von unend-
licher Weite«. Er reiste in die kälteste bewohnte Gegend der
Welt im äußersten Nordosten Sibiriens und auf den Spuren
von Conan Doyle ins Herz des venezolanischen Hochlands.
Er stieg in aktive Vulkane, tauchte mit Haien und
Barrakudas, erlag am Kap Hoorn derselben Faszination wie
die alten Seefahrer. 40 Tage lang folgte er auf Sumatra der
Fährte eines großen Tigers und lernte seine Spuren zu lesen,
in Regenwäldern und Wüsten lebte er mit den
Ureinwohnern der letzten unberührten Gegenden.
»Meine größten Abenteuer« ist das Tagebuch eines moder-
nen Entdeckers, den es mit Hingabe über die Grenzen der
bekannten Welt hinaustreibt.

02/1004/01/R